DATE DUE

Илья Ильф
Евгений Петров

Как создавался
Робинзон

Илья Ильф
Евгений Петров

Как создавался Робинзон

фельетоны и рассказы

Составление и комментарии
А. И. Ильф

Москва «Текст» 2007

УДК 821.161.1
ББК 84(2Рос-Рус)6-44
   И45

ISBN 978-5-7516-0646-9

«МЫСЛЕННО ВМЕСТЕ»

Две неразделимые фамилии «Ильф-и-Петров» сразу же вызывают в памяти неразделимые названия двух романов — *Двенадцать стульев* и *Золотой теленок*. Читающей публике хорошо известны эти романы, а зрителям — созданные по их мотивам кинофильмы и даже мюзикл. Но давно, очень давно (точнее — с 1957 года) не издавались отдельной книгой общие рассказы и фельетоны Ильи Ильфа и Евгения Петрова, написанные в конце 1928 — начале 1937 годов.

Пришло время для новой публикации. Но всё ли так просто? А вдруг эти рассказы и фельетоны устарели? Не соскучится ли современный читатель? Поймет ли он, о чем писали любимые сатирики семьдесят лет назад?

Талантливые писатели и опытные журналисты, Ильф и Петров много печатались в юмористических изданиях, в «Огоньке», «Литературной газете» и «Правде». Однако жизнь не стоит на месте. Утратили злободневность кое-какие явления, понятия, факты. Сошли со сцены отдельные персонажи. Но сохранились художественные образы, сохранились идеи. Сохранилась сила сатирического воздействия. Газетные рассказы и фельетоны написаны прекрасным, совсем не газетным языком. Они оказались не однодневками, а художественной литературой большой сатирической силы и ценности.

За основу настоящей публикации взята структура сборника рассказов и фельетонов Ильфа и Петрова *Как создавался Робинзон*, изданного в 1933 году и переизданного, с изменениями и дополнениями, в 1935-м. Добавлены новые разделы с заголовками, заимствованными из произведений соавторов: *В краю непуганых идиотов, Пешехода надо любить* и *Шевели ногами!* Отобраны лучшие, самые интересные и яркие фельетоны, рассказы и очерки. Все они сопровождаются подробным комментарием.

Не задаваясь целью детально анализировать эту часть сатирико-юмористического наследия Ильфа и Петрова, снабдим читателя краткой хронологией и фактологией.

Сразу же после *Двенадцати стульев* (1928) сочиняется повесть-фантасмагория *Светлая личность* (журнал «Огонек»). Появляются совместные очерки и путевые наброски (журнал «30 дней»). Необыкновенно плодотворным оказался период работы в новом сатирическом журнале «Чудак» под руководством Мих. Кольцова (конец 1928 — начало 1930). За это время было опубликовано более семидесяти произведений, написанных Ильфом и Петровым «оптом и в розницу». Под общим псевдонимом Ф. Толстоевский из номера в номер печатались гротескные новеллы *Необыкновенные истории из жизни города Колоколамска* и *1001 день, или Новая Шахерезада*. Рассказы и фельетоны, посвященные проблемам литературы и искусства, а также рецензии на спектакли и кинофильмы шли под псевдонимами: Ф. Толстоевский, Дон-Бузильо, Виталий Пселдонимов и даже Коперник.

1930 год посвящен работе над романом *Великий комбинатор* (будущий *Золотой теленок*). Пишутся путевые очерки — о путешествии на открытие Турксиба и в Бухару, с фотографиями Ильфа. На протяжении всего следующего года в журнале «30 дней» печатается *Золотой теленок*, идут публикации в журнале «Огонек» и газете «Советское искусство». Казалось бы, всё хорошо. Но не стоит видеть в Ильфе и Петрове баловней судьбы, небрежно пошучивающих над окружающей действительностью.

В то время было не до шуток. Еще в 1929 и 1930 годах «граждан Советского Союза волновал вопрос: "А нужна ли нам сатира?"». «Не раз и не два в наших дискуссиях и на страницах печати проскакивал тезис о *ненужности, о ложной роли, даже о бессмысленности* существования сатиры в нашей обстановке», — резюмировал Мих. Кольцов на Первом съезде писателей (1934). Гонителем советской сатиры неукоснительно выступал критик В. Блюм, за что даже удостоился эпиграммы: «Зарядив статьями пушку, / Блюм сатиру взял на мушку...»*

В начале января 1930 года состоялся большой диспут на эту тему в московском Политехническом музее. Неутомимому В. Блюму, докладчику, энергично возражали многие, в том числе Мих. Кольцов и В. Маяковский. Перу Дона Бузильо, то есть Ильфа и Петрова, принадлежит юмористический отклик на этот диспут под заго-

---

* *Чудак*, 1930, № 2.

ловком *Волшебная палка*. Но голоса «против» не умолкали: «Скажите, почему вы пишете смешно? Что за смешки в реконструктивный период? Вы что, с ума сошли?» «Сатира не может быть смешной», — утверждали «строгие граждане»*. На писательском съезде Мих. Кольцов рассказал, как «одному почтенному московскому редактору принесли сатирический рассказ. Он просмотрел и сказал: "Пролетариату смеяться еще рано. Пускай смеются наши классовые враги"».

«В ужасных препирательствах прошла молодость, — с горечью вспоминали соавторы пару лет спустя. — Мы спорили без конца. Враги говорили, что юмор — это низкий жанр, что он вреден. Плача, мы возражали. Мы говорили, что юмор вроде фитина. В небольших дозах его можно давать передовому читателю». «Приучили человека к тому, что юмор — жанр низкий, недостойный великой русской литературы».

В начале 1932 года самое литературное существование Ильфа и Петрова висело на волоске. «В конце февраля 1932 г. группа сотрудников журнала "Крокодил", указывая, что "за последние годы, при обострении классовой борьбы, в среде мелкобуржуазных сатириков начался процесс разложения", заявляла, что Ильф и Петров "находятся в процессе блуждания и, не сумев найти правильной ориентировки, работают вхолостую"...» «...На одном из последних заседаний покойной РАПП [Российской ассоциации пролетарских писателей], чуть ли не за месяц до ее ликвидации, — подтверждал Кольцов на писательском съезде, — мне пришлось при весьма неодобрительных возгласах доказывать право на существование в советской литературе писателей такого рода, как Ильф и Петров, и персонально их».

Не нужно забывать, что 1932 год был отмечен цензурным запретом на книжное издание *Золотого теленка*. «*Золотой теленок* пока не выходит, и кто знает, выйдет ли вообще», — печально сообщал Ильф в письме А. Козачинскому от 13 января 1932 года. Причина запрета становится ясной из письма А. Фадеева, направленного соавторам 19 февраля того же года:

«...Сатира ваша все же поверхностна. И то, что вы высмеиваете, характерно главным образом для периода восстановительного. Похождения Остапа Бендера в той форме и в том содержании, как вы изобразили, навряд ли мыслимы сейчас. И мещанин сейчас более бешеный, чем это кажется на первый взгляд. С этой стороны повесть ваша устарела. Плохо еще и то, что самым симпатичным человеком в

---

* См. предисловие к *Золотому теленку*.

Вашей повести является Остап Бендер. А ведь он же — сукин сын. Естественно, что по всем этим причинам Главлит не идет на издание ее отдельной книгой».

И если бы в конце 1932 года не появилось американское издание *Золотого теленка* с «явно рекламным и явно антисоветским извещением»: «Книга, которая слишком смешна, чтобы быть опубликованной в России», если бы не вмешательство Горького, кто знает...

Оглядываясь на пройденный путь, писатели дают понять, что с момента выхода первого романа они оказались в некоем вакууме: «Никто не спрашивал нас, что мы думаем о мещанстве, о внутрирапповских попутчиках, о роли критики в литературе. Никто не задавал нам вопросов, которые принято задавать писателям два раза в год». Дело в том, что они не входили в «литературную обойму» (это определение придумано ими же!).

Зато после Постановления ЦК партии от 23 апреля 1932 года, положившего конец диктату РАППа, Ильф и Петров начинают пользоваться усиленным вниманием периодической печати. «Литературная газета» отводит специальный «Уголок изящной словесности» для еженедельных материалов Холодного философа. Через четыре месяца, 23 августа, газета посвящает соавторам почти целую полосу под примитивным заголовком *Веселые сочинители*, заполненную иллюстрациями к романам, дружескими шаржами, сообщениями об изданиях, «пародийным интервью», как назвал их фельетон Я.С. Лурье, и критическими статьями.

Исследователи творчества Ильфа и Петрова считали эти статьи «очень доброжелательными» (Б. Галанов), «полными восхищения» (Л. Яновская). Но не нужно обольщаться! Большую статью *Смех Ильфа и Петрова* А. Селивановского «доброжелательной» никак не назовешь, тем более что и два года спустя критик не упустил случая укусить писателей, утверждая, что «романы Ильфа и Петрова не представляют заостренной, резкой сатиры», что в фельетонах они редко «ставят проблемы классовой борьбы, происходящей на участке искусства». В благодушном отзыве Л. Никулина (*О месте в «литературном трамвае»*) их фельетонистика изысканно названа «дезинфекционной камерой». «Пародийное интервью» — это фельетон *Под сенью изящной словесности*, где Ильф и Петров берут, наконец, реванш и на вопрос: «Правда ли, что ваш смех это не наш смех, а их смех?» предлагают ответ, заимствованный у Бернарда Шоу: «Не будьте идиотом!» Связанные единством темы и стиля, иронические размышления о проблемах литературы в 1933 году образуют цикл *Под сенью изящной словесности* в сборнике *Как создавался Робинзон*. Журналы «Крокодил» и «Огонек» охотно предоставляют юмористам свои страницы, поскольку, судя по саркастическим наблюдениям самих соавторов, «смех уже разрешен вполне официально и, есть слух, даже поощряется».

Осенью 1932 года Ильф и Петров становятся сотрудниками «Правды»: редакции требуются рассказы и фельетоны на современные темы. От писателей она «ждет (воспользуемся их собственными словами) жизненной правды в разрезе здорового оптимизма».

Участие в работе официоза, казалось бы, ставило Ильфа и Петрова в привилегированное положение. Мемуаристы и литературоведы обычно представляют дело в розовом свете («"Правда" вывела сатириков на всесоюзную трибуну...» и прочие банальности в духе времени). Вот и наглядный пример «чистой материнской ласки» начальства:

«С увлечением рассказывал нам Петров о своей работе в "Правде", о том, как впервые Ильф и он перешагнули порог ее редакции. О редакторе, о разговорах с ним рассказывал он с какой-то особой теплотой. Особенно запомнился нам один случай. В газете был напечатан фельетон Ильфа и Петрова. Редактору указали, что фельетон, независимо от добрых намерений авторов, может читаться двояко и что печатать его не нужно было. Редактор вызвал к себе Ильфа и Петрова.

— Он не стал каяться и причитать, — рассказывал нам Петров. — Он не свалил все на нас, не кричал, что мы обманули его доверие. Более того — он вообще не рассказал нам всей предыстории. Он сказал только, чтобы завтра мы положили ему на стол новый фельетон. И чтоб это был хороший фельетон. Надо ли говорить, что фельетон был положен на стол и пошел в номер?»*

Какая трогательная история, прямо-таки рождественская сказка! Однако по зловещему словосочетанию «редактору указали» уже ясно, о каком фельетоне идет речь. Вот как в действительности было дело:

«В декабре [9 декабря. — А.И.] 1932 года в "Правде" был опубликован фельетон Ильфа и Петрова *Клооп*. Арон Эрлих, в 30-е годы заведовавший отделом литературы и искусства в "Правде", много лет спустя рассказывал мне [Л. Яновской. — А.И.], как после публикации *Клоопа* его вызвал главный редактор "Правды" Л.З. Мехлис и спросил: "Вы хорошо знаете Ильфа и Петрова?" — "Да", — с готовностью ответил Эрлих. "И ручаетесь за них?" — "Д-да", — ответил Эрлих не так бодро. "Головой?" — "Д-да", — ответил Эрлих, окончательно уга-

---

* А. Раскин. *Наш строгий учитель.* — *Воспоминания об Илье Ильфе и Евгении Петрове.* М., 1963.

сая (и даже в пересказе слышалась эта его обреченная интонация). "Вчера я был у Иосифа Виссарионовича, — сказал Мехлис. — Эти вопросы были заданы мне. Я ответил на них так же, — продолжил он благосклонно. — Но помните: вы отвечаете за то, чтобы *Клооп* не повторился"»*.

Стало быть, редактор, о котором «с особой теплотой» говорил Петров, — хвала Создателю, не бывший секретарь Сталина, а Арон Исаевич Эрлих. Именно он осенью 1932 года привлек Ильфа и Петрова к работе в газете и поэтому отвечал за них «головой». Возможно, назавтра новый фельетон и был положен на стол, но в номер он пошел после почти полуторамесячной паузы**. Кстати, у этой истории есть огорчительное, однако вполне логичное продолжение:

«Эрлих... поспешил дезавуировать опасный рассказ. Эрлих опубликовал статью, в которой указал, что большинство сочинений авторов представляет собой полезную и нужную сатиру, и тут же прибавил: "К сожалению, этого нельзя сказать о фельетоне *Клооп*". Как всегда в таких случаях, критик сослался на то, что "многие читатели не поняли фельетона": "Ошибка авторов — ошибка литературного приема. Фельетон разработан так, что типическое исключение звучит как типическое правило. Что это за учреждение "Клооп"? Это не конкретное советское учреждение, а учреждение вообще"»***.

«Как нам теперь писать?.. — повторяет Илья Эренбург слова Ильфа. — "Великие комбинаторы" изъяты из обращения. В газетных фельетонах можно показывать самодуров-бюрократов, воров, подлецов. Если есть фамилия и адрес — это "уродливое явление". А напишешь рассказ — сразу загалдят: "Обобщаете, нетипическое явление, клевета..."»**** Приходилось делать якобы юмористические оговорки о частном и нетипичном характере изображаемого: «Отдельные авторы отдельных книг, в единичных случаях изданных отдельными издательствами... В единичных случаях отдельные заведующие...» и т.д.

---

* Лидия Яновская. *Мой друг Ильф.* — *Записки о Михаиле Булгакове.* Израиль, 1997.

** *Человек с гусем.* — Правда, 1933, 18 января.

*** А. Эрлих. *Заговор равнодушных.* Цит. по: *В краю непуганых идиотов.*

**** Илья Эренбург. Из книги *Люди, годы, жизнь.* — *Воспоминания об Илье Ильфе и Евгении Петрове.*

Надо сказать, что поначалу Ильф и Петров печатались в «Правде» довольно скудно: в 1932 году (с 12 ноября) — три фельетона, в 1933-м — всего два. Зато в 1934-м — сразу пятнадцать, а в 1935-м — даже шестнадцать плюс очерк *Дорога в Нью-Йорк*, написанный в Соединенных Штатах. Не забывайте, что Ильф и Петров выехали в Америку как корреспонденты «Правды». В 1936 году, кроме шести американских очерков, опубликован один-единственный фельетон — *Добродушный Курятников*.

Нельзя утверждать, что допущенные на «высокую трибуну» соавторы были настроены идиллически. Беглые записи Ильфа изображают «Правду» в сугубо сатирических тонах:

«Бесконечные коридоры новой редакции. Не слышно шума городского, нет суеты. Честное слово, самая обыкновенная суета в редакции лучше этого мертвящего спокойствия. Аппарат громадный, торопиться, следовательно, незачем, и так не хватает работы. И вот все потихоньку привыкли к безделью». «На таких бы сотрудников набрасываться. Пишите побольше, почему не пишете? Так нет же. Держат равнение. Лениво приглашают. Делают вид, что даже не особенно нуждаются». «В этой редакции очень много ванн и уборных. Но я ведь прихожу туда не купаться и не мочиться, а работать. Между тем работать там уже нельзя».

Еще более определенно выразился Петров:

«Обо всем можно условиться, всё может стать условным. Считается, например, что "Правда" — хорошая газета. <...> В самом же деле "Правда" делается крайне слабо. Девяносто процентов ее сотрудников не имеют ни малейшего понятия о газетном деле. Рассказы, как нарочно, печатаются там самые скверные. Стихи еще хуже. Газета не имеет более или менее приличных корреспондентов за границей. Рецензии анекдотически плохи. Хроника пишется отвратительным казенным языком. Самые интересные события в нашей стране подаются так, что о них не хочется читать»*.

Тем не менее с 1932 по 1937 год в «Правде» было напечатано более сорока рассказов, фельетонов и очерков. «Борьба с равнодушием — вот, пожалуй, основной пафос рассказов и фельетонов, написанных Ильфом и Петровым в последние годы их совместной работы», — подводит итоги Я.С. Лурье.

«Мы с упорством продолжали работать в "Правде", — вспоминал Петров. — Вообще очень равнодушные к критике, мы сердились, что наша газетная работа остается незамеченной. Зато нас утешало отношение к ней читателей».

---

* Из записной книжки Евгения Петрова. Цит. по: *Мой друг Ильф.*

* * *

Что же откроет читателю наша книга? Советскую действительность конца 1920 и 1930-х. Читатель окунется в жизненные коллизии, данные в гротескно-пародийном освещении. «Конечно, — писали Ильф и Петров (правда, по другому поводу), — лучше всего было бы ограничиться шумными аплодисментами, переходящими в овацию, но все же разрешите в гром похвал внести любимую сатирическую ноту».

Время было непростое (в России оно никогда не бывает простым). Это годы «Великого перелома» — «усиление классовой борьбы», коллективизация, индустриализация. Периодические массовые чистки советского аппарата, процессы «вредителей». Годы всеобщих покаяний и отмежеваний. Деление писателей и деятелей искусства на «пролетарских», «стоящих на советской платформе», «попутчиков», «колеблющихся» и пр., бесконечные групповые ссоры и склоки в среде РАППа, травля «непролетарских» элементов, рапповские методы руководства и критики, цензурные репрессии. Проблема творческой интеллигенции. Ожесточенная борьба с инакомыслящими. Постановление ЦК ВКП(б) «О перестройке литературно-художественных организаций», то есть о ликвидации РАППа (1932). «Индустриальная тематика», требование участия «в сфере производства», «производственные романы». Первый съезд писателей (1934), где принимается основной творческий метод — социалистический реализм.

На этом фоне и развертывается фельетонистика Ильфа и Петрова.

В циклах *Под сенью изящной словесности* и *Искусство для Главискусства* Ильф и Петров подвергают язвительной критике сценарии, изготовленные «в плане индустриальной поэмы и в разрезе мобилизации общественного внимания на вопросах борьбы с шаманизмом и жречеством в калмыцких степях», пьесы, «трактующие борьбу с бюрократизмом в разрезе борьбы с волокитой», а также трагедии, предназначенные «для постановки в плане монументального показа живого человека с выпячиванием психологии второстепенных действующих лиц». Они пишут о сращении искусства и бюрократии, о литературном приспособленчестве, о писателях-канцеляристах и писателях-бюрократах: раз бумага существует, то должен же кто-то на ней писать... Они пишут об ударничестве и социалистическом соревновании среди драматургов: кто быстрее напишет пьесу. Тем и сюжетов, просто созданных для пародии, — хоть отбавляй!

12

Соавторы находят острые характеристики для дельцов от литературы и искусства, идущих «в лапу с эпохой»: «халтуртрегеры», «гарпунщики», «юконские старатели», «рвачи-энтузиасты», «великий лагерь драматургов», «идеологические карманники». Им принадлежат такие выразительные формулировки, как «литературная обойма», «литературные капитаны», «полный набор литературных отмычек».

Пародийно звучат названия произведений, которые сочиняют «халтуртрегеры», — романы *Герои рафинада*, *Жена партийца*, *Гнезда и седла*, *Пни и колдобины* (из быта мороженщиков), *Отрыжка прошлого*; очерк — *В боях за булку*, *Стальное корыто*; полотно *Веселый колумбарий* (по заказу кладбищенского подотдела); короткометражка *Чресла недр*; киносценарий *Ее бетономешалка*; индустриальная кинопоэма *О чем рычала трансмиссия*, пьеса *Зразы*. («Даже о судаках есть какая-то пьеса в разрезе здорового оптимизма».)

Пародийны ремарки «производственных» киносценариев: «Батрачка Ганна кует чего-то железного. Пролетарии говорят чего-то идеологического» или «На фоне все усиливающегося кризиса капитализма цветет и наполняется индустриальным содержанием красавица Дуня». И если кинематографисты по каким-то неведомым причинам намерены «избежать комикования, чтобы не вышло, как у Чарли Чаплина», то можно быть уверенными, что «как у Чаплина не выйдет, за это можно поручиться».

Разделы *В краю непуганых идиотов* и *Мы пируем* содержат бесконечное множество острых зарисовок с натуры. Тотальные чистки и связанные с ними страхи. «Бюрократизмус». Советское учреждение как царство абсурда. Учреждение как сумасшедший дом. Учреждение, назначение которого невозможно определить. «Кафкианская абсурдность *Клоопа*, — замечает Я.С. Лурье, — соединяется с кафкианской же обстановкой повседневности — все действуют, как всегда, и никто ничему не удивляется. Если же мы вспомним, что рассказ был опубликован в стране, и само-то название которой обычно обозначалось аббревиатурой, то поймем силу гротеска в *Клоопе* и масштаб сделанного сатириками обобщения»*.

Вошли в живую речь и стали нарицательными многие словесные формулы из этих фельетонов: «костяная нога», «директивный бантик», «безмятежная тумба», «человек из ведомости», «веселящаяся единица», «кипучий бездельник», «Саванарыло», «Их бин с головы до ног».

---

* *В краю непуганых идиотов.*

Рассказы и очерки в разделах *Пешехода надо любить* и *Шевели ногами* посвящены новациям в жизни Москвы и путевым впечатлениям. В великолепной сатирико-юмористической манере написан рассказ *Колумб причаливает к берегу*.

Раздел *Комические рассказы* включает в основном рассказы и фельетоны последних пяти лет. Перед нами сатирические портреты-зарисовки, своего рода сатирические маски на грани гротеска. Обобщенные и поэтому несколько условные юмористические образы обрисованы соавторами то доброжелательно и дружелюбно, то саркастически, то непримиримо и даже свирепо.

Есть предположение, что читатели сами разберутся в фельетонистике Ильфа и Петрова, но хотелось бы коснуться некоторых особенностей их писательской манеры.

Доверительно и просто начинают они общение с читателем: «Заказчик хочет быть красивым». «Весной приятно поговорить о достижениях». «Очень трудно покорить сердце женщины». «Позвольте омрачить праздник». «Товарищ Сундучанский ожидал прибавления семейства». «Один гражданин пожелал купить электрическую лампочку».

Давая фельетонам заголовки *Детей надо любить*, *Любовь должна быть обоюдной* или *Писатель должен писать*, Ильф и Петров никого не поучают. Спокойно и деловито излагают они свои иронические пожелания:

«Есть важное и неотложное дело. Не существенно, как оно будет рассматриваться. В порядке ли обсуждения, в порядке предложения, в порядке постановки вопроса, в дискуссионном ли, наконец, порядке. Это безразлично. Можно сделать как угодно, можно предложение в порядке обсуждения, а можно и обсуждение в порядке предложения. Важно в порядке постановки вопроса добиться какого-нибудь ответа».

Заголовки — очень простые: *Хотелось болтать*. *Головой упираясь в солнце*. *На зеленой садовой скамейке*. *У самовара*. *На купоросном фронте*. *Собачий холод*. Слышится личная, почти интимная нота: *Мне хочется ехать* или *Мы уже не дети*.

«Авторы пародировали всё, что попадало в их поле зрения»*, — небезосновательно замечает Б. Сарнов. Атмосфера пародии неизменно насыщает рассказы и фельетоны Ильфа и Петрова. Взять хотя бы несколько примеров.

---

* Бенедикт Сарнов. *Ильф и Петров на исходе столетия*. — Цит. по: *Мой друг Ильф*.

Они пародировали словесные штампы, бюрократический лексикон: «По линии наименьшего сопротивления у нас все обстоит благополучно». «Просьба явиться на дискуссионный бутерброд». «Собаку нужно решать в плане героики сегодняшнего дня». «Довели культурную единицу до лысины». «Надо идти по линии товарищеского ужина». «Не умеют у нас беречь людей, этот живой материал для выполнения пятилетки в четыре и даже в три с половиной года».

Они пародировали словоблудие: «Что мы имеем, товарищи, в области книжной продукции? В области книжной продукции мы, товарищи, имеем определенное отставание. Почему, товарищи, мы имеем определенное отставание в области книжной продукции? А черт его знает, почему мы имеем в области книжной продукции определенное отставание!»

Они пародировали актуальные призывы: «Клооповец, поставь работу на высшую ступень!» «Писатель, стоп! Комсомол ждет высококачественного репертуара. Штурмуй молодежную тематику!» «Все на борьбу за здоровое гулянье!» «Побольше внимания разным вопросам!»

Они пародировали стихотворные рекламы: «Фруктовые воды сулят нам углеводы». «Больше внимания общественному питанию». «Оставляй излишки не в пивной, а на сберкнижке». «Глядя на солнечные лучи, не забудь произвести анализ мочи».

Фельетоны красноречиво говорят и о самих писателях, которые «пропускают» через себя излагаемые события и факты. Поэтому очень приятно, кроме мелких подробностей из их жизни, получить очередной ответ на очередной вопрос: «Как же вы пишете вдвоем?»:

«— О, это очень просто! Значит, так: стол, ну, естественно, чернильница, бумага, и мы двое. Посмотреть со стороны — так совсем не интересно. Никаких особенных писательских странностей. Озабоченные, встревоженные лица (какие бывают у людей, которым обещали комнату с газом и вдруг не дали), взаимные попреки, оскорбления и, наконец, начало романа: "Белоснежный пароход рассекал своим острым носом голубые волны Средиземного моря". Разве это хорошо, такое начало? Может быть, написать как-нибудь иначе, лучше? <...>

— Как же вы все-таки пишете вдвоем?

— Так вот все-таки и пишем, препираясь друг с другом по поводу каждой мысли, слова и даже расстановки знаков препинания».

И юмористическое резюме: «Теперь как-то не принято работать в одиночку. Многие, наконец, поняли, что ум — хорошо, а два все-таки лучше».

***

Никогда не заметишь в их рассказах и фельетонах стремления всенепременно развеселить читателя, насильственно исторгнуть из его груди животный смех или убить остроумием. Соавторы неизменно сдержанны, интеллигентны — и непримиримы.

Почему предисловие озаглавлено «Мысленно вместе»? Кстати, это цитата из *Золотого теленка*. А потому что...

Если чтение нашей книги доставит вам удовольствие, откроет новые горизонты или освежит старые, значит, вы — «мысленно вместе» со своими старыми друзьями, авторами романов *Двенадцать стульев* и *Золотой теленок*.

Значит, как говорил наш любимый герой, — «Заседание продолжается».

Александра Ильф

ДВОЙНАЯ АВТОБИОГРАФИЯ

Составить автобиографию автора «Двенадцати стульев» довольно затруднительно. Дело в том, что автор родился дважды: в 1897 году и в 1903 году. В первый раз автор родился под видом Ильи Ильфа, а во второй раз — Евгения Петрова. Оба эти события произошли в городе Одессе.

Таким образом, уже с младенческого возраста автор начал вести двойную жизнь. В то время, когда одна половина автора барахталась в пеленках, другой уже было шесть лет и она лазила через забор на кладбище, чтобы рвать сирень. Такое двойное существование продолжалось до 1925 года, когда обе половины впервые встретились в Москве.

Илья Ильф родился в семье банковского служащего и в 1913 году окончил техническую школу. С тех пор он последовательно работал в чертежном бюро, на телефонной станции, на авиационном заводе и на фабрике ручных гранат. После этого был статистиком, редактором юмористического журнала «Синдетикон», в котором писал стихи под женским псевдонимом, бухгалтером и членом Президиума Одесского союза поэтов. После подведения баланса выяснилось, что перевес оказался на литературной, а не бухгалтерской деятельности, и в 1923 году И. Ильф приехал в Москву, где и нашел свою, как видно окончательную, профессию — стал литератором, работал в газетах и юмористических журналах.

Евгений Петров родился в семье преподавателя и в 1920 году окончил классическую гимназию. В том же году сделался корреспондентом Украинского телеграфного агентства. После этого в течение трех лет служил инспектором уголовного розыска. Первым его литературным произведением был протокол осмотра трупа неизвестного мужчины. В 1923 году Евг. Петров переехал в Москву, где продолжал образование и занялся журналистикой. Работал в газетах и юмористических журналах. Выпустил несколько книжечек юмористических рассказов.

После стольких приключений разрозненным частям удалось наконец встретиться. Прямым следствием этого и явился роман «Двенадцать стульев», написанный в 1927 году в Москве.

В таких случаях авторов обычно спрашивают, как это они пишут вдвоем. Интересующимся можем указать на пример певцов, которые поют дуэты и чувствуют себя при этом отлично.

После «Двенадцати стульев» нами выпущены в свет — сатирическая повесть «Светлая личность» и две серии гротескных новелл: «Необыкновенные истории из жизни города Колоколамска» и «1001 день, или Новая Шахерезада».

Сейчас мы пишем роман под названием «Великий комбинатор» и работаем над повестью «Летучий голландец». Мы входим в недавно образовавшуюся литературную группу «Клуб чудаков».

Несмотря на такую согласованность действий, поступки авторов бывают иногда глубоко индивидуальными. Так, например, Ильф Ильф женился в 1924, а Евгений Петров в 1929 году.

Илья Ильф, Евг. Петров
Сочинено 25 июля 1929 г.
Москва

СОАВТОРЫ

Очень трудно писать вдвоем. Надо думать, Гонкурам было легче. Все-таки они были братья. А мы даже не родственники. И даже не однолетки. И даже различных национальностей: в то время как один русский (загадочная славянская душа), другой еврей (загадочная еврейская душа).

Итак, работать нам трудно.

Труднее всего добиться того гармонического момента, когда оба автора усаживаются наконец за письменный стол.

Казалось бы, все хорошо: стол накрыт газетой, чтобы не пачкать скатерти, чернильница полна до краев, за стеной одним пальцем выстукивают на рояле «О, эти черные», голубь смотрит в окно, повестки на разные заседания разорваны и выброшены. Одним словом, все в порядке, сиди и сочиняй.

Но тут начинается.

Тогда как один из авторов полон творческой бодрости и горит желанием подарить человечеству новое художественное произведение, как говорится, широкое полотно, другой (о, загадочная славянская душа!) лежит на диване, задрав ножки, и читает историю морских сражений. При этом он заявляет, что тяжело (по всей вероятности, смертельно) болен.

Бывает и иначе.

Славянская душа вдруг подымается с одра болезни и говорит, что никогда еще не чувствовала в себе такого творческого подъема. Она готова работать всю ночь напролет. Пусть звонит телефон — не отвечать, пусть ломятся в дверь гости — вон! Писать, только писать. Будем прилежны и пылки, будем бережно обращаться с подлежащим, будем лелеять сказуемое, будем нежны к людям и строги к себе.

Но другой соавтор (о, загадочная еврейская душа!) работать не хочет, не может. У него, видите ли, нет сейчас вдохновения. Надо подождать. И вообще, он хочет ехать на Дальний Восток с целью расширения своих горизонтов.

Пока убедишь его не делать этого поспешного шага, проходит несколько дней. Трудно, очень трудно.

Один — здоров, другой — болен. Больной выздоровел, здоровый ушел в театр. Здоровый вернулся из театра, а больной, оказывается, устроил небольшой разворот для друзей, холодный бал с закусочкой а-ля фуршет. Но вот наконец прием окончился, и можно было бы приступить к работе. Но тут у здорового вырвали зуб, и он сделался больным. При этом он так неистово страдает, будто у него вырвали не зуб, а ногу. Это не мешает ему, однако, дочитывать историю морских сражений.

Совершенно непонятно, как мы пишем вдвоем.

1934

ПОД СЕНЬЮ ИЗЯЩНОЙ СЛОВЕСНОСТИ,
или РЫЧИ — ЧИТАЙ!

БЛЕДНОЕ ДИТЯ ВЕКА

Поэт Андрей Бездетный, по паспорту значившийся гражданином Иваном Николаевичем Ошейниковым, самым счастливым месяцем в году считал ноябрь.

Происходило так не потому, что Андрей Бездетный родился именно в этом месяце и верил в свою счастливую звезду. А также не потому, что эта пора, богатая туманами и дождями, подносила ему на своих мокрых ладонях дары вдохновенья.

Андрей Бездетный просто был нехорошим человеком и уважал даже не весь ноябрь, а только седьмое его число. К этому дню он готовился с лета.

— Богатое число, — говаривал Бездетный.

В этот день даже «Эмиссионно-балансовая газета», обычно испещренная цифрами и финансовыми прогнозами, даже она печатала стихи.

Спрос на стихи и другие литературные злаки ко дню Октябрьской годовщины бывал настолько велик, что покупался любой товар, лишь бы подходил к торжественной теме. И нехороший человек Андрей Бездетный пользовался вовсю. В этот день на литбирже играли на повышение:

«Отмечаается усиленный спрос на эпос. С романтикой весьма крепко. Рифмы "заря — Октября" вместо двугривенного идут по полтора рубля. С лирикой слабо».

Но Бездетный лирикой не торговал.

Итак, с июля месяца он мастерил эпос, романтику и другие литературные завитушки.

И в один октябрьский день Андрей вышел на улицу, сгибаясь, как почтальон, под тяжестью ста шестидесяти юбилейных опусов. Накануне он подбил итоги. Выяснилось, что редакций десять все-таки останутся без товара.

Нагруженное октябрьскими поэмами, кантатами, одами, поздравительными эпиграммами, стихотворными пожеланиями, хоралами, псалмами и тропарями, бледное дитя века вошло в редакцию, первую по составленному им списку, редакцию детского журнала под названием «Отроческие ведомости». Не теряя времени, поэт проник в кабинет редакторши и, смахнув со стола выкройки распашонок и слюнявок, громким голосом прочел:

> Ты хотя и не мужчина,
> А совсем еще дитя,
> Но узнаешь годовщину,
> Все по пальцам перечтя.

> Пальцев пять да пальцев пять
> Ты сумеешь сосчитать,
> К вам прибавить только три —
> Годовщину ты сочти.

— Ничего себе приемчик? — похвалялся Андрей. — Заметьте, кроме общей торжественности, здесь еще и арифметика в стишках.

Редакторше стишок понравился. Понравился он также заведующей отделом «Хороводов и разговоров у костра». И уже с громом открывалась касса, когда редакторша застенчиво сказала:

— Мне кажется, товарищ Бездетный, что тут какая-то ошибка. Пять да пять действительно десять. И если к десяти прибавить, как вы сами пишете, «только три», то получится тринадцать. А ведь теперь не тринадцатая годовщина Октября, а только двенадцатая.

Андрей Бездетный зашатался. Ему показалось, что его коленные чашечки наполнились горячей водой. Ведь все сто шестьдесят юбилейных тропарей были построены на цифре тринадцать.

— Как двенадцатая? — сказал он хрипло. — В прошлом году была двенадцатая!

— В прошлом году была одиннадцатая годовщина, — наставительно сказала заведующая отделом «Хороводов». — Вы же сами в прошлом году печатали у нас такой стих:

> Пальцев три и пальцев семь —
> Десять пальцев будет всем,
> К ним прибавь всего один —
> Все узнаешь ты, мой сын.

— Да, — сказал Бездетный, ужаленный фактом в самое сердце.

И касса с грохотом закрылась перед его затуманившимися очами.

Всю ночь Андрей, бледное дитя века, просидел за своим рабочим столом. Сто шестьдесят опусов лежали перед ним.

— Как же, — бормотал Андрей, — как же так случилось? Что же теперь будет?

Положение было действительно ужасное.

Девяносто пять произведений трактовали о буржуях, для которых тринадцатая годовщина является поистине чертовой дюжиной. В остальных шестидесяти пяти хоралах Андрей Бездетный высмеивал вредителей и эмигрантов, упирая на то, что цифра тринадцать как число несчастливое несет им гибель.

Путь к переделкам был отрезан. Приемчик погиб. Для сочинения новых поздравлений не хватило бы времени.

Только одно новое стихотворение удалось ему написать. Там говорилось о двенадцатом часе революции, который пробил. Это было все, что могла изобрести его жалкая фантазия.

И Андрей Бездетный, подобно чеховскому чиновнику, лег на клеенчатый диван и умер. Поспешив со стихами на целый год вперед, он своей смертью все-таки опоздал на несколько лет. Ему следовало бы умереть между пятой и шестой годовщинами.

1929

ТРИ С МИНУСОМ

(Отчет о диспуте «Писатель и политграмота».
Состоялся 7.X в Театре Революции)

Некоторые скептики утверждают, что наши писатели плохо пишут.

Это преувеличено. Пишут они хорошо. А вот говорят действительно неважно. Объясняется это тем, что большинство из них обучались в гимназиях и до сих пор при виде кафедры, к которой их вызывают, испытывают непобедимый страх.

Между прочим, в своем быту писатели очень разговорчивы. Как гимназисты на большой перемене. С жаром и жестикуляцией они набрасываются друг на друга, дергают за пуговицы, кричат об «установках», о целеустремленности, о смысле жизни. Но стоит им только собраться в одном месте, усесться за стол под взглядами публики и подчиниться воле диспутного регламента, как гимназический страх вселяется в их робкие души.

— О чем сегодня будет спрашивать Суслин? Ты не знаешь?

— О реках и озерах Южной Америки. Я ничего не выучил.

И вызванный к доске ученик вместо того, чтобы плавно повествовать о реках и озерах Южной Америки, пытается рассказать о флоре и фауне Соломоновых островов (сведения, почерпнутые из Жюля Верна).

На этот раз писателям был задан урок о Пильняке.

— Что будет? — трусливо шептала Вера Инбер. — Я ничего не выучила.

Олеша испуганно писал шпаргалку. Всеволода Иванова грызло сомнение: точно ли река Миссури является притоком реки Миссисипи. Зозуля, согнувшись под партой, лихорадочно перелистывал подстрочники, решебники и темники.

И один только Волин хорошо знал урок. Впрочем, это был первый ученик. И все смотрели на него с завистью.

Он вызвался отвечать первым и бойко говорил целый час. За это время ему удалось произнести все свои фельетоны и статьи, напечатанные им в газетах по поводу антисоветского выступления Пильняка.

На него приятно было смотреть.

Кроме своих собственных сочинений, Волин прочел также несколько цитат из «Красного дерева».

Публика насторожилась. Посыпались записки. Одни требовали ареста Пильняка. Другие просили прочесть «Красное дерево» целиком и полностью, якобы для лучшего ознакомления с проступком писателя. Кроме того, поступила записка с вопросом: «Будут ли распространяться норвежские сельди, поступившие в кооператив № 84, и по какому талону?»

После Волина говорил Зозуля.

Нежным голосом он сообщил, что писатели вообще люди малосведущие и что им нужно учиться, учиться и учиться. При этом Мих. Левидов покраснел. Он, как видно, совсем не знал урока и рассчитывал только на то, что его не вызовут.

Ученику Шкловскому, как всегда, удалось обмануть учителя.

Он все-таки произнес речь о флоре и фауне Соломоновых островов, хотя были заданы реки и озера Южной Америки. Легко обойдя вопрос о Пильняке, Шкловский заявил, что писателю нужна вторая профессия и только тогда он будет хорошим писателем.

На брошенную ему записку ученик Шкловский Виктор не ответил. Записка была гадкого содержания:

«Вторая ваша профессия известна — вы непременный участник диспутов. Но какая же ваша первая профессия?»

Всеволод Иванов боязливо пробрался к кафедре. Ему мучительно хотелось сказать, что он не оратор, но, вспомнив, что это выражение уже принадлежит Горькому, он совсем растерялся и урока не ответил.

Вера Инбер наполнила зал меланхолическими стонами.

— Вы жалеете птичку? — сказала она тоненьким голоском.

— Жалеем, — хрипло ответили сидевшие в первых рядах контрамарочники.

— А овечку вы жалеете? — допытывалась писательница.

Зал, видимо, жалел овечку.

— Так пожалейте же и писателя, — заключила Вера Инбер. — Ему очень, очень трудно писать!

Так как это не имело никакого отношения к Пильняку, то зал сочувственно похлопал писательнице.

Юрий Олеша читал свою речь по бумажке.

Громовым голосом он опубликовал популярный афоризм о том, что если дать овцам свободу слова, то они все равно будут блеять.

— Пильняк проблеял, — заявил Олеша.

Справедливость этого положения никто не оспаривал.

Левидов осуществил заветную мечту публики. Он не говорил и радовался этому, как дитя.

В общем, писатели отвечали по политграмоте на три с минусом. Но так как пишут они на три с плюсом, то публика была очень довольна, что увидела всех в лицо.

1929

К БАРЬЕРУ!

В робкое подражание состоявшейся недавно в Москве смычке русских писателей с украинскими, редакции ЧУДАКА удалось организовать еще одно культурное празднество — встречу классиков с современными беллетристами.

Наиболее любезным и отзывчивым оказался Лев Николаевич Толстой, немедленно ответивший на приглашение телеграммой: «Выезжаю. Вышлите к вокзалу телегу».

Гоголь, Пушкин, Достоевский и Лермонтов прибыли с похвальной аккуратностью.

Из современных беллетристов пришли — Лидин, Малашкин, Леонов и Пильняк.

Приходили еще Шкловский и Катаев. Катаев, узнав, что ужина не будет, — ушел, Шкловский вздохнул и остался.

Когда все собрались, наступило естественное замешательство. Лев Толстой, заправив бороду в кушак, с необыкновенной подозрительностью рассматривал писателя Малашкина. Лермонтов посвистывал. Пильняк растерянно поправлял очки на своем утином носу и, вспоминая, какую ерунду он написал про Лермонтова в своем рассказе «Штосс в жизнь», уже пятый раз бормотал Шкловскому:

— Но при советской власти он не может вызвать меня на дуэль? Как вы думаете? Мне совсем не интересно стреляться с этим забиякой!

На это Шкловский отвечал:

— Я формалист и как формалист могу вам сообщить, что дуэль является литературной традицией русских писателей. Если он вас вызовет, вам придется драться. И вас, наверное, убьют. Это тоже в литературных традициях русских писателей. Я говорю вам это как формалист.

И Пильняк горестно склонялся на плечо Лидина.

Леонов с восторгом на пухлом лице заглядывал в глаза Достоевскому. Гоголь сутулился где-то на диване. Жизнерадостен был лишь Александр Сергеевич Пушкин, немедленно усвоивший себе всю мудрость висевшего на стене плаката «Долой рукопожатие» и не подавший на этом основании руки Лидину.

Наконец, вошел Горький. Пользуясь тем, что с одной стороны он классик, а с другой — современный беллетрист, собрание единогласно избрало его председателем.

В короткой речи Алексей Максимович объявил, что целью предстоящих дебатов является обнаружение недостатков в произведениях собравшихся.

— Одним словом, — добавил быстро освоившийся Пушкин, — выявление недочетов! Прекрасно! Но я хочу на данном отрезке времени выявить также и достижения. В книге моего уважаемого собрата по перу, Малашкина, под названием «Сочинения Евлампия Завалишина о народном комиссаре», на 120 стр. я прочел: «Кухарка остановилась, оттопырила широкий зад, так что обе половинки отделились друг от друга». Это блестяще, собрат мой! Какой выпуклый слог!

Малашкин, багровея, отошел к подоконнику и оттуда забубнил:

— А Лидин-то! Написал в романе «Отступник», что «пахло запахом конского аммиака». А никакого конского нет. И коровьего нет. Есть просто аммиак. А конского никакого нет.

Все повернулись в сторону Лидина и долго на него смотрели. Наконец, автора «Отступника» взял под свою защиту Шкловский.

— Лидин, конечно, писатель нехороший. Но вот что написал хороший писатель Гоголь в повести «Ночь перед Рождеством». Написал он так: «Маленькие окна подымались, и сухощавая рука старухи (которые одни только вместе со степенными отцами оставались в избах) высовывалась из окошка с колбасою в руках или куском пирога». Что это за рука, выросшая на руке же у старухи?

— А кто написал, что «Прусская пехота, по-эскадронно гоняясь за казаками...», — раздался надтреснутый голос Гоголя. — Написано сие в «Краткой и достоверной вести о дворянине Болотове», в сочинении Шкловского. Вот, где это написано, хотя пехота в эскадронах не ходит.

От неожиданности лысина Шкловского на минуту потухла, но потом заблистала с еще большей силой.

— Позвольте, позвольте! — закричал он.

— Не позволю! — решительно отвечал Гоголь. — Если уж на то пошло, то и наш уважаемый председатель Алексей Максимович чего понаписал недавно в журнале «Наши достижения»! Рассказал он, как некий тюрк-публицист объяснял «...интересно и красиво историю города Баку». «Бакуиэ» называл он его и, помню, объяснял: «Бад» — по-персидски гора, «Ку» — ветер. Баку — город ветров». А оно как раз наоборот: «ку» — гора, «бад» — ветер. Вот какие у вас достижения!

Назревал и наливался ядом скандал. Шкловский рвался к Льву Толстому, крича о том, что не мог старый князь Болконский лежать три недели в Богучарове, разбитый параличом, как это написано в «Войне и мире», если Алпатыч 6-го августа видел его здоровым и деятельным, а к 15 августа князь уже умер.

— Не три недели, значит, — вопил Шкловский, — а 9 дней максимум он лежал, Лев Николаевич!

Лермонтов гонялся за Пильняком, пронзительно крича:

— Вы, кажется, утверждали в своем «Штосе в жизнь», что мои и ваши сочинения будут стоять на книжных полках рядом? К барьеру! Дуэль!

— Позволь мне! — просил Пушкин. — Я сам его ухлопаю. Иначе он про меня тиснет какой-нибудь пасквильный рассказик.

— Телегу мне! — мрачно сказал Толстой.

За Толстым, который уехал, не попрощавшись, переругиваясь, повалили все остальные.

Культурное празднество, к сожалению, не удалось.

1929

ВОЛШЕБНАЯ ПАЛКА

(Диспут о советской сатире в Политехническом музее)

Уже давно граждан Советского Союза волновал вопрос: «А нужна ли нам сатира?»

Мучимые этой мыслью, граждане спали весьма беспокойно и во сне бормотали: «Чур меня! Блюм меня!»

На помощь гражданам, как и всегда, пришло Исполбюро 1 МГУ.

Что бы ни взволновало граждан: проблема ли единственного ребенка в семье, взаимоотношения ли полов, нервная ли система, советская ли сатира, — Исполбюро 1 МГУ уже тут как тут и утоляет жаждущих соответствующим диспутом.

«А не перегнули ли мы палку? — думали устроители. — Двадцать пять диспутантов! Не много ли?»

Оказалось все-таки, что палку не перегнули. Пришла только половина поименованных сатириков. И палка была спасена.

Потом боялись, что палку перегнет публика. Опасались, что разбушевавшиеся толпы зрителей, опрокидывая моссельпромовские палатки и небольшие каменные дома, ворвутся в Политехнический музей и слишком уже переполнят зал.

Но и толпа не покусилась на палку. Публика вела себя тихо, чинно и хотела только одного: как можно скорее выяснить наболевший вопрос — нужна ли нам советская сатира?

Любопытство публики было немедленно удовлетворено первым же оратором:

— Да, — сказал режиссер Краснянский, — она нам нужна. Чувство облегчения овладело залом.

— Вот видите, — раздавались голоса,— я вам говорил, что сатира нужна. Так оно и оказалось.

Но спокойная, ясная уверенность скоро сменилась тревогой.

— Она не нужна, — сказал Блюм, — сатира.

Удивлению публики не было границ. На стол президиума посыпались записочки: «Не перегнул ли оратор тов. Блюм палку?»

В. Блюм растерянно улыбался. Он смущенно сознавал, что сделал с палкой что-то не то.

И действительно. Следующий же диспутант писатель Евг. Петров назвал В. Блюма мортусом из похоронного бюро.

Из его слов можно было заключить, что он усматривает в действиях Блюма факт перегнутия палки.

Засим диспут разлился широкой плавной рекой.

После краткой, кипучей речи В. Маяковского к эстраде, шатаясь, подошла девушка с большими лучистыми глазами и швырнула на стол голубенькую записку:

«Почему Вл. Маяковский так груб и дерзок, точно животное, с выступавшим т. Блюмом. Это непоэтично и весьма неприятно для уха».

Записка подействовала на Маяковского самым удручающим образом. Он немедленно уехал с диспута в Ленинград. Кстати, ему давно уже нужно было туда съездить по какому-то делу.

Писатель Е. Зозуля выступил весьма хитро. Все диспутанты придерживались такого порядка: одни говорили, что сатира нужна, и награждались аплодисментами; другие утверждали, что сатира не нужна, и тоже получали свою порцию рукоплесканий.

Своенравный Зозуля с прямотой старого солдата заявил, что плохая сатира не нужна (аплодисменты), а потом с тою же прямотой отметил, что хорошая сатира нужна (аплодисменты).

Потом снова выступал В. Блюм. И снова он утверждал, что сатира нам не нужна и что она вредна. По его словам, не то Гоголь, не то Щедрин перегнули палку.

Услышав о знакомом предмете, зал оживился, и с балкона на стол свалилась оригинальная записка: «Не перегнул ли оратор палку?»

Председатель Мих. Кольцов застонал и, чтобы рассеять тяжелые тучи, снова сгущавшиеся над залом, предоставил слово писателю и драматургу В. Ардову.

— А вот и я, — сказал писатель и драматург. — Я за сатиру.

И тут же обосновал свое мнение несколькими веселыми анекдотами.

За поздним временем перегнуть палку ему не удалось, хотя он и пытался это сделать.

— Лежачего не бьют! — сказал Мих. Кольцов, закрывая диспут.

Под лежачим он подразумевал сидящего тут же В. Блюма.

Но, несмотря на свое пацифистское заявление, немедленно начал добивать лежачего, что ему и удалось.

— Вот видите! — говорили зрители друг другу. — Ведь я вам говорил, что сатира нужна. Так оно и оказалось.

1930

МАЛА КУЧА — КРЫШИ НЕТ

— Любите ли вы критиков? — спросили как-то одну девицу в Доме Герцена.

— Да, — ответила девица. — Они такие забавные.

Девица всех считала забавными: и кроликов, и архитекторов, и птичек, и академиков, и плотников.

— Ах, кролики! Они такие забавные!

— Ах, академики! Они такие забавные!

Не соглашаясь в принципе с огульной оценкой дом-герценовской девицы, мы не можем не согласиться с нею в частном случае.

Критики у нас по преимуществу действительно весьма забавные.

Они бранчливы, как дети.

Трехлетний малютка, сидя на коленях у матери, вдруг лучезарно улыбается и совершенно неожиданно говорит:

— А ведь ты, мама, стерва!

— Кто это тебя научил таким словам? — пугливо спрашивает мать.

— Коля, — отвечает смышленый малютка.

Родители бросаются к Коле.

— Кто научил?

— Пе-етя.

После Пети след теряется в огромной толпе детишек, обученных употреблению слова «стерва» каким-то дореформенным благодетелем.

И стоит только одному критику изругать новую книгу, как остальные критики с чисто детским весельем набрасываются на нее и принимаются в свою очередь пинать автора ногами.

Начало положено. Из разбитого носа автора показалась первая капля крови. Возбужденные критики начинают писать.

«Автор, — пишет критик Ив. Аллегро, — в своем романе "Жена партийца" ни единым словом не обмолвился о мелиоративных работах в Средней Азии. Нужны ли нам такие романы, где нет ни слова о мелиоративных работах в Средней Азии?»

Критик Гав. Цепной, прочитав рецензию Ив. Аллегро, присаживается к столу и, издав крик: «Мала куча — крыши нет», — пишет так:

«Молодой, но уже развязный автор в своем пошловатом романе "Жена партийца" ни единым, видите ли, словом не обмолвился о мелиоративных работах в Средней Азии. Нам не нужны такие романы».

Самый свирепый из критиков т. Столпнер-Столпник в то же время и самый осторожный. Он пишет после всех, года через полтора после появления книги. Но зато и пишет же!

«Грязный автор навозного романа "Жена партийца" позволил себе в наше волнующее время оклеветать мелиоративные работы в Средней Азии, ни единым словом о них не обмолвившись. На дыбу такого автора!»

Столпник бьет наверняка. Он знает, что автор не придет к нему объясняться. Давно уже автор лежит на веранде тубсанатория в соломенном кресле и кротко откашливается в платочек. Синее небо и синие кипарисы смотрят на больного. Им ясно, что автору «Жены партийца» долго не протянуть.

Но бывает и так, что критики ничего не пишут о книге молодого автора.

Молчит Ив. Аллегро. Молчит Столпнер-Столпник. Безмолвствует Гав. Цепной. В молчании поглядывают они друг на друга и не решаются начать. Крокодилы сомнения грызут критиков.

— Кто его знает, хорошая эта книга или это плохая книга? Кто его знает! Похвалишь, а потом окажется, что плохая. Неприятностей не оберешься. Или обругаешь, а она вдруг окажется хорошей. Засмеют. Ужасное положение!

И только года через два критики узнают, что книга, о которой они не решались писать, вышла уже пятым изданием и рекомендована Главполитпросветом даже для сельских библиотек.

Ужас охватывает Столпника, Аллегро и Гав. Цепного. Скорей, скорей бумагу! Дайте, о, дайте чернила! Где оно, мое вечное перо?

И верные перья начинают скрипеть.

«Как это ни странно, — пишет Ив. Аллегро, — но превосходный роман "Дитя эпохи" прошел мимо нашей критики».

«Как это ни странно, — надсаживается Гав. Цепной, — но исключительный по глубине своего замысла роман "Дитя эпохи" прошел мимо ушей нашей критики».

Последним, как и всегда, высказывается Столпнер-Столпник. И, как всегда, он превосходит своих коллег по силе критического анализа.

"Дитя эпохи", — пишет он, — книга, которую преступно замолчали Ив. Аллегро и Гав. Цепной, является величайшим документом эпохи. Она взяла свое, хотя и прошла мимо нашей критики».

Случай с «Дитятей эпохи» дает возможность критикам заняться любимым и совершенно безопасным делом: визгливой семейной перебранкой. Она длится целый год и занимает почти всю бумагу, отпущенную государством на критические статьи и рецензии о новых книгах.

И целый год со страниц газет и журналов шлепаются в публику унылые слова: «передержка», «подтасовка фактов», «нет ничего легче, как...» и «пора оставить эти грязные маневры желтой прессы».

Однако самым забавным в работе критиков является неписаный закон, закон пошлый и неизвестно кем установленный. Сводится этот закон к тому, чтобы замечать только то, что печатается в толстых журналах.

Отчаянная, потная дискуссия развивается вокруг хорошего или плохого рассказа, напечатанного в «Красной нови» либо в «Новом мире».

Но появись этот самый рассказ в «Прожекторе», «Огоньке» или «Красной ниве», ни Столпнер-Столпник, ни Ив. Аллегро, ни Гав. Цепной не нарушат своего закона — не напишут о нем ни строки.

Эти аристократы духа не спускаются до таких «демократических» низин, как грандиозные массовые журналы.

А может быть, Столпнер-Столпник ждет, чтобы за это дело взялся Ив. Аллегро? А Аллегро с опаской глядит на Гав. Цепного?

Разве не забавные люди — критики?

1930

КОРОЛЬ-СОЛНЦЕ

Каждую весну в кругах, близких к малым формам искусства, начинает обсуждаться вопрос о Молоковиче.

— Куда девался Молокович?

— Действительно, был человек и вдруг исчез!

— Что могло случиться с Молоковичем? Неужели и его успели проработать и загнать в бутылку? А уж такой был бодрый, такой живучий.

— Может быть, он умер?

— Все возможно.

И в кругах, близких к малым формам искусства, качают головами.

— А какой был халтурщик! Прямо скажу — не халтурщик, а король-солнце, царь-кустарь! Помните, как он впихнул в птицеводческий журнал «Куриные ведомости» стишок про путину, героический стих о рыбе? И когда редактор стал упираться и кричать, что ему нужно о птицах, Молокович сразу нашелся. «Я, говорит, написал не про обычную рыбу, а про летающую. Так что это по вашему ведомству». В общем, схватил деньги и убежал.

— Да. Невероятный был человек!

И нельзя понять: говорятся эти слова с порицанием или с тайным восхищением.

Подходит лето. О Молоковиче начинают забывать. А осенью всем уже кажется, что никогда такого человека и не было, что все это журналистские басни, веселая сказка о чудо-богатыре.

И вдруг к 7-му ноября Молокович неожиданно возникает из небытия. И не просто возникает. Блеск, сопровождающий его появление, так ослепителен, что в кругах, близких к малым формам, только ахают.

Имя Валерьяна Молоковича появляется сразу в шестидесяти изданиях. Тут и еженедельники, и полудекадники, и двухнедельники, и ведомственные газеты, выходящие через день, и праздничные альманахи, и сборники молодежных песен, и бюллетени, и руководства для затейников. И во всех этих органах Валерьян Молокович уверенным голосом поет хвалу Октябрю и неустрашимо заявляет себя сторонником мировой революции.

— Да, этот умрет, — шепчут работники малых форм. — Дождешься. Смотрите, что он написал в альманахе «Гусляр-коллективизатор». Смотрите:

> Призадумались ужи,
> Нет у них родной межи,
> Сдул Октябрь межей преграду.
> Плохо нонче стало гаду.

Перед праздниками всех редакторов охватывает беспокойство. С утра до вечера длятся редакционные совещания. До зарезу нужны праздничные стихи. Во всех редакциях, будь это даже редакция журнала для диспетчеров или для специалистов по алюминию, считают, что в такой день выйти без стихов немыслимо.

А стихов нет.

— А может, можно как-нибудь в прозе отметить, — говорит молодой, неопытный сотрудник.

На него испуганно кричат:

— Вы с ума сошли! В такой день и вдруг без стихов!

— Кому заказать? Безыменский уехал. Жаров после юбилея стал какой-то гордый, Психович отказался... Кто же нам напишет? Тем более что нам нужен стих одновременно и юбилейный и чтоб была проблема увеличения яйценоскости кур. Эх! Некрасова нет!..

А Молокович уже стоит в коридоре. И в руках у Молоковича стих. И в стихе есть все: и октябрьская годовщина, и потребная проблема, и сверх программы — мотивы международной солидарности, и достойная отповедь румынским боярам, и производительность труда, и даже совершенно свежий вопрос —

снижение цен на тридцать процентов. Когда только поэт успел, — понять невозможно. Лишь сегодня утром вышел декрет, а он уже отобразил его в художественной литературе.

Невероятный человек! Птица Сирин! Гений! Король-солнце!

Ну, как его не обласкать?

В предпраздничные дни Молокович мечется по городу, вручая редакциям свои сочинения. Так в дореволюционное время по квартирам ходили трубочисты и вручали стихотворение, напечатанное на отдельном листке бумаги и украшенное эмблемами дымоходного дела: лестницей, ложкой, гирей и гусиным крылом.

Стихи у трубочистов были незамысловатые:

> Мы, трубочисты, поздравляем
> Вас с новым годом, господа,
> И с новым счастием желаем
> Отдохновенья вам всегда.

Трубочистам отвечали в прозе: «И вас также» — и давали полтинник.

Так бы надо поступать и с Молоковичем. Когда он является в редакцию и подает свое произведение, смысл которого, в общем, сводится к одному:

> Я, Молокович, поздравляю
> Вас с новым годом Октября,
> Отдохновенья вам желаю
> На дивном поприще труда, —

ему нужно отвечать: «И вас также». Полтинника при этом давать не нужно. Стихов тоже не нужно печатать.

И погибнет навеки король-солнце, невероятный человек, автор бесчисленных юбилейных песнопений — быстроногий Молокович.

В борьбе с халтурой, будничной и праздничной, установилась традиция — ругать только халтурщиков, совершенно забывая при этом о редакторах.

Это несправедливо.

1931

ВЕЛИКИЙ КАНЦЕЛЯРСКИЙ ШЛЯХ

Недавно в литературном мире произошло чрезвычайно крупное событие.

Нет, нет! Совсем не то, о котором вы думаете.

Это было другое событие, случай, если хотите. Но весьма важный случай. Между тем никто не обратил на него внимания. Мы вообще как-то равнодушны, многого не замечаем, привыкли. В ГИХЛе черт знает сколько месяцев висело над кассой печатное сообщение:

> ОСТАВЛЯЙ ИЗЛИШКИ НЕ В ПИВНОЙ,
> А НА СБЕРКНИЖКЕ

И ничего. Писатели не обижались, хотя намек был более чем прозрачный. Если принять в расчет, что в этой кассе получают гонорар только литераторы, а также то, что ГИХЛ является почти единственным издателем изящной литературы, то в беспробудном пьянстве подозревались все наличные кадры беллетристов, поэтов и критиков. И все-таки претензий не поступило. Прочли, но не осознали, не почувствовали всей обидности намека, как-то недопереварили и побежали по своим делам в соседний коридор — скажем, в «Редакцию поэзии» (тоже странное название, а все молчат, привыкли).

Итак, событие.

В литературное учреждение — есть такие учреждения — пришел писатель Алексей Самообложенский, получивший известность выдержанной повестью «Пни и колдобины» из жизни мороженщиков. В руках он держал бумагу, на которой с боевой краткостью было написано:

РАПОРТ

Ввиду перегрузки общественной работой лишен возможности мобилизовать себя для написания давно задуманного романа-двулогии, выпуск которого я хочу приурочить к пуску первой очереди московского метрополитена.

Настоящим прошу предоставить мне четырехмесячный творческий отпуск.

Основание: Необходимость сочинения указанной выше двулогии.

Приложение: Без приложений.

Подпись: *Алексей Самообложенский.*

Эту бумагу он показал другим писателям, которые судачили, сидя в коридоре на подоконниках.

И опять никто не удивился. Никто не спросил, почему бумага озаглавлена «рапорт» и при чем тут метрополитен. А главное, никто даже не подумал о странности и ненатуральности требования отпуска на предмет исполнения основных писательских обязанностей. Ведь почтальон не уходит в специальный отпуск, чтобы разнести по квартирам письма и телеграммы. Вагоновожатый тоже занимается своим делом, не испрашивая на это особой резолюции.

Вообще действия Самообложенского показались всем естественными. Ему даже сказали:

— Сильно написано, Алеша. В особенности насчет метрополитена. Очень убедительно. Тебе обязательно дадут отпуск.

— Конечно, дадут, — радовался Самообложенский — Буду писать. Знаешь, подлежащее, сказуемое, какая-нибудь идея, какая-нибудь метафора. Прелесть!

— А ты кому, собственно, собираешься подать сей рапорт?

— Да уж подам. Где-нибудь здесь, в Доме Герцена. В Союз писателей.

— А ты подай копию в РЖСКТ «Советский писатель». Смотри, Алешенька, уедешь в творческий, а они как раз тебе квартиры и не дадут.

— Да-да, — забеспокоился Самообложенский, — копия в РЖСКТ, копия в столовую.

И вдруг обнаружился скептик. Он сказал:

— Почему же рапорт нужно подавать в Союз писателей? При чем тут Союз? Они скажут: «Пожалуйста, пишите. Ваше дело. А отпусков мы не даем. У нас никто не состоит на службе». А вместе с этим отпадут и копии.

Самообложенский очень испугался.

— Кому же подавать? Может, в ГИХЛ? Или в Наркомпрос?

— Да садись просто за стол и пиши себе на здоровье.

— Нет, просто за стол я не могу. Тут есть какая-то индивидуалистическая, антиобщественная нотка. Какой-то анархизм чувствуется, бесплановость. Знаете, я, кажется, попрошу мой отпуск в Главлите.

— Как сказать! Это, правда, тоже не их дело, но они, понимаешь, могут не разрешить. Ты уж лучше в Главлит не подавай.

— Тогда в Литературную энциклопедию? Все-таки солидное учреждение. Я у них скоро выйду на букву «С». Они не посмеют мне отказать. А копии можно будет в Большую советскую энциклопедию, в Малую, в Техническую, в Медицинскую. Ну, и на всякий случай копию московскому прокурору. А?

— Что ж, это идея.

И бедный Самообложенский побрел по коридору, насыщенному бензиновым запахом супов, свинобобов, старых пальто и канцелярских чернил.

Как дошел Самообложенскнй до такого странного состояния? Что привело его к составлению трагического документа.

Это было три года назад. Он был молод и наивен, писал свои «Пни и колдобины» и вдруг совершенно случайно — кажется, затем, чтобы попросить спичку, — вошел в одну из комнат Дома Герцена. Там сидели четыре человека. Прикурить они ему не дали, а вместо того, зловеще посмеиваясь, избрали вице-президентом комиссии по установлению единого образца писательской членской книжки.

Самообложенский не знал еще того правила, что нельзя входить в комнату, где собралось больше четырех писателей. Обязательно куда-нибудь выберут. Новый вице-президент стал ходить по комнатам, чтобы все-таки у кого-нибудь прикурить, и к концу дня состоял уже в пятнадцати комиссиях. В иные он был избран единогласно, в другие — кооптирован, тоже единогласно. (Вот, дети, весь вред курения! Никогда не курите, дети!)

И началась для Алексея Самообложенского новая, не то чтоб счастливая, но необыкновенно кипучая жизнь. Он стал известен, гораздо более известен, чем когда сочинял свою повесть. Имя его постоянно упоминалось в газетах. Он много заседал и помогал выносить полезные решения.

Но писать он перестал. Его пишущая машинка заржавела, а стопа бумаги, полученная в ГИХЛе для творческих надобностей, незаметно разошлась на протоколы.

И замечательная молодость ушла на создание всяческих «слушали — постановили». «Слушали вопрос о перекраске забора в экономический зеленый цвет. Постановили забор перекрасить в зеленый экономический цвет, а вопрос об олифе проработать т. Самообложенскому совместно с т. Сексопильщиковым из киносекции». «Слушали об организации междугородной переклички писателей с талдомскими кустарями. Постановили перекличку организовать, поручив т. Самообложенскому подготовить материалы».

И через три года такой гордой жизни появился невероятный на первый взгляд рапорт о желании получить творческий отпуск.

Ему дали отпуск. На рапорте появилась чья-то резолюция. Может быть, действительно сжалился прокурор, а может быть, разрешило домоуправление (по месту жительства).

Говоря коротко, Алексей Самообложенский, писатель, сел за письменный стол. Все было прекрасно. Чернильница была полна. На столе лежала новая стопа гихловской бумаги. Верный друг, отремонтированная пишущая машинка сияла белыми кнопками и велосипедным звонком.

Вдохновение пришло не сразу. Роман-двулогия не сразу обозначился на бумаге.

Название — «Первая любовь». Зачеркнуто. «Вторая молодость». Зачеркнуто. «Третий звонок». Зачеркнуто. «Четвертый этаж». Зачеркнуто. «Пятое колесо». Тут что-то есть. Итак, «Пятое колесо».

И здесь застопорило на два дня. Не пролилась ни одна капля чернил. Двулогия не вязалась. Не подбирался нужный тон. Вообще никакого тона не было. Писатель не мог извлечь из себя ни одной ноты. Он забыл, как это делается.

— Может быть, ты, Алешенька, пошел бы в какую-нибудь комиссию, рассеялся бы, — посоветовала жена.

— Да, да, комиссия! Комиссия — это хорошо. Тут что-то есть. Напрашивается какая-то новая форма, какое-то новое слово в литературе.

Писатель вспомнил. Да, да, листки папиросной бумаги, лиловый шрифт, зеленый забор, олифа, звучная перекличка с кустарями.

И рука сама погнала давно задуманных героев по дороге, пробитой заседателями, по великому канцелярскому шляху.

ПЯТОЕ КОЛЕСО
Роман-двулогия

Слушали	Постановили
1. Был весенний вечер, когда Николай Кандыба, молодой осодмилец, вышел из ярко освещенного клуба бумажников.	1. Принять к сведению.
2. Ганка уже ждала его на лавочке, как и в прошлый раз, как и в многие прошлые разы их затянувшейся связи.	2. Создать комиссию для исследования отношений т. Кандыбы с т. Ганкой.
3. И хотя Кандыба знал, что между ними все кончено, и знал, что и Ганка знает об этом, как знали об этом все члены добровольного общества содействия милиции, где они с Ганкой раньше дружно работали, но знание это не могло придать ему силы, чтобы честно, по-комсомольски сказать ей о том, что хотя он не хочет причинить ей неприятности, но он, Кандыба, может и должен причинить ей неприятность, хотя осодмильский коллектив считает, что он не должен и не может поступить так, как он поступать не должен.	3. Указанный вопрос доработать на следующем заседании.

Новая, блестящая форма была найдена. Двулогия писалась легко. Она вязалась.

Уже задолго до истечения творческого отпуска Алексей Самообложенский доставил готовую рукопись в издательство. Для большей, так сказать, впечатляемости она была отпечатана на папиросной бумаге.

Через две недели явился за ответом.

— Прекрасно, — сказал заведующий издательством. — Ваша двулогия — великолепный творческий документ, говорящий за то, что вы смогли бы занять у нас должность начальника канцелярии. Какой слог! Какая форма! Хотите? А? Тем более что бумаги у нас все равно мало.

Под давлением жены Самообложенский согласился.

Сейчас он служит и считается дельным работником. Правда, в составляемых им отношениях проскальзывает иногда излишняя писательская легкость, ненужная метафоричность, но его непосредственное начальство убеждено, что со временем это пройдет бесследно.

1932

ИДЕОЛОГИЧЕСКАЯ ПЕНЯ

Зима окончилась. Дни становились все прекраснее, но вечерняя газета продолжала запальчиво информировать читателя, что Москва по-прежнему обеспечена топливом и калошами. А весна уже вкралась в последние дни апреля, незаметно и проворно, как вкрадывается увлекательная опечатка в газетную передовицу. И уже не о калошах нужно беспокоиться, но о каком-нибудь дедушкином квасе.

В общем, вместе с зимой окончился сезон.

Между тем авторы что-то помалкивают. За лето быстрые халтуртрегеры напечатали множество индустриальных тропарей, житий ударников, спасакооперативных романов и прочей изящной словесности, а отмежевываться от всего этого даже еще не начали. Это тем более удивительно, что в прошлом году в это же время сладкая пора литотмежеваний была уже в полном разгаре. Неповоротливость, какая-то негибкость халтуртрегеров в этом отношении просто непонятна.

Именно сейчас, когда май-чародей веет свежим своим опахалом и лучезарны вечера в залах Комакадемии, самое время начинать отмежевываться. Об этом забывать нельзя. Надо торопиться.

Необходимо помнить, что на сочинителей, не отмежевавшихся своевременно, начисляется идеологическая пеня из расчета 0,2 (ноль целых две десятых) ругательной статьи на печатный лист художественной прозы.

У всех перед глазами должен стоять ужасный пример автора мелкобуржуазного романа «Жена предместкома». Переисполненный гордыни, он не пожелал отмежеваться вовремя от своего литературно-художественного произведения. И что же? Сейчас наступает юбилейная дата. Исполняется два года с тех пор, как мелкобуржуазный автор все отмежевывается, все отмежевывается и все недостаточно, все недостаточно.

А почему? Пропущено было золотое время, наросла пеня.

Необходимость отказа от ошибок застигла его врасплох, и отмежевываться он начал беспорядочно и вульгарно, теряя запятые, метафоры и даже целые придаточные предложения. Он бежал с поля битвы, как румынский полковник, тряся животом и размазывая по лицу грязные слезы.

Ужасен этот пример, и давно уже пришло время внести стройность и порядок в литотмежевательное дело. Халтуртрегерам необходимо беспрестанно помышлять о спасении. Нужны некие нормы. Необходимо расставить вехи на этом нелегком пути.

Конечно, приходится начинать не на голом месте. Кое-что сделано уже и сейчас. Отдельные сочинители накануне выхода в свет своего нового произведения письмом в редакцию извещают гр.гр. критиков о том, что автор сам знает недостатки своей книги, что имеющиеся в книге идеологические бреши спешно заделываются для второго издания и что ввиду этих обстоятельств подвергать книгу разбору несвоевременно.

Как ни странно, но такая простейшая прививка часто помогает. Однако дело отмежевания от литературных грехов и срывов нельзя оставить во власти подобного самотека.

Отмежевание никоим образом нельзя отделять от самого произведения. Оно должно составлять как бы часть самой книги.

Между последней фразой сочинения и тем местом, где издательство обычно печатает патетический возглас: «Читатель! Пришли свой отзыв об этой книге в ГИХЛ, Никольская, 10», должно быть помещено краткое отмежевание автора по стандартной форме «А»:

«Считаю мой роман "Отрыжка прошлого" реакционным как по содержанию, так и по форме и представляющим собой документ узколобого кретинизма и мещанской пошлости. Сейчас я нахожусь в развернутой стадии перестройки и работаю над идеологически выдержанным романом "Апатиты" (название условное), с каковой целью выезжаю на месторождения этого полевого шпата. Валерьян Молокович».

Однако эта в общем удовлетворительная форма — еще не все. Хорошо бы пойти дальше и включить литотмежевание в издательский типовой договор на будущую книгу.

«Мы, нижеподписавшиеся, с одной стороны, Государственное издательство художественной литературы, именуемое в дальнейшем "Издательство", и, с другой стороны, Валерьян Молокович, именуемый в дальнейшем "Автор", заключили настоящий договор в том, что... (идут обычные пункты договора).

§ 18. Автор признает свой роман "Апатиты" (название условное), который он должен сдать не позднее 1 августа 1933 года, грубой, приспособленческой халтурой, где убогость формы достойно сочетается с узколобым кретинизмом содержания, беззастенчивой лакировкой, ячеством и преклонением перед голой техникой.

§ 19. Издательство, со своей стороны, признает свою ошибку, выразившуюся в издании десятитысячным тиражом книжонки некоего Молоковича под зазывно-кинематографическим названием "Апатиты" (название условное), в то время как бумажные ресу...»

От тех литературных старателей, кои не озаботились помещением отмежевания ни в договор, ни в книгу, запоздалых писем в редакцию принимать не следует, чтобы не загромождать газет.

Всякого рода литотмежевки и посыпания главы пеплом и мусором следует помещать за плату по нормальному тарифу в отделе объявлений, между извещениями: «Пропала сука» и «Я, такой-то, порвал связь с родителями с 18 часов 14 минут 24 мая 1926 года».

По условиям места отмежевка должна занимать не больше трех строк нонпарели.

> «Счит. ром. "Шестеренки и четверенки" разверн. документ. узколоб. кретин. и мещ. пошл. Пр. крит. считать наход. стад. перестр. Там же прод. нов. дуб. письменный стол и дамский велосипед. Спросить Валерьяна Молоковича».

В области театра обыкновенное отмежевание можно сделать зрелищно занимательным, насыщенным и достигающим большой художественной впечатляемости.

Пользуясь принципами commedia dell'arte, можно ввести авторское отмежевание в пьесу в виде злободневной интермедии.

Автор и режиссер появляются перед занавесом и, взявшись за руки, под музыкальное сопровождение доказывают публике, что настоящий спектакль — это пройденный этап и что они со дня общественного просмотра неустанно перестраиваются. Здесь возможен эффектный конец: автор и режиссер проваливаются в люк, из которого бьют серый дым и пламя.

В цирке и мюзик-холле отмежевание можно заканчивать «табло 30 лошадей» или «чудесами пиротехники».

Авторы малых форм, где существует обезличка и неизвестно, кто что написал, должны приводиться к отмежеванию все скопом не реже одного раза в месяц в помещении Всеросскомдрама по окончании служебного дня.

Что касается поэтов, то пора уже покончить с их попытками ублаготворить общественность отмежеваниями в прозаической форме. Нет, и еще раз нет! Раз нашкодил в стихах, то в стихах и отмежевывайся!

ПОСЛЕСЛОВИЕ К КНИГЕ «КОТЛЫ И ТРУБЫ»

Спешу признать с улыбкой
                                                хмурой
Мой
        сборничек
                    «Котлы и трубы»
Приспособленческой халтурой,
Отлакированной
                    и грубой.

Евт. Аэроплун.
Группа «За бой»

И как приятно, проделав своевременно все потребные манипуляции, сидеть на балконе, среди фикусов и уважающих твой талант родственников, взирать на перестраивающуюся по случаю весны природу и сознавать, что где-то, задыхаясь и разрывая на себе толстовки, бегут рвачи-энтузиасты, халтуртрегеры и золотоискатели, просрочившие все сроки.

Они бегут, а пеня все растет, растет.

1932

ОТДАЙТЕ ЕМУ КУРСИВ

Когда отменили букву ять, учитель очаковской казенной прогимназии И. Ф. Канторский сошел с ума. Он поджег двухэтажное здание благотворительного о-ва «Капля молока» и бежал в степь. Поймали его только через три дня силами пожарной команды и роты бывших потешных указанной прогимназии. Любопытно отметить, что, когда г. Канторского вели по улице, он громко выкрикивал: «Звѣзды, сѣдла, цвѣлъ, приобрѣлъ».

Хроника б. Херсонской губернии

Вначале в общем шуме ничего нельзя было разобрать.

Писатели говорили все разом.

Вполне возможно, что они лили воду на чью-то мельницу. Но чья это была мельница, никто точно сказать не мог, потому что РАПП уже закрылась и некому было провернуть этот животрепещущий вопрос.

В конце концов выяснилось, что говорили главным образом о критиках. И надо прямо сказать, что суждения художников слова отличались некоторой пристрастностью. Высказывались, например, в том смысле, что критиков хорошо бы вешать на цветущих акациях. Это было слишком поэтично и чуть-чуть бессердечно. Придумывались еще худшие казни. Предлагали поймать известного младокритика и отобрать у него литературный инструмент (кавычки, многоточия, sic, восклицательные знаки и «курсив мой»).

Очень, очень жесткие слова говорили. И, конечно, несправедливые слова.

Критики должны иметь место. Без них не может быть полного счастья.

Пусть только не будут первыми учениками, зубрилами с вытаращенными от усердия глазами.

Кто их не помнит, гимназистов, в синих фуражках с белым кантом и серебряным гербом!

На большой перемене, когда ученики играли в скок-скок-скакуна и в «ушки» или предавались чтению выпусков «Этель Кинг — женщина-сыщик», зубрила сидел на подоконнике и горестно бормотал:

Бѣло-сѣрый бѣдный бѣсъ
Убѣжалъ, бѣдняга, въ лѣсъ,
Лѣшимъ по лѣсу онъ бѣгалъ,
Рѣдькой съ хрѣномъ пообѣдалъ
И за горькій тотъ обѣдъ
Далъ обѣтъ не дѣлать бѣдъ.

И форма и содержание этого стиха говорят за то, что писал его не Пушкин, не Александр Сергеевич. Как-то не очаровывал этот стих. Не дул от него ветер вдохновенья. Но зато таились в нем волшебные свойства. В стихотворение входили только слова с ятями. Это было специальное педагогическое произведение, которое в популярной художественной форме вбивало в мозги учеников столь необходимый «ять».

Зубрила никогда не пытался проникнуть в глубь грамматического вопроса. Он не допытывался, почему вдруг бес бегает по лесу и жрет хрен. Он знал только, что нужно ответить без запинки. Тогда все будет хорошо. И родителей не вызовут для объяснений, и в кондуитном журнале не будет о нем гадких, компрометирующих записей.

А главное, не надо было думать. Выпалил заученное, получил пятерку и пошел прочь. Завтра выпалил то же самое. Послезавтра — опять то же самое.

Хорошо быть первым учеником, критическим зубрилой литературной прогимназии!

Автор ночью сидит за столом. И чай леденеет в стакане. И мысль не дается в руки. И язык получается непрозрачный, а так хочется, чтобы был прозрачный. В общем — множество дел.

И покуда автор волнуется и скачет, тут же, за перегородкой, в писательском доме монотонно бормочет свои критические вирши первый ученик:

Бойтесь, дети, гуманизма,
Бойтесь ячества, друзья.
Формализма, схематизма
Опасайтесь, как огня.
Страшен, дети, техницизм,
Биология вредна —
Есть в ней скрытый мистицизм,
    лефовщина, феодализм, механицизм,
    непреодоленный ремаркизм,
    непреодоленный ревматизм,
    а также шулятиковщина в ней видна.
Разделяйте все моменты
На шаги и на проценты.
      Шаг вперед,
      Два назад,
Автор плачет, критик рад.
      Задавим «Новый мир»
      И др. и др.

Зазубрив такой стих, примерный ученик без лишних дум и сомнений приступает к написанию критической статьи. Он уже овладел техникой. Он знает все слова на ять. Основа статьи имеется.

Остальное — мелочь. Но и для мелочей хранятся заголовки.

Для названия статьи употребляется так называемая формула сомнения. Если рецензируемая книга называется «Жили два товарища», статья о ней первого ученика имеет заголовок «Жили ЛИ два товарища?».

Произведение носит название «Трагедийная ночь». Рецензия — «Трагедийная ночь ли?»

Это хорошо. Это удобно. Автор сразу берется под сомнение. По заголовку статьи сразу видно, что писал ее первый ученик, а не какой-нибудь второй. Тут стесняться нечего. Формула заголовков удобная.

«Список ли благодеяний ли?»

«Наследник ли?» или «Чей наследник?»

«Последний ли из удэге ли?»

«Севастополь ли?»

Почему он все время сомневается? Неужели он думает, что автор пытался всучить рабочему-читателю Симферополь вместо Севастополя или, скажем, Серпухов?

Да нет, ни о чем он не думает. Просто формула готова, а менять ее для какого-то попутчика не хочется. Некогда.

Начиная свою статью, первый ученик никогда не скажет: «Автор изобразил», «Автор нарисовал». Тут есть более осторожная фраза: «Автор пытался изобразить», «Автор сделал попытку нарисовать».

Привычка настолько велика, что даже о Шекспире стали писать: «В пьесе "Отелло" автор попытался изобразить ревность». Кстати, и статья называется «Мавр ли?». И читатель в полной растерянности. Может быть, действительно не мавр, а еврей? Шейлок? Тогда при чем тут Дездемона? Ничего нельзя понять!

Если писатель, не дай бог, сочинил что-нибудь веселое, так сказать, в плане сатиры и юмора, то ему немедленно вдеваются в бледные уши две критические серьги — по линии сатиры: «Автор не поднялся до высоты подлинной сатиры, а работает вхолостую»; по линии юмора: «Беззубое зубоскальство». Кроме того, автор обвиняется в ползучем эмпиризме. А это очень обидно, товарищи, — ползучий эмпиризм! Вроде стригущего лишая.

Особенно не любит первый ученик произведений, где герои объясняются в любви, женятся и так далее. Он заостряет вопрос, он ставит его ребром: нужно ли в наши дни отображать это чувство в художественной литературе? Никакой любви нет. Позвольте! Откуда же берутся дети? Чепуха! Пожилого советского читателя не трудно убедить в том, что детей приносят аисты.

Под ударами первого ученика писатель клонится все ниже и ниже. А зубрила, бормоча (чтобы не позабыть): «Есть в нем скрытый мистицизм, биологья в нем видна», принимается за самую ответственную операцию (нечто вроде трепанации черепа) — вскрывание писательского лица. Тут он беспощаден и в выражениях совершенно не стесняется. Формула требует энергичного сравнения. Поэтому берутся наиболее страшные. Советского автора называют вдруг агентом британского империализма, отождествляют его с П.Н. Милюковым, печатно извещают, что он не кто иной, как объективный Булак-Балахович, Пуанкаре или Мазепа, иногда сравнивают даже с извозчиком Комаровым.

Все эти страшные обвинения набираются курсивом и неуклонно (такова традиция) снабжаются замечанием: «Курсив мой».

Курсив мой! Курсив мой! Мой! Мой!

Это его курсив. Курсив первого ученика.

И эти придирчивые притязания хорошо бы наконец удовлетворить.

— Не мучьте ученика, отдайте ему его вещи, пусть возьмет свой курсив и чуть-чуть поразмыслит над ним. Пусть опомнится от зубрежки.

1932

Я, В ОБЩЕМ, НЕ ПИСАТЕЛЬ

Позвольте омрачить праздник.

Позвольте явиться на чудные именины советской сатиры не в парадной толстовке, ниспадающей на визиточные брюки, и не с благополучным приветствием, выведенным пером «рондо» на куске рисовальной бумаги. Разрешите прибыть в деловых тапочках, выцветшей голубой майке и замечательных полутеннисных брюках, переделанных из кальсон.

Конечно, легче всего было бы ограничиться шумными аплодисментами, переходящими в овацию, но все же разрешите в гром похвал внести любимую сатирическую ноту.

Дело в следующем. Не очень давно в редакцию явился довольно обыкновенный человек и предложил свое сотрудничество.

— Я, — сказал он, — в общем, не писатель. В общем, я интеллигент умственного труда, бывший гимназист, ныне служащий. Но я, видите, женился, и теперь, вы сами понимаете, мне нужна квартира. А чтобы купить квартиру, мне нужно укрепить свою материальную базу. Вот я и решился взять на себя литературную нагрузку: сочинять что-нибудь.

— Это бывает, — заметил редактор, — как раз Гете так и начинал свою литературную деятельность. Ему нужно было внести пай в РЖСКТ «Веймарский квартирник-жилищник», а денег не было. Пришлось ему написать «Фауста».

Посетитель не понял горечи этой реплики. Он даже обрадовался.

— Тем лучше, — сказал он. — Вот и я сочинил несколько юморесок, афоризмов и анекдотов для укрепления своей материальной базы.

Редактор прочел сочинения бывшего гимназиста и сказал, что все это очень плохо. Но бедовый гимназист и тут не смутился.

— Я и сам знаю, что плохо.

— Зачем же вы принесли свой товар?

— А почему же не принести? Ведь у вас в журнале известный процент плохих вещей есть?

— Есть.

— Так вот я решил поставлять вам этот процент.

После такого откровенного заявления отставного гимназиста прогнали. А случай с процентами забылся, и о нем никто не упоминал.

Между тем хорошо было бы о нем вспомнить сейчас, в юбилейную декаду, потому что это не маленький, видно, процент плохих произведений, если человек собирался построить на него квартиру.

Неизвестно, как это произошло, но в сатирико-юмористическом хозяйстве слишком рано появились традиции. Лучше бы их вовсе не было. Кто-то уже слишком проворно разложил по полочкам все явления жизни и выработал краткие стандарты, при помощи коих эти явления нужно бичевать.

Как-то незаметно проник в веселую сатирико-юмористическую семью злодей-халтуртрегер. Он все знает и все умеет. Он может написать что угодно. У него есть полный набор литературных отмычек.

Когда-то на железных дорогах существовал трогательный обычай. На вокзалах вывешивались портреты (анфас и в профиль) особо знаменитых поездных воров. Таким образом, пассажир вперед знал, с кем ему придется столкнуться на тернистом железнодорожном пути. И всю дорогу пассажир не выпускал из рук чемодана, тревожно изучал профили и фасы своих соседей. Он был предупрежден.

О читателе нужно заботиться не меньше, чем о пассажире. Его нужно предостеречь.

Именно с этой целью здесь дается литературная фотография (анфас и в профиль) поставщика юмористической трухи и сатирического мусора.

Работа у него несложная. У него есть верный станок-автомат, который бесперебойно выбрасывает фельетоны, стихи и мелочишки, все одной формы и одного качества.

А. СТИХОТВОРНЫЙ ФЕЛЬЕТОН
НА ВНУТРЕННЮЮ ТЕМУ
Басенка о коопголовотяпах и метрической системе

Сплошь и рядом наблюдается, что в единичных случаях отдельные заведующие кооплавками, невзирая на указания районных планирующих организаций и неоднократные выступления общественности и лавочных комиссий, частенько делают попытки плохого обращения с отдельными потребителями, что выражается в невывешивании прейскурантов розничных цен на видном месте и нанесении ряда ударов метрическими гирями по голове единичных членов-пайщиков, внесших полностью до срока новый дифпай. Пора ударить по таким настроениям, имеющим место среди отдельных коопголовотяпов.

Из газет

Нет места в кооперативном мире
Головотяпским сим делам.
Не для того создали гири,
Чтоб ими бить по головам.

Б. МЕЛОЧИ (ШУТКИ)

— Солнце село.
— На сколько лет?

— Вечер наступил.
— На кого?

— Отчего у тебя пиджак порван? За гвоздь зацепился?
— Нет. В кооперативе купил.

В. АФОРИЗМЫ И МЫСЛИ

Если римский папа сказал «а», то Лига Наций говорит «б».

Не всякий заведующий имеет казенный автомобиль.

Жить с личной секретаршей — это еще не значит жить в мире с подчиненными.

Какая разница между казенной лошадью и казенным автомобилем? Никакой. И та и другой частенько в единичных случаях привозят отдельных заведующих на скамью подсудимых.

Вот все, что есть у владельца литературных отмычек. Вот все его мысли, его шутки, его сатира на кооперативные дела, его представление о международных проблемах.

Больше почти ничего у него и нет. Разве только так называемые юмористические фамилии. Их штук шесть. Дудочкин (совслужащий), Обиралкин (подкулачник), Добывалкин (плохой кооператор), Помадочкина (несчастная, затравленная машинистка), Канцеляркин (бюрократ и головотяп), Никишин (положительный тип, появляется в конце фельетона).

Кажется, профиль обозначился полностью. Да и фас виден довольно отчетливо. Читатель предупрежден.

А теперь, когда в гром похвал внесена родимая сатирическая нота, можно уже надеть визиточные брюки, нарядиться в парадную толстовку и бархатным голосом зачитать теплое приветствие, написанное пером «рондо» на куске рисовальной бумаги.

1932

ХОТЕЛОСЬ БОЛТАТЬ

Внезапно заговорили о пробке.

Пробка!

На время это обыкновенное и, так сказать, второстепенное слово стало главным. Его склоняли во всех шести падежах, произносили всюду, где только возможно, и весьма часто ни к селу ни к городу.

Как же такое в общем мизерное слово выскочило вперед и сделало головокружительную карьеру?

О, это началось просто. Появилась в газете заметка:

«МИЛЛИОНЫ НА СМЕТНИКЕ»

Заголовок серьезный, но не самый свежий. В газетах часто можно найти такие заголовки: «Миллионы ржавеют», «Миллионы под ногами», «Миллионы на ветер». Заметка «Миллионы на сметнике» без журналистской нарядности и щегольства ставила простенький вопрос — использованная пробка не должна пропадать, ее снова можно пустить в дело, и таким образом миллионы избегнут печальной необходимости валяться где-то в мусорных ящиках.

Предложение имело успех. Один видный хозяйственник высказался в том смысле, что пробку действительно не худо бы собирать. С этим согласились все.

Тут-то и надо было начать сбор пробки, сухо, по-деловому, не сопровождая свои действия вызывающими возгласами, извлечь миллионы из сметника и вернуть их на производство.

Но произошло совсем не то.

Первой откликнулась киноорганизация. Там зорко следят за прессой и торопятся все что ни на есть немедленно отобразить в художественных произведениях. Вскоре было обнародовано сообщение, что сценарист Мурузи приступил к работе над сценарием (название еще не установлено), в котором ставятся вопросы сбора пробки в свете перерождения психики отсталого старьевщика-единоличника. Через два дня последовало новое сообщение. Оказывается, Мурузи сценарий уже окончил (условное название — «На последней меже»), создана крепкая съемочная группа и составлена смета на девяносто четыре тысячи ориентировочных рублей.

И все закипело.

В отделе «Над чем работает писатель» можно было прочесть, что писатель Валерьян Молокович заканчивает повесть, трактующую вопросы сбора пробки, однако уже не в свете перерождения психики какого-то жалкого старьевщика, а гораздо шире и глубже — в свете преодоления индивидуалистических навыков мелкого кустаря, подсознательно тянущегося в артель.

Главы из своей новой повести Молокович уже читал на районном слете управдомов. Управдомы нашли, что повесть заслуживает пристального внимания, но что автору не мешает еще больше углубить свое мировоззрение. Автор обещал слету мировоззрение подвинтить в декадный срок.

Решительно пробка захватывала все большие участки жизни.

Странные колебания эфира показали, что радиообщественность тоже не дремлет. Были отменены утренние концерты. Вместо них исполнялась оратория. Дружно гремели хор и оркестр:

Мы были пробкой не богаты,
Богаты пробкой станем мы.
Смелей, дружней вперед, ребяты,
Штурмуйте сметников холмы!

На всякий случай отменили и дневные концерты, чтобы размагничивающей музыкой Шопена не портить впечатления от оратории.

Жару поддала газетная статья, напечатанная, как потом выяснилось, по недосмотру редакции.

Статья была смелая. В ней горизонт необыкновенно расширялся. Уже и речи не было о простом использовании старой пробки. Заварена была совершенно новая каша. Автор статьи утверждал, что обыкновенная пробка есть не только затычка для закупоривания бутылей, банок и бочек, не только материал, идущий на спасательные пояса, изоляционные плиты и тропические головные уборы, но нечто гораздо более важное и значительное. Ставился вопрос не голо практически, но принципиально, а именно — о применении в сборе пробки диалектико-материалистического метода. Автор всячески клеймил работников, не применявших до сих пор этого метода в борьбе за пробку. В качестве примера недиалектического подхода к пробке приводился киносценарий, сочиненный торопливым Мурузи.

Мурузи ужаснулся, и картину стали переделывать на ходу. Заодно увеличили смету (сто шестьдесят три тысячи ориентировочных рублей).

Юмористы пустили в ход старый каламбур насчет пробки бутылочной и пробки трамвайной.

Вообще трескотня шла необыкновенная. Взору уже рисовались большие прохладные склады, наполненные пахучими пробками, как вдруг произошел ужасный случай.

Жил на свете мальчик, чудесный мальчик с синими глазами. Его звали Котя.

Котя прочел самую первую заметку «Миллионы на сметнике», и пока в эфире бушевала оратория, пока Молокович подвинчивал мировоззрение и кто-то вел титаническую борьбу за внедрение диалектического метода в пробочное дело, — умный мальчик собирал пробки. Он собрал четыреста шестьдесят восемь пробок больших и триста шестьдесят пять пробок малого калибра.

Но сдать этот товар было некуда. Вопрос о пробках успели поднять на такую принципиальную высоту, что забыли открыть склады.

Такой чепухой никто не хотел заниматься. Хотелось болтать, рассуждать о высоких материях, искать метода, закапываться в глубь вопроса.

Некоторое отрезвление внесла лишь новая заметка. Правда, называлась она так же, как и старая, — «Миллионы на сметнике», но содержание ее было другое. Имелись в виду ориентировочные рубли, потраченные на художественный фильм о переломе в душе старьевщика-единоличника, на многократное колебание эфира музыкальной фразой: «Богаты пробкой станем мы», печатанье боевой повести Валерьяна Молоковича, — на что угодно, кроме пробки.

И на тему этой заметки почему-то не было сотворено ни одного художественного произведения.

1932

ЛИТЕРАТУРНЫЙ ТРАМВАЙ

Жарко. По летнему времени трудно сочинить нечто массивное, многословное, высокохудожественное, вроде «Соти». Тянет написать что-нибудь полегче, менее великое, вроде «Мадам Бовари».

Такая жара, что противно вкладывать персты в язвы литературы. Не хочется придираться, допускать сатирические вольности и обобщения.

Хочется посмеяться. И, верите ли, смеяться хочется почему-то так называемым утробным смехом. Тем более это уже разрешено вполне официально и, есть слух, даже поощряется.

Хочется, а с другой стороны — колется. Вдруг не выйдет! Как-никак, а молодость прошла, нет уж того порыва. «И одинокий тонкий волос блестит на праздной голове» (кажется, Тютчев).

В ужасных препирательствах прошла молодость. Мы спорили без конца. Враги говорили, что юмор — это низкий жанр, что он вреден. Плача, мы возражали. Мы говорили, что юмор вроде фитина. В небольших дозах его можно давать передовому читателю. Лились блестящие детские слезы. Кто-то учился на своих ошибках (орфографических). Кого-то куда-то бросили.

Теперь все хорошо.

К тому же лето, жарко, съезд писателей соберется не скоро, и литературный трамвай еще не вошел в прохладное депо. Последняя посадка была 23 апреля.

И опять кто-то в давке не успел попасть в вагон и гонится за трамваем, задыхаясь и жалуясь:

— Я был первым в очереди. Меня рапповцы замалчивали. И вот такая несправедливость!

Как всегда в трамвае, пассажиры сначала радуются своему маленькому счастью. Идет размен впечатлений. Потом потихоньку начинается дифференциация.

* * *

— Чуть Габрилович не остался. Спасибо, Славин подсадил. Буквально в последнюю минуту. Написал о нем статью в «Вечёрке».

— Смотрите, нонпарель, а подействовала.

— Хоть бы обо мне кто-нибудь нонпарелью.

* * *

— Читали Никулина?

— «Время, пространство, движение»? Читал. Мне нравится. Совсем как Герцен стал писать. Просто «Былое и думы».

— Да, с тем только различием, что былое налицо, а дум пока никаких не обнаружено. Потом у него в мае месяце арбуз на столе истекает соком. А в окно смотрит белая ночь. А арбузы вызревают в августе. Герцен!

— Не люблю застольных речей. Опять Олеша не то сказал. Сказал о Грине, что умер последний фабулист. Не понимаю, что это значит — последний фабулист. Последний флибустьер — это еще бывает. Не то, не то сказал.

* * *

— Сходите?
— С ума вы сошли! Только влез.
— А впереди сходят?
— У выхода рапповцы пробку образовали. Ни за что не хотят сходить. А один товарищ, тот даже лег поперек двери. Ни за что, говорит, не сойду. А его билет уже давно кончился.
— Какое безобразие! Задерживают вагон на повороте!
— А о Зощенко опять ничего не пишут.

* * *

— Граждане, осторожнее. Среди нас оказался малоформист. Покуда вы тут спорили и толкались, он успел сочинить на ходу приспособленческий лозунг взамен старого: «Не курить, не плевать». Слушайте. Вот что он написал: «В ответ на запрещение плевания и курения ответим займом социалистического наступления».
— Товарищ Кирпотин, остановите на минутку вагон. Тут одного типа надо высадить.
— Сойдите, гражданин. Ничего, ничего! До ГОМЭЦа пешком дойдете!

* * *

— А о Зощенко опять ничего не пишут.

* * *

— Кондуктор, дайте остановку по требованию у ГИХЛа.
— Удивительно! Что писателю могло в ГИХЛе понадобиться? Ведь там денег за принятые произведения не платят.
— Но платят за потерянные. Там даже висит особое извещение: «Выплата гонорара за утерянные рукописи производится по четным числам».
— А-а-а!

* * *

— Только он выпустил первую книжку, как стали его спрашивать:

— Вы марксист?

— Нет.

— Кто же вы такой?

— Я эклектик.

Уже так было и хотели записать. Но тут раздались трезвые голоса.

— За что губите человека?

Ну, снова стали спрашивать:

— Значит, вы эклектик?

— Эклетик я.

— И вы считаете, что эклектизм — это хорошо?

— Да уж что хорошего!

Тогда записали: «Эклектик, но к эклектизму относится отрицательно».

— Это все-таки прошлые времена. Теперь, в свете решений...

* * *

— А про Зощенко все еще ничего не пишут. Как раньше не писали, так и сейчас. Как будто и вовсе его на свете нет.

— Да. И знаете, — похоже на то, что этот ленинградский автор уже немножко стыдится своего замечательного таланта. Он даже обижается, когда ему говорят, что он опять написал смешное. Ему теперь надо говорить так: «Вы, Михаил Михайлович, по своему трагическому дарованию просто Великий Инквизитор». Только тут он слегка отходит, и на его узких губах появляется осмысленно-интеллигентная улыбка. Приучили человека к тому, что юмор — жанр низкий, недостойный великой русской литературы. А разве он Великий Инквизитор? Писатель он, а не инквизитор...

* * *

Такие и еще другие разговоры ведутся в литературном трамвае. Кто-то упрямо сидит, делая вид, что любуется асфальтированной мостовой, а сам только и думает о том, как бы не уступить место женщине с ребенком (лобовой перенос понятия —

здесь, конечно, имеется в виду писательница, робко держащая на руках свое первое произведение).

Кто-то роется в своем кармане, выгребая оттуда вместе с крошками хлеба завалявшиеся запятые. Кто-то в свете решений требует к себе неслыханного внимания. О ком-то, конечно, опять забыли.

Жара.

Но хорошо, что трамвай движется, что идет обмен впечатлениями и что походная трамвайная дифференциация, с обычной для нас перебранкой и толкотней, готова перейти в большой и нужный спор о методах ведения советского литературного хозяйства.

1932

ПОД СЕНЬЮ ИЗЯЩНОЙ СЛОВЕСНОСТИ

Шли годы. Никто не спрашивал нас о том, что мы думаем о мещанстве, о внутрирапповских попутчиках, о роли критики в литературе. Никто не задавал нам вопросов, какие принято задавать писателям раза два в год.

И произошло ужасное. Мы не научились плавно высказываться. Нет в нас того огня и пыла, которые нужны на этом ответственном участке литературной работы.

Собранные здесь отрывочные суждения и мысли упакованы нами в маленькую анкету и дают ответ на вопросы, с которыми к нам часто обращаются отдельные лица и небольшие организации.

— Как вы пишете вдвоем?

— О, это очень просто! Значит, так: стол, ну, естественно, чернильница, бумага, и мы двое. Посмотреть со стороны — так совсем не интересно. Никаких особенных писательских странностей! Озабоченные, встревоженные лица (такие бывают у людей, которым обещали комнату с газом и вдруг не дали), взаимные попреки, оскорбления и, наконец, начало романа: «Белоснежный пароход рассекал своим острым носом голубые волны Средиземного моря». Разве это хорошо, такое начало? Может быть, написать как-нибудь иначе, лучше? Тревожно на душе, тревожно!

— Почему вы печатались в полутолстых «30 днях», а не в каком-нибудь совсем уже толстом журнале?

— О, это очень сложно! В толстый журнал нас приглашали только затем, чтобы предложить завести «уголок юмора» — шутки, экспромты, блестки, юморески (редакционные панычи очень любят слово «юмореска»). Заодно предлагали делать шарады, логогрифы, ребусы и шашечные этюды. В общем, все то, что раньше называлось «Смесь», а сейчас «Рабочая смекалка». И выражали удивление, когда мы надменно отказывались. «Ведь вы же юмористы, — говорили в толстом журнале. — Что вам стоит?»

— Правда ли, что ваш смех это не наш смех, а их смех?

— Не будьте идиотом!*

— Как относятся в редакциях к вашим творческим исканиям?

— Чрезвычайно однообразно. Всегда просят вычеркнуть из рукописи две строчки и дописать полторы страницы. С течением времени мы приобрели опыт и, сдавая рукопись, заявляем, что две строчки вычеркнуты, а полторы страницы дописали еще в процессе работы. Но даже эта профилактическая мера не помогает.

— Что вам больше всего понравилось в «Литературной газете» за тысяча девятьсот тридцать второй год?

— Постановление ЦК партии от двадцать третьего апреля.

— Ваш любимый писатель?

— Сейчас Дос Пассос. Может быть, всем теперь он нравится и любовь к этому писателю не оригинальна, но такова ситуация на текущий квартал.

— Ваш любимый читатель?

— Трамвайный пассажир. Ему тесно, больно, его толкают в спину, а он все-таки читает. О, это совсем не то, что железнодорожный пассажир. В поезде читают потому, что скучно, в трамвае — потому что интересно.

— Ваш любимый редактор?

— Тут сложнее. Не успеваешь полюбить какого-нибудь редактора всей душою, как его уже снимают.

— Как же вы все-таки пишете вдвоем?

* Ответ заимствован у Б. Шоу. *(Примеч. авторов.)*

— Так вот все-таки и пишем, препираясь друг с другом по поводу каждой мысли, слова и даже расстановки знаков препинания. И самое обидное, что, когда мы будем сдавать эту рукопись в редакцию, нас обязательно попросят вычеркнуть две строчки и дописать полторы страницы. А сделать это очень трудно, потому что, как уж было сообщено, мы не научились плавно высказываться.

1932

В ЗОЛОТОМ ПЕРЕПЛЕТЕ

Когда по радио передавали «Прекрасную Елену», бархатный голос руководителя музыкальных трансляций сообщил:

— Внимание, товарищи, передаем список действующих лиц:

1. Е л е н а — женщина, под прекрасной внешностью которой скрывается полная душевная опустошенность.

2. М е н е л а й — под внешностью царя искусно скрывающий дряблые инстинкты мелкого собственника и крупного феодала.

3. П а р и с — под личиной красавца скрывающий свою шкурную сущность.

4. А г а м е м н о н — под внешностью героя скрывающий свою трусость.

5. Т р и б о г и н и — глупый миф.

6. А я к с ы — два брата-ренегата.

Удивительный это был список действующих лиц. Все что-то скрывали под своей внешностью.

Радиослушатели насторожились. А руководитель музыкальных трансляций продолжал:

— Музыка оперетты написана Оффенбахом, который под никому не нужной внешней мелодичностью пытается скрыть полную душевную опустошенность и хищные инстинкты крупного собственника и мелкого феодала.

Распаленные радиослушатели уже готовы были броситься с дрекольем на всех этих лицемеров, чуть было не просочившихся в советское радиовещание, а заодно выразить свою благодарность руководителю музыкальных трансляций, столь своевременно разоблачившему менелаев, парисов и аяксов, когда тот же бархатный голос возвестил:

— Итак, слушайте оперетту «Прекрасная Елена». Через две-три минуты зал будет включен без предупреждения.

И действительно, через две-три минуты зал был включен без всякого предупреждения. И послышалась музыка, судя по вступительному слову диктора:

а) никому не нужная,

б) душевно опустошенная,

в) что-то скрывающая.

Удивлению простодушного радиолюбителя не было конца.

Вообще трудно приходится потребителю художественных ценностей.

Когда от радио он переходит к книге, то и здесь ждут его неприятности. Налюбовавшись досыта цветной суперобложкой, золотым переплетом и надписью «Памятники театрального и общественного быта — мемуары пехотного капитана и актера-любителя А. М. Сноп-Ненемецкого», читатель открывает книгу и сразу же сталкивается с большим предисловием.

Здесь он узнает, что А. М. Сноп-Ненемецкий:

а) никогда не отличался глубиной таланта;

б) постоянно скользил по поверхности;

в) мемуары написал неряшливые, глупые и весьма подозрительные по вранью;

г) мемуары написал не он, Сноп-Ненемецкий, а бездарный журналист, мракобес и жулик Танталлов;

д) что самое существование Сноп-Ненемецкого вызывает сомнение (может, такого Снопа никогда и не существовало) и

е) что книга тем не менее представляет крупный интерес, так как ярко и выпукло рисует нравы дореволюционного актерского мещанства, колеблющегося между крупным феодализмом и мелким собственничеством.

Вслед за этим идет изящная гравюра на пальмовом дереве, изображающая двух целующихся кентавров, а за кентаврами следует восемьсот страниц текста, подозрительных по вранью, но тем не менее что-то ярко рисующих.

Читатель растерянно отодвигает книгу и бормочет:

— Говорили, говорили, и — на тебе — опять включили зал без предупреждения!

Постепенно образовалась особая каста сочинителей предисловий, покуда еще не оформленная в профессиональный союз, но выработавшая два стандартных ордера.

По первому ордеру произведение хулится по возможности с пеной на губах, а в постскриптуме книжка рекомендуется вниманию советского читателя.

По второму ордеру автора театральных или каких-либо иных мемуаров грубо гримируют марксистом и, подведя таким образом идеологическую базу под какую-нибудь елизаветинскую старушку, тоже рекомендуют ее труды вниманию читателя.

К этой же странной касте примыкают бойкие руководители трансляций и конферансье, разоблачающие перед сеансом таинственные фокусы престидижитаторов, жрецов и факиров.

И потребитель художественного товара с подозрением косится на книгу. Сноп-Ненемецкий разоблачен и уже не может вызвать интереса, а в елизаветинскую старушку, бодро поспешающую под знамя марксизма, поверить трудно.

И потребитель со вздохом ставит книжку на полку. Пусть стоит. Все-таки, как-никак, золотой переплет.

1932

КОРОЛЕВСКАЯ ЛИЛИЯ

Богатые врачи или бывшие присяжные поверенные любят искусство.

Не думайте, что это вредное обобщение. Здесь нет желания произвести выпад, бросить тень или, скажем, лить воду на чью-то мельницу. Это просто невинное наблюдение.

Врачи (и бывшие присяжные поверенные) двигают искусство вперед. Да, да, и обижаться тут нечего!

Было бы смешно, если бы все женщины вдруг обиделись, узнав, что в немецкой научной книге «Уголовная тактика» имеется следующая формула: «Женщины никогда не сознаются».

Конечно, обидно читать такое решительное утверждение, но уголовная практика показала, что женщина, совершившая какой-нибудь антиобщественный поступок (кража, хипес, притонодержательство), действительно никогда не сознается на допросе.

Так что иногда можно делать обобщения, если они подкрепляются многолетним опытом.

Итак, еще раз. Врачи обожают искусство. Главным образом врачи-гинекологи. И главным образом живопись. Она им необходима для себя, для приемной, для пациентов.

«Пока живы врачи-гинекологи, живопись не умрет».

Этот блестящий афоризм сказан был одним екатеринославским, ныне днепропетровским художником, который, собственно, не художник, а такой, что ли, своеобразный переводчик. Он делает «юберзецен». Он переводит. Одним словом, он изготовляет фальшивых Рубенсов, Айвазовских, Куинджи и других мастеров кисти. Написать какой-нибудь морской вид, пир полубогов или ядовитый натюрморт с рябчиком ему не трудно. Потребитель, в общем, больше разбирается в медицине, чем в живописи. Трудно придать полотну старинный вид. Но и эта задача в наши дни значительно упростилась.

Просохшая картина сворачивается в трубу. Рубенс-Айвазовский вскакивает в трамвай, и уже через полчаса шумной трамвайной жизни полотно приобретает все необходимые следы памятника искусства XVI или XVII веков — трещины, пятна, оборванные края.

И долго потом врач стоит среди своей плюшевой бамбучьей мебели, смотрит сквозь кулак на новое приобретение и шепчет:

— Наконец-то, наконец у меня есть настоящий Веронезе. Ах, как я люблю именно Веронезе! Сколько воздуха!

За свои деньги эстет требует, чтобы в картине было очень много воздуха. И екатеринославский, ныне днепропетровский художник знает это. Он дает столько озона, сколько врачу нужно, даже больше, чем дал бы сам Веронезе.

Вообще наклонность к изящному немножко ослепляет эстета. Главным образом его магнетизирует великая подпись на картине, выведенная шкодливой рукой днепропетровского живописца.

Ведь так хочется жить среди статуэток, золотого багета, книжных переплетов, среди перламутра и металлопластики.

И эстет реконструктивного периода делает, как говорят французские коммерсанты, усилие. Он покупает в антикварном магазине четыре рюмки и одну перечницу с баронскими гербами.

На этом путешествие в прекрасное, однако, не кончается. Полумесячное жалованье уходит на большую компотницу эпохи Манасевича-Мануйлова и специальную вилку для омаров, коими кооперативы, как известно, не торгуют. Таким образом, вилка доставляет только лишь моральное удовлетворение и вызывает аппетит к новым покупкам.

На стенах появляются акварельные портретики различных красавиц из созвездия Наталии Гончаровой и другие миниатюры времен, так сказать, Дантеса и Аллигиери.

Тогда меняются и обои. Появляются новые, синие — стиль декабрист. А на синих обоях как-то сам по себе возникает портрет чужого прадедушки, генерала с отчаянными баками и с кутузовским бельмом на глазу.

Риск ужасный! Чужого дедушку могут посчитать за родного и вычистить примазавшегося внука со службы. Но эстет идет на все. Он обожает искусство.

Вслед за баронской перечницей, компотницей, Наташей Гончаровой, вилкой и портретом неизвестного солдата неизбежно приходят первый томик издательства «Preludium» (ферлаг «Прелюдиум»).

Это пир роскоши и тонкого вкуса.

Что бы в книге ни было напечатано (воспоминания ли крепостного кларнетиста, антология ли испанских сегидилий и хабанер, стихи ли древнегреческой поэтессы Антилопы Кастраки) — все равно сатиновый переплет, сделанный из толстовки заведующего производственным отделом издательства, украшен золотыми королевскими лилиями.

Покупатель очень доволен. Настоящие бурбонские лилии! Не какие-нибудь пчелы узурпатора Бонапарта, а настоящие лилии Людовика-Солнца (того самого — «после меня хоть делюж — потоп»).

Ах, однажды в Версале! Ах, Тюильри! Ах, мадам Рекамье на бамбуковой скамье!

Ах, если бы Маркса издавали с такими лилиями, в суперобложке художника Лошадецкого, с фронтисписом XVIII века, с виньетками, где пожилые девушки склоняют головы на гробовые урны, с гравюрами на дереве, на меди, на линолеуме, на велосипедных шинах! Стоило бы купить!

Роскошь магнетизирует. Золото и серебро тиснения ослепляют. Так хочется иметь под рукой предметы красоты, что советский виконт охотно принимает толстовочную обложку за атласную, не замечает, что стихи Антилопы Кастраки отпечатаны на селедочной бумаге, из которой торчат какие-то соломинки и древесная труха, что самые лилии осыпают свое золото уже на третий день, что никакой роскоши нет, а есть гинекологический ампир второй сорт, попытка выдать ситро за шампанское.

1932

МЫ УЖЕ НЕ ДЕТИ

> — Есть у тебя друг блондин, только он тебе не друг блондин, а сволочь.
>
> *Гадание цыганки*

Лето прошло в невинных удовольствиях.

Писатели собирали разноцветные камушки в Коктебеле, бродили ночью по Нащокинскому переулку, алчно поглядывая на строящийся РЖСКТ «Советский писатель», подписывали договора на радиооратории и звуковые кинофеерии (летом даже ягнята ходят по тропинке хищников), клохча высиживали большие романы, ругали ГИХЛ, хвалили «Федерацию». Осип Брик написал оперу. И Эдуард Багрицкий написал оперу. А Михаил Кольцов побывал в норе у зверя, откуда вернулся цел и невредим, не получив даже царапины.

Некоторым образом все шло правильно. День есть день, ночь есть ночь, а лето есть лето, то есть такое время года, когда допускаются различные шалости.

Все же можно подбить итоги двум истекшим творческим кварталам.

Странное дело, в литературных кругах почему-то воцарился великопостный дух смиренномудрия, терпения и любве. Подчеркиваем, люб-ве.

Такие все стали вежливые, добрые, голубоглазые, что вот-вот снимутся с насиженных мест и переедут на постоянное жительство в Ясную Поляну, громко проповедуя по дороге вегетарьянство, воздержание и опять-таки великое чувство любве к посредственным произведениям.

Со всех сторон доносится какой-то безубойный шепот: «Я никого не ем». Джентльменство, сверхъестественное джентльменство разлито в воздухе. Все время пахнет вежеталем, манной кашей, чувствуется приторная тещина ласка.

Где же вы, бодрые задиры?

Где вы, мои друзья, мои враги? Ничего нельзя разобрать. Все друзья, все блондины.

А какие были у нас титаны критической мысли! Не успевал человек сочинить первые две главы небольшой сравнительно трилогии, в шестьдесят с гаком печатных листов, как появлялась быстроходная, словно межпланетная ракета, рецензия под заголовком, не оставляющим места благоуханной надежде:

«В мусорный ящик!»

И так становилось страшно, что не хотелось уже думать, кого это в мусорный ящик — книгу ли, автора, а может, обоих вместе, и даже с издателем, а возможно, и с читателем.

Был такой стиль, была такая повадка.

Теперь все поголубело, гораздо стало уважительней. Теперь жарят прямо из «Вишневого сада»:

«Дорогой, глубокоуважаемый шкаф».

Лидин — глубокоуважаемый шкаф, и Панферов — шкаф, и Валентин Катаев — глубокоуважаемый, и Афиногенов — дорогой, и Алексей Толстой — «примите и проч.», и Феоктист Березовский — «позвольте в этот знаменательный день», и ужасное дитя салонов и диспутов — неукротимый Вишневский, и маленький, кроткий Лапин — все зачислены в шкафы.

И стоят они в ряд, сияя лаком, зеркальными иллюминаторами, очками, латунными ручками и резными загогулинами.

Впопыхах попал в шкафы даже поэт Миних. И только через три недели пришли литературные возчики и, кряхтя, вынесли его из пантеона великой, многотомной отечественной литературы.

Но за исключением этого факта, который можно отнести не к воспитательной работе, а скорее к области погрузочно-разгрузочных операций, почти во всем остальном наблюдается неуемное джентльменство.

«В основном море спокойно», — как говорил грек Попандопуло.

Между тем хочется ссориться.

Мы уже не дети. Советской литературе пятнадцать лет. Совсем не интересны взаимное ласкательство, медоточивость и всякое там, как мог бы сказать Крученых, хухушка хвалит кекуха.

Мы не однородны, не похожи друг на друга. Есть вкусы, есть взгляды, есть точки зрения.

Высказывайтесь, товарищи, начинайте великий спор. Есть о чем спорить, хотя из Ленинграда и донесся протяжный стон Чумандрина, напоминающий сетования старушки из очереди, на тему о том, что все погибло и жизнь уж не красна с 23 апреля сего года.

И вовсе нет надобности ждать съезда писателей или пленума оргкомитета, чтобы потом начать писать всем враз и примерно одно и то же.

Хочется ссориться, и есть из-за чего.

Лето урожайное по произведениям и весьма засушливое по критическим работам (джентльменство и немотивированное зачисление в шкафы, конечно, в счет не идут).

Вам нравится «Время, вперед!» Катаева?

Вам нравится «Энергия» Гладкова?

Вам нра... «Москва слезам не верит» Эренбурга?

«Время, пространство, движение» Никулина?

«Поднятая целина» Шолохова?

«Сталинабадский архив» Лапина и Хацревина?

«Скутаревский» Леонова?

«Собственность» Зозули?

«Цусима» Новикова-Прибоя?

«Последний из удэге» Фадеева?

«Новые рассказы» Бабеля?

Может быть, не нравятся? Или одно нра, а другое не нра? Если так, то расскажите по возможности внятно и, главное, не скрывая своей литературной приязни или неприязни.

Почему так горячи литераторы за чайным столом, так умны и обаятельны? И почему так сладковаты и безубойны на кафедре? Почему полны смиренномудрия и любве? Откуда это терпениум мобиле?

Мы привыкли к оговоркам. Поэтому специально для муравьедов и сейчас прилагается оговорка.

Здесь нет призыва к избиению литгугенотов, дело не в том, чтобы против некоторых фамилий поставить меловые кресты, а затем учинить Варфоломеевскую ночь с факелами и оргвыводами, нет даже желания, чтобы кого-либо огрели поленом по хребту (в свое время это называлось «ударить по рукам»).

А ведь как давали по рукам! И еще в этом году давали. Чтобы оживить отвращение к такому критиканству, надо каждому сделать настольным третий номер «Иностранной книги» (издание Огиза, тираж 5000 экземпляров, 1932 год).

О, здесь все было просто. Площадь рецензии 2х5 сантиметров. Число строк не выше восьми. Трудно было уложиться, но укладывались.

1. Автор не поднимается над уровнем...

2. Автор не выходит из рамок...

3. Книга не представляет интереса...

А об одной книге было состряпано уже сверхрадикальное:

«Описание путешествия автора, французского губернатора Джебель-Друза, по Палестине. Ревностный протестант, автор повсюду ищет подтверждения данных евангелия, уделяет все свое внимание историческим памятникам христианства. Книга *не представляет*». (Курсив наш! Ага!)

И все. Точка. Не представляет. Что не представляет? Куда именно не представляет? Не представляет — и конец. Отстаньте! Есть еще восемьсот иностранных книг, и обо всех надо написать на трех страничках.

И выходит в свет пять тысяч экземпляров столь веской критической мысли. А потом сразу — глубокоуважаемый шкаф. Прямо из проруби на верхнюю полку мавританских бань. Дистанция!

Хотелось бы иначе. Без ударов палашом по вые («книга не представляет»), но и без поцелуйного обряда, шкафолюбия и довольно-таки скучной любве.

1932

КАК СОЗДАВАЛСЯ РОБИНЗОН

В редакции иллюстрированного двухдекадника «Приключенское дело» ощущалась нехватка художественных произведений, способных приковать внимание молодежного читателя.

Были кое-какие произведения, но все не то. Слишком много было в них слюнявой серьезности. Сказать правду, они омрачали душу молодежного читателя, не приковывали. А редактору хотелось именно приковать.

В конце концов решили заказать роман с продолжением.

Редакционный скороход помчался с повесткой к писателю Молдаванцеву, и уже на другой день Молдаванцев сидел на купеческом диване в кабинете редактора.

— Вы понимаете, — втолковывал редактор, — это должно быть занимательно, свежо, полно интересных приключений. В общем, это должен быть советский Робинзон Крузо. Так, чтобы читатель не мог оторваться.

— Робинзон — это можно, — кратко сказал писатель.

— Только не просто Робинзон, а советский Робинзон.

— Какой же еще! Не румынский!

Писатель был неразговорчив. Сразу было видно, что это человек дела.

И действительно, роман поспел к условленному сроку. Молдаванцев не слишком отклонился от великого подлинника. Робинзон так Робинзон.

Советский юноша терпит кораблекрушение. Волна выносит его на необитаемый остров. Он один, беззащитный, перед лицом могучей природы. Его окружают опасности: звери, лианы, предстоящий дождливый период. Но советский Робинзон, полный энергии, преодолевает все препятствия, казавшиеся непреодолимыми. И через три года советская экспедиция находит его, находит в расцвете сил. Он победил природу, выстроил домик, окружил его зеленым кольцом огородов, развел кроликов, сшил себе толстовку из обезьяньих хвостов и научил попугая будить себя по утрам словами: «Внимание! Сбросьте одеяло, сбросьте одеяло! Начинаем утреннюю гимнастику!»

— Очень хорошо, — сказал редактор, — а про кроликов просто великолепно. Вполне своевременно. Но, вы знаете, мне не совсем ясна основная мысль произведения.

— Борьба человека с природой, — с обычной краткостью сообщил Молдаванцев.

— Да, но нет ничего советского.

— А попугай? Ведь он у меня заменяет радио. Опытный передатчик.

— Попугай — это хорошо. И кольцо огородов хорошо. Но не чувствуется советской общественности. Где, например, местком? Руководящая роль профсоюза?

Молдаванцев вдруг заволновался. Как только он почувствовал, что роман могут не взять, неразговорчивость его мигом исчезла. Он стал красноречив.

— Откуда же местком? Ведь остров необитаемый?

— Да, совершенно верно, необитаемый. Но местком должен быть. Я не художник слова, но на вашем месте я бы ввел. Как советский элемент.

— Но ведь весь сюжет построен на том, что остров необита...

Тут Молдаванцев случайно посмотрел в глаза редактора и запнулся. Глаза были такие весенние, такая там чувствовалась мартовская пустота и синева, что он решил пойти на компромисс.

— А ведь вы правы, — сказал он, подымая палец. — Конечно. Как это я сразу не сообразил? Спасаются от кораблекрушения двое: наш Робинзон и председатель месткома.

— И еще два освобожденных члена, — холодно сказал редактор.

— Ой! — пискнул Молдаванцев.

— Ничего не ой. Два освобожденных, ну и одна активистка, сборщица членских взносов.

— Зачем же еще сборщица? У кого она будет собирать членские взносы?

— А у Робинзона.

— У Робинзона может собирать взносы председатель. Ничего ему не сделается.

— Вот тут вы ошибаетесь, товарищ Молдаванцев. Это абсолютно недопустимо. Председатель месткома не должен размениваться на мелочи и бегать собирать взносы. Мы боремся с этим. Он должен заниматься серьезной руководящей работой.

— Тогда можно и сборщицу, — покорился Молдаванцев. — Это даже хорошо. Она выйдет замуж за председателя или за того же Робинзона. Все-таки веселей будет читать.

— Не стоит. Не скатывайтесь в бульварщину, в нездоровую эротику. Пусть она себе собирает свои членские взносы и хранит их в несгораемом шкафу.

Молдаванцев заерзал на диване.

— Позвольте, несгораемый шкаф не может быть на необитаемом острове!

Редактор призадумался.

— Стойте, стойте, — сказал он, — у вас там в первой главе есть чудесное место. Вместе с Робинзоном и членами месткома волна выбрасывает на берег разные вещи...

— Топор, карабин, бусоль, бочку рома и бутылку с противоцинготным средством, — торжественно перечислил писатель.

— Ром вычеркните, — быстро сказал редактор, — и потом, что это за бутылка с противоцинготным средством? Кому это нужно? Лучше бутылку чернил! И обязательно несгораемый шкаф.

— Дался вам этот шкаф! Членские взносы можно отлично хранить в дупле баобаба. Кто их там украдет?

— Как кто? А Робинзон? А председатель месткома? А освобожденные члены? А лавочная комиссия?

— Разве она тоже спаслась? — трусливо спросил Молдаванцев.

— Спаслась.

Наступило молчание.

— Может быть, и стол для заседаний выбросила волна?! — ехидно спросил автор.

— Не-пре-мен-но! Надо же создать людям условия для работы. Ну, там графин с водой, колокольчик, скатерть. Скатерть пусть волна выбросит какую угодно. Можно красную, можно зеленую. Я не стесняю художественного творчества. Но вот, голубчик, что нужно сделать в первую очередь — это показать массу. Широкие слои трудящихся.

— Волна не может выбросить массу, — заупрямился Молдаванцев. — Это идет вразрез с сюжетом. Подумайте! Волна вдруг выбрасывает на берег несколько десятков тысяч человек! Ведь это курам на смех.

— Кстати, небольшое количество здорового, бодрого, жизнерадостного смеха, — вставил редактор, — никогда не помешает.

— Нет! Волна этого не может сделать.

— Почему волна? — удивился вдруг редактор.

— А как же иначе масса попадет на остров? Ведь остров необитаемый?!

— Кто вам сказал, что он необитаемый? Вы меня что-то путаете. Все ясно. Существует остров, лучше даже полуостров. Так оно спокойнее. И там происходит ряд занимательных, свежих, интересных приключений. Ведется профработа, иногда недостаточно ведется. Активистка вскрывает ряд неполадок, ну хоть бы в области собирания членских взносов. Ей помогают широкие слои. И раскаявшийся председатель. Под конец можно дать общее собрание. Это получится очень эффектно именно в художественном отношении. Ну, и все.

— А Робинзон? — пролепетал Молдаванцев.

— Да. Хорошо, что вы мне напомнили. Робинзон меня смущает. Выбросьте его совсем. Нелепая, ничем не оправданная фигура нытика.

— Теперь все понятно, — сказал Молдаванцев гробовым голосом, — завтра будет готово.

— Ну, всего. Творите. Кстати, у вас в начале романа происходит кораблекрушение. Знаете, не надо кораблекрушения. Пусть будет без кораблекрушения. Так будет занимательней. Правильно? Ну и хорошо. Будьте здоровы!

Оставшись один, редактор радостно засмеялся.

— Наконец-то, — сказал он, — у меня будет настоящее приключенское и притом вполне художественное произведение.

1932

НА ЗЕЛЕНОЙ САДОВОЙ СКАМЕЙКЕ

На бульваре сидели бывшие попутчики, союзники и враги, а ныне писатели, стоящие на советской платформе. Курили, болтали, рассматривали прохожих, по секрету друг от друга записывали метафоры.

— Сельвинский теперь друг ламутского народа.

— А я что, враг? Честное слово, обидно. Затирают.

— Тогда напишите письмо в «Лнтгазету», что вы тоже друг. Так сказать, кунак ламутского народа.

— И напишу.

— Бросьте. Флобер не придал бы этому никакого значения.

— Товарищ, есть вещь, которая меня злит. Это литературная обойма.

— Что, что?

— Ну знаете, как револьверная обойма. Входит семь патронов — и больше ни одного не впихнете. Так и в критических обзорах. Есть несколько фамилий, всегда они стоят в скобках и всегда вместе. Ленинградская обойма — это Тихонов, Слонимский, Федин, Либединский. Московская — Леонов, Шагинян, Панферов, Фадеев.

— Комплектное оборудование критического цеха.

— Толстой, Бабель, Пришвин никогда не входят в обойму. И вообще вся остальная советская литература обозначается значком «и др.».

— Плохая штука «и др.». Об этих «и др.» никогда не пишут.

— До чего же хочется в обойму! Вы себе и представить не можете!

— Стыдитесь. Стендаль не придал бы этому никакого значения.

— Послал я с Кавказа в редакцию очерк. И получаю по телеграфу ответ: «Очерк корзине». Что бы это могло значить? До сих пор не могу понять.

— Отстаньте! Бальзак не придал бы этому никакого значения.

— Хорошо было Бальзаку. Он, наверно, не получал таких загадочных телеграмм.

— Можно рассказать одну историю?

— Новелла?

— Эпопея. Два человека перевели на венгерский язык повесть Новикова-Прибоя «Подводники». Повесть очень известная, издавалась множество раз. Свой перевод они предложили венгерской секции Издательства иностранных рабочих в СССР. Через некоторое время повесть им с негодованием возвратили, сопроводив ее жизнерадостной рецензией. Я оглашу этот документ.

— Оглашайте!

— Вот что написали о книге уважаемого Алексея Силыча: «Обывательское сочинительство с любовью и подводными приключениями без какого-либо классового содержания. Ни слова не сказано о движении, которое превратило империалистическую войну в гражданскую, и это сделано *двумя* русскими писателями...»

— Почему двумя?

— Не перебивайте. Дайте дочитать: «...двумя русскими писателями. Не только слепота, но преступно намеренная слепота. Матросы Новикова и Прибоя...»

— Что за чушь!

— Слушайте, слушайте!

— «...Матросы Новикова и Прибоя бессознательно идут на войну...» Ну, дальше чистая материнская ласка: «...все это теряется в тошнотворном запахе каналов лирики... Матросы не знают марксизма-ленинизма... Этот роман из-за своего содержания даже недостоин обсуждения».

— Кто это написал?

— Чья чугунная лапа?

— Фамилию!

— Автора рецензии зовут Шарло Шандор.

— Надо сообщить в МОРП.

— Да не в МОРП, а в МУР надо сообщить. Это уже невежество со взломом.

— А мне кажется, что Свифт не придал бы этому никакого значения.

— Ну, вы не знаете Свифта! Свифт снял бы парик, засучил бы рукава коверкотового камзола и разбил бы в этом издательстве все чернильницы. Уж я знаю Свифта. Он хулиганов не любил.

— Братья, меня раздирают противоречия великой стройки.

— Десятый год они тебя уже раздирают. И ничего, потолстел. Стал похож на председателя велосипедно-атлетического общества.

— А все-таки они меня раздирают, и я этим горжусь. Тя-я-я-а-жко мне! Подымите мне веки! Нет, нет, не подымайте! Или лучше подымите. Я хочу видеть новый мир. Или нет, не подымайте! Тя-я-я...

— В самом деле, человек как будто страдает.

— Да нет. Просто выпал из обоймы и очень хочется обратно. А в обойме уже лежит другой писатель, гладенький, полированный, в новом галстуке.

— Скажите, о чем автор думает в ночь перед премьерой своей первой пьесы?

— О славе, которая его ожидает.

— О кладбищенских венках, которые вдруг могут поднести нетактичные родственники.

— А может быть, он думает о позоре, о кашляющем зале, о непроницаемых лицах знакомых.

— Вернее всего, думается ему о том, как он, потный, трусливый и неопытный, вылезет на сцену, чтоб раскланиваться с публикой. И лицо у него будет как у нищего. И всем будет за него совестно, и какая-нибудь девушка в зрительном зале даже заплачет от жалости.

— То ли дело вторая или третья пьеса. Выходишь напудренный, томный, вертинский, кланяешься одной головой. А на премьере первой пьесы сгибаешь все туловище.

— Мольер не придавал этому никакого значения.

— Читал я дневник Софьи Андреевны Толстой...

— Только не рассказывайте содержания. Все читали.

— Нет, я к тому, что моя жена тоже... вроде Софьи Андреевны... описывает мою жизнь.

— Воображаю, какие там интересные подробности. «Сегодня мой Левочка очень сердился на вегетарьянский завтрак, требовал мяса. До самого обеда ничего не писал. В обед съел много мяса. Катался в трамвае, чтобы освежиться. Не писал уже до вечера. Потом приходили люди из провинции, спрашивали, в чем цель жизни. Сказал, что не знает. Ужинал с аппетитом». Вот и вся ваша жизнь, как на блюдечке.

— Что это за шутки? Что это за интеллигентский нигилизм!

— Бросьте. Фукидид не обратил бы на это никакого внимания.

— Дид Фукидид, он же запорожец за Дунаем.

— Шпильгаген не сказал бы такой глупости.

— Ну, не знаете вы Шпильгагена.

1932

«ЗАУРЯД-ИЗВЕСТНОСТЬ»

Выслуга лет нужна не только для получения пенсии. Она требуется и для славы. Прошло то волшебное время, когда о писателе говорили: «Он лег спать никому не известным, а проснулся знаменитым». Теперь бывает скорее обратное — писатель ложится в постель знаменитым, а утром, еще сонный, читает газету, где о нем написано, что писатель он, в сущности, гадкий (омерзительный) и весь предыдущий трехлетний фимиам был роковой ошибкой критики.

Пяти лет какой бы то ни было работы в литературе достаточно, чтобы создать автору маленькую домашнюю славу. Одноколесная фортуна осыпает его повестками, приглашениями на заседания, диспуты и товарищеские чаи («непринужденная беседа затянулась далеко за»). В общем, его впускают в вагон. Теперь ему хорошо.

Писатель Полуэксов отбарабанил установленный срок и получил положенную по штату заурядно-известность. Жизнь его была всем хороша. Утром он писал для души, днем для славы, а вечером для Радиоцентра.

И вдруг ровная приличная жизнь окончилась.

Его спросили:

— Почему вы не напишете пьесы?

Он не ответил, не обратил внимания. Мало ли о чем спрашивают писателя: почему вы не пишете для детей? Почему бы вам не писать водяную пантомиму с чудесами пиротехники или монолог с пением и чечеткой для разъездного агитфургона?

Но фургон фургоном, а вопрос о пьесе стал повторяться все чаще. Спрашивали в редакциях, на улицах останавливали приятели. Один раз оконфузили Полуэксова даже в трамвае.

— Филипп Семеныч! — закричал страшным голосом через весь вагон мало знакомый гражданин в каракулевом пирожке. — Это уже свинство, Филипп Семеныч. Хамство. Почему ты не напишешь пьесы?

И все пассажиры посмотрели на Полуэксова с гадливостью. Он замешался и в смущении соскочил на ходу с задней площадки, за что и был оштрафован на три рубля.

«Ну, — подумал он, — меня уже начинают штрафовать за то, что я не пишу пьесы».

Дома приставали родственники. Кольцо сжималось. Наконец в квартиру ворвался человек весь в желтой коже и бросил на письменный стол договор.

— Подписывайте, подписывайте, — сказал он быстро и повелительно, — вот здесь внизу.

— А вверху что? — спросил растерявшийся писатель.

— А вверху известно что, — отвечала кожа, — с одной стороны Филипп Семеныч Полуэксов, именуемый в дальнейшем, и передвижной стационар драмкомедии, именуемой с другой стороны... Но это не важно. Подписывайте.

— Но тут у вас обозначено, что я обязан представить пьесу из быта ИТР и прочей интеллигенции, объединившейся вокруг ВАРНИТСО? Тема мне, так сказать, мало знакома...

— Тема условная, голубчик, — ласково ответила кожа.

— Но тут уже и название проставлено — «Зразы».

— Н... название условное. Все условное.

— Как, неужели все условное?

— Абсолютно все. Подписывайте скорей. Иначе я сам подпишу за вас.

Тогда человек, именуемый в дальнейшем «автор», подписал. Что он мог еще сделать? Сопротивляться было нелепо. К тому же все условно и, может быть, обойдется мирно.

Пришлось, однако, отложить работу для души, славы и Радиоцентра и заняться обдумыванием пьесы.

Знакомство с шедеврами мировой драматургии принесло Полуэксову первые крупицы знания в этом новом для него деле.

Выяснилось, что герой пьесы совершает обычно нижеследующие поступки:

а) Входит.

б) Уходит.

в) Снова входит.

г) Смеется.

д) Застреливается.

Писателю стало легче.

Усадив жену и свояченицу за подсчет реплик в пьесах Мольера и Бомарше, Полуэксов принялся разрабатывать сюжет.

Главное действующее лицо ВХОДИТ в свою комнату и видит, что жена изменяет ему с не менее важным действующим лицом. Пораженный этим фактом, он УХОДИТ. Затем СНОВА ВХОДИТ с револьвером в руке. СМЕЕТСЯ и, произнеся горький монолог, ЗАСТРЕЛИВАЕТСЯ.

Выходило очень неплохо. Свежо.

Но тут в квартиру вломился человек в брезентовом костюме и сурово сказал:

— Редакция газеты «Искусство не для искусства» поручила мне узнать, что вы собираетесь отобразить в пьесе «Зразы»?

И, знаете, у Полуэксова не повернулся язык сказать, что «Зразы» — это чистая условность и что он собирается писать о любовном треугольнике (входит, уходит, смеется, застреливается). Он постыдно соврал. Сказал, что будет писать о борьбе двух миров.

Теперь отступления не было. Будущее рисовалось уже менее ясно, потому что у Бомарше о борьбе двух миров не было сказано ни слова, и вся семейная работа по освоению наследия классиков могла свестись на нет.

Пришлось изворачиваться. В пределах, конечно, классических ремарок.

— Значит, так, вредитель ВХОДИТ и, пользуясь тем, что честный специалист УХОДИТ, делает свое грязное дело. Но тут честный специалист СНОВА ВХОДИТ и разоблачительно смеется. А вредитель ЗАСТРЕЛИВАЕТСЯ. Это не Бомарше, но для передвижного стационара сойдет. К тому же человек в желтой коже совершенно ясно говорил, что абсолютно все должно быть условно.

Дальше пошла, как говорится, техника дела. Режиссер Кошкин-Эриванский дописывал пьесу, так как, по его словам, не хватало целого акта. Полуэксов обижался, но Кошкин говорил, что все это условно, на сцене будет иначе и очень хорошо.

Вообще условностей было многое множество. Состоялась премьера, автора вызывали свояченица с мужем, возникла горячая дискуссия, в газетах прогремели публичные диспуты, где автора условно называли талантливым.

Одна лишь публика почему-то приняла пьесу всерьез и перестала на нее ходить после первого же представления.

Полуэксов сначала волновался, но потом увидел, что мнение зрителей в конце концов вещь условная.

Человек в желтой коже был прав — все оказалось условным, кроме послужного списка.

А вот в послужной список легло новое, ничем не запятнанное художественное произведение. Для выслуги лет в искусстве это очень важно.

1932

ГОЛОВОЙ УПИРАЯСЬ В СОЛНЦЕ

> Что мы называем славой, товарищи? Славой, товарищи, мы называем яркую заплату, каковая имеется на ветхом рубище певца.
>
> *Из наследия классиков*

По некоторым признакам можно было судить, что надвигаются события. Выражаясь языком оборонной литературы, в воздухе пахло порохом (сделаем уступку забияке Вишневскому — пахло бездымным порохом). Выражаясь совсем уж точно — пахло скандалом. В общем, добром это кончиться не могло. Жертва созрела. Все это знали, но никто не решался первым занести над ней пылающий меч здоровой критики.

Был, правда, случай. Инцидент. На каком-то товарищеском чае какой-то писатель выкрикнул какую-то фразу. Но этому не придали значения, притворились, что ничего не произошло. Кстати, еретик немедленно после этого заснул, положив голову на плечо тамады из Оргкомитета.

Между тем слава писателя Оловянского росла. Девушки прогуливались в садах, шепча его имя. Издатели тоже любили его.

А что может быть упоительней первой любви издателя! Ничего, милостивые государыни, не может быть упоительней. Тут все — и массовое издание, и не массовое издание, и супердешевое издание, и, напротив, супердорогое, в суперобложке и специальном картонном ларце с перламутровыми пуговицами и вензелями. Одним словом, не жизнь, а бывшая масленица. Критики ничем не попрекали Оловянского. Им все нравилось в его сочинениях, и об этом они говорили часто, скучно и громко.

Итак, Оловянский находился на вершине славы. Он упирался головою в солнце. И неизвестно, сколько еще времени продолжалось бы это сидение на высотах, если бы не послышалось ворчанье из литературного коридора.

Надо объяснить, что такое коридорное мнение. Коридор — всюду. И на улице, и дома, и в редакциях — везде, где встречаются и разговаривают между собой писатели.

Мы любим гимназические трафареты и до сих пор считаем, что коридорная болтовня — это что-то нехорошее, мещанское, сплетни, враки, что если говорить, то уж обязательно речь, и обязательно большую, и обязательно с кафедры, и обязательно с последующей правкой стенограммы («Уважаемый товарищ редактор. Некий горе-критик удосужился выхватить из моей неправленой стеногра... это возмути... я протесту...»). Это надоело, и это неверно. Нельзя из-за каждого слова взгромождаться на эстраду или возить за собой на извозчике кафедру-передвижку, чтобы вовремя предоставлять ее писателю, желающему высказать какое-нибудь суждение.

Так парадно жили только римские консулы. Советским писателям неудобно так жить. К тому же в коридорных разговорах нет никакой литературной нелегальщины. Коридор справедлив и строг. В поисках истины он иногда обгоняет кафедру. И покуда на кафедре длится вальпургиев юбилей в честь чьих-то шестилетних трудов на изящной ниве литературы, в коридоре уже все известно — и юбилея не надо было, и труды не бог весть какие, и юбиляру самое время начать изучение языка, каковой у него наравне с содержанием весьма и весьма хромает.

К коридору надо прислушиваться. В коридоре дует сильный ветер. Там, как самолеты в аэродинамической трубе ЦАГИ, испытываются писатели, проверяется их стиль, идейность, дарование. Уж если тут воздушным потоком оторвало крыло, ничто не поможет — этот писатель летать не будет. Ему надо менять конструкцию. Он не выдержал испытания. Жить он будет, но петь — никогда, как говорят в народе.

Итак, девушки прогуливались в садах, нежно цитируя произведения Оловянского. А в это время в литературный коридор вышел бледный и встревоженный человек.

— Что с вами, молодой стилист? — спросили его писатели.

— Я всю ночь читал Оловянского.

— И что же?

— Плохо.

— Нет. Вам нельзя верить. Вы у себя в хедере имени Марселя Пруста считаете, что все плохо пишут.

— Да нет, уверяю вас. Это очень слабо. Просто скверно написано. Убого.

— Быть этого не может. Оловянский — знаменитый писатель. Его все хвалят и гладят.

— А вы его читали? Ну, так прочтите. Тогда и будете говорить.

Оловянского прочли. До сих пор не читали, верили на слово, что у него все в порядке. Лучше бы уж молодой человек из хедера имени Марселя Пруста никогда не приходил в коридор. Оловянского втянуло в испытательную аэродинамическую трубу. И сразу же лопнули его сюжетные тяги, разъехались композиционные скрепления, посыпались к черту части, детали, метафоры и кавычки. И все увидели, что эта машина летать не может.

Кафедра еще серенадила по инерции под балконом прозаика, но вскоре в расстройстве замолчала. Умолкли критические бандуры и мандолины, после чего в наступившей тишине литературная общественность явственно услышала тонкий, леденящий душу свист. Это летела первая ласточка. В клюве она несла статью, где творчество Оловянского подвергалось всестороннему и чрезвычайно обидному рассмотрению. За ласточкой с отчаянным гулом летели трехмоторные критические кондоры. И каждый кондор держал в клюве статью, и все статьи были ужас какие справедливые и обидные.

Оловянский заметался. Он привык к славе и совсем забыл про откровенный, прямолинейный коридор. Он ничего не понимал. Еще несколько дней назад кондоры и ласточки любовно парили над ним, сбрасывая на его голову экспортные тюльпаны и даже цельные венки. Ах, лавровый запах славы, запах супа и маринованной рыбы!

Гром похвал утих так неожиданно, что захотелось кричать «караул», захотелось побежать в милицию жаловаться, захотелось биться за свою мягкую койку на Парнасе.

«Нет, тут какая-то ошибка, — думал поверженный автор, — они не имеют права. Я буду судиться».

Он почему-то считал, что против него ведется тайная интрига, и обращался к организациям и отдельным лицам с просьбой оказать ему законное содействие — в общем, пытался восстановить славу по знакомству.

— Это что ж такое? — говорил он негодующе. — Безобразие. Сегодня обо мне сказали, что я написал посредственную книгу, а завтра и до кого угодно доберутся. Таких критиков надо просто снимать.

— Как это снимать? — удивилось отдельное лицо.

— Ну, я не знаю... С занимаемых должностей, что ли.

— Да, но ведь тут, так сказать, критическая мысль. Человеку не нравится, — что я могу сделать?

— Вы все можете сделать. Честное слово. Телефон вы мне в два дня поставили, а какого-то критика не можете снять. Снимите! Ну пожалуйста!

— А вдруг ваша книга действительно... не совсем?

— Нет, именно совсем. Девушки прогуливались в садах, шепча мое имя.

— Девушек легко обмануть. Чьи только имена, скороспело вошедшие в школьные программы, они не шептали! К тому же теперь в школе строго, пятибалльная система. Поневоле зашепчешь.

— Может быть, все-таки хоть какие-нибудь репрессии. Хоть немножко. А? Для порядка.

— Нет, товарищ, — грустно сказало отдельное лицо. — Лучше я вам еще один телефончик поставлю.

— А может, все-таки лучше репрессии?

— Нет, лучше телефончик.

От Оловянского отвернулись даже знакомые. А критические кондоры перешли на бреющий полет и полосовали его длиннющими и злющими статьями.

И уж где-то на диспуте Оловянского стали добивать в порядке регламента: докладчику на побиение автора камнями и цитатами — полчаса, выступающим в прениях на осыпание автора мусором и утильсырьем — по пяти минут на человека.

Начинался перегиб.

Что же после этого, товарища, мы условно назовем славой?

Не будем, товарищи, преувеличивать. Славой, товарищи, мы назовем яркую, так сказать, заплату на ветхом рубище певца, товарищи. Не больше.

Так сказал, так сказать, Пушкин.

И это все о славе. Не будем преувеличивать.

1933

КОГДА УХОДЯТ КАПИТАНЫ

Заказчик хочет быть красивым.

От портного он требует, чтобы брюки ниспадали широкими мягкими трубами. От парикмахера он добивается такой распланировки волос, чтобы лысина как бы вовсе не существовала в природе. От писателя он ждет жизненной правды в разрезе здорового оптимизма.

Таков заказчик.

Ему очень хочется быть красивым. Он мучится.

— Кто отобразит сахароварение в художественной литературе? — задумчиво говорит сахарный командующий. — О цементе есть роман, о чугуне пишут без конца, даже о судаках есть какая-то пьеса в разрезе здорового оптимизма, а о сахароварении, кроме специальных брошюр, — ни слова. Пора, пора включить писателей в сахароваренческие проблемы.

Секретарю поручают подработать вопрос и в двадцать четыре часа (иногда в сорок восемь) мобилизовать писательскую общественность.

— Я полагаю, — сообщает секретарь, — что нам надо идти по линии товарищеского ужина. Форма обычная. Дорогой товарищ... то да се... ваше присутствие необходимо.

Решают пойти именно по этой линии, тем более что сахар свой, а остальные элементы ужина можно добыть при помощи натурального обмена с другими учреждениями.

Список приглашенных составляется тут же.

— Значит, так: Алексей Толстой, Гладков, Сейфуллина, потом на Л... ну, который «Сотьсаранчуки»... да, Леонов. Еще Олеша, он это здорово умеет. Парочку из пролетарских поглавнее,

Фадеева и Афиногенова на предмет пьесы. Для смеха можно Зощенко, пусть сочинит чего-нибудь, вроде «Аристократки», но в разрезе сахарной свеклы. Хорошо бы еще критика вовлечь. Они пусть пишут, а он их пусть тут на месте критикует.

— И подводит базу.

— Да, и, конечно, базу. Пишите какого-нибудь критика. Явка обязательна.

И вот плетется курьерша с брезентовой разносной книгой. И солнце светит ей в стриженый затылок. И весна на дворе. И все хорошо.

Еще немножко — и загадочный процесс сахароварения будет наконец отображен в художественной литературе.

Но на земле нет счастья. Вечером выясняется, что произошел тяжелый, непонятный прорыв.

Стоит длинный стол, на столе — тарелочки, вокзальные графинчики, бутерброды, незаконно добытые при помощи натурального обмена, семейные котлеты и пирожные.

Все есть. А писателей нет. Не пришли. Подло обманули. Дезертировали с фронта сахароварения.

Секретарь корчится под уничтожающими взглядами начальства. Мерцают бутерброды с засохшим сыром. Ах, как плохо!

— Кто ж так делает? — неожиданно говорит заведующий хозяйством. — Кто ж так мобилизует творческий актив? Вы сколько человек пригласили? Тридцать? И никто не пришел? Значит, нужно пригласить триста. И придет человеке десять. Как раз то, что нам нужно. А бутерброды можно спрыснуть кипятком. Будут как живые.

— Позвольте, откуда же взять триста? Разве есть так много... художников слова?

— Ого! Вы не знаете, что делается! Один горком писателей может выставить три тысячи сабель! А Всеросскомдрам? А малые формы? Это же Золотая Орда! Нашествие Батыя! А Дом самодеятельности имени Крупской? Это же источник творческой энергии! Они вам все чисто отобразят. Идите прямо в Дом Герцена и кройте приглашения по алфавиту. А о бутербродах не беспокойтесь. Подадим как новенькие.

Так и делают. Искусство требует жертв.

На этот раз в уютном конференц-зале сахарного заведения становится довольно людно. Правда, Алексей Толстой, Фадеев и многие другие опять подло обманули, но все-таки кое-кто пришел. Имен что-то не видно, но все-таки имеется здоровяк в капитанской форме с золотыми шевронами. Да и другие как-то вызывают доверие. Они еще не очень знаменитые, но среди них есть один в пенсне — как видно, писатель чеховского толка.

В общем, можно начинать прения.

— Вот вы тут сидите и ни черта не делаете, — сразу начинает здоровяк в капитанской форме, — а между тем происходят события огромной важности. Мейерхольд сползает в мелкобуржуазное болото! Если я человек живой, так сказать, сделанный из мяса, я этого так не оставлю.

Он говорит долго и убедительно. Главным образом о Мейерхольде. Ему аплодируют.

— А сахароварение? — робко спрашивает секретарь.

— Какое, к черту, сахароварение, — сердится писатель, — когда, с моей точки зрения, сейчас главное — это маринизация литературы!

И он уходит, злой, коренастый и симпатичный.

Как-то незаметно ускользают и другие. Остаются только трое, в том числе писатель в пенсне, чеховского толка.

Их мало, но зато это не люди, а клад.

Они со всем соглашаются. Да. Их интересует сахароварение. Да. Они уже давно мечтали включиться. Мало того. Они желают сейчас же, немедленно приступить к разрешению практических вопросов.

Например:

а) куда ехать (хорошо бы поюжнее);

б) сколько за это дадут (вы понимаете, специфика вопроса);

в) можно ли получить натурой (сахаром, патокой и малясом).

Это чудные, отзывчивые люди. Уж эти отобразят. Непонятно только, зачем им сахар. Впрочем, — может быть, они хотят получше изучить самую, так сказать, продукцию. Это интересно. Пусть изучают.

Писатель чеховского толка требует еще сапоги, теплые кальсоны и пятьсот штук папирос «Норд». Это уже труднее, но завхоз обещает устроить.

Они очаровательные люди — Ж. Н. Подпругин, Ал. Благословенный и Самуил Децембер (Новембер).

Тихо смеясь, они покидают банкетный зал. И в то время как добрые сахаровары обмениваются впечатлениями, хвалят литературу и толкуют об идеалах, Подпругин, Благословенный и Децембер (Новембер) катят в трамвае. Держась за ремни и раскачиваясь, они кричат друг другу:

— Знатная малина!

— Мировая кормушка!

— Ну! Кормушка не кормушка, а лежбище глупых тюленей. Только и знай, что ходи и глуши их гарпуном!

— Ах, какого маху дал! Можно было сорвать еще бобриковое пальто «реглан ВЦСПС». Ах, забыл! Ах, дурак! Они бы дали!

— Глубинный лов я уже отобразил. Отображу и сахарный песок. А роман можно назвать «Герои рафинада».

И все трое смеются журчащим русалочьим смехом. Они все понимают. Это промышленники, зверобои, гарпунщики.

Пусть другие кипятятся, говорят о мировоззрении, о методе, о метафоре, даже о знаках препинания. Гарпунщику все равно. Он сидит на очередном товарищеском ужине в очередном учреждении и, достойно улыбаясь, помешивает ложечкой чай. Пусть литературные капитаны говорят высокие слова. Это размагниченные интеллигенты. Гарпунщик знает их хорошо. Они поговорят и уйдут. А он останется. И, оставшись, сразу приступит к практическому разрешению вопроса. Уж на этот раз он возьмет «реглан типа ВЦСПС» и еще кое-что возьмет. Не дадут маху ни Децембер (Новембер), ни Ж. Н. Подпругин, ни Ал. Благословенный.

Осенью они разносят по учреждениям свой литературный товар. Больше всего тут очерков («Герои водопровода», «В боях за булку», «Стальное корыто», «Социалистическая кварта»). Однако попадаются и крупные полотна: «Любовь в штреке» (роман, отображающий что-то антрацитное, а может быть, и не антрацитное), «Соя спасла» (драматическое действо в пяти актах. Собственность Института сои), «Веселый колумбарий» (малая форма. По заказу кладбищенского подотдела).

Чудную тихую жизнь ведут гарпунщики. Печатают они свой товар в таких недосягаемых для общественности местах, в таких потаенных бюллетенях, журналах и балансовых отчетах, что никому никогда не докопаться до «Веселого колумбария» или «Стального корыта».

Но есть у гарпунщика слабое место. Сквозь продранный носок видна его Ахиллесова пята. Ежегодно возникает страшный слух, что из горкома писателей будут вычищать всех, кто не напечатался отдельной книгой. Тогда не будут приглашать на товарищеские ужины, тогда будет плохо.

Тут гарпунщик собирает свои разнокалиберные опусы, склеивает их воедино и, дав общее незатейливое название, везет рукопись на извозчике в ГИХЛ.

Вокруг рукописи начинается возня. Ее читают, перетаскивают из комнаты в комнату, над ней кряхтят.

— Ну что?

— Ах, — говорит утомленный редактор, — Исбах далеко не Бальзак, но этот Подпругин такой уже не Бальзак!

— Что ж, забракуем?

— Наоборот. Напечатаем. Отображены актуальнейшие темы. Язык суконноватый, рабочие схематичны, но настроение бодрое, книга зовет. Потом вот в конце ясно написано: «Это есть наш последний».

— «И решительный» написано?

— «И решительный».

— Тогда надо печатать. Книжка, конечно, — заунывный бред, но зато не доставит нам никакого беспокойства. Никто не придерется.

Это — роковая ошибка.

Как только книга гарпунщика появляется в свет и ведомственная литература предстает глазам всех, подымается ужасный крик.

Критика не стесняется в выражениях. Автора называют пиратом, жуликом, крысой, забравшейся в литературный амбар, шарлатаном. Редактора книги снимают с занимаемой должности и бросают в город Кологрив для ведения культработы среди местных бондарей. «Веселый колумбарий» изымают из продажи и сжигают в кухне Дома Герцена (после чего котлеты долго еще имеют препротивный вкус). Разнос происходит страшнейший.

В то же утро бледный, серьезный гарпунщик хватает чемодан, жену и еще одну девушку и уезжает в Суук-Су. Оттуда он возвращается через три месяца, отдохнувший, покрытый колониальным загаром, в полном расцвете творческих сил. О нем уже все забыли.

И в первый же вечер он отправляется на товарищеский варенец, имеющий быть в конференц-зале Москоопклоопкустсоюза.

Жизнь продолжается.

Заказчиков много. Все хотят, чтобы их отобразили в плане здорового оптимизма.

Все хотят быть красивыми.

1932

ДЕТЕЙ НАДО ЛЮБИТЬ

Вечер и ветер. У всех подъездов прощаются влюбленные. Они прощаются бесконечно долго, молчаливо, нежно. Это весна. И когда влюбленные наконец расстаются, она подымается к себе в бедную комнату (так принято по литературной традиции), а он, поправив на голове фуражечку с лакированным козырьком, бредет домой, и губы его по забавной инерции все еще сложены для поцелуя (это уже новость! Как говорит Олеша, распад романной формы).

На мокрых садовых скамейках, где перочинным ножом вырезаны сердца, пробитые аэропланными стрелами, сидят окаменевшие парочки. Как их много! Они сидят на ступеньках музеев, на гранитных бортах тротуаров, в трамвайных павильонах. И в тишине по всему городу слышится мерное причмокивание, как будто бесчисленные извозчики подгоняют своих лошадок.

И в эти весенние минуты особенно горько думать о детской литературе.

Что ожидает детей, которые, надо полагать, родятся в результате таких вот законных действий населения?

Что они будут читать? Как они начнут познавать мир? Что предложит им чадолюбивый Огиз?

Сейчас папа сажает на колени дошкольное чадо (пусть знают холостые редакторы и авторы, что дошкольное чадо — очень маленькое чадо) и говорит:

— Ну, пигмей, я купил тебе книжку про пожарных. Интересно. Правда? Пламя, факелы, каски. Слушай.

И он, сюсюкая, начинает:

— «Пожарное дело в СССР резко отличается от постановки пожарного дела в царской России...» Ай, кажется, я совсем не то купил. Почему же в магазине мне говорили, что это для пятилетнего возраста?

Родитель ошеломленно смотрит на обложку. Он ожидает увидеть марку Учтехиздата, фирмы солидной, известной изданиями специальных трудов. Но нет. «Молодая гвардия». Да и по картинкам видно, что книжка для детей. Пожарные нарисованы в виде каких-то палочек, а из окон горящего здания высовывается желтое пламя, имеющее форму дыни.

Между тем чадо ждет. Оно хочет познать мир.

И, странно улыбаясь, папа откладывает книжку в сторону и быстро произносит старое, проверенное веками заклинание:

— Жилбылубабушкисеренькийкозлик.

Услышав про козлика, дитя смеется каким-то вредным биологическим смехом и машет пухлыми ручонками (не сердитесь на пухлые ручонки — литературная традиция).

Папа чувствует, что творит какое-то темное дело, что воспитывает не в том плане. Он начинает исправлять сказочку кустарным образом:

— Видишь ли, пигмейчик, эта бабушка не простая. Она колхозница. И козлик тоже не простой, а обобществленный.

Однако в душе папа знает, что козлик старорежимный, может быть, даже с погонами. Но что делать? Не читать же сыну тяжеловесный доклад о пожарном деле.

— Теперь про котика, — неожиданно требует чадо.

Тут папа шалеет. Что это еще за котик? Какими словами говорить о котике? Обобществленный котик? Это уже левый загиб. Просто котик? Беспредметно. Бесхребетно. Непедагогично.

Ужасно трудно! Ужасно!

Или попадется вдруг весело раскрашенная книжонка, где большими детскими буквами напечатано:

Не шалите, ребятишки,
Уважайте тракторишки.
Трактор ходит на врага,
Обрабатывает га,

　　　　　га, га.

Га, га, га!
　　Вот так штука,
Ха, ха, ха!

Так как будто все хорошо. Современная тематика. Призыв беречь механизмы («уважайте тракторишки»). Указание на соотношение сил в деревне («трактор ходит на врага»). Новая терминология («обрабатывает га», а не десятину). Есть даже элементы направленного детского веселья («вот так штука, ха-ха-ха»). Не к чему придраться.

А все же почему так совестно читать это ребенку вслух? И если даже прочтешь, почему ребенок из всего стишка запоминает только «га, га, га, га», что и выкликает, как гусь, несколько дней подряд?

Конечно, стихотворная техника шагнула вперед, например: «врага» и «га». Раньше бывало хуже.

Жил когда-то в Одессе цензор Сергей Плаксин, который по совместительству баловался стихами. Печатался он по табельным дням в газете «Ведомости одесского градоначальства» и на правах цензора писал совсем уже просто:

Скажи, дорогая мамаша,
Какой нынче праздник у нас?
В блестящем мундире папаша,
Не ходит брат Митенька в класс.

Он рифмовал «папаша» и «мамаша». Кто ему мог запретить эту шалость пера, если сам автор был цензор, редактор— представитель отдельного корпуса жандармов, читатели — сплошь городовые, а стихи посвящены трехсотлетию дома Романовых?

А как поступать, когда читаешь изданную в 1931 году книгу для детей, где автор рифмует «мосты» и «холмы», «спешит» и «кипи»? Это хуже, чем «папаша» и «мамаша». Это уже разбойное нападение на детей, подпадающее под действие 2-го пункта 184-й статьи Уголовного кодекса: нападение, сопряженное с физическим или психическим насилием.

Это насилие психическое. А «га, га, га» — даже физическое.

Кому подсовывают все эти художественные произведения? Детям или взрослым? Сначала кажется, что детям, а потом видишь, что взрослым. Ведь у нас в издательствах дети не работают. Уж будьте покойны, заведующий отделом «Хороводов у костра» не маленький, не дитя. Да и начальница младенческого журнала «Догонялочка-перегонялочка» (бывшая «Палочка-выручалочка») — тоже не грудной ребенок.

Как же все это произошло? Несомненно, что когда создавался детский питательный продукт — «Пожарное дело в СССР резко отличается от...», то позаботились обо всем: чтоб не было мистики, чтоб не было биологии, взятой изолированно от прочих факторов, чтоб не было голого техницизма, упадочничества, шулятиковщины, упрощенства. Учли положительно все, кроме возраста читателя.

И получилось произведение, которое можно прочесть разве только на конгрессе теоретиков пожарного дела. Да и то старые брандмейстеры покачают обгоревшими головами и скажут:

— Установка правильная, но уж слишком как-то учено. Для нас, огнеработников, надо бы попроще.

Иногда же заведующий «Хороводами у костра» вспоминает, с кем, собственно говоря, имеет дело. Может быть, он уступил в трамвае место женщине с ребенком и сам растрогался, а может быть, просто получил какую-нибудь бумажку с печатью, где указывалось, напоминалось и даже предлагалось. Одним словом, он вспоминает о детях.

И тогда начинается громчайшее «га, га, га», будто бы на современную тематику. Впопыхах проскакивает и голый техницизм, и фетишизирование вещей, и проклятая биология, взятая изолированно.

Между тем на бульварах, которые являются главными детскими магистралями, галдят и смеются маленькие читатели. Их много и становится все больше (пора уже ставить для них специальные детские светофоры). Они роют в песке каналы, катаются на верблюде, на боку которого написано «ГОМЭЦ», играют в «учреждение» и прыгают через веревочку.

Они хорошие. Их не надо обижать.

Употребим очень осторожные слова:

— Отдельные авторы отдельных книг, в единичных случаях изданных отдельными издательствами! Любите детей. Уважайте их! Ничего, что они маленькие. Они заслуживают хорошего обращения. Любите, не бойтесь, тут нет биологии!

1932

ЛЮБОВЬ ДОЛЖНА БЫТЬ ОБОЮДНОЙ

Весной приятно поговорить о достижениях. Деревья, почки, мимозы в кооперативных будках — все это располагает. В такие дни не хочется кусать собратьев по перу и чернилам. Их хочется хвалить, прославлять, подымать на щит и в таком виде носить по всему городу.

И — как грустно — приходится говорить о недостатках. А день такой пленительный. Обидно, товарищи. Но весна весной, а плохих книг появилось порядочно — толстых, непроходимых романов, именинных стишков, а также дохлых повестей. Дохлых по форме и дохлых по содержанию.

Чем это объяснить?

Вот некоторые наблюдения.

В издательство входит обыкновенный молодой человек со скоросшивателем в руках. Он смирно дожидается своей очереди и в комнату редактора вступает, вежливо улыбаясь.

— Тут я вам месяц назад подбросил свой романчик...

— Как называется?

— «Гнезда и седла».

— Да... «Гнезда и седла». Я читал. Читал, читал. Знаете, он нам не подойдет.

— Не подойдет?

— К сожалению. Очень примитивно написано. Даже не верится, что автор этого произведения — писатель.

— Позвольте, товарищ. Я — писатель. Вот пожалуйста. У меня тут собраны все бумаги. Членский билет горкома писателей. Потом паспорт. Видите, проставлено: «Профессия — писатель».

— Нет, вы меня не поняли. Я не сомневаюсь. Но дело в том, что такую книгу мог написать только неопытный писатель, неквалифицированный.

— Как неквалифицированный? Меня оставили при последней перерегистрации. Видите, тут отметка: «Продлить по 1 августа 1934 года». А сейчас у нас апрель, удостоверение действительно.

— Но это же, в общем, к делу не относится. Ну, подумайте сами, разве можно так строить сюжет? Ведь это наивно, неинтересно, непрофессионально.

— А распределитель?

— Что распределитель?

— Я состою. Вот карточка. Видите? А вы говорите — непрофессионально.

— Не понимаю, при чем тут карточка?

— Не понимаете? И очень печально, товарищ. Раз я в писательском распределителе — значит, я хороший писатель. Кажется, ясно?

— Возможно, возможно. Но это не играет роли. Разве так работают? В первой же строчке вы пишете: «Отрогин испытывал к наладчице Ольге большого, серьезного, всепоглощающего чувства». Что это за язык? Ведь это нечто невозможное!

— Как раз насчет языка вы меня извините. Насчет языка у меня весьма благополучно. Всех ругали за язык, даже Панферова, я все вырезки подобрал. А про меня там ни одного слова нет. Значит, язык у меня в порядке.

— Товарищ, вы отнимаете у меня время. Мы не можем издать книгу, где на каждой странице попадаются такие метафоры: «Трамваи были убраны флагами, как невесты на ярмарке». Что ж, по-вашему, невесты на ярмарках убраны флагами? Просто чепуха.

— Это безответственное заявление, товарищ. У меня есть протокол заседания литкружка при глазной лечебнице, где я зачел свой роман. И вот резолюция... Сию минуточку, я сейчас ее найду. Ага! «Книга "Гнезда и седла" радует своей красочностью и бодрой образностью, а также написана богатым и красивым языком». Шесть подписей. Пожалуйста. Печать. И на этом фронте у меня все благополучно.

— Одним словом, до свидания.

— Нет, не до свидания. У меня к вам еще одна бумажка есть.

— Не надо мне никакой бумажки. Оставьте меня в покое.

— Это записка. Лично вам.

— Все равно.

— От Ягуар Семеныча.

— От Ягуар Семеныча? Дайте-ка ее сюда. Да вы присядьте. Так, так. Угу. М-м-мда. Не знаю. Может быть, я ошибся. Хорошо, дам ваши «Гнезда» прочесть еще Тигриевскому. Пусть посмотрит. В общем, заходите завтра. А примерный договор пока что набросает Марья Степановна. Завтра и подпишем. Хорошее там у вас место есть, в «Седлах»: Отрогин говорит Ольге насчет идейной непримиримости. Отличное место. Ну, кланяйтесь Ягуару.

«Гнезда и седла» появляются на рынке в картонном переплете, десятитысячным тиражом, с портретом автора и длинным списком опечаток. Автор ходит по городу, высматривая в книжных витринах свое творение, а в это время на заседании в издательстве кипятится оратор:

— Надо, товарищи, поднять, заострить, выпятить, широко развернуть и поставить во весь рост вопросы нашей книжной продукции. Она, товарищи, отстает, хромает, не поспевает, не стоит на уровне...

Он еще говорит, а в другом издательстве, перед другим редактором стоит уже другой автор.

Новый автор — в шубе, с круглыми плечами, с громадным галалитовым мундштуком во рту и в бурках до самого паха. Он не тихий, не вкрадчивый. Это бурный, громкий человек, оптимист, баловень судьбы. О таких подсудимых мечтают начинающие прокуроры.

Он не носит с собой удостоверений и справок. Он не бюрократ, не проситель, не нудная старушка из фельетона, пострадавшая от произвола местных властей. Это пружинный замшевый лев, который, расталкивая плечами неповоротливых и мечтательных бегемотов, шумно продирается к водопою.

Его творческий метод прост и удивителен, как проза Мериме.

Он пишет один раз в жизни. У него есть только одно произведение. Он не Гете, не Лопе де Вега, не Сервантес, нечего там особенно расписываться. Есть дела посерьезней. Рукопись ему нужна, как нужен автогенный аппарат опытному шниферу для вскрывания несгораемых касс.

То, что он сочинил, может быть названо бредом сивой кобылы. Но это не смущает сочинителя.

Он грубо предлагает издательству заключить с ним договор. Издательство грубо отказывает. Тогда он грубо спрашивает, не нужна ли издательству бумага по блату. Издательство застенчиво отвечает, что, конечно, нужна. Тогда он вежливо спрашивает, не примет ли издательство его книгу. Издательство грубо отвечает, что, конечно, примет.

Книга выходит очень быстро, в рекордные сроки. Теперь все в порядке. Автогенный аппарат сделал свое дело. Касса вскрыта. Остается только унести ее содержимое.

Сочинитель предъявляет свою книгу в горком писателей, заполняет анкету («под судом не был, в царской армии был дезертиром, в прошлом агент по сбору объявлений, — одним словом, всегда страдал за правду»), принимается в союз, получает живительный паек. Вообще он с головой погружается в самоотверженную работу по улучшению быта писателей. Он не только не Сервантес, он и не Дон-Кихот, и к донкихотству не склонен. Первую же построенную для писателей квартиру он забирает себе. Имея книгу, членство, особый паек, даже автомобиль, он обладает всеми признаками высокохудожественной литературной единицы.

Теперь единицу, оснащенную новейшей техникой, поймать чрезвычайно трудно. Сил одной милиции не хватит: тут нужны комбинированные действия всех карательных органов с участием пожарных команд, штурмовой авиации, прожекторных частей и звукоуловителей.

А оратор в издательстве все еще стоит над своим графином и, освежая горло кипяченой водой, жалуется:

— Что мы имеем, товарищи, в области качества книжной продукции? В области качества книжной продукции мы, товарищи, имеем определенное отставание. Почему, товарищи, мы имеем определенное отставание в области качества книжной продукции? А черт его знает, почему мы имеем в области качества книжной продукции определенное отставание!

Тут вносят чай в пивных стопках, стоящих по шесть штук сразу в глубокой тарелке для борща. И вопросы книжной продукции глохнут до следующего заседания.

Между тем совсем не нужно тратить кубометры кипяченой воды и загружать глубокие тарелки стопками с чаем, чтобы понять сущность дела. Плохих произведений всегда было больше, чем хороших. Всегда в издательства, помимо талантливых вещей, носили, носят и будут носить всяческую чушь и дичь. Дело обычное, ничего страшного в этом нет. Надо только устроить так, чтобы плохая рукопись не превратилась в книгу. Это обязанность редакторов.

А редактора нередко бывают малодушны, иногда некультурны, иногда неквалифицированны, иногда читают записки, не относящиеся к делу, иногда в них просыпается дух торговли — все иногда бывает.

И к свежему голосу растущей советской литературы примешивается глухое бормотание бездарностей, графоманов, искателей выгод и неучей.

А в литературных делах надо проявлять арктическое мужество.

Не надо делать скидок по знакомству, не надо понижать требований, не надо давать льгот, не надо так уж сильно уважать автора за выслугу лет, не подкрепленную значительными трудами.

Читателю нет дела до литературной кухни. Когда к нему попадает плохая книга, ему все равно, чьи групповые интересы состязались в схватке и кто эту книгу с непонятной торопливостью включил в школьные хрестоматии. Он с отвращением листает какие-нибудь «Гнезда» или «Седла», жмурится от ненатуральных похождений диаграммно-схематического Отрогина и на последней странице находит надпись: «Ответственный редактор З. Тигриевский». Так как записка Ягуар Семеныча к книге не приложена, то никогда читателю не понять тонких психологических нюансов, побудивших товарища Тигриевского пустить «Седла» в печать. И пусть не обманываются редактора таких книг. Читатель редко считает их ответственными, потому что никакой ответственности они, к сожалению, не несут.

Вот какие неприятные слова приходится говорить радостной весной текущего хозяйственного года. Не сладкое это занятие — портить отношения с отдельными собратьями и делать мрачные намеки. Куда приятнее сидеть вдвоем за одним столиком и сочинять комический роман. Ах, как хорошо! Окно открыто, ветер с юга, чернильница полна до краев. А еще лучше поехать с собратьями целой бригадой куда-нибудь подальше, в Кахетию, в Бухару, в Боржом, что-нибудь такое обследовать, установить связи с местной общественностью, дать там какую-нибудь клятву. Не очень, конечно, обязывающую клятву — ну, написать повесть из жизни боржомцев или включиться в соревнование по отображению благоустройства бухарского оазиса. А потом вернуться в Москву и дать о поездке беседу в «Литературную газету», мельком упомянув о собственных достижениях.

Но ссориться, так уж ссориться серьезно.

Кроме появившихся на прилавке плохих книг типа «Седла» и «Гнезда», еще больший урон несет советское искусство оттого, что многие хорошие книги могли бы появиться, могли бы быть написаны, но не были написаны и не появились потому, что помешала суетливая, коммивояжерская гоньба по стране и помпезные заседания с обменом литературными клятвами.

Никогда путешествие не может помешать писателю работать. И нет места в мире, где бы с такой родительской заботливостью старались дать писателю возможность все увидеть, узнать и понять, как это делается у нас.

Но внимание и средства уделяются вовсе не затем, чтоб люди партиями ездили за несколько тысяч километров торжественно и скучно заседать.

Как часто деньги, предназначенные для расширения писательских горизонтов, тратятся на создание протоколов о том, что литература нужна нам великая, что язык нам нужен богатый, что писатель нам нужен умный. И как часто, создав такой протокол, бригада мчится назад, считая, что взят еще один барьер, отделяющий ее от Шекспира.

Чтобы приблизиться к литературным вершинам, достойным нашего времени, вовсе нет надобности обзаводиться фанерными перегородками, учрежденскими штатами, секциями и человеком комендантского типа в сапогах, лихо раздающим железнодорожные билеты, суточные и подъемные.

И оргкомитет имеет сейчас, перед писательским съездом, возможность стряхнуть с себя литературную пыль, выставить из писательской шеренги людей, ничего общего с искусством не имеющих.

Людям, в литературе случайным, писать романы или рассказы — долго, трудно, неинтересно и невыгодно. Кататься легче. А вместо писательского труда можно заняться высказываниями. Это тоже легко. К тому же создается видимость литературной и общественной деятельности. Фамилия такого писателя постоянно мелькает в литературных органах. Он высказывается по любому поводу, всегда у него наготове десять затертых до блеска строк о детской литературе, о кустарной игрушке, о новой морали, об очередном пленуме оргкомитета, о связи искусства с наукой, о мещанстве, о пользе железных дорог, о борьбе с бешенством или о работе среди женщин.

И никогда в этих высказываниях нет знания предмета. И вообще обо всех затронутых вопросах говорится глухо. Идет речь о себе самом и о своей любви к советской власти.

Что уж там скрывать, товарищи, мы все любим советскую власть. Но любовь к советской власти — это не профессия. Надо еще работать. Надо не только любить советскую власть, надо сделать так, чтобы и она вас полюбила. Любовь должна быть обоюдной.

Хороши были бы Каманин и Молоков, если б, вместо того чтобы спасать челюскинцев, они сидели в теплой юрте перед столом, накрытым зеленой скатертью, с походным графинчиком и колокольчиком и посылали бы высказывания о своих сердечных чувствах к правительственной комиссии, ко всем ее членам и председателю.

Летать надо, товарищи, а не ползать. Это давно дал понять Алексей Максимович. Это трудно, ох, как трудно, но без этого обойтись нельзя.

Иначе любовь не будет обоюдной.

1934

КИПУЧАЯ ЖИЗНЬ

Журналы бывают толстые и тонкие.

Но это только в теории. На самом деле тонких уже давно нет. Они закрылись. Подписчикам обещали вернуть деньги, но не вернули. (Согласитесь, было бы просто бесхозяйственностью разбрасывать деньги направо и налево.)

Итак, остались толстые. Среди них есть более толстые и менее толстые. И чем тоньше толстый журнал, тем многочисленнее его редколлегия. В самом тонком толстом количество членов редколлегии достигает двадцати человек. Если бы этих людей собрать вместе, то получилась бы внушительная демонстрация, так сказать, боевой смотр литературных сил.

Но разве их соберешь! Их невозможно собрать. Большинство из них вообще не знает, что состоит в членах, а меньшинство к литературе никакого отношения не имеет, литературы не любит и занято на хозяйственной и профсоюзной работе. Тем не менее редколлегии разрастаются, и скоро уже вместо заседаний надо будет применять более совершенные методы собирания людей в одну кучу: «Объединенную конференцию членов редколлегии журнала "Всюду жизнь"», или «Всесоюзный слет членов и кандидатов редколлегии журнала "Критик на стреме"». Собираться можно в филиале Большого театра или в зале консерватории, только не в малом, а в том, который побольше, там, где портреты розовощеких композиторов в ермолках и париках.

В чем же дело? Почему существуют редколлегии, которые ничего, собственно, не делают и, скажем откровенно, совсем не нужны трудящемуся человечеству?

Редколлегия превращается в громадное учреждение, потому что при ее составлении не желают никого обидеть. Она создается по такому же принципу, по какому составляется любой литературный президиум.

В коллегию обязательно входят:

1. Один ведущий писатель (лучше два ведущих или три; было бы, конечно, еще лучше человек семь ведущих, но столько не наберешь, нету).

2. Три ведущих критика.

3. Один неведущий критик.

4. Один завидущий критик (чтоб не обиделся).

5. Процент женщин.

6. Процент нацменов.

7. Процент братских писателей.

8. Процент оборонных писателей.

9. Процент беспартийных дарований.

10. Процент бывших рапповцев (чтоб не обиделись).

11. Представитель Оргкомитета (чтоб присматривал за бывшими рапповцами насчет групповщины).

12. Один писатель, недавно сброшенный со щита (он же тайный эмиссар бывших рапповцев, чтоб наблюдал за представителями Оргкомитета).

13. Процент детских писателей.

14. Один ведущий поэт с двумя приспешниками.

15. Один бывший внутрирапповский попутчик.

А дальше идут уже странности, сон, бред:

16. Тов. Ошейников (Стройнадзор).

17. Тов. Мизерник (Книгосбыт).

18. Тов. Клемансон (Мосоргвывод).

Все это так тонко обдумано, так внимательно учтены все литературные интересы и нюансы этих интересов, что, казалось бы, работа редколлегии должна принести грандиозные плоды. Но все ухищрения пропадают даром. Никакие такие особенные плоды не вызревают.

Члены редколлегии и не думают собираться. Они до такой степени привыкли к этой многолетней фикции, что им и в голову не приходит принять свое назначение всерьез.

Однако, если их не включают в члены, они очень сердятся, принимают меры, хлопочут, даже плачут. Они обидчивы, как артисты летней эстрады.

И чтоб с ними не связываться, не вести лишних разговоров, их включают в различные списки. Таким образом, во всех толстых журналах существует почти одно и то же литературное начальство с небольшими вариациями: вместо одного завидущего критика иногда бывают два; иногда процент детских писателей бывает недостаточен, — например, вместо полутора процента детских включают только полпроцента (это дает возможность детским писателям поднять крик о том, что их затирают взрослые писатели в союзе с оборонными). А иногда забывают т. Клемансона (Мосоргвывод), и он попадает не в двенадцать редколлегий, а только в восемь.

И вечером бледный Клемансон (Мосоргвывод), сидя за чаем с женой, говорит хриплым голосом:

— У меня есть враги. Это штуки Мизерника.

И он долго рассказывает жене о подлостях Мизерника (Книгосбыт).

Если к этому добавить, что ответственный редактор, как правило, не является ни взрослым писателем, ни детским, ни оборонным, ни женским, что он не пишет стихов, не сочиняет критических статеек, никогда не ходит в свою редакцию, а дома снимает телефонную трубку, чтобы к нему никак нельзя было дозвониться, что он к искусству вообще относится отрицательно, — то, как говорится, во весь рост встает вопрос о том, кто же все-таки делает журнал. Журнал-то ведь выходит. Раз в четыре месяца, но выходит ведь.

Журнал делает молодой человек, начинающий технический работник.

В первый год своей деятельности он еще очень скромен, смотрит на писателей расширенными глазами, носит ковбойку с открытой грудью и штаны с велосипедными браслетками на щиколотках. От него еще пахнет фабзавучем, и он с почтением произносит слова: гранки, боргес, рамка, шмуцтитул, колонцифра.

К началу второго года у него на шее появляется галстук из универсального базара, писатели уже угощают его папиросами, и он звонким голосом кричит в телефон:

— Возьмите Гладкова на шпоны, тысячу раз вам говорил! Никулина оставьте в загоне, не входит. Ничего! Он уехал в Кисловодск, не узнает. Да, и не забудьте вставить в список сотрудников Ошейникова и обязательно инициалы поставьте — М. И. А то он обижается.

Покуда молодой человек еще руководится чисто техническими соображениями, но на третий год деятельности ему приходится самому приглашать авторов, читать рукописи и давать ответы, потому что, если это не сделает он, никто этого не сделает и журнал механически закроется. Это было бы еще полбеды. Но тогда он, молодой человек, потеряет службу. А это уже не годится.

И в то время как сброшенный со щита интриган вступает в беспринципный блок с двумя ведущими критиками и процентом женщин против завидущего критика, объединившегося с бывшим внутрирапповским попутчиком и процентом беспартийных дарований, в то время как Клемансон (Мосоргвывод), прикрываясь именами ведущих писателей, тихо добивает Мизерника (Книгосбыт) и Ошейникова (Стройнадзор), — молодой энтузиаст типографского дела принимает на себя всю полноту власти в редакции.

Теперь на нем сиреневый костюм. Молодыми зубами он грызет мундштук вишневой трубки и кричит голосом леопарда:

— Слабо! Не пойдет! Надо короче! Учитесь у Габриловича. Фигура Перловского у вас получилась неубедительной. Нам нужен социалистический реализм, а у вас поздний романтизм. Да, заходите, конечно. Только не в пятницу. В пятницу я на даче.

Как будто все.

Есть еще одно соображение, но какое-то оно слишком уж оригинальное, неожиданное — кажется, даже неприличное:

— Не нужен ли толстому журналу редактор? Чудный взрослый редактор, такой редактор, который приходит в свой журнал утром, который уходит вечером, который работает так, как работают тысячи директоров заводов. Пусть сам читает рукописи, пусть сидит с карандашом в руках, правит, говорит с авторами об их произведениях, пусть, черт возьми, обожает литературу, пусть жить без нее не может, пусть обливается слезами радости, найдя новый талант, пусть ищет эти таланты и ко всему этому пусть будет ответственным.

В конце концов писателю не так уж много нужно.

1934

ИСКУССТВО ДЛЯ ГЛАВИСКУССТВА,
или ДЕНЬГИ ОБРАТНО!

ПОБЕЖДЕННЫЙ ОСКАР
(«Негр» в Камерном театре)

Тень Оскара Уайльда в глухом сюртуке и высоком, колючем воротничке витала над Камерным театром больше десяти лет. Как появилась тень этого благородного англичанина в день премьеры «Саломеи», так и прижилась. Она своевольно вмешивалась в дела режиссера Таирова, стучалась в уборные актеров и читала им певучие нотации.

— Ты как ножку ставишь? Видел, как немецкие солдаты маршируют? Так и ходи, как в «Саломее» ходил.

И все покорялись придирчивой тени. По лицу режиссера Таирова катились перламутровые слезы. Он хотел освободиться от тени. Но тень была сильнее, и каждая новая постановка была похожа на «Саломею», как походит иной ответственный работник на родителя своего — служителя культа.

Катерину из «Грозы» нельзя было отличить от страстной дочери царя Ирода, краснозадые туземцы из «Багрового острова» рычали, как Иоканааны, и где-то за кулисами рыдал Булгаков в насильно напяленном на него глухом уайльдовском сюртуке и остром, как бритва, воротничке, подпирающем склеротические щечки.

Но вдруг, воспользовавшись тем, что тень Уайльда вышла на минуту из театра по своей надобности, режиссер Таиров запер двери и не пустил англичанина назад. Освобожденный от докучливой тени, Таиров поставил новую пьесу О'Нейла «Негр». И в первый раз за десять лет в театре не пахло Уайльдом.

Чтобы узнать, стоит ли идти на новую пьесу, нужно обратиться к первому знакомому драматургу. Если он скажет, что пьеса плохая, — значит, пьеса хорошая. Если же он выразится о пьесе одобрительно, то это значит, что пьеса — его собственная или еще хуже.

«Негра» знакомый драматург обязательно выругает.

— Какая же это пьеса? — скажет драматург, сияя.— Там в первой картине 154 реплики, а у Бомарше в первой картине «Женитьбы Фигаро» — 279. А кто классик? Бомарше! Кстати, в моей пьесе «О чем рычала трансмиссия» в первой картине ровно 279 ре...

Достаточно хотя бы бегло взглянуть на четвертую картину «Негра», чтобы убедиться в неправоте автора «О чем рычала». В картине этой есть только одна реплика — и какая реплика! Жалкая, она тонет в грохоте аплодисментов. Да и вообще О'Нейл в своей короткой и мужественной пьесе скуп на реплики.

Пьеса настолько коротка, что Таирову для услаждения капризных москвичей пришлось выпускать на просцениум плохих тенорков, которые в соответствии со своими не столь голосовыми, сколь носовыми данными исполняли перед занавесом сладковатые песенки.

Но даже и это мероприятие не могло убить пьесу.

Режиссер Таиров ввел еще и такое нововведение. Во время сумасшествия героини декорации сдвигаются и раздвигаются, как гармоника. Придумав это, режиссер радовался, как дитя, и все время возвращался к своей игрушке. Публике игрушка тоже понравилась.

— Сейчас, сейчас сдвинется! — восклицали прозорливцы.

И декорации действительно сдвигались.

— А сейчас раздвинется! Ой, раздвинется! — утверждали пророки.

И декорации действительно раздвигались.

Теперь несколько слов о титулах.

В наше время длинные, высокопарные и гремучие титулы сохранились только у деятелей искусства.

Нет больше князей и баронов.

Но есть князья оперы, герцоги драмы и баронессы оперетки.

Некоторые знатоки генеалогии из Главискусства утверждают, что князь равен теперь народному артисту республики, граф — заслуженному артисту и так далее, иногда даже суфлер бывает заслуженным бароном. Тогда он особенно громко подает реплики.

В таком аристократическом окружении публика чувствует себя стесненной. Многим просто неловко. Они простые счетоводы, а не заслуженные, они простые монтеры, а не народные монтеры республики.

В «Негре» занята была только одна заслуженная артистка — Коонен, да и той аплодировали не за чин, а за хорошую игру.

1929

ПТАШЕЧКА ИЗ МЕЖРАБПОМФИЛЬМА

В городе Бобруйске произошло несчастье.

Местный фотограф Альберт написал киносценарий. А так как Альберт был тонким ценителем изящного и по рассказам бобруйских старожилов превосходно знал все детали великосветской жизни, то сценарий вышел полнокровный.

Однако Альберт понимал, что в наше суровое время без идеологии — труба. Поэтому, кроме аристократов, в сценарии действовали и лица, совершающие трудовые процессы. Об этом можно было судить уже из одного названия сценария.

> Нас три сестры. Одна за графом, другая герцога жена, а я, всех краше и милее, простой беднячкой быть должна.
> Сценарий *Гарри Альберта.*

Дописав последнюю строку, Альберт запер свое фотографическое заведение на висячий замок, отдал ключи шурину и, запаковав сценарий в корзинку, выехал в Москву.

Зная по картинам «Кукла с миллионами» и «Медвежья свадьба», что с постановкой «Нас три сестры, одна за графом, другая герцога жена...» сможет справиться только фабрика Межрабпомфильм, Альберт направился прямо туда.

Прождав шесть дней в коридорах, по которым прогуливались молодые люди в развратных шерстяных жилетках и приставских штанах, Альберт попал в литчасть.

— Длинное название! — сразу сказал толстый человек с превосходными зубами, принявший у Альберта его рукопись. — Надо сократить. Пусть будет просто «Три сестры». Как вы думаете, Осип Максимович?

— Было уже такое название… — сумрачно отозвался Осип Максимович. — Кажется, у Тургенева. Актуальнее будет назвать «Герцога жена». Как вы думаете, Олег Леонидович?

Но Олег Леонидович уже читал вслух сценарий Гарри Альберта.

1. Граф Суховейский в белых штанах наслаждается жизнью на приморском бульваре.

2. Батрачка Ганна кует чего-то железного.

3. Крупно. Голые груди кокотки Клеманс.

4. Крупно. Белой акации ветки душистые или какая-нибудь панорама покрасивше.

5. Надпись: «Я всех краше и милее».

6. Кующая Ганна, по лицу которой капают слезы.

7. Граф опрокинул графиню на сундук и начал от нее добиваться.

В середине чтения в литчасть вошел лысый весельчак.

— Уже, уже, уже! — закричал он, размахивая короткими руками.

— Что уже, Виктор Борисович? — спросили Олег Леонидович с Осипом Максимовичем.

— Уже есть у нас точно такая картина, называется «Веселая канарейка», сам Кулешов снимал.

— Вот жалко, — сказал Олег Леонидович. — А сценарий хорош. До свидания, господин Альберт.

И автор сценария «Нас три сестры, одна за графом…» с разбитым сердцем уехал на родину. А «Веселая канарейка», как правильно заметил Виктор Борисович, уже шла на терпеливых окраинах всего Союза.

Был в Одессе кабак «Веселая канарейка», был он при белых. Тут есть все, что нужно Межрабпомфильму для создания очередного мирового боевика: ресторан для коммерции, а белые для идеологии. (Без идеологии нынче — труба.)

В ресторане:

Голые ножки — крупно. Бокалы с шампанским — крупно. Джаз-банд (которого, кстати сказать, в то время в Одессе не было) — крупно. Погоны — крупно. Чья-нибудь грудь «покрасивше» — крупно. Монтаж — перечисленное выше.

Но были в Одессе также и пролетарии. Однако Межрабпому показывать их в обычном виде скучно. Поэтому режиссер Кулешов пролетариев переодел. Один в революционных целях приобрел облик князя (визитка, лакированные туфли, цилиндр). Другой в тех же целях ходит в виде блестящего казачьего офицера (шпоры, кинжалы, аромат гор, черные усы).

Таких пролетариев можно показать и крупно.

Действие разворачивается примерно тем же мощным темпом, что и у Гарри Альберта:

1. Отрицательные персонажи наслаждаются жизнью на приморском бульваре.

2. Пролетарии говорят чего-то идеологического.

3. Крупно. Голые груди кокотки.

4. Крупно. Белой акации ветки душистые.

5. Надпись: «Это есть наш последний...»

6. По лицу жены положительного персонажа текут слезы протеста против французского империализма.

7. Кокотка в ванне — крупно. Она же в профиль, сверху, снизу, сбоку, с другого боку.

8. Надпись: «...и решительный...»

9. Чего-то идеологического. Можно копыта лошадей — крупно.

10. Надпись: «...бой!!!»

11. Отрицательный персонаж хочет расстрелять положительного.

12. Князь в визитке и цилиндре спасает его.

После этого на экране показывают фабричную марку Межрабпомфильма — голый рабочий поворачивает маховое колесо.

Мы предлагаем эту марку поскорее заменить. Пусть будет так: голая девушка поворачивает колесо благотворительной лотереи.

Это по крайней мере будет честно. Это будет без очковтирательства.

1929

ВАША ФАМИЛИЯ?..

(Мюзик-Холл. Обозрение «С неба свалились».
Автор неизвестен)

В большом городе встречаются люди, которые скрывают свою профессию. Это беговые жучки, бильярдные чемпионы, поставщики анекдотов для календарей и старушки, обмывающие покойников. Все они почему-то выдают себя за членов профсоюза нарпит. Одеваются они скромно, и лица у них серенькие.

Но среди таких, стыдящихся своей профессии, людей есть прекрасные фигуры. Это еще молодые граждане в котиковых шапочках и розовых кашне. Обедают они в ресторане Союза писателей, а ужинают в артистическом кружке. Они точно знают, с кем и как живет администратор Принципиального театра, скоро ли дадут «заслуженного» резонеру Небесову, а также куда и на каких условиях «покончил» конферансье Саша Бибергал.

Это мародеры, следующие по пятам наступающей или отступающей театральной армии. Это сочинители диких романсов, в которых клеймятся фашисты, песенок шута, где подвергаются осмеянию король и королева. Это поставщики отбросов в неприхотливые театры малых форм. Свои произведения они не подписывают, будучи людьми осторожными.

Но их, как и всех скрывающих свою профессию, быстро находят те, которые в них нуждаются. Старушки сами появляются в тех домах, где лежит покойник. Бильярдные короли тихими голосами предлагают вам сыграть по маленькой, а потом обыгрывают вас дотла. Беговой жучок издали приветствует вас радостными жестами и за двадцать копеек обещает указать лошадь, которая наверное придет первой и сделает вас богатым и счастливым. Молодые люди в котиковых шапочках порхают за кулисами и готовы в кратчайший срок обогатить портфель театра любым произведением — агитдрамой, сельхозводевилем, синтетическим монтажом, предвыборной интермедией или идеологическим обозрением.

С недавнего времени котиковые молодые люди, пробавлявшиеся до сих пор антифашистскими элегиями и агрономическими скетчами, вышли на большую дорогу, теперь они пишут обозрения для московского Мюзик-Холла.

Таинственные анонимы остались верны своей привычке угождать всем господам — Главрепперткому, который борется с мещанством, и мещанству, которое борется с Главрепперткомом.

Реперткком ублажают видом положительных крестьянок в шелковых юбчонках, а соответствующую публику голыми ножками, самодельным джазом и опереточной звездой.

Реперткком сначала хмурится. Голые ножки, джаз и звезда пугают его. Но крестьянки в шелковых юбчонках вызывают у реперткома радостную улыбку и одобрительные слова:

— Наконец-то родной наш Мюзик-Холл выходит на широкую дорогу общественности!

Что же касается зрителя, то положительные крестьянки, тоненькими голосками проклинающие внешних и внутренних врагов, приводят его в замешательство. Это же самое, но в более осмысленном исполнении, он мог бы услышать даром в своем жилтовариществе на вечере самодеятельности! И только голые ножки, звезда и джаз спасают положение.

— Еще можно жить и работать, — говорит зритель. — Совсем как у людей.

Если порядочному драматургу предложат написать пьесу при том условии, что в ней главными действующими лицами должны явиться: зебра из зоосада, два трамвайных пассажира и предводитель сирийского племени друзов, а в качестве вещественного оформления фигурировать: фрезерный станок, полдюжины пуговиц и изба-читальня, — то порядочный драматург немедленно ответит:

— Нет. Занимательного и полезного зрелища, то есть зрелища, на котором широкая масса могла бы отдохнуть душой и телом, я сделать не могу. Полагаю, что этого не могли бы сделать также ни Шекспир, ни Чехов, ни Шкваркин.

Но то, что не под силу мастерам сцены, вполне доступно котиковым молодым людям.

С цыганским смаком они принимают любые заказы.

— Что? Идеологическое обозрение? Прекрасно! Из чего делать? Тридцать девушек? Конечно, голые? Хорошо! Разложение? Два роликобежца? Отлично! Бар? Опереточная звезда? Великолепно! Песенка поэкзотичней? И для комика отрицательный персонаж? Превосходно! Можно типичного бюрократа, — знаете, — с портфелем...

И котиковые молодые люди, не теряя ни секунды, принимаются за работу. Через два дня великолепное обозрение готово. Называется оно: «С неба свалились». Советский гад и бюрократ (Поль) попадает за границу, где взору его представляются тридцать голых фигуранток, одна американка (голая), артистка Светланова и джаз. Затем действие переносится на территорию нашего отечества, куда гад и бюрократ (Поль) привозит тридцать фигуранток, одну американку (голую), артистку Светланову и джаз. На этом бессмысленное обозрение обрывается.

Во время перерывов, вызванных тем, что ни режиссер, ни актеры не знают, что делать дальше, на сцену выходит конферансье в своем обычном репертуаре, повторяя изо дня в день излюбленные публикой экспромты.

Дирижер, до которого дошли туманные слухи о том, что за границей дирижеры якобы подпевают оркестру, время от времени начинает петь так, как не позволил бы себе петь даже дома с целью досаждения вредным соседям.

Если Мюзик-Холлу не стыдно и он собирается ставить свои «марксистские» обозрения и впредь, то это должно быть обусловлено двумя пунктами:

1. Фамилия автора(ов) широко опубликовывается(ются)

2. Фотографические их карточки анфас и в профиль вывешиваются в вестибюле театра.

Надо знать, с кем имеешь дело!

1929

1001-я ДЕРЕВНЯ

(«Старое и новое», фильма Совкино.
Работа режиссеров Эйзенштейна и Александрова)

Еще каких-нибудь три года тому назад, в то розовое обольстительное утро, когда Эйзенштейн и Александров в сопровождении ассистентов, экспертов, администраторов, уполномоченных и консультантов выехали на первую съемку «Старого и нового», уже тогда было отлично известно, что нет ничего омерзительнее и пошлее нижеследующих стандартов:

1. Деревенский кулак, толстый, как афишная тумба, человек с отвратительным лицом и недобрыми, явно антисоветскими глазами.

2. Его жена, самая толстая женщина в СССР. Отвратительная морда. Антисоветский взгляд.

3. Его друзья. Толстые рябые негодяи. Выражение лиц контрреволюционное.

4. Его бараны, лошади и козлы. Раскормленные твари с гадкими мордами и фашистскими глазами.

Известно было также, что стандарт положительных персонажей в деревне сводился к такому незамысловатому облику: худое благообразное лицо, что-то вроде апостола Луки, неимоверная волосатость и печальный взгляд.

По дороге в деревню, вспоминая о стандартах, киногруппа Эйзенштейна заливалась смехом. Они думали о том, каких пошлых мужичков наснимал бы в деревне режиссер Протазанов, и это их смешило.

— Счастье, что послали нас! — восклицал Эйзенштейн, добродушно хохоча. — Чего бы тут Эггерт наделал! Небось толстого кулака заснял бы!

— И жену его толстую! — поддержал Александров.

— И осла его, и вола его, — закричали ассистенты, консультанты, эксперты, администраторы и хранители большой печати Совкино, — и всякого скота его. Все это толстое, стремящееся к ниспровержению существующего строя.

— Да что тут говорить! — заключил Эйзенштейн. — Пора уже показать стране настоящую деревню!

Об этом своем благом намерении показать настоящую деревню Эйзенштейн оповестил газеты и сам любезно написал множество статей.

И страна, измученная деревенскими киноэксцессами Межрабпомфильма и ВУФКУ, с замиранием сердца принялась ждать работы Эйзенштейна.

Ждать ей пришлось не так уже долго — годика три.

За это время некие торопливые люди успели построить в Туапсе новый город и два гигантских нефтеперегонных завода, Балахнинскую бумажную фабрику, совхоз «Гигант», Турксиб и прочие многометражные постройки.

А деревенского фильма все еще не было.

По Москве ходит слух ужасный. Говорят, что каждый год один из руководителей Совкино, обеспокоенный тем, что стоимость фильма все увеличивалась, тревожно спрашивал Эйзенштейна:

— А что будет, если картина провалится?

И ходит также слух, что режиссер неизменно отвечал:

— Ничего не будет. Вас просто снимут с работы.

И, дав такой ответ, режиссер с новым жаром принимался за картину, которая должна была изобразить настоящую деревню.

И вот картина появилась на экране.

Настоящая деревня была показана так:

1. Кулак — афишная тумба с антисоветскими буркалами.

2. Жена — чемпионка толщины с антисоветскими подмышками.

3. Друзья — члены клуба толстяков.

4. Домашний скот — сплошная контра.

И — венец стандарта: деревенская беднота, изображенная в виде грязных идиотов.

Сюжет — на честное слово. Ничего не показано. Всему приходится верить на слово. Дело идет о возникновении колхоза, но как он возникает — не показано. Говорится о классовой борьбе в деревне, но не показано, из-за чего она происходит.

Утверждается, что трактор вещь полезная. Но эйзенштейновские тракторы бегают по экрану без всякого дела, подобно франтам, фланирующим по Петровке.

Кончается картина парадом сотни тракторов, не производящих никакой работы.

Как же случилось, что замечательный режиссер, сделавший картину «Броненосец "Потемкин"», допустил в своей новой работе такой штамп? Конечно, Эйзенштейн знал, что не все кулаки толстые, что их классовая принадлежность определяется отнюдь не внешностью. Знал он и то, что собрание ультрабородатых людей в одном месте не обязательно должно быть собранием бедноты.

Несомненно, все это сделано намеренно. Картина нарочито гротескна. Штампы чудовищно преувеличены. Этим Эйзенштейн хотел, вероятно, добиться особенной остроты и резкости и обнажить силы, борющиеся в деревне.

Но штамп оказался сильнее режиссеров, ассистентов, декораторов, администраторов, экспертов, уполномоченных и хранителей большой чугунной печати Совкино. Фокус не удался. Картина, на которой остались, конечно, следы когтей мастера, оказалась плохой.

Оправдались самые худшие опасения помянутого выше одного из руководителей Совкино.

Картина провалилась.

Что-то теперь будет с одним из руководителей Совкино?

1929

ВЕЛИКИЙ ЛАГЕРЬ ДРАМАТУРГОВ

> *И он присоединился к великому лагерю драматургов, разбивших свои палатки на мостовой проезда имени Художественного театра.*
>
> *«Летописъ Всеросскомдрама»*

Число заявок на золотоносные драматические участки увеличивается с каждым днем. Это можно легко увидеть, прочитав газетные театральные отделы.

«П а х о м Г л ы б а закончил для одного из московских театров новую пьесу, трактующую борьбу с бюрократизмом в разрезе борьбы с волокитой».

«В е р а П и д ж а к о в а работает над пьесой "Легкая кавалерия". Пьеса вскоре будет закончена и передана в портфель одного из московских театров».

«М. И. Ч т о л и переделал для сцены исторический роман "Овес". Пьеса в ближайшем будущие пойдет в одном из московских театров».

Пойдет ли?

Ой ли?

Сколько лет мы читаем о новых пьесах Пахома Глыбы, Веры Пиджаковой и М. Чтоли. Мы узнаем, что пьесы эти закончены, отделаны, переработаны и приняты. Но где этот «один из московских театров», где «Легкая кавалерия», где историческое действо «Овес», с каких подмостков раздаются страстные диалоги, вырвавшиеся из-под пера т. Глыбы?

Нет таких подмостков, нет «одного из московских театров», ничего этого нет.

Есть великий лагерь драматургов, которые разбили свои палатки у подъездов больших и малых московских театров. И в этом лагере еще больше неудачников, чем в любом лагере золотоискателей на берегах Юкона в Аляске.

Под драматургом мы подразумеваем всякого человека, написавшего сочинение, уснащенное ремарками: «входит», «уходит», «смеется», «застреливается».

Первичным видом драматурга является гражданин, никогда не писавший пьес, чувствующий отвращение к театру и литературе. На путь драматурга его толкают тяжелые удары судьбы.

После длительного разговора с женой гражданин убеждается, что жить на жалованье трудновато. А тут еще надо внести большой пай в жилстроительную кооперацию.

— Не красть же, черт возьми!

И гражданин, прослышавший от знакомых, что теперь за пьесы много платят, не теряет ни минуты и в два вечера сочиняет пятиактную пьесу. (Он, собственно говоря, задумал пьесу в четырех действиях, но, выяснив в последний момент, что авторские уплачиваются поактно, приписал пятое.)

Заломив шляпу и весело посвистывая, первичный вид драматурга спускается вниз по Тверской, сворачивает в проезд Художественного театра и в ужасе останавливается.

Там, у входа в театр, живописно раскинулись палатки драматургов. Слышен скрип перьев и хриплые голоса.

— Заявки сделаны! Свободных участков нет!

Те же печальные картины наблюдает новый драматург и у прочих театров. И уже готов первичный вид драматурга завопить, что его затирают, как вдруг, и совершенно неожиданно для автора, выясняется, что пьеса его никуда не годится. Об этом ему сообщает знакомый из балетного молодняка.

— С ума вы сошли! — говорит знакомый. — Ваша пьеса в чтении занимает двое суток. Кроме того, в третьем акте у вас участвуют души умерших. Бросьте все это!

Все драматурги второго, более живучего вида находятся под влиянием легенды о некоем портном, который будто бы сказал:

— Когда-то я перешивал одному графу пиджак. Граф носил этот пиджак четырнадцать лет и оставил его в наследство сыну, тоже графу. И пиджак все еще был как новый.

Драматурги второго рода перелицовывают литературные пиджаки, надеясь, что они станут как новые.

В пьесы переделываются романы, повести, стихи, фельетоны и даже газетные объявления.

Как всегда, карманчик перелицованного пиджака с левой стороны перекочевывает на правую. Все смущены, но стараются этого не замечать и притворяются, будто пиджак совсем новый. Переделки все же держатся на сцене недолго.

Третий, самый законченный вид драматурга — драматург признанный. В его квартире висят театральные афиши и пахнет супом. Это запах лавровых венков.

Не успевает он написать и трех явлений, как раздаются льстивые телефонные звонки.

— Да, — говорит признанный драматург, — сегодня вечером заканчиваю. Трагедия! Почему же нет? А Шекспир? Вы думаете разработать ее в плане монументального неореализма? Очень хорошо. Да, пьеса за вами. Только о пьесе ни гугу.

— Да, — говорит драматург через пять минут, отвечая режиссеру другого театра, — откуда вы узнали? Да, пишу, скоро кончаю. Трагедия! Конечно, она за вами. Только не говорите никому. Вы поставите ее в плане показа живого человека? Это как раз то, о чем я мечтаю. Ну, очень хорошо!

Обещав ненаписанную пьесу восьми театрам, плутоватый драматург садится за стол и пишет с такой медлительностью, что восемь режиссеров приходят в бешенство.

Они блуждают по улице, где живет драматург, подсылают к нему знакомых и звонят по телефону.

— Да, — неизменно отвечает драматург, — моя пьеса за вами. Не беспокойтесь, будет готова к открытию. Да, да, в плане трагедии индивидуальности с выпячиванием линии героини.

Но вот наступает день расплаты. Рассадив режиссеров по разным комнатам и страшась мысли, что они могут встретиться, автор блудливо улыбается и убегает в девятый театр, которому и отдает свою трагедию для постановки в плане монументального показа живого человека с выпячиванием психологии второстепенных действующих лиц.

Признанного драматурга не бьют только потому, что избиение преследуется законом.

В таком плане и проходит вся жизнь юконских старателей.

1929

ПРАВЕДНИКИ И МУЧЕНИКИ

(«Обломок империи»—фильм режиссера Эрмлера.
«Турксиб»—фильм режиссера Турина)

Это компания праведников, страстотерпцев, мучеников. Одним словом, это были кинорежиссеры. Их было много, человек десять. Они попивали чай и, горько улыбаясь, говорили о судьбах советского кино.

— Ужас! Ужас! — воскликнул маленький и толстый режиссер. — Что им нужно? Чего от нас хотят? И чего требуют?

— От нас требуют советскую картину.

— Но ведь я все время ставлю картины с идеологией, — завизжал толстяк. — Кто поставил картину «Грешники монастыря»? Я. Абсолютно советская картина, а они говорят, что порнография.

— Да, — сумрачно заявил режиссер с вытаращенными глазами. — Порнографии теперь нельзя.

— Вот и скучища выходит, — закричал кинотолстяк. — Какая же это картина без порнографии?

Но не было ответа на этот вопрос. Молчали киноправедники, киномученики, кинострастотерпцы.

— Тяжело! — сказал режиссер с боярской бородой. — Порнография воспрещается, а мистика разве не воспрещается?

— И мистики нельзя.

— Какой кошмар!

— Фокстрота нельзя.

— А детектив разве позволяют?

— И детектива нельзя.

— Просто бедлам.

— До чего докатились!

— Докатились до того, что даже честного комсомольского поцелуя в диафрагму нельзя.

— За поцелуйчик в диафрагму месяца два в газетах шельмуют.

— И тайны минаретов не дозволяются.

— С отчаяния стряпаешь злой агит, но и тут общее недовольство. Говорят — примитив. Невыразительно.

— Умереть хочется. Лечь и умереть. Как Петроний умер.

— Кстати о Петронии. Намедни я фильмик поставил. Из римской жизни. Мистики нет, порнографии нет, фокстрота нет, поцелуя в диафрагму нет. Ничего нет, сплошная история, граничащая с натурализмом, — у меня Нерон на пиру блюет. И что же? Нельзя! Говорят, убого. Это что же? Исторических фильмов уже нельзя? До сердца добираются? За горло хватают?

Говоривший это седовласый халтурщик в изнеможении опустился на плюшевый диван.

— И разлагающейся Европы тоже нельзя, — добавил молодой человек, как видно, подающий надежды ассистент.

На молодого человека все набросились.

— Открыли Америку. Если б нам разрешили разлагающуюся Европу! О-о-о!

Наговорившись вдоволь, режиссеры разошлись по своим шатрам. Для них все было ясно:

— Конечно. Загубили кинематографию. Амба. Работать невозможно.

Но оказалось, что нет никаких признаков амбы.

В двух последних картинах «Турксиб» и «Обломок империи» нет ни мистики, ни порнографии, ни разлагающейся Европы, ни тайн минаретов, ни блюющих цезарей, ни длиннометражных поцелуев в диафрагму, ни всего того, что компания киноправедников считает элементами, придающими фильму интерес.

И если сказать постановщикам бесконечного числа хламных картин, что именно поэтому и хороши «Турксиб» и «Обломок империи», то они никогда не поверят.

В самом деле: вместо наложницы хана главную роль в «Турксибе» играют рельсы.

Изящного молодого человека с профилем Рамон Наварро в «Обломке империи» заменяет давно небритый унтер-офицер Филимонов.

Здесь есть то, о чем забыли праведники и мученики. Здесь талант, настоящая тема и обыкновенная политическая грамотность.

И на вопли кинорежиссеров, на скорбные вопросы «что же, наконец, требуется», ответ есть только один:

— Талантливость и уменье не отставать от века.

1929

ТЕАТР НА УЛИЦЕ

Это исследование нами предпринято для того, чтобы осветить тот участок театра, насчет которого не распинаются критики, не говорят пламенных речей на заседаниях Главискусства, который не рекламируется в газетах, не дает дефицита, но тем не менее имеет контрамарочников.

Кто из вас, граждане, не присутствовал задарма на уличных спектаклях? Этот театр содержит в себе все виды сценического искусства.

Улица оглашается пронзительным пением, куплетами, звуками флейты и трагическими монологами. Земля дрожит от топота танцующих людей и медведей.

Все есть на улице.

СТАРУШКА С ГЕРЦОГОМ

На Кузнецком, у витрины трикотажной лавки, на фоне розовых сорочек и дамских фетровых колпачков, стоит старая девушка в шляпке с вуалеткой. Старая помахивает большим рыжим ридикюлем и жалобно поет:

> Бегите во Фландрию, герцог де Линь,
> Бегите во Фландрию, герцог!
> За вами сомкнется безбрежная синь
> И хлопнут железные дверцы.

Мимо старушки с герцогом де Линем, которому по неизвестным нам причинам необходимо мчаться во Фландрию, проходят деловые и неделовые люди. Неделовые люди долго стоят возле певицы и, покачивая в такт головою, выслушивают песню до конца и уходят, не заплатив. Деловые быстро суют две копейки и, охая, устремляются за автобусом.

Кое-как старушка перебивается. И если говорить честно, то почему бы ей, старой девушке, не процветать?

В Большом театре тоже ведь не ахти какие слова поют («Бог всесильный, бог любви, ты внемли моей мольбе» или «Милая Аида, луч светлый солнца»). И ничего. Процветают.

МОСКОВСКИЕ ЭСМЕРАЛЬДЫ

Сказавший «а», должен сказать «б».

Там, где опера, там без балета невозможно.

Академический балет представлен на улице двумя цыганочками лет по семи.

Цыганочки работают в двухстах шагах от певицы. Они богато украшены малахитовыми серьгами и изумрудными соплями. Выпучив животики и тряся многочисленными юбками, цыганочки откалывают мессереровские антраша с уклоном в «танцы народностей».

Танцы их еще короче, чем на понедельничных сборных халтур-абендах.

Неделовых людей, которые и тут хотят ускользнуть от уплаты денег, балетчицы грубо оскорбляют словами и даже действиями.

НАСТОЯЩИЙ ПЕРСИМФАНС

Какой же порядочный театр, насчитывающий не менее пяти ярусов и ста колонн, мешающих зрителю смотреть на сцену, может обойтись без хорошей классической музыки?

Хромой скрипач-флейтист в черных очках — уличный персимфанс (передвижной симфонический оркестр без дирижера) — выгодно отличается от понедельничного персимфанса тем, что он действительно:

1. Передвижной (настоящий персимфанс предпочитает отсиживаться в Большом зале консерватории).

2. Симфонический (работает без участия именитых гастролеров).

3. Без дирижера (в настоящем персимфансе, говорят, профессор Цейтлин нет-нет, а взмахнет смычком и строго глянет на музыкантов, посильно заменяя дирижера).

На улице дело чистое. Дирижера действительно нет, если не считать постового милиционера, дирижирующего уличным движением. Да и то взмах его палочки подает музыкантам сигнал убираться подобру-поздорову, пока их не свели в отделение.

В ЛАПУ С ЭПОХОЙ

В области цирка и эстрады уличные артисты совершенно заткнули своих рабисовских коллег.

Никогда в мюзик-холле не увидеть фокусника, работающего с такой отчетливостью и блеском, как китаец, дающий свои волшебные представления на бульваре.

Всемирно известный загадочный индивидуум и загадка лабораторий (500 аншлагов в Нью-Йорке и Минске) мосье Касфикис приезжает с 15 вагонами аппаратуры. Во время работы ему помогает дюжина индусов со скрещенными руками и десяток отечественных верзил, снующих за сценой.

И нет-нет, а номер не удается.

То испортится астральный фонтан, то заест блок и воздушная посылка остается висеть в воздухе, то с галерки раздается крик оскорбленного ребенка:

— Мама, у него птица позади привязана на веревочке!

Но китайца с Тверского бульвара не поймаешь. 300 отчаянных любителей фокусов заглядывают в самую его душу и все же не могут открыть секрета.

Беспризорный аккомпанирует своим куплетам на ложках, унесенных из нарпитовской столовой. И текст и исполнение гораздо свежее, чем у всяческих музыкальных клоунов.

Даже в танцах дрессированных медведей отразилась современность. В то время как на цирковой арене медведи отплясывают фокстрот, их уличные собратья идут в ногу (в лапу?) с эпохой.

— А покажи, Миша, — говорит вожак, дергая цепь, — покажи, Миша, как у нас поднимают производительность труда.

— А ну, покажи, Миша, как супруги из загса идут.

И Миша показывает все, что требует эпоха.

Это нищие. Играют они великолепно. Играют по методу Станиславского. Переживают. Натурально кашляют. Идеально хромают. В ролях слепых играют так, что никакому королю Лиру не угнаться. Тут вы увидите Фирса.

— Уехали, — говорит Фирс, — кхе-кхе! А меня забыли, кхе-кхе! Подайте бедному старичку. Три дня старичок не ел. Совсем старичок отощал.

Юродивые из «Царя Федора Иоанновича» стоят в уголку с кроткими лицами, робко протягивая ручку.

И дядя Ваня, тряся своей великолепной бородкой, конфиденциально шепчет:

— Подайте бывшему землевладельцу и крупному собственнику.

Хорошо играют. И, казалось бы, рольки крохотные, а как сделаны! Великие артисты!

1929

ПОЛУПЕТУХОВЩИНА

Время от времени, но не реже, однако, чем раз в месяц, раздается истошный вопль театральной общественности:

— Нужно оздоровить советскую эстраду!

— Пора уже покончить!

— Вон!

Всем известно, кого это «вон» и с кем «пора уже покончить».

— Пора, пора! — восклицают директора и режиссеры театров малых форм.

— Ох, давно пора, — вздыхают актеры этих же театров.

— Скорее, скорее вон! — стонет Главискусство.

Решают немедленно, срочно, в ударном порядке приступить к оздоровлению советской эстрады и покончить с полупетуховщиной.

Всем ясно, что такое полупетуховщина.

Исчадие советской эстрады, халтурщик Полупетухов наводнил рынок пошлыми романсами («Пылали домны в день ненастья, а ты уехала в ландо»), скетчами («Совслужащий под диваном»), сельскими частушками («Мой миленок не дурак, вылез на акацию, я ж пойду в универмаг, куплю облигацию»), обозрениями («Скажите — А!»), опереттами («В волнах самокритики») и др. и пр.

Конечно, написал все это не один Сандро Полупетухов, писали еще Борис Аммиаков, Луврие, Леонид Кегельбан, Леонид Трепетовский и Артур Иванов.

Однако все это была школа Сандро и все деяния поименованных лиц назывались полупетуховщиной.

Действительно, отвратительна и пошла была полупетуховщина. Ужасны были романсы, обозрения, частушки, оперетты и скетчи.

И желание театральной общественности оздоровить эстраду можно только приветствовать.

Оздоровление эстрады обычно начинается с созыва обширного, сверхобщего собрания заинтересованных лиц.

Приглашаются восемьсот шестьдесят два писателя, девяносто поэтов, пятьсот один критик, около полутора тысяч композиторов, администраторов и молодых дарований.

— Не много ли? — озабоченно спрашивает ответственное лицо.

— Ну, где же много? Всего около трех тысяч пригласили. Значит, человек шесть приедет. Да больше нам и не нужно. Создадим мощную драмгруппу, разобьем ее на подгруппы, и пусть работают.

И действительно, в назначенный день и час в здании цирка, где пахнет дрессированными осликами и учеными лошадьми, наверху, в канцелярии, открывается великое заседание.

Первым приходит юный Артур Иванов в пальто с обезьяньим воротником. За ним врываются два Леонида, из коих один Трепетовский, а другой Кегельбан. После Луврие, Бориса Аммиакова является сам Сандро Полупетухов.

Вид у него самый решительный, и можно не сомневаться, что он вполне изготовился к беспощадной борьбе с полупетуховщиной.

— Итак, товарищи, — говорит ответлицо, — к сожалению, далеко не все приглашенные явились, но я думаю, что можно открывать заседание. Вы разрешите?

— Валяй, валяй, — говорит Аммиаков. — Время не терпит. Пора уже наконец оздоровить.

— Так вот я и говорю, — стонет председатель. — До сих пор наша работа протекала не в том плане, в каком следовало бы. Мы отстали, мы погрязли...

В общем, из слов председателя можно понять, что на театре уже произошла дифференциация, а эстрада безбожно отстает. До сих пор Луврие писал обозрения вместе с Артуром Ивановым, Леонид Трепетовский работал с Борисом Аммиаковым, а Сандро Полупетухов — с помощью Леонида Кегельбана.

— Нужно перестроиться! — кричит председатель. — Если Луврие будет писать с Трепетовским, Сандро возьмет себе в помощники Иванова, а Кегельбан Аммиакова, то эстрада несомненно оздоровится.

Все соглашаются с председателем. И через неделю в портфель эстрады поступают оздоровленные произведения.

Романс («Ты из ландо смотрела влево, где высилось строительство гидро»), скетч («Радио в чужой постели»), колхозные частушки («Мой миленок идеот, убоялся факта, он в колхозы не идет, не садится в трактор»), обозрение («Не морочьте голову»), оперетта («Фокс на полюсе») и др. и пр.

И на месяц все успокаиваются.

Считается, что эстрада оздоровлена.

1929

ПЬЕСА В ПЯТЬ МИНУТ

В вестибюле некоего московского учреждения висят две таблички. Одна висит на левой двери, другая на правой двери. Других дверей в вестибюле нет.

И тем не менее на табличке, украшающей левую дверь, написано:

> ЛЕВАЯ СТОРОНА

Что же касается таблички на правой двери, то и там в свою очередь строго указано:

> ПРАВАЯ СТОРОНА

Черт знает что такое! Непостижимая вещь!

Кому эти надписи нужны? Младенцам? Но младенцы в это учреждение не ходят. Может быть, эти надписи должны помочь неграмотным разобраться, правая — левая где сторона? Но неграмотные не смогут оценить этой заботы. Они не умеют читать. А если бы даже и умели, то свободно ориентировались бы и без этих надписей.

Удивление растет еще и потому, что вышеназванное учреждение является издательством и посещается исключительно титанами и гениями, то есть писателями и критиками.

Если бы эта статья предназначалась для серьезной профсоюзной газеты под названием «Голос Председателя», то нам не осталось бы ничего, как воскликнуть:

— О чем сигнализирует этот жизненный факт?

И хотя эта статья так и не появится в «Голосе Председателя», но факт все же кое о чем сигнализирует. Сигнализирует он о том, что учрежденский администратор в безумном стремлении выделиться из пестрой толпы завхозов дошел до так называемой ручки.

Можно биться об заклад, что он уже объявил себя сверхударзавхозом и в настоящую минуту, трусливо мигая белыми ресницами, сочиняет новую серию табличек, коими собирается оборудовать учрежденскую лестницу.

ПЕРВАЯ СТУПЕНЬКА

ВТОРАЯ СТУПЕНЬКА

ТРЕТЬЯ СТУПЕНЬКА

И так далее, по числу ступенек, всего сто сорок девять табличек.

Деятельность сверхударного завхоза глупа, но особенного вреда не приносит. На каждую хорошую мысль неизбежно находится свой дурак, аккуратно доводящий ее до абсурда.

Не страшен, конечно, какой-нибудь вокальный квартет, объявляющий всем и вся, что отныне он становится ударным квартетом имени «Непрерывки и Пятидневки».

Пусть называется. От пошляков не отобьешься.

Но болезненно пугает суперударничество, охватившее некоторых драматургов.

То и дело в газетах появляются телеграммы-молнии о громовых успехах драмударников:

«Драматург-ударник Константин Ваалов в порядке соцсоревнования написал за последний месяц пять актуальных пьес для клубного театра и вызывает на написание такого же количества пьес драматурга Е. Едокова».

«Ударная бригада писателей при доме "Общества по внедрению культурных навыков в слои бывш. единоличников имени М. В. Коленова" в течение последних трех дней выпустила одиннадцать пьес для деревенской сцены. Пьесы трактуют разные актуальные вопросы и называются:

«Фанька-забойщица» (Деревенский водевиль с танцами).

«С миру по нитке» (Крестьянский лубок).

«Шея» (Народная трагедия в семи актах).

«Голому — рубашку!» (Хороводное действо).

«Овин» (Драма).

«Колесо» (Драма в четырех частях).

«Пахота» (Драма с прологом и апофеозом).

«Железный конь» (Деревенская опера).

«Кулак Евтюхин» (Сцены из жизни).

«Поп Федóр нашел помидор» (Вечер затейников).

И каждый день приносит все новые грозные вести. Уже Е. Едоков откликнулся на зов Константина Ваалова и в восемнадцать ударчасов написал и успел перепечатать на машинке четыре пьесы, трактующие отход инженерства от нейтральности, а также вопросы использования отходов пряжи на текстильном производстве и вопросы колхозного движения в СССР.

Чтобы окончательно прижать к земле Ваалова, драматург Едоков заявил, что эта работа нисколько его не утомила, и в этот же день сочинил трехактную оперетту, к коей написал и музыку, хотя до сих пор никогда музыкой не баловался.

Уже и ударная бригада при «Обществе по внедрению культурных навыков в слои бывш. единоличников имени М. В. Коленова» превзошла свои темпы и увеличила производительность труда на семьдесят три процента.

Уже и в газете появилось радостное сообщение:

«Пьеса в пять минут — комедия "Неполадки в пробирной палатке"».

Речь шла о последних достижениях драматурга Василия Готентодта.

Одним словом, халтурщики бьют в тимпаны.

Тимпан им попался на этот раз очень удобный — идея ударничества. Под прикрытием этого тимпана изготовляются сотни бешеных халтур.

Но если плакаты завхоза вызывают смех, то ударничество «готентодтов» страшит. Ведь пьесы эти ставятся!

Ведь где-то идет народная трагедия в семи актах «Шея». Ведь по радио уже передают вечер затейников под названием «Поп Федóр нашел помидор». Идет и «Фанька-забойщица», идет и «Овин», и «Пахота».

Спасите, кому ведать надлежит!

Защищайте социализм!

Гоните пошляков!

1930

СЕКРЕТ ПРОИЗВОДСТВА

Начинается это так.

Старый халтуртрегер Многопольский получает письмо, отпечатанное на узкой полоске папиросной бумаги. Многопольского приглашают срочно пожаловать на кинофабрику для ведения переговоров.

Подсознательно чуя, что за папиросной бумажкой скрываются другие бумажки, значительно большей плотности и даже снабженные водяными знаками, литератор быстро является в соответствующий кабинет, где его уже поджидает задумчивая коллегия из девяти человек.

В кабинете имеется только один стул, на котором сидит начальник сценарной части. Остальные начальники разместились на батареях центрального отопления. В комнате грязно, а на столе почему-то стоит чучело филина об одном глазу. На кинофабриках всегда имеются какие-то странные предметы: то медведь с резным блюдом на вытянутых лапах, то автомат для выбрасывания перронных билетов, а то бюст Мазепы.

Коллегия сообщает Многопольскому, что ему пора уже включиться в работу кино и написать сценарий. Многопольский отвечает, что и сам давно хочет включиться и, так сказать, подойти вплотную. Посему, ввиду отсутствия разногласий по творческим вопросам, стороны, улыбаясь, приступают к подписанию типового договора.

— Аванс вы сможете получить уже сегодня, — ласково говорит начальник сценарной части, — но сначала вы нам напишите краткое либретто.

— Видите, — морщится Многопольский, — либретто у меня еще как-то не сложилось.

— Ну, так примерную тему напишите.

— Тема тоже как-то еще не сложилась, не отлилась…

— Ну, что-нибудь напишите!

— То есть как что-нибудь?

— Ну, что-нибудь, чтоб, одним словом, была бумажка, оправдательный документ.

Многопольский наваливается животом на стол и проворно набрасывает краткую заметку, в которой очень часто встречаются выражения: «в плане» и «в разрезе».

Одноглазый филин печально смотрит на халтуртрегера. Он знает, чем все это кончится.

В первый месяц совесть не слишком мучит Многопольского. Он не включается и не подходит вплотную к кинодеятельности и в последующие четыре месяца. И только когда ему приносят на тонкой папиросной бумаге приглашение в двадцать четыре часа сдать сценарий или в тот же срок вернуть полученный аванс, Многопольский чувствует, что спасения нет. Но он крепится. Даже опись имущества не толкает его к исполнению договора. Он надеется на чудо. Но чудо не приходит. Вместо него, стуча сапогами по лестнице, в квартиру литератора подымаются возчики. Они приехали за мебелью.

Тут больше нельзя тянуть ни одной секунды. Многопольский запирает дверь на ключ и, покуда возчики стучатся и грозят милицией, пишет со сверхъестественной быстротой:

ЕЕ БЕТОНОМЕШАЛКА
Сценарий в 8 актах

1. Из диафрагмы: Трубы и колеса.
2. Крупно: Маховое колесо.

3. Крупно: Из мелькающих спиц колеса выплывает лицо молодой ударницы Авдотьюшки.

4. Надпись: «На фоне все усиливающегося кризиса капитализма цветет и наполняется индустриальным содержанием красавица Дуня».

Пишется легко и быстро, к тому же подбадривают крики и ругательства возчиков на лестничной площадке. В ту минуту, когда силами подоспевшей милиции взламывается дверь, сценарий «Ее бетономешалка» готов.

На киноколлегию сценарий производит двойственное впечатление. Им, собственно, сценарий нравится, но они, собственно, ожидали чего-то другого. Чего они ждали, они и сами не знают, но чего-то ждали, чего-то большего.

Начальники отделов тоскливо мычат, маются, не находят себе места. Однако тот факт, что перед ними лежит рукопись, бумажка, какой-то оправдательный документ, их удовлетворяет.

— Все-таки есть от чего оттолкнуться, — говорит начальник сценарного отдела, стараясь не смотреть на мудрого филина. — Но, безусловно, надо кое-что добавить.

— Что ж, можно, — с готовностью отвечает Многопольский. — А что именно?

— Ну, что-нибудь такое. Чтоб все-таки было видно, что над сценарием работали, исправляли, переделывали.

— Тут, например, — раздается равнодушный голос с подоконника, — недостаточно отражена проблема ликвидации шаманизма в калмыцких степях.

— Шаманизма? — бормочет Многопольский, сильно напуганный возчиками. — У меня, между прочим, действие развертывается в ЦЧО, но вопросы шаманизма можно вставить. Я вставлю.

Литератора просят также вставить еще вопросы весенней путины и разукрупнения домовых кустов, а также провернуть проблему вовлечения одиноких пожилых рабочих в клубный актив.

— Можно и пожилых, — соглашается Многопольский, — можно и одиноких.

При виде сценария, изготовленного в плане индустриальной поэмы и в разрезе мобилизации общественного внимания на вопросах борьбы с шаманизмом и жречеством в калмыцких степях, режиссер зеленеет. Немеющей рукой он отталкивает сочинение.

— Душечка, — шепчет ему начальник производственного отдела, — так нельзя. За сценарий деньги плачены. Надо ставить.

— Но ведь это написано в плане бреда, — лепечет режиссер.

Все же в конце концов ставить картину он соглашается. Как-никак оправдательный документ у него есть. Дали ему ставить, он и ставит. Кроме того, прельщает возможность съездить в калмыцкие степи, подобрать интересный экзотический типаж.

Через год в маленьком просмотровом зале задумчивая коллегия принимает картину. Когда зажигается свет, озаряя перекошенные ужасом лица, начальник всей фабрики сурово говорит:

— Картину надо спасать! В таком виде она, конечно, показана быть не может.

— Я думаю, что сюда надо что-нибудь вставить, — говорит молодой человек, которого видят здесь в первый раз и который неизвестно как сюда попал.

Коллегия с надеждой смотрит на молодого человека.

— Конечно, переработать, — продолжает неизвестный. — Во-первых, нужно выкинуть весь мотив бетономешалки. Дуня должна заняться соевой проблемой. Это теперь модно, и картина определенно выиграет. И потом, почему активист Федосеич не перевоспитал шамана? В чем дело?

— Так его сразу и перевоспитаешь! — бурчит режиссер.

— А очищающий огонь революции вы забыли? — торжествующе спрашивает молодой человек.

После такого неотразимого аргумента спасать картину поручают именно ему. Спасение продолжается долго, очень долго и почему-то влечет за собой экспедицию в Кавказскую Ривьеру.

После нового просмотра (картина называется теперь «Лицо пустыни») члены коллегии боятся смотреть друг другу в глаза. Ясно одно — картину надо снова спасать. Несуразность событий, развертывающихся в картине, настолько велика, что ●● решают трактовать в плане гротескного обозрения — ревю с введением мультипликации и юмористических надписей в стихах.

— Вот кстати, — кричит заведующий какой-то частью, — я как раз получил циркуляр о необходимости культивировать советскую комедию.

И все сразу успокаиваются. Бумажка есть, все в порядке, можно и комедию.

Два выписанных из Киева юмориста быстро меняют характер индустриально-соевой поэмы. Все происходящее в картине подается в плане сна, который привиделся пьяному несознательному Федосеичу.

Наконец, устав бороться с непонятным фильмом, его отправляют в прокат. Его спихивают куда-то в дачные кино, в тайной надежде, что пресса до него не докопается.

И долго коллегия сидит в печальном раздумье:

«Почему же все-таки вышло так плохо? Уж, кажется, ничего не жалели, все отразили, проблемы все до одной затронули! И все-таки чего-то не хватает. В чем же дело?»

1931

ТАК ПРИНЯТО

С необыкновенным упорством цепляется цирк за свои стародавние традиции. В этом смысле он может сравниться разве только с английским парламентом.

Как уже сотни лет заведено, парламентский спикер носит длинный парик и сидит на мешке с шерстью. Так принято! И до сих пор шпрехшталмейстер выходит на арену в визитке и произносит свои реплики неестественным насморочным голосом. Так полагается!

Приезжая в парламент, король троекратно стучит в дверь и просит позволения войти, а члены палаты общин делают вид, что очень заняты и не имеют времени для разговора с королем. Так тоже принято! Клоун в цирке, закончив свой номер, устраивает эффектный уход с арены — ползет на четвереньках, оглушительно стреляя из наиболее возвышенной в эту минуту части тела. Так тоже полагается!

Вообще задавать цирковым деятелям вопросы, почему делается так, а не иначе, — бессмысленно.

Делается потому, что полагается. А почему полагается? Очень просто! Так принято. А вот почему принято — этого уже никто не знает.

И течет традиционная цирковая жизнь.

С сумерками зажигаются у входа электрические лампы, освещая огромный плакат. Здесь нарисован бледный красавец с черными усиками, который держит в вывернутой руке бич. Чудные лошади с русалочьими гривами пляшут перед ним на задних ногах. Это называется «Табло 30 лошадей».

Когда лошадиное табло под звуки туша предстает перед зрителем, все знающие счет могут засвидетельствовать, что лошадей всего лишь восемь.

Однако тут нет никакого жульничества. Просто так принято. На афише пишется тридцать, а на арену выводится восемь. И если бы появились внезапно все тридцать лошадей, то это было бы прямым нарушением традиций.

По этой же цирковой арифметике сорок пожилых львов называются: «100 львов 100», а пятнадцать крокодилят именуются: «60 нильских крокодилов, кайманов и аллигаторов».

Когда же на афише возвещается: «48 дрессированных попугаев. Чудо психотехники!» — то всем вперед известно, что будет только один дрессированный попугай, который умеет говорить два слова: «люблю» и «фининспектор». Остальные четыре попугая будут сидеть на металлической этажерочке с блестящими шариками, изредка переворачиваясь вниз головой для собственного удовольствия.

В антракте шпрехшталмейстер напыщенно сообщает публике, что желающие могут сходить в конюшню посмотреть зверей. За вход двадцать копеек. Дети бесплатно.

Почему надо платить еще по двадцати копеек, когда за билеты уже заплачено сполна, — неизвестно. Дирекция и сама этого не знает. Ей двугривенные, собственно, не так уж и нужны. Но традиция! Приходится брать. С детей, например, не берут. В традициях цирка — дружить с детьми.

В цирке есть некий военно-морской чин. Это капитан. Далеко не каждый может назваться капитаном. Акробаты, жонглеры, клоуны, наездники или роликобежцы никогда не бывают капитанами.

О, капитан — это тонкая штучка! Капитан — это укротитель львов, или тигров, или крокодилов. Но это еще не главный капитан.

Главный капитан совершает полет смерти.

Уже в начале представления зрители замечают какие-то новые, невиданные до сих пор приспособления: подвешенные к куполу рельсовые пути, решетчатые башенки и загадочный предмет, завернутый в брезент, который обычно висит над оркестром.

В антрактах капитан в розовом купальном халате ходит по балкону, собственноручно проверяя крепость тросов и других снастей. Капитан никому не доверяет. Капитан надеется только на самого себя.

К его номеру готовятся целый час. Стучат молотки, слышится иногда треск мотора, наконец появляется жена капитана, его братья и другие родственники. Моторы гудят еще сильнее, дается полный свет, и капитан мужественно выходит на арену.

На нем кожаный костюм, авиационный шлем и страшные мотоциклетные очки. Тут начинается прощанье. Так полагается.

Капитан целует жену. Жена сдерживает рыданья и жестами (по-русски говорить она не умеет) показывает, что она против этого смертельного номера. Она предчувствует, что сегодня произойдет несчастье. Капитан трясет руки братьям и родственникам. Братья качают головами. О, если бы они умели говорить по-русски! Они громко крикнули бы, что капитана нужно удержать от его безумного намерения. Даже шпрехшталмейстер подносит к глазам платок. Каждый вечер он наблюдает полет смерти и все же не может удержаться от слез.

Но капитан неумолим. Он делает публике прощальный жест рукой, отталкивает жену и садится в свой снаряд.

В общем, совместными усилиями дирекции и родственников капитана на публику нагоняют такой ужас, что многие бегут из цирка, чтобы не быть очевидцами гибели славнейшего из капитанов.

Самый номер занимает шесть секунд и в сравнении с подготовительными душераздирающими сценами кажется не таким уже страшным. Полет, конечно, трудный и опасный, но можно было бы обойтись и без пугания зрителя. Однако это не в традициях цирка.

Разговорный жанр оказался наиболее слабым местом в цирковых твердынях. Под напором худполитсоветов, печати и месткома традиция дала трещину. В репертуар просочилась современность. Музыкальные сатирики приобщились к эпохе.

Но здесь произошло нечто весьма недоброе. Одна плохая традиция сменилась другой плохой традицией. Цирку почему-то достались объедки со стола сатиры и юмора, и без того не блещущего обилием блюд.

И когда в программе появляется извещение о том, что выступят «авторы-юмористы и певцы-сатирики в современном репертуаре», то сомневаться не приходится — рефрен будет старый, так сказать, «доходящий» до публики, а куплеты некоторым образом идеологически выдержанные.

Все это делается по заведенному порядку.

Сначала на колесиках выезжает пианино, а за ним в блестках и муке выходят певцы-сатирики и начинают громить различные неполадки.

Первый сатирик:

Вчера зашел я в Лигу наций,
Там звали всех разоружаться…

Второй сатирик:

А ты не видел? У Бриана
Торчали пушки из кармана!

Публика печально слушает. Тогда сатирики выкладывают второй куплет, непосредственно относящийся к внутреннему положению.

Первый сатирик:

Вчера зашел я к нам в сберкассу
И видел там народа массу…

Второй сатирик:

А ты бы к Мейерхольду побежал,
Там публики ты б не застал.

В цирке очень любят обличать Мейерхольда. Там всегда про него поют обидные вещи.

Отдав долю современности и послужив кое-как отечеству, сатирики громко и радостно запевают, аккомпанируя себе на бычьих пузырях:

Первый сатирик:

Были ноги, как полено,
Стали юбки до колена...

Второй сатирик:

Теперь другой фасон взяли —
Носят юбки до земли.

Из-за этого куплета у певцов-сатириков были большие стычки с общественностью. Общественность требовала уничтожения этих строк ввиду отсутствия в них идейной направленности. Но сатирики стали на колени и со слезами заявили, что без куплетов о коварности наших дам они не берутся рассмешить зрителя и ни за что не выйдут на арену. Такие уж они люди — сатирики. Пришлось разрешить в порядке эксперимента.

Среди закулисных историй пользуется успехом такой анекдот. Знаменитому оперному артисту сказали:

— Послушайте, N., ведь вы форменный идиот.

— А голос? — ответил оперный артист.

И все развели руками. Возражать было нечего. Голос действительно был прекрасный.

Теперь, когда цирковым руководителям говорят:

— Послушайте, почему вы так вяло перестраиваетесь? Ведь это же форменный скандал!

— А доходы? — отвечают они.

И наиболее слабохарактерные люди разводят руками. Доходы действительно большие.

1931

ЧЕЛОВЕК В БУТСАХ

Человек, пробиравшийся по учрежденскому коридору, не был похож на обыкновенного посетителя. И взгляд у него был не робкий, и одежда была какая-то не совсем обыкновенная — пальто с желтым кожаным воротником, каракулевая кепка и голубоватые футбольные бутсы, однако без шипов.

Высокомерно расталкивая секретарей, он без доклада вошел в кабинет главы учреждения. Вошел как раз в ту минуту, когда там происходило летучее совещание.

Все недовольно повернули головы, а глава учреждения даже издал некий гневный звук — не то «пошел вон», не то «прошу садиться».

— Может быть, я помешал? — спросил человек в бутсах.

— У нас летучка, — грубо заметил глава.

— Тогда я могу уйти.

— Хорошо. Идите.

Человек поправил на голове каракулевую кепку и, грозно улыбаясь, молвил:

— Я ухожу. Но, уж будьте любезны, всю ответственность берите на себя. Возлагаю ее на вас.

Это было сказано так торжественно, словно незнакомец собирался возложить на главу учреждения жестяной могильный венок с муаровыми лентами. Глава испугался. Он терпеть не мог ответственности, а потому торопливо сказал:

— В чем же дело? Садитесь, товарищ.

Человек выбрал стул получше и начал:

— Как, по-вашему? Нужно проводить технику в массы?

— Нужно.

— Может быть, не нужно? Вы скажите откровенно. Тогда я уйду.

— Почему же не нужно! Я ведь с вами согласился сразу.

— Нет, — сказал незнакомец. — Я вижу, что вы против технической пропаганды. На словах вы все за, а на деле... Положительно придется возложить ответственность на вас.

Он подумал и прибавил:

— А также на летучее совещание. Я ухожу.

И тут всем сидевшим в кабинете явственно представился страшный могильный венок. Так было хорошо, все тихо сидели, обменивались мнениями, пили чай, никому не причиняли зла — и вдруг пришел ужасный незнакомец.

— Честное слово, — сказал глава, — мы всей душой...

— Всем сердцем, — беспокойно подтвердили члены летучего совещания.

Однако незнакомец с кожаными отворотами долго еще капризничал и ломался.

— Нужно организовать театр технической пропаганды, — сказал он наконец. — Понимаете?

Никто ничего не понял, но пришелец быстро все растолковал.

Это будет театр, построенный на совершенно новых началах. Пьеса уже есть. То есть не совсем еще есть, но скоро будет. Замечательная пьеса о моторах. Пишет ее он сам, человек в бутсах. Актеров не будет. Декораций тоже не будет. Вообще ничего не будет, и поэтому беспокоиться совершенно не о чем. Нужно только помещение и немного денег, тридцать тысяч. Всю ответственность он, человек в каракулевой кепке, берет на себя. (Вздох облегчения.)

— Одно меня только смущает, — сказал глава, — где взять помещение и тридцать тысяч?

— Нет, вижу, мне придется уйти, — сухо молвил незнакомец. — У меня не может быть ничего общего с людьми, которые смазывают важнейший вопрос о технической пропаганде. А ответственность возлага...

Все бросились за незнакомцем, лепеча различные жалкие слова. Сразу нашлось и помещение, и тридцать тысяч, и еще какие-то четыре тысячи для выдачи аванса артели гардеробщиков при будущем театре. В панике забыли даже узнать фамилию незнакомца. Долгое время считали, что его фамилия Лютиков, но потом оказалось, что вовсе не Лютиков, а Коперник, только не тот, а совершенно неизвестно кто.

Лютиков-Коперник в течение трех месяцев приходил к главе, садился на его стол и, покачивая ножками, обутыми уже не в бутсы, а в штиблеты на каучуковом ходу, требовал денег.

— Скоро премьеру покажем, — говорил он. — Будет замечательно. Декораций нет, актеров нет, ничего нет. Спектакль идет без суфлера.

— Как же это без суфлера? — страдальчески вопрошал глава.

— Нет, Яков, недооцениваешь ты технической пропаганды, — отвечал Коперник. — Что-то ты смазываешь.

— А пьеса как называется?

— Без названия. В этом весь трюк. Названия не будет, реквизита не будет, ни черта не будет. Замечательно будет. Первый такой театр в мире. Гордись, Яков. Тебя театральная общественность на руках носить будет. Тебя сам Литовский заметит.

— А ответственность?

— Беру на себя.

Постановка немножко затянулась против поставленных сроков, но все же через семь месяцев от начала великой борьбы за новое начинание в области техпропаганды Лютиков-Коперник объявил премьеру.

Пригласительные билеты он принес лично. На этот раз он был в розовом пальто с кенгуровым воротником и почему-то держал в руке чемоданчик.

Премьера началась ровно в восемь часов вечера.

Занавеса не было. Реквизита не было. Декораций не было. Актеров не было. На пустой, грязноватой сцене стояло деревянное веретено.

— Скоро начнем, — объявил Лютиков. — Вы тут посидите, товарищи, а я сейчас приду.

Поглядев минут десять на веретено, глава учреждения зажмурился и вспомнил, что этот прибор он видел недавно в опере «Фауст», музыка Гуно. Тогда за этим веретеном сидела Гретхен, а где-то неподалеку трепался Фауст. Теперь к веретину никто не подходил.

Внезапно на сцену вышла старушка в очках и сказала:

—Итак, ребята, это веретено употреблялось в феодальную эпоху и является прообразом современного ткацкого станка. Сейчас, ребята, мы пойдем в фойе и посмотрим чертежи этого прообраза нынешней техники.

Кашляя и сморкаясь, все учреждение повалило в коридор и уставилось на чертеж ручной швейной машинки. Но старушка, вместо того чтобы продолжать объяснения, подошла к главе и, заливаясь слезами, объявила, что ей еще ни разу не платили жалованья и замучили репетициями.

— А как же Лютиков? — оторопело спросил глава. — Где он?

Организатора неслыханного театра бросились искать. Глава учреждения вдруг вспомнил, что последние дни Лютиков не расставался с чемоданом. От страха глава даже покачнулся.

— Может, поискать его среди декораций? — спросил секретарь.

— Найдешь его теперь! Ведь декораций нет.

А Лютиков-Коперник уже стоял в здравотдельском кабинете и говорил:

— Медицину в массы. Путем театрального воздействия. Понимаете? Актеров нет, суфлера нет, гардероба нет. Театр инфекции и фармакологии. Можно сокращенно назвать «Тиф». Нужно только помещение и немного денег. Что? Тогда я уйду. Но уж ответственность...

Заведующий ошалело слушал и таращил добрые глаза.

1932

ПЯТАЯ ПРОБЛЕМА

Есть неумирающие темы, вечные, всегда волнующие человечество.

Например, наем дачи или обмен получулана без удобств в Черкизове на отдельную квартиру из трех комнат с газом в кольце «А» (телефон обязательно), или, скажем, проблема взаимоотношений главы семейства со свояченицей, или покупка головки для примуса.

И никак нельзя разрешить все эти важные проблемы. Дачник всем сердцем стремится на Клязьму, поближе к электропоезду, а дачный трест грубо посылает его на реку Пахру, в бревенчатую избушку, добраться до которой труднее, чем до Харькова. Горемычный хозяин получулана никак не может сговориться с обитателем отдельной квартиры в кольце «А», хотя переговоры с необыкновенным упрямством ведутся через «Вечернюю Москву». Что касается свояченицы, то половые разногласия здесь настолько велики, что их не удается разрешить даже отдельным представителям ВАПП. А головка для примуса — это вообще глупая фантазия домашней хозяйки, которой кооперация дает вежливый, но чрезвычайно холодный отпор.

Несколько лет назад к даче, получулану, свояченице и примусным частям прибавилась новая неразрешимая проблема — кинохроника.

Это была странная проблема. Вокруг нее было много шума. Но никогда она не вызывала споров. Напротив, трудно найти проблему, по поводу которой существовало бы столь редкое единодушие.

Все были за кинохронику.

«Давно пора», — писала пресса.

— О, — говорили председатели киноправлений, — кинохроника!

— Жизнь отдам за кинохронику, — обещал директор фабрики.

Консультанты тоже были за и даже без оговорок, что с их стороны нельзя не признать большой жертвой.

Об операторах и говорить нечего. Они рвались в бой.

Зрители же вели себя выше всяких похвал. Они требовали хронику. Они стучали ногами, свистели, писали письма в редакции газет, посылали делегации.

Одно время казалось, что в результате всех этих усилий стране грозит опасность наводнения хроникой. Боялись даже, что кинохроника вытеснит все остальные жанры киноискусства.

Однако обнаружилось, что эти жанры благополучно существуют. Афиши бесперебойно объявляли о новых художественно-показательных боевиках с минаретами, медвежьими свадьбами, боярышнями и хромыми барами.

А хроники не было. А годы шли.

Стали искать врага хроники. Раздавались голоса, что не худо бы дать кой-кому по рукам. Впопыхах дали по рукам какому-то кинодеятелю в расписной заграничной жилетке, случайно проходившему по коридору Союзкино. Но тут же выяснилось, что это страшная ошибка, что человек в жилетке всей душой за хронику, в доказательство чего он представил пятнадцать собственных статей и еще большее количество протоколов на папиросной бумаге.

Тогда набросились на администрацию кинотеатров. Ее обвинили в том, что из вредного коммерческого расчета она тормозит дело показа кинохроники.

Но администраторы в тот же день доказали, что именно они являлись главными борцами за кинохронику и даже застрельщиками всего этого дела.

— Ничего не понимаю, — сказал новый председатель правления. — И мой предшественник, и я, мы оба всегда были горячими защитниками хроники. А ее нет.

— Ведь я жизнь обещал отдать за кинохронику, — удивлялся директор фабрики, — и вот на́ тебе!

Правда, это был не тот директор, а пятый по счету, но он уже в день приема дел обещал отдать жизнь.

— По линии хроники, — печально говорили консультанты, — у нас большое отставание. Но мы не виноваты. Мы всегда были за.

И они привезли на трех извозчиках такую кучу оправдательных документов, что правление ахнуло и с перепугу перевело этих консультантов в высший разряд тарифной сетки.

Даже те отдельные работники кинематографии, которых судебные органы на некоторое время изолировали от общества за различные плутни, — и те из своих жилищ, снабженных на всякий случай решетками, слали письма:

«Что было, то было. Но чего не было, того не было. Мы всегда были горой за хронику».

Все стало как-то так непонятно и удивительно, что о хронике на время даже перестали говорить. Иногда вдруг на экране проскакивали кусочки хроники. А потом и это прекратилось.

И так как все были за, то оказалось, что бороться не с кем и можно перейти к очередным делам. Остались только горячие доклады и протоколы на папиросной бумаге.

Сейчас в кинопрессе снова раздался трезвый голос:

— Товарищи, где же все-таки кинохроника?

И мы уже знаем, что будет. Начнется суета, пойдут клятвы, обнаружится полное единодушие, и все это закончится тем, что хроники никто не увидит.

А работу надо поставить так: бросить разговоры о хронике и начать ее делать. Это, конечно, странно, непривычно и, может быть, на первый взгляд даже диковато.

Но другого средства нет.

Если же продолжать систему болтовни вхолостую, то хроника по-прежнему останется в ряду «вечных проблем», вроде найма дачи или обмена плохой квартиры на хорошую, с уплатой какой-то подозрительной задолженности и с согласием идти на какие угодно варианты.

1932

РОЖДЕНИЕ АНГЕЛА

Задание было дано серьезное. Нужно было создать киносценарий на индустриальную тему. Трудно, трудно писать сценарий на такую тему. Но главная трудность заключалась в том, что герой обязательно должен быть положительным.

Сценарий создавали восемь человек: Патушинский, Учетов и Самозвонский, два Попова, Анна-Луиза Кошкина, Семен Агентов и Голенищев-Кутузов 2-й.

Для успешности работы к сценарной группе были приданы два отдельных эскадрона консультантов.

Полки вел Голенищев-Кутузов 2-й. Он был главный, он и открыл заседание.

— По линии наименьшего сопротивления, — сказал он, — у нас все обстоит благополучно. Отрицательные типы нам удаются. Пора создать положительный тип нашего времени.

— Верно, — сказал Самозвонский, — положительный тип — это вам не отрицательный.

И все с жаром заговорили о том, как легко работать над созданием отрицательных персонажей.

— Кадры так и льются, — со вздохом сказала Анна-Луиза Кошкина, — так и льются.

— Положительный тип должен быть с бородой, — ни к селу ни к городу заметил один из консультантов. — Так убедительнее.

Патушинский и Учетов подняли ужасный крик. Они решительно не понимали, при чем тут борода. Она не казалась им убедительной. Почему борода? Не пахнет ли это отрыжкой до-петровской Руси? При этом оба сценариста кричали, словно их резали.

— А впрочем, — неожиданно сказал Патушинский, — мож-но и с бородой. В бороде чувствуется какая-то связь с деревней.

За Патушинским приутих и Учетов.

— Значит, с бородой, — подвел итог председатель. — Пой-дем дальше.

Но дальше пойти не удалось. Посыпались протесты. Гово-рили, что фильм до некоторой степени все-таки должен быть молодежный. И уместен ли будет главный персонаж с боро-дой? Снова поднялся крик. Одни говорили, что уместен, другие убеждали, что неуместен. Рассказывали, что пятнадцатилет-ний юноша с бородой — далеко не единичный случай. Пошли разговоры о чудесах природы, о двухголовых телятах, даже о русалках. Кто-то сообщил, что своими глазами видел женщи-ну с бородой.

— Кстати, — задумчиво сказал Семен Агентов, — не сде-лать ли нам женщину с бородой центральной положительной фигурой нашего фильма? Но уже, конечно, не в героическом плане, а в разрезе бытовой комедии. А? Что вы скажете, това-рищи?

— Надо обсудить, — молвили братья Поповы (Борис и Глеб).

Тут взял слово двенадцатилетний консультант-вундер-кинд, выученик Академии пространственных искусств при Мостропе.

— Женщина с бородой может иметь место, — возвестил он, — только надо избежать комикования, чтобы не вышло, как у Чарли Чаплина.

— Ты, мальчик, не бойся, — рассудительно заявил Голени-щев-Кутузов 2-й, — как у Чаплина не выйдет. За это можно по-ручиться.

— С ума вы посходили! — закричала вдруг Кошкина. — Кто вам разрешит женщину с бородой? Реперткому ни за что на это не пойдет. Репертком почему-то не любит феноменов.

— К делу, к делу, к делу! — сказал председатель. — Каким же должен быть положительный персонаж?

148

И все принялись думать тяжкую думу. Консультанты беззвучно шевелили губами. Сценаристы рассеянно рисовали в блокнотах фигурки карликов и женщин с бородами.

— Знаете что? — решительно сказал Самозвонский. — Я нашел выход. В конце концов положительный тип — это есть антипод отрицательного. Они — два полюса. Поэтому давайте подходить к положительному от отрицательного. Например, отрицательный тип пьет. Положительный — не пьет. Отрицательный — лодырничает, положительный — ударно работает...

Новая установка Самозвонского произвела большое впечатление.

— Затем, —продолжал он, — отрицательный — курит, положительный — не курит, отрицательный — некрасивый, положительный — красивый. Один обедает, другой не обедает.

— Как? Совсем не обедает?

— Нет. Он обедает. Но, скажем, не ест мяса. Положительный должен быть вегетарьянцем.

— Позвольте, раз вегетарьянец, значит — толстовец.

— Ну что вы навалились, товарищи! — заныл Самозвонский. — Дайте кончить. Он, конечно, ест мясо, но где-нибудь за кулисами, не на экране. Чтобы не было этого физиологизма, всех этих биологических штучек.

— Правильно, — сообщил консультант-вундеркинд, — главное, чтобы не было, как у Довженко или Пудовкина.

— Что ты, мальчик, волнуешься? — рассудительно заметил Голенищев. — Не будет, как у Довженко. И как у Пудовкина не будет. Но достаточно ли положительных признаков у нашего героя?

— Мало! Мало! — закричали консультанты. — Еще давай!

И после длительных прений решено было наградить героя еще следующими достоинствами:

а) Он должен быть членом всех добровольных обществ, работу коих было бы, кстати, не плохо отразить в фильме.

б) Он одинок, так как семейная жизнь может совратить его с правильного пути.

в) Посещает ли он заседания месткома? — Безусловно.

г) Борода, конечно, утверждается (связь с деревней).

д) Утром он работает. А вечером? — Учится. А ночью? — Читает газеты, чем расширяет свой кругозор. А по дороге с завода домой? — Борется с плохой кооперацией.

е) Борется ли он с прочими бытовыми неполадками? — Да. А как это показать? — Пустяки. Для этого есть надписи.

— Ну что, кажется, можно начинать? — бодро спросил Самозвонский. — Тип ясен? Кое-что доработаем по ходу сценария. Анна Мартыновна, возьмите листок бумаги и карандаш. Значит, так...

И на бумаге появилась первая запись:

1. Волнующе-призывно звучит заводской гудок...

2. Из помещения ячейки общества «Друг детей» выходит Никаноров, держа под мышкой «Анти-Дюринг»...

Эта картина, по всей вероятности, уже готова, и мы скоро увидим на экране сверхположительного героя, которому не хватает только крыльев, чтобы стать заправским ангелом, играющим на цимбалах в райских кущах.

1932

СКВОЗЬ КОРИДОРНЫЙ БРЕД

Обыкновенный мир. Смоленский рынок. Аптека (молочные банки с красными крестами, зубные щетки, телефон-автомат). Тесная булочная. Лоточники. Милиционер на маленькой трибуне поворачивает рычажок светофора. Все в порядке. Ничто особенно не поражает.

Но в пяти шагах от всего этого, у начала Плющихи, тесно сомкнувшись, стоит кучка людей из другого мира. Они ждут автобуса № 7.

Какие странные разговоры ведут они между собой!

— Да. Ему вырвали двенадцать зубов. Так надо было по режиссерской экспликации. Вставили новые. Фабрике это стоило массу денег, потому что в гослечебнице заявили, что здоровых зубов они не рвут. А частник... Можете себе представить, сколько взял частник?..

— Ну как, обсуждали вчера короткометражку «Чресла недр»?

— Провалили.

— А в чем дело?

— Подача материала при объективно правильном замысле субъективно враждебна. И потом там тридцать процентов нейтрального смеха и процентов двенадцать с половиной не нашего.

— В АРРКе не любят нейтрального смеха. Там за нейтральный смех убивают.

— В общем, Виктору Борисовичу поручили «Чресла» доработать.

— Ну, вот, приходит он с новыми зубами в павильон сниматься. Ничего. Начали. Пошли. Улыбнитесь. Улыбнулся. И тут — стоп! Отставить! Не понравилась улыбка.

— Ай-яй-яй!

— Да, да. Говорят — не та улыбка. Не чисто пролетарская. Есть, говорят, в этой улыбке процентов двадцать восемь нейтральности и даже какого-то неверия. Со старыми зубами у вас, говорят, выходило как-то лучше. А где их теперь взять, старые зубы?

— А я знаю случай...

— Подождите. Я же еще не сказал самого интересного. По поводу этих самых «Чресл недр» завязался принципиальный спор. Стали обсуждать творческий метод режиссера Славься-Славского. А зима между тем проходит, а по сценарию надо снимать снег, а промфинплан весьма и весьма недовыполнен. Тут Иван Васильевич не выдержал: «Раз так, то ваш творческий метод мы будем обсуждать в народном суде».

— А зубы?

— При чем тут зубы? Зубы — это по фильму «И дух наш молод».

Какие странные разговоры!

Расхлестывая весеннюю воду, подходит автобус, и в поднявшемся шуме теряются горькие фразы о чреслах, зубах и прочих кинематографических новостях.

Ехать надо далеко.

По элегантному замыслу строителей московская кинофабрика воздвигалась с таким расчетом, чтобы до нее было как можно труднее добраться. Нужно прямо сказать, что замысел этот блестяще осуществлен.

Автобус доставляет киноработников и посетителей к мосту Окружной железной дороги и, бросив их посреди обширной тундры, уезжает обратно в город.

Киноработники, размахивая руками и продолжая интересную беседу о «Чреслах», совершают дальнейший путь пешком и вскоре скрываются между избами деревни Потылихи. Они долго идут по деревне, сопровождаемые пеньем петухов, лаем собак и прочими сельскими звуками, берут крутой подъем, проходят рощу, бредут по проселку, и очень-очень не скоро открываются перед ними величественные здания кинофабрики, обнесенные тройным рядом колючей проволоки. Впечатление таково, будто фабрика Союзкино ожидает неожиданного ночного нападения Межрабпомфильма и приготовилась дать достойный отпор.

Мимо павильона-сторожки, по фасаду которого выведена большая гранитная надпись «Выдача пропусков», все проходят не останавливаясь, так как пропусков здесь не выдают. Выдают их в другой сторожке, на полкилометра дальше, где, однако, о пропусках ничего не сказано. Нет ни гранитной надписи, ни даже извещения, нацарапанного химическим карандашом.

В вестибюле равнодушный швейцар предлагает снять калоши. Посетители с неудовольствием выполняют это требование, но калоши внизу не оставляют, а с независимым видом несут их в руках, чтобы за первым же лестничным поворотом снова их надеть. Так, в калошах, они и бродят весь день по фабрике. Почему они так любят свои калоши? Почему обманывают бедного швейцара и не сдают калоши в гардероб — непонятно. Впрочем, многое странно на кинофабрике.

В коридоре, куда выходит много дверей, стоит, согнувшись, пожилой почтенный человек и смотрит в замочную скважину. Ему хорошо известно, что подглядывать стыдно, но другого выхода у него нет. На двери, над его головой трепещет бумажонка:

> ЗДЕСЬ ИДЕТ ЗАСЕДАНИЕ.
> НЕ СТУЧИ! НЕ МЕШАЙ!

Войти в комнату нельзя, а в ответ на стук раздается недовольный рев. Как же узнать, здесь ли находится нужный работник, из-за которого почтенный посетитель долго ехал в автобусе № 7, шел по деревне, пересекал тундру, останавливался на подъеме, чтобы схватиться за сердце, нес в руках калоши и обманывал бедного швейцара? И стоит он, прильнув к замочной скважине, далеко отставив зад, как водевильный герой, в шубе и шапке. И кашне ниспадает с шеи до самого пола. И все проходящие с проклятиями натыкаются на него.

В коридоре тоже идет своеобразное заседание. Сюда, в коридор, люди приходят с утра и уходят отсюда только вечером.

Здесь любят и умеют поговорить. Высказываются смелые суждения, критикуются начинания, кого-то ругают, что-то хвалят, без конца обсуждают неудобства географического положения фабрики.

— Говорят, что паводок в этом году будет что надо!

— Опять нас отрежет от города.

— Вот увидите, как только пойдет можайский лед и нас отрежет, бухгалтерия объявит выплату гонорара. Они хитрые. Знают, что никто за ним не сможет приехать из города.

— Ну, я вплавь доберусь!

— Скажите, что же наконец произошло с «Чреслами недр»?

— Очень просто. Автора законсультировали.

— Что это значит?

— Одним словом, залечили.

— Не понимаю.

— Сразу видно, что в кино вас перебросили недавно. Ну, заболевает человек ангиной, а его лечат от тифа. Не помогает. Ставят банки. Не помогает. Делают операцию аппендицита. Плохо. Тогда вскрывают череп. Как будто лучше. Но больной вдруг умирает. Так и с «Чреслами недр». Законсультировали.

— Между нами говоря...

В коридоре неожиданно наступает тишина. Все начинают шептаться. И что же в конце концов произошло с «Чреслами», так и остается невыясненным.

Стены коридора дрожат от слухов и киноанекдотов. Иногда кажется даже, что заседание за закрытой дверью будет продолжаться вечно и что человек в шубе и кашне никогда в жизни не найдет нужного ему работника.

Но есть на фабрике другие коридоры, где никто не толчется, где в комнатах постановочных групп идет работа. Есть огромные павильоны. Там деловой воздух. Он очищен от коридорного бреда. Там не шепчутся, не стоят в сторонке, саркастически обсуждая, справится ли новое руководство с прорывом или не справится.

Там хотят, чтобы прорыва не было. Замысел обрастает декорациями, идет проба актеров, фильм начинает жить.

И когда, выходя оттуда, снова попадаешь в порочный коридор, уже без особенного испуга слушаешь неустанную трескотню неудачников, склочников, маломощных гениев и разобиженных авторов актуального сценария, где изобретатель что-то изобрел, у него это что-то кто-то украл и что из этого вышло.

День кончается.

В полутьме коридора ослепительно сверкает чья-то улыбка. Надо полагать, что улыбается тот самый актер, которому вставили казенные зубы.

Черт возьми! Как будто улыбка в самом деле не на все сто. Есть в ней действительно какой-то небольшой процент нейтральности.

Но это не важно, не страшно. Важно миновать болтовню в коридоре и начать работать.

Как говорят на киноязыке: «Начали, пошли».

Вот это — самое главное.

1932

САВАНАРЫЛО

Странный разговор велся в одной из фанерных комнат Изогиза.

Р е д а к т о р. Дорогой Константин Павлович, я смотрел ваш плакат... Одну минутку, я закрою дверь на ключ, чтобы нас никто не услышал...

Х у д о ж н и к (болезненно улыбается).

Редактор. Вы знаете, Константин Павлович, от вас я этого не ожидал. Ну что вы нарисовали? Посмотрите сами!

Художник. Как что? Все соответствует теме «Больше внимания общественному питанию». На фабрике-кухне девушка-официантка подает обед. Может быть, я подпись переврал? (*Испуганно декламирует.*) «Дома грязь, помои, клоп — здесь борщи и эскалоп. Дома примус, корки, тлен — эскалоп здесь африкен».

Редактор. Да нет... Тут все правильно. А вот это что, вы мне скажите?

Художник. Официантка.

Редактор. Нет, вот это! Вот! (*Показывает пальцем.*)

Художник. Кофточка.

Редактор (*проверяет, хорошо ли закрыта дверь*). Вы не виляйте. Вы мне скажите, что под кофточкой?

Художник. Грудь.

Редактор. Вот видите. Хорошо, что я сразу заметил. Эту грудь надо свести на нет.

Художник. Я не понимаю. Почему?

Редактор (*застенчиво*). Велика. Я бы даже сказал — громадна, товарищ, громадна.

Художник. Совсем не громадная. Маленькая, классическая грудь. Афродита Анадиомена. Вот и у Кановы «Отдыхающая Венера»... Потом возьмите, наконец, известный немецкий труд профессора Андерфакта «Брусте унд бюсте», где с цифрами в руках доказано, что грудь женщины нашего времени значительно больше античной... А я сделал античную.

Редактор. Ну и что из того, что больше? Нельзя отдаваться во власть подобного самотека. Грудь надо организовать. Не забывайте, что плакат будут смотреть женщины и дети. Даже взрослые мужчины.

Художник. Как-то вы смешно говорите. Ведь моя официантка одета. И потом, грудь все-таки маленькая. Если перевести на размер ног, то выйдет никак не больше, чем тридцать третий номер.

Редактор. Значит, нужен мальчиковый размер, номер двадцать восемь. В общем, бросим дискуссию. Все ясно. Грудь — это неприлично.

Х у д о ж н и к (*утомленно*). Какой же величины, по-вашему, должна быть грудь официантки?

Р е д а к т о р. Как можно меньше.

Х у д о ж н и к. Однако я бы уж хотел знать точно.

Р е д а к т о р (*мечтательно*). Хорошо, если бы совсем не было.

Х у д о ж н и к. Тогда, может быть, нарисовать мужчину?

Р е д а к т о р. Нет, чистого, стопроцентного мужчину не стоит. Мы все-таки должны агитировать за вовлечение женщин на производство.

Х у д о ж н и к (*радостно*). Старуху!

Р е д а к т о р. Все же хотелось бы молоденькую. Но без этих... признаков. Ведь это как-никак, согласитесь сами, двусмысленно.

Х у д о ж н и к. А бедра? Бедра можно?

Р е д а к т о р. Что вы, Константин Павлович! Никоим образом — бедра! Вы бы еще погоны пририсовали. Лампасы! Итак, заметано?

Х у д о ж н и к (*уходя*). Да, как видно, заметано. Если нельзя иначе. До свиданья.

Р е д а к т о р. До свиданья, дружочек. Одну секунду. Простите, вы женаты?

Х у д о ж н и к. Да.

Р е д а к т о р. Нехорошо. Стыдно. Ну ладно, до свиданья...

И побрел художник домой замазывать классическую грудь непроницаемой гуашью.

И замазал.

Добродетель (ханжество плюс чопорность из штата Массачузетс плюс кроличья паника) восторжествовала.

Красивых девушек перестали брать на работу в кинематографию. Режиссер мыкался перед актрисой, не решался, мекал:

— Дарование у вас, конечно, есть... Даже талант. Но какая-то вы такая... с физическими изъянами. Стройная, как киевский тополь. Какая-то вы, извините меня, красавица. Ах черт! «Она была бы в музыке каприччио, в скульптуре статуэтка ренессанс». Одним словом, в таком виде никак нельзя. Что скажет общественность, если увидит на экране подобное?

— Вы несправедливы, Люцифер Маркович, — говорила актриса, — за последний год (вы ведь знаете, меня никуда не берут) я значительно лучше выгляжу. Смотрите, какие морщинки на лбу. Даже седые волосы появились.

— Ну что — морщинки! — досадовал режиссер. — Вот если бы у вас были мешки под глазами! Или глубоко запавший рот. Это другое дело. А у вас рот какой? Вишневый сад. Какое-то «мы увидим небо в алмазах». Улыбнитесь. Ну, так и есть! Все тридцать два зуба! Жемчуга! Торгсин! Нет, никак не могу взять вас. И походка у вас черт знает какая. Грациозная. Дуновение весны! Смотреть противно!

Актриса заплакала.

— Отчего я такая несчастная? Талантливая — и не криво-бокая?

— В семье не без урода, — сухо заметил режиссер. — Что ж мне с вами делать? А ну, попробуйте-ка сгорбиться. Больше, гораздо больше, еще. Не можете? Где ассистент? Товарищ Сатанинский, навесьте ей на шею две-три подковы. Нет, не из картины «Шурупчики граненые», а настоящие, железные. Ну как, милуша, вам уже удобнее ходить? Вот и хорошо. Один глаз надо будет завязать черной тряпочкой. Чересчур они у вас симметрично расположены. В таком виде, пожалуй, дам вам эпизод. Почему же вы плачете? Фу, кто его поймет, женское сердце!

Мюзик-холл был взят ханжами в конном строю одним лихим налетом, который, несомненно, войдет в мировую историю кавалерийского дела.

В захваченном здании была проведена рубка лозы. Балету из тридцати девушек выдали:

30 пар чаплинских чоботов	30
30 штук мужских усов	30
30 старьевщицких котелков	30
30 пасторских сюртуков	30
30 пар брюк	30

Штаны был выданы нарочно широчайшие, чтоб никаким образом не обрисовалась бы вдруг волшебная линия ноги.

Организованные зрители очень удивлялись. В программе обещали тридцать герлс, а показали тридцать замордованных существ неизвестного пола и возраста.

Во время танцев со сцены слышались подавленные рыдания фигуранток. Но зрители думали, что это штуки Касьяна Голейзовского — искания, нюансы, взлеты.

Но это были штуки вовсе не Голейзовского.

Это делали и делают маленькие кустарные Савонаролы. Они корректируют великого мастера Мопассана, они выбрасывают оттуда художественные подробности, которые им кажутся безнравственными, они ужасаются, когда герой романа женится. Поцелуйный звук для них страшнее разрыва снаряда.

Ах, как они боятся, как им тяжело и страшно жить на свете!

Саванарола? Или хотя бы Саванарыло?

Нет! Просто старая глупая гувернантка, та самая, когда никогда не выходила на улицу, потому что там можно встретить мужчин. А мужчины — это неприлично.

— Что ж тут неприличного? — говорили ей. — Ведь они ходят одетые.

— А под одеждой они все-таки голые! — отвечала гувернантка. — Нет, вы меня не собьете!

1932

ИХ БИН С ГОЛОВЫ ДО НОГ

Была совершена глупость, граничащая с головотяпством и еще чем-то.

Для цирковой программы выписали немецкий аттракцион — неустрашимого капитана Мазуччио с его говорящей собакой Брунгильдой (заметьте, цирковые капитаны всегда бывают неустрашимые).

Собаку выписал коммерческий директор, грубая, нечуткая натура, чуждая веяниям современности. А цирковая общественность проспала этот вопиющий факт.

Опомнились только тогда, когда капитан Мазуччио высадился на Белорусско-Балтийском вокзале.

Носильщик повез в тележке клетку с черным пуделем, стриженным под Людовика XV, и чемодан, в котором хранились капитанская пелерина на белой подкладке из сатина-либерти и сияющий цилиндр.

В тот же день художественный совет смотрел собаку на репетиции.

Неустрашимый капитан часто снимал цилиндр и кланялся. Он задавал Брунгильде вопросы.

— Вифиль?* — спрашивал он.

— Таузенд**, — неустрашимо отвечала собака.

Капитан гладил пуделя по черной каракулевой шерсти и одобрительно вздыхал: «О, моя добрая собака!»

Потом собака с большими перерывами произнесла слова: «абер», «унзер» и «брудер»***. Затем она повалилась боком на песок, долго думала и наконец сказала:

— Их штербе****.

Необходимо заметить, что в этом месте обычно раздавались аплодисменты. Собака к ним привыкла и вместе с хозяином отвешивала поклоны. Но художественный совет сурово молчал.

И капитан Мазуччио, беспокойно оглянувшись, приступил к последнему, самому ответственному номеру программы. Он взял в руки скрипку. Брунгильда присела на задние лапы и, выдержав несколько тактов, трусливо, громко и невнятно запела:

— Их бин фон копф бис фусс ауф либе ангештельт...

— Что, что их бин? — спросил председатель худсовета.

— Их бин фон копф бис фусс, — пробормотал коммерческий директор.

— Переведите.

— С головы до ног я создана для любви.

— Для любви? — переспросил председатель, бледнея. — Такой собаке надо дать по рукам. Этот номер не может быть допущен.

Тут пришла очередь бледнеть коммерческому директору.

---

* Сколько? (*нем.*).
** Тысяча (*нем.*).
*** Но, наш, брат (*нем.*).
**** Я умираю (*нем.*).

159

— Почему? За что же по рукам? Знаменитая говорящая собака в своем репертуаре. Европейский успех. Что тут плохого?

— Плохо то, что именно в своем репертуаре, в архибуржуазном, мещанском, лишенном воспитательного значения.

— Да, но мы уже затратили валюту. И потом, эта собака со своим Боккаччио живет в «Метрополе» и жрет кавьяр. Капитан говорит, что без икры она не может играть. Это государству тоже стоит денег.

— Одним словом, — раздельно сказал председатель, — в таком виде номер пройти не может. Собаке нужно дать наш, созвучный, куда-то зовущий репертуар, а не этот... демобилизующий. Вы только вдумайтесь! «Их штербе». «Их либе». Да ведь это же проблема любви и смерти! Искусство для искусства! Гуманизм! Перевальский рецидив. Отсюда один шаг до некритического освоения наследия классиков. Нет, нет, номер нужно коренным образом переработать.

— Я как коммерческий директор, — грустно молвил директор, — идеологии не касаюсь. Но скажу вам как старый идейный работник на фронте циркового искусства: не режьте курицу, которая несет золотые яйца.

Но предложение о написании для собаки нового репертуара уже голосовалось. Единогласно решили заказать таковой репертуар шестой сквозной бригаде малых форм в составе Усышкина-Вертера и трех его братьев: Усышкина-Вагранки, Усышкина-Овича и Усышкина деда Мурзилки.

Ничего не понявшего капитана увели в «Метрополь» и предложили покуда отдохнуть.

Шестая сквозная нисколько не удивилась предложению сделать репертуар для собаки. Братья в такт закивали головами и даже не переглянулись. При этом вид у них был такой, будто они всю жизнь писали для собак, кошек или дрессированных прусаков. Вообще они закалились в литературных боях и умели писать с цирковой идеологией — самой строгой, самой пуританской.

Трудолюбивый род Усышкиных немедля уселся за работу.

— Может быть, используем то, что мы писали для женщины-паука? — предложил дед Мурзилка. — Был такой саратовский аттракцион, который нужно было оформить в плане политизации цирка. Помните? Женщина-паук олицетворяла финансовый капитал, проникающий в колонии и доминионы. Хороший был номер.

— Нет, вы же слышали. Они не хотят голого смехачества. Собаку нужно решать в плане героики сегодняшнего дня! — возразил Ович. — Во-первых, нужно писать в стихах.

— А она может стихами?

— Какое нам дело! Пусть перестроится. У нее для этого есть целая неделя.

— Обязательно в стихах. Куплеты, значит, героические — про блюминги или эти... как они называются... банкаброши. А рефрен можно полегче, специально для собаки, с юмористическим уклоном. Например... сейчас... сейчас... та-ра, та-ра, та-ра... Ага... Вот:

> Побольше штреков, шахт и лав.
> Гав-гав,
> Гав-гав,
> Гав-гав.

— Ты дурак, Бука! — закричал Вертер. — Так тебе худсовет и позволит, чтоб собака говорила «гав-гав». Они против этого. За собакой нельзя забывать живого человека!

— Надо переделать... Ту-ру, ту-ру, ту-ру... Так. Готово:

> Побольше штреков, шахт и лав.
> Ура! Да здравствует Моснав!

— А это не мелко для собаки?

— Глупое замечание. Моснав — это общество спасения на водах. Там, где мелко, они не спасают.

— Давайте вообще бросим стихи. Стихи всегда толкают на ошибки, на вульгаризаторство. Стесняют размер, метр. Только хочешь высказать правильную мысль, мешает цезура или рифмы нет.

— Может, дать собаке разговорный жанр? Монолог? Фельетон?

— Не стоит. В этом тоже таятся опасности. Того не отразишь, этого не отобразишь. Надо все иначе.

Репертуар для говорящей собаки Брунгильды был доставлен в условленный срок.

Под сумеречным куполом цирка собрались все — и худсовет в полном составе, и несколько опухший Мазуччио, что надо приписать неумеренному употреблению кавьяра, и размагнитившаяся от безделья Брунгильда.

Читку вел Вертер. Он же давал объяснения:

— Шпрехшталмейстер объявляет выход говорящей собаки. Выносят маленький стол, накрытый сукном. На столе графин и колокольчик. Появляется Брунгильда. Конечно, все эти буржуазные штуки — бубенчики, бантики и локоны — долой. Скромная толстовка и брезентовый портфель. Костюм рядового общественника. И Брунгильда читает небольшой, двенадцать страниц на машинке, творческий документ...

И Вертер уже открыл розовую пасть, чтобы огласить речь Брунгильды, как вдруг капитан Мазуччио сделал шаг вперед.

— Вифиль? — спросил он. — Сколько страниц?

— На машинке двенадцать, — ответил дед Мурзилка.

— Абер, — сказал капитан, — их штербе: я умираю. Ведь это все-таки собака. Так сказать, хунд. Она не может двенадцать страниц на машинке. Я буду жаловаться.

— Это что же, вроде как бы самокритика получается? — усмехнувшись, спросил председатель. — Нет, теперь я ясно вижу, что этой собаке нужно дать по рукам. И крепко дать.

— Брудер*, — умоляюще сказал Мазуччио, — это еще юная хунд. Она еще не все знает. Она хочет. Но она еще не может.

— Некогда, некогда, — молвил председатель, — обойдемся без собаки. Будет одним номером меньше. Воленс-неволенс, а я вас уволенс.

Здесь побледнел даже неустрашимый капитан. Он подозвал Брунгильду и вышел из цирка, размахивая руками и бормоча: «Это все-таки хунд. Она не может все сразу».

Следы говорящей собаки потерялись.

Одни утверждают, что собака опустилась, разучилась говорить свои «унзер», «брудер» и «абер», что она превратилась в обыкновенную дворнягу и что теперь ее зовут Полкан.

Но эти нытики-одиночки, комнатные скептики.

---

* Брат (нем.).

Другие говорят иное. Они заявляют, что сведения у них самые свежие, что Брунгильда здорова, выступает и имеет успех. Говорят даже, что кроме старых слов она освоила несколько новых. Конечно, это не двенадцать страниц на машинке, но все-таки кое-что.

1932

ЧАША ВЕСЕЛЬЯ

> И жить торопятся, и чествовать спешат.
>
> *Стишок*

Для того чтобы построить себе юбилей, достаточно сильно этого пожелать. Хорошо еще иметь произведения, романы, опусы. Но можно без них. Не это главное. Главное — крепко захотеть.

Это так естественно. Проходят годы, выходят книги. Хочется, как бы сказать, оглянуться на пройденный путь, объясниться с читателем, поплакать немного над молодостью, каковая прошла в неизмеримых трудах. И вся жизнь прошла, отдана без остатка, и хочется узнать, в хорошие ли руки она попала. Вот оправдание юбилея. Здесь все естественно, понятно, справедливо.

А если всего этого не было (трудов и годов), тогда достаточно только сильно захотеть. И юбилей будет, образуется. Люди, в общем, не звери, не обидят. И телеграммы пришлют какие надо («Прикованный постели обнимаю и шлю...»), и зал наймут какой полагается, и отметят все, что вам нужно.

Тяжко стало от юбилеев. Малость перехватили. Переполнили чашу веселья. Вовлекли в юбилейную работу слишком широкие массы юбиляров. И теперь разволновавшегося писателя трудно водворить в обычные рамки.

Соответствующие учреждения переполнены неукротимыми соискателями юбилярства.

— Здравствуйте. Я писатель.

— Ага.

— Вот все пишу, знаете.

— Ага!

— Создаю разные художественные произведения.

— Да?

— Вот, вот. Увидишь, знаете, что-нибудь значительное, ну и, конечно, отобразишь. Не удержишься.

— Ага!

— И так, знаете, привык, что уже не могу. Все время создаю, вот уже сколько лет.

— А-а!

— А время летит. Двадцать лет творчества — не шутка. Все-таки — дата.

— Да.

— Хотелось бы, знаете, получить какой-нибудь толчок, стимул, а то, знаете, вдохновения уже нет в достаточном количестве.

— Да?

— Такие-то дела.

— Да-а-а!

— Ну, побегу в сектор искусств, оттуда в Наркомпрос, а оттуда в Литературную энциклопедию. Моя буква приближается. До свидания.

— До свидания... Федор Иванович, зачем он приходил? Что-то он тут бормотал, я ничего не понял.

— Юбилей пришел просить.

— А-а! То-то, я смотрю, ему на месте не сиделось. Есть еще кто-нибудь? Пустите.

— Здравствуйте. Ничего, что я к вам?

— Пожалуйста. Вы писатель?

— Да. Вот все пишу, знаете.

— Создаете разные художественные произведения?

— Так точно.

— Отображаете? Увижу — отображу. Увижу, знаете, и тут же отображу.

— А время летит?

— Летит. Летит стрелой.

— Двадцать лет занимаетесь творчеством?

— Извините, только пятнадцать. Но все-таки дата, не правда ли?

— Безусловно, дата. Но для юбиляра мало.

164

— Мало?

— Маловато.

— А если включить службу в госучреждениях?

— М-м-м...

— Тогда можно натянуть и все восемнадцать.

— Все-таки недостаточно.

— Тогда простите. Я, конечно, не смею... Но так хотелось немножко стимулироваться.

— Да, каждому хочется. Ну, до свиданья. Сектор искусств налево по коридору. Федор Иванович, отметьте товарищу пропуск. Есть еще кто-нибудь?

— Какой-то мальчик дожидается.

— Пионер?

— Нет, беспартийный.

— Давайте беспартийного. Здравствуй, мальчик, ты чего пришел?

— Здравствуйте. Я писатель.

— Как писатель? Сколько ж тебе лет?

— Пятнадцать.

— Что-то ты врешь, мальчик. Тебе не больше двенадцати.

— Честное слово, дяденька, пятнадцать. Это я только на вид маленький. А вообще я старый, преклонный.

— Какой бойкий мальчик. Время-то стрелой летит, а?

— Стрелой, дяденька.

— Ну и что же?

— Общественность беспокоится. Хочет дату отметить. Как-никак десять лет состою в литературе. Надо бы юбилей. Я уже помещение подыскал — кино «Чары».

— Какой там юбилей, мальчик! Сам говоришь, тебе пятнадцать лет. Когда ж ты начал писать? Пяти лет, что ли?

— С четырех-с. Я — вундеркинд, дяденька. Как Яша Хейфец. Только он на скрипке, а я в области пера, песни и мысли.

— Ну, иди, иди к маме!

— Мне к маме нельзя. Я на нее памфлет написал. Мне юбилей надо. Устройте, дяденька!

— Нельзя, мальчик, стыдно плакать. Ты уже большой. Федор Иванович, отведите его в ясли. Сколько там еще дожидается?

— Два музыканта, шестнадцать актеров, восемьдесят один писа...

— Нет, нет, нет! Не могу больше. Пусть обращаются в свои домоуправления. Там стандартные справки, там пусть и юбилеи.

Дошло до того, что в газетных редакциях больше всего стали бояться не злых маньяков со свеженькими перпетуум-мобиле под мышкой, а людей искусства, которые терпеливо домогаются напечатания своих портретов, биографических справок, а равно перечня заслуг как специфически писательских, так и общегражданских (верный член профсоюза, поседевший на общих собраниях, пайщик кооператива, неуемный активист, борец). Некоторые привозят свои бюсты, отлитые по блату из передельного чугуна. В редакции бюсты фотографируют, но стараются не печатать.

Самый юбилей описан не будет. Кто не знает этого странного обряда, находящегося где-то посредине между гражданской панихидой и свадьбой в интеллигентном кругу. Хорошо, если юбиляр человек веселый, вроде Василия Каменского, и факт увенчания его лаврами, ко всеобщему удовольствию, превращает в здоровую шутку. А некоторые принимают юбилейный разворот всерьез, отчего и скучнеют на весь оставшийся им отрезок жизни. Отрезок, надо сказать, не маленький, в особенности если юбилей устраивает себе вундеркинд или автор, у которого есть за душою только один рассказ, да и то это не рассказ, а вступительный взнос в горком (иначе не приняли бы в члены).

Юбилеи бывают с выставкой произведений, бывают и без выставки (это если нет произведений). Но эта ужасающая деталь не мешает торжеству. Произведения произведениями, а юбилей юбилеем.

Если нет произведений, то юбилей принимает, конечно, несколько обидный характер для именинника. Его называют незаметным тружеником, полезным винтиком в большой машине, говорят, что в свое время он подавал надежды, что не худо бы ему опять их подать, — вообще унижают необыкновенно. Но юбиляр этого сорта все стерпит. На худой конец не плохо быть и винтиком. Винтик доволен.

Юбилейные зверства продолжаются. Чаша веселья «растет, ширится и крепнет». Юбилею грозит опасность превратиться в старосветский бенефис или полубенефис, с подношением серебряных мундштуков и подстаканников из белого металла братьев Фраже.

Ну разве приятно будет, товарищи, услышать такие разговоры:

— В этом году покончил на полный бенефис с ценными подношениями.

— Вам хорошо, романистам. А вот мне, автору очерков, дают только четверть бенефиса и ордер на калоши.

Что, приятно будет?

1933

ЛИСТОК ИЗ АЛЬБОМА

Теперь уже окончательно выяснилось, что юмор — это не ведущий жанр. Так что можно наконец поговорить серьезно, величаво. Кстати, давно хочется застегнуться на все пуговицы и создать что-нибудь нетленное.

Не сразу, конечно.

Здесь покуда приводятся только черновые записи, суждения, слова, подхваченные на лету, некоторым образом еще не отшлифованные алмазы.

Самый страшный персонаж в плохой современной пьесе — это так называемый пожилой рабочий.

Зрители трепеща ждут его появления. И вот он выходит на сцену. И вот, под громовой кашель публики, начинает вырисовываться его характер.

О, это сложная фигура, рядом с которой шекспировский венецианский купец кажется неизящной провинциальной схемой.

Разумеется, пожилой рабочий уж не молод (56 лет). Обязательно носит сапоги на высоких скороходовских каблучках. Разумеется, на нем стальные калининские очки, сатиновая косоворотка под пиджаком и усы, о которых прейскуранты театральных парикмахерских сообщают кратко и нагло: «Усы колхозные — 80 коп.».

Пожилой рабочий всегда и неукоснительно зовется по имени-отчеству: Иван Тимофеевич, Кузьма Егорыч, Василий Фомич.

Пожилой рабочий — беспартийный, но обладает сверхъестественным классовым чутьем, хотя до некоторой степени находится в тисках прошлого (икону сбрасывает со стены только в третьем действии). Как правило, пожилой рабочий обожает свой станок. Пожилой рабочий часто ворчит и жалуется на кооперацию, но этим он никого не обманет — под грубой оболочкой ворчуна скрывается верное сердце.

Никаких отступлений от этого художественного образа драматурги себе не позволяют. И едва только под огнем рампы сверкнут стальные очки пожилого — суфлер спокойно может идти из своей пыльной будки в буфет, — публика сама подскажет Кузьме Егорычу его реплику, если он ее забудет.

Таков старожил советской сцены, чудно вычерченный в литературных канцеляриях.

— Все хотят писать пьесу на конкурс.

— А как писать?

— Ну, это просто. Чтобы было значительно и в трех актах.

— И подымут на щит?

— Могут поднять.

— Интересно, должно быть, на щите, а?

— О-о-о!

— Завидую Шолохову.

— А вы напишите хороший роман, вас тоже подымут на щит.

— Что роман! Вы сначала подымите, а я потом напишу.

— Вы, однако, не глупый.

— О, я далеко не глупый. Там и буду писать. На щите. Свободно, просторно, никто не мешает.

Почему население так не любит критиков? Надо полагать, причины есть. Не стоит об этом распространяться.

Но во всяком деле, даже в таком интересном, как травля критиков, надо сохранять меру, такт, наконец, профсоюзную дисциплину.

Между тем с недавнего времени в этой области наблюдается известное излишество, граничащее с заезжательством, заушательством и заштукатуриваньем собственных недочетов, коих ох как много, наряду с достижениями. Завелись грубые чикагские манеры, какой-то такой аль-капонизм в действии, начались похищения бела дня.

Стоит критику неблагоприятно отозваться то ли о выставке картин, то ли о новой пьесе, как заинтересованная сторона увозит его к себе на заседание и там начинает пытать повесткой дня:

1. О подлом, хамском, мерзком, дерзком выпаде критика N.
2. Дача отпора указанной газетно-журнальной шавке N.
3. Разное.

И сидит бедная шавка среди разъяренных творцов, с ужасом ожидая пункта третьего. Он не ждет добра от «разного». По этому пункту критику забивают под ногти резолюции и канцелярские скрепки, вымогая у него отречение от рецензии.

Травля критиков — дело, конечно, безумно увлекательное, но нельзя же, товарищи, такое Чикаго.

— Слушайте, где здесь подымают на щит?
— Кажется, в двенадцатой комнате.
— Да нет, я там был. Насилу вырвался. Там приносят в жертву.
— Тогда обратитесь в девятую.
— А там очередь. На три года хватит. Нельзя ли как-нибудь сбоку, по блату? Я могу представить удостоверение о болезни.
— Нет, на щит по блату не подымают.
— Черт знает что! Безобразие!

Жил на свете автор. Был он молод, неизвестен, но дьявольски опытен. Вот он и написал пьесу в семи картинах с прологом, под названием «Первые этажи».

Пролог неинтересен, семь картин тоже не разгорячают воображение (мол. инж., изобр., лесопил., комбайн, но вылаз. клас. враг., порт. маш. Раб. выдв., встречн. пл. Варьянт. невозможн.). Отдыхает глаз лишь на списке действующих лиц.

«Парфил — раскулаченный. Вредитель под маской ударника».

«Силантий — недавно из деревни».

Здесь зал уже может подхватывать рифму. Поскольку наивный Силантий недавно из деревни, он... Ну, угадайте! И зал гремит ликующим хором: «Находится под сильным влиянием Парфила».

Но вот новинка драматургической техники.

«Профорганизатор. Одутловат».

Что такое? Почему он одутловат? Это неспроста. Молодой специалист Соколов, тот, например, не одутловат. Напротив, он «энтузиаст». Так написано. Уборщица Власьевна тоже не одутловата, хотя «старушка очень уважает директора. Пуглива». И тут нет никаких горизонтов. Все уборщицы — старушки, все пугливы. Профессор Горбунов — «близорук». Тоже все понятно. Работник умственного труда. Испортил зрение за учебой. В общем — все по Бомарше и Мольеру. Один только профорганизатор мучит, волнует, заставляет сердце тревожно биться. Почему он одутловат?

Добираешься до первой его реплики:

«Профорганизатор... Десять минут на шамовку, остальные на храпака...»

Так вот оно как! Он одутловат потому, что любит спать! Это сатира (знаете — «месткомом спит»).

Здесь автор подымается до высот подлинной сатиры, заостряя свое оружие против бездеятельной профорганизации.

Кончаются «Первые этажи» оптимистической ремаркой:

«Машина начинает сильнее грохотать». Будто бы она недостаточно грохотала в течение всех семи картин! Ах, как грустно!

Издал книгу ГИХЛ. Тираж — 6000, чтобы поосновательней насытить рынок. Подписана к печати 19 авг. 1932 года. Кого же вы найдете в ГИХЛе в чудном отпускном августе месяце? Безусловно, подписывал книгу к печати дворник дома № 10 по Никольской улице. А не то какая-нибудь гихловская

170

Власьевна (очень уважает пьесы с машинной идеологией. Пуглива).

Ужасно грустно!

— Прохожу мимо оргкомитета, слышу какой-то бранный звон. Заглядываю в окно, прямо сердце дрогнуло. Подымают на щит Новикова-Прибоя. До чего стало завидно.

— Почему завидно?

— А за что его подымать? Никогда не высказывается, в прениях не выступает, в анкетах участвует недостаточно регулярно. Так... Написал что-то морское.

— И вы напишите морское.

— Я морского не знаю.

— Ну, сухопутное что-нибудь напишите.

— Сухопутное у меня не выходит, как-то не рождается.

— Что ж вы хотите?

— Хочу на щит. Честное слово, буду жаловаться. У меня все права. Если уж кто щитовик, то это я. Ни одного заседания не пропустил. Одному Цвейгу написал триста писем. Наконец, только недавно публично отрекся от своей мещанской сущности. Подымите меня! Слышите! Я категорически требую. Подымите!

— Что же я могу сделать! Напишите все-таки что-нибудь. Кроме того, сегодня вообще неподъемный день. Приходите после съезда. И не забудьте захватить с собой рукопись, где в художественной форме изобража...

— Вот это самое «изобража» у меня и не изобража...

Очень приятно поговорить серьезно, застегнувшись на все пуговицы.

1933

БРОДЯТ ПО ГОРОДУ СТАРУХИ

Авторы вынуждены обнажить перед общественностью некоторые интимные черты своего быта.

Они хотят рассказать, какое письмо пришло к ним на днях.

Принято думать, что писатели завалены любовными секретками от неизвестных поклонниц. «Вчера я увидела вас на трамвайной подножке, и вы пленили бедное сердце. Ждите меня сегодня в пять у ЗРК № 68, у меня в руках будет рыба (судак). Ида Р.».

Может быть, Зощенко как жгучий брюнет и получает такие нежные записки, но мы лишены этой радости. Нам по большей части несут совсем другое — приглашение на товарищеский чай с диспутами или счета за электричество; бывает и просьба явиться на дискуссионный бутерброд, который имеет быть предложен издательством «Проблемы и утехи» по поводу зачтения вслух писателем Хаментицким своей новой повести; бывают и письма читателей, где они предлагают сюжеты или просят указать, в чем смысл жизни.

А совсем недавно взобралась на шестой этаж старуха, маленькая старуха курьерша с розовым носиком и с глазами, полными слез от восхождения на такую высоту, и с полупоклоном вручила письмо.

И опять это не было любовное письмо от неизвестной трудящейся красавицы. Это не было даже приглашение почавкать за чайным столом на литературные темы.

Письмо было гораздо серьезнее. Оно будило, звало куда-то в голубые дали.

«Уважаемый товарищ, шлем вам план (схематический) январского сборника «Весна» (приложение к журналу «Самодеятельное искусство»).

Рассчитываем, товарищ, на ваше участие. Деревня ждет высококачественного репертуара. Отклик остро необходим».

В комнате на шестом этаже стало тихо. Как говорится, ворвалось дыхание чернозема, встала во весь рост проблема решительного поворота к деревне, которая правильно ждет высококачественного репертуара. Одним словом, захотелось включиться.

Уже рисовались перед авторами различные картины их будущей деятельности. Они едут в деревню, изучают быт и сдвиги, следят за ломкой миросозерцаний, наполняют записные книжки материалами, вообще ведут себя, как Флоберы или Иваны Сергеевичи Тургеневы. И наконец, через год или два, произведение написано и сдано в сборник «Весна» (приложение к журналу «Самодеятельное искусство»). Вот как рисовалась авторам их деятельность по освоению деревенской тематики.

Но уже приложенный к письму план сборника одним махом разрушил чудный воздушный замок, возведенный по методу социалистического реализма.

Оказалось, что никуда не надо ехать, что литература совсем не такая сложная штука, как до сих пор предполагали, что Флобер с Тургеневым были какие-то водевильные дурни и делали совсем не то, что нужно; оказалось, что все гораздо проще.

Это ясно было из плана, в котором излагались требования и пожелания редакции:

1. За сжатые сроки сева (монолог).

2. Тягловая сила. Меньше нагруженности зимой, мобилизация кормов (сценка).

3. Тракторы. Заблаговременный ремонт, запасные части, горючее, смазка (обозрение).

4. Семена, зерно, картофель и т.д. (пьеса). Общественное питание, бронь продуктов к севу (куплеты).

На создание всей этой пролетарско-колхозной литературы давался штурмовой срок — пятнадцать дней. Пришлось укладываться, впихиваться в эти тесные рамки. Деревня ждала, надо было торопиться.

— Успеем?

— Очевидно, редакция находит срок достаточным. Им виднее. Они все-таки ближе к земле.

— Что ж нам взять? Меня, например, волнует пункт четвертый. Пьеса. «Семена, зерно, картофель и т.д.». Прекрасная тема.

— Сомневаюсь. Чего-то тут не хватает. Зерно! Картофель! Какая тут может быть коллизия?

— А «и т.д.»? В этом «и т.д.» что-то есть. Тут кое-что можно построить. Если не пьесу, то драматический этюд.

— Но, позвольте, редакция не хочет этюда. В этой теме она видит пьесу. А нам надо с ними считаться. Они все-таки ближе к земле.

— Да, они ближе — это верно.

— Вот пункт второй — это типичная пьеса — «Тягловая сила». Тут чувствуется что-то драматургическое. «Меньше нагруженности зимой, мобилизация кормов». МХАТ! Метерлинк! Пять актов с соевым апофеозом!

— Чувствуется-то оно чувствуется. Но люди просят сценку, а не драму. Ведь они знают, что надо деревне. Они ближе к земле.

— Да. Плохо. Они ближе. А мы дальше.

— Может, напишем обозрение по пункту третьему? Название, как в циркуляре — «Тракторы». Да и акты уже размечены, ничего не надо придумывать. Акт первый — «Заблаговременный ремонт». Акт второй — «Запасные части». Акт третий — «Горючее и смазка».

— А не лучше ли сдавать из этого водяную пантомиму? Не придется писать диалоги, не так совестно будет. А? Ей-богу, сделаем водяную!

Незаметно для самих себя авторы (еще полчаса назад честные и голубоглазые) заговорили ужасающим языком халтурщиков. А еще немножко позже, хихикая и радуясь тому, что дело можно будет сварганить не в пятнадцать дней, а в полчаса, они налегли на пункт четвертый, любезно предложенный редакцией «Самодеятельного искусства» — «Общественное питание, бронь продуктов к севу (куплеты)».

Заготовил Митька бронь,
Митька бронь,
Митька бронь,
Будет сыт у Митьки конь,
Митькин конь,
Митькин конь.

— Теперь давай отрицательного типа!

— Вот это правильно. После положительного полагается отрицательный.

— А не наоборот? Кажется, после отрицательного положительный?

— Все равно. Если им понадобится, они переставят. Они ближе к земле.

Не готов Егорка к севу,
Не подвез продуктов к хлеву,

Зацепился за овин —
Бронь рассыпал, сукин сын.

Дело ладилось. Сейчас даже пьеса «Семена, зерно, карто-фель» не казалась уже такой туманной, как раньше. А «Тягло-вая сила» так и просилась в сценку.

Авторы на глазах превращались в труху.

Уже почти готов был высококачественный репертуар для деревни, как вдруг они остолбенело уставились друг на друга и, не сговариваясь, изорвали в клочки бронь-куплеты. Потом, также не услащиваясь, потянулись к змей-искусительному плану и снова стали в него вчитываться.

Нет! Все верно. Официальное учреждение в документе, напечатанном на папиросной бумаге, предлагало срочно из-готовить халтуру, ибо что же другое можно написать в штурмовой срок на тему: «Годовой производственный план. Производственные совещания между колхозами, реальный документ борьбы за урожай, севооборот и расстановка рабо-чей силы».

Решительно можно сказать, что на этом месте письмо теря-ет значение интимной черты из быта авторов. Оно делается го-раздо серьезнее. Это сигнал бедствия в литературе.

По всему городу бродят старушки с разносными книгами. Они взбираются на этажи и с полупоклонами вручают литера-торам ведомственные циркуляры, долженствующие вызвать расцвет отечественного искусства.

Кто может поручиться, что не сидит уже за колеблющими-ся фанерными стенками своего кабинета какой-нибудь чемпи-он-администратор среднего веса и не сочиняет гадкий мемо-рандум:

«Писатель, стоп! Комсомол ждет высококачественного ре-пертуара. Штурмуй молодежную тематику! Срок сдачи мате-риала — двадцать четыре часа.

План:

1. За многомиллионный комсомол (балет).

2. Вопросы членства и уплата взносов (опера).

3. Освоение культнаследства прошлого (куплеты).

4. Организационная схема взаимоотношений обкомов ВЛКСМ с райкомами ВЛКСМ (скетч на десять минут)».

И куплет, в котором организованный Лешка усвоил наследие, а недопереварившийся в котле Мотька такового недоусвоил, будет изготовлен в аварийном порядке не в двадцать четыре часа, а в три минуты, потому что этим путем халтура легализуется, поощряется и даже пламенно приветствуется.

И плетутся по городу старушки, кряхтя, поднимаются они на этажи, двери перед ними распахнуты, уже готовы перья и пишущие машинки, и чадные ведомственные розы расцветают в садах советской литературы.

1933

КАБИНЕТ ВОСКОВЫХ ФИГУР,
или В КРАЮ НЕПУГАНЫХ ИДИОТОВ

ПРИЗРАК-ЛЮБИТЕЛЬ

В акционерном обществе «Насосы» создалось напряженное положение. Говорили только о чистке, рассказывали пугающие истории из практики бывших ранее чисток и вообще волновались свыше меры.

Незаметно насосовцы перешли на страшные рассказы. Инструктор из отдела поршней, товарищ Быдто-Стерегущий, поведал обществу грустный случай. Ему, Быдто-Стерегущему, в молодости явился призрак покойного деда. Призрак размахивал руками и призывал на племянника кары небесные.

Быдто-Стерегущего осмеяли, и он сознался, что призрак этот явился, собственно говоря, не ему лично, а одному очень хорошему знакомому, которому верить можно безусловно. Все же разговор о выходцах с того света продолжался. Все насосовцы оказались сознательными и с презрением отметали даже самую мысль о возможности явления призраков в наше трезвое материалистическое время.

Заклейменный всеми, Быдто-Стерегущий отмежевался от своего рассказа и уже собирался было удалиться в свой отдел поршней, когда внезапно заговорил Культуртригер, старый работник отдела шлангов.

— Легко сказать, — заметил он, — а призрак такая вещь, что душу леденит.

— Стыдно, товарищ Культуртригер! — закричали все. — Стыдно и глупо верить в привидения.

— Да, если бы мне в руки попался призрак, — сказал товарищ Галерейский, — уж я бы ему...

И Галерейский самодовольно улыбнулся.

— Чудес на свете нет, — сказали два брата, работавшие в обществе «Насосы» под разными фамилиями — Лев Рубашкин и Ян Скамейкин. — Чудес на свете нет, а гением творения их является человек.

— Материалистам призрак нипочем, — подтвердил Галерейский. — Тем более мне как марксисту.

— Может быть, — тихо сказал дряхлый Культуртригер. — Все может быть. На свете много загадочного и непостижимого.

— Высадят вас на чистке по второй категории, тогда будете знать, как мистику разводить при исполнении служебных обязанностей, — сказал Лев Рубашкин.

— Гнать таких стариков надо, — поддержал Ян Скамейкин, поглядывая на своего брата Рубашкина.

На этом разговор кончился.

На другой день в акционерном обществе «Насосы» появилось привидение. Оно вышло из уборной и медленным шагом двинулось по длинному темному коридору.

Это было обыкновенное, пошленькое привидение во всем белом, с косой в правой руке. Привидение явно шло вровень с веком, потому что в левой руке держало вместо песочных часов новенький будильник.

Спугнув проходившую машинистку, которая с визгом умчалась, привидение вошло в кабинет товарища Галерейского.

— Вам чего, товарищ? — спросил Галерейский, не поднимая головы.

Привидение заворчало. Галерейский глянул и обомлел.

— Кто? Что? — завопил он, опрокинув стул и прижавшись к стене.

Привидение взмахнуло косой, словно собираясь в корне подсечь молодую жизнь своей жертвы. Галерейский не стал терять ни минуты. Он бросился к конторскому шкафу, всхлипывая, вполз туда и заперся на ключ. Призрак нагло постучал в дверцу шкафа, после чего изнутри донесся истерический крик.

— Тоже, материалист! — озабоченно сказало привидение, переходя в следующую комнату, где сидел ничего не подозревавший Быдто-Стерегущий.

Стерегущий сразу упал, как сбитая шаром кегля, громко стукнувшись головой об пол. Привидение с презрением пихнуло его ногой и, тихо смеясь, вышло в коридор.

В отделе шлангов Лев Рубашкин и Ян Скамейкин невинно развлекались игрою в шашки.

— У-лю-лю! — негромко сказало привидение, вваливаясь в отдел, треща будильником и как бы подчеркивая этим, что дни братьев сочтены.

— Мама! — сказал Лев Рубашкин шепотом и выпрыгнул в окно.

Ян Скамейкин ничего не сказал. Он свалился под стол, лязгая зубами, как собака.

Дальнейшая работа привидения дала поразительные результаты.

Из шестидесяти насосовцев:

Испытали ужас — тридцать шесть.

Упали в обморок — восемь.

Заболели нервным тиком — девять.

Остальные отделались легким испугом. Галерейский совершенно поседел, Быдто-Стерегущий взял бюллетень, Рубашкин при падении со второго этажа вывихнул руку, а Скамейкин помешался в уме и целую неделю после этого на всех бумагах ставил подпись вверх ногами.

На чистке все сидели молча и слушали биографию Галерейского.

— Все это хорошо, — сказал с места старый Культуртригер. — Но какой же товарищ Галерейский материалист, ежели он привидения убоялся? Гнать таких надо по второй категории. И даже по первой. Какой же он, товарищи, марксист?

— Это клевета! — закричал Галерейский.

— А кто в шкафу прятался? — ехидно спросил Культуртригер. — Кто поседел от страха? У меня про всех записано.

Старик вынул записную книжку и стал читать.

— Вел себя также недостойно материалиста Лев Рубашкин, каковой при виде призрака выпрыгнул в окно. А еще считается общественным работником. А равно и товарищ Скамейкин. Ноги мне целовал от ужаса. У меня все записано.

Культуртригер схватил председателя комиссии за рукав и, брызгая слюной, стал быстро изобличать насосовцев в мистике.

1929

ПОД ЗНАКОМ РЫБ И МЕРКУРИЯ

Иван Антонович Филиппиков, сотрудник Палаты мер и весов, очень любил свое учреждение. Он хотел бы даже, чтобы Палате принадлежала высшая власть в стране. Уж очень ему нравилась Палата, существующий в ней порядок, блестящие цилиндрические гири, метры и литры, одним видом говорящие о точности и аккуратности.

В таких приятных мыслях гражданин Филиппиков прогуливался однажды по городу.

Подойдя к оживленному перекрестку, Иван Антонович увидел плакат:

> ПЕРЕХОДЯ УЛИЦУ,
> ОГЛЯНИСЬ ПО СТОРОНАМ

Для пущей внушительности на плакате был изображен милиционер с улыбкой манекена и с красной палкой в руке.

Иван Антонович добросовестно кинул взгляд на запад. Потом глянул на восток. Потом покосился на юг и, наконец, повернулся к северу. И на севере, у магазина наглядных пособий, где веселые скелеты обменивались дружественными рукопожатиями, он увидел мальчика, на плече которого сидел попугай.

— Грияждане, — скучным голосом говорил мальчик, — американский попугай-прорицатель Гаврюшка докладает тайны прошедшего, настоящего и будущего. Пакет со счастьем — десять копеек!

Попугай-прорицатель строго смотрел на Филиппикова.

«Разве в виде шутки попробовать!» — сказал себе Иван Антонович.

И уже через минуту вестник счастья с ворчаньем вручил ему розовый конверт.

Иван Антонович надел очки и вынул из конверта предсказание своей судьбы.

«Вы родились, — прочел он, — под знаком Рыб и Меркурия. Вы испытали много превратностей, но не теряйте мужества. Судьба вам будет благоприятствовать. Скоро вы получите приятное известие. Счастье и выгоды в изобилии выпадут на вашу долю. Вы получите большие имения, которые вам будут приносить большие доходы. Оракул предвещает вам, что ваша жизнь будет цепью счастливых дней».

— Оракул! — с удовольствием произнес Филиппиков. — Оракул! Моя жизнь будет цепью счастливых дней. Скоро я получу приятное известие.

Лучезарно улыбаясь, Иван Антонович поглядел на витрину магазина наглядных пособий, где рядами возлежали лошадиные черепа, и поплелся домой.

— Слышишь, Агния, — сказал он жене, — наша жизнь будет цепью счастливых дней.

— Почему цепью? — испуганно спросила жена.

— Да вот оракул сказал, Агнесса.

И гражданин Филиппиков, член многих добровольных обществ, передал своей жене, гражданке Филиппиковой, пакет со счастьем.

Агнессу ничуть не смутило то, что ее дорогой муж родился под знаком Рыб и Меркурия. Она любила Ивана Антоновича и никогда не сомневалась в том, что он родился именно под этими знаками.

Но с практичностью домашней хозяйки она обратила все свое внимание на фразу, сулящую непосредственные реальные блага.

«Вы получите большие имения, которые принесут вам большие доходы».

— Вот хорошо, — сказала Агния. — Большие имения! Большие доходы! Как приятно!

До самого вечера Иван Антонович почему-то чувствовал себя скверно, а за ужином не вытерпел и сказал жене:

— Знаешь, Агнесса, мне не нравится... то есть не то чтоб не нравится, а как-то странно. Какие же могут быть теперь имения, а тем более доходы с них? Ведь время-то теперь советское.

— Что ты, — сказала жена. — Я уже забыть успела, а ты все про своего оракула.

Однако ночь Филиппиков провел дурно. Он часто вставал, пил воду и смотрел на розовый листок с предсказанием. Нет, все было в порядке, по новой орфографии. Листок, несомненно, был отпечатан в советское время.

— Какое же имение? — бормотал он. — Совхоз, может быть? Но за доходы с совхоза мне не поздоровится. Хороша же будет эта цепь счастливых дней, нечего сказать.

А под утро приснился Ивану Антоновичу страшный сон. Он сидел в полосатом архалуке и дворянской фуражке на веранде помещичьего дома. Сидел и знал, что его с минуты на минуту должны сжечь мужики. Уже розовым огнем полыхали псарня и птичий двор, когда Филиппиков проснулся.

На службе, в Палате мер и весов, Иван Антонович чувствовал себя ужасно, не подымал головы от бумаг и ни с кем не беседовал.

Прошло две недели, прежде чем Филиппиков оправился от потрясения, вызванного предсказанием попугая Гаврюшки.

Так радикально изменилось представление о счастье. То, что в 1913 году казалось верхом благополучия (большие имения, большие доходы), теперь представляется ужасным (помещик, рантье).

Оракул, несмотря на свою новую орфографию, безбожно отстал от века и зря только пугает мирных советских граждан.

1929

АВКСЕНТИЙ ФИЛОСОПУЛО

Необъяснима была энергия, с которой ответственный работник товарищ Филосопуло посещал многочисленные заседания, совещания, летучие собеседования и прочие виды групповых работ.

Ежедневно не менее десяти раз перебегал Филосопуло с одного заседания на другое с торопливостью стрелка, делающего перебежку под неприятельским огнем.

— Лечу, лечу, — бормотал он, вскакивая на подножку автобуса и рукой посылая знакомому воздушное «пока».

— Лечу! Дела! Заседание! Сверхсрочное!

«Побольше бы нам таких! — радостно думал знакомый. — Таких бодрых, смелых и юных душой!»

И действительно, Филосопуло был юн душой, хотя и несколько тучен телом. Живот у него был, как ядро, вроде тех ядер, какими севастопольские комендоры палили по англо-французским ложементам в Крымскую кампанию. Было совершенно непостижимо, как он умудряется всюду поспевать. Он даже ездил на заседания в ближайшие уездные города.

Но как это ни печально, весь его заседательский пыл объяснялся самым прозаическим образом. Авксентий Пантелеевич Философуло ходил на заседания, чтобы покушать. Покушать за счет учреждений.

— Что? Началось уже? — спрашивал он курьера, взбегая по лестнице. — А-а! Очень хорошо!

Он протискивался в зал заседания, где уже за темно-зеленой экзаменационной скатертью виднелись бледные от табака лица заседающих.

— Привет! Привет! — говорил он, хватая со стола бутерброд с красной икрой. — Прекрасно! Вполне согласен. Поддерживаю предложение Ивана Семеновича.

Он пережевывал еду, вытаращив глаза и порывисто двигая моржовыми усами.

— Что? — кричал он, разинув пасть, из которой сыпались крошки пирожного. — Что? Мое мнение? Вполне поддерживаю.

Наевшись до одурения и выпив восемь стаканов чая, он сладко дремал. Длительная практика научила его спать так, что храп и присвист казались окружающим словами: «Верно! Хр-р... Поддерживаю! Хр-р... Пр-р-равильно! Хр-р... Иван Семеныча... Хр-р-кх-х-х...»

Неожиданно разбуженный громкими голосами спорящих, Философуло раскрывал блестящие черные глаза, выхватывал из жилета карманные часы и испуганно говорил:

— Лечу! Лечу' У меня в пять комиссия по выявлению остатков. Уж вы тут без меня дозаседайте! Привет!

И Авксентий Пантелеевич устремлялся в комиссию по выявлению. Он очень любил эту комиссию, потому что там подавали бутерброды с печеночной колбасой.

Управившись с колбасой и вполне оценив ее печеночные достоинства, Авксентий под прикрытием зонтика перебегал в Утильоснову и с жадностью голодающего принимался за шпроты, которыми благодушные утильосновцы обильно уснащали свои длительные заседания.

Он тонко разбирался в хозяйственных вопросах. На некоторые заседания, где его присутствие было необходимо, он вовсе не ходил. Там давали пустой чай, к тому же без сахара. На другие же, напротив, старался попасть, набивался на приглашение и интриговал. Там, по его сведениям, хорошо кормили. Вечером он делился с женой итогами трудового дня.

— Представь себе, дружок, в директорате большие перемены.

— Председателя сняли? — лениво спрашивала жена.

— Да нет! — досадовал Филосопуло. — Пирожных больше не дают! Сегодня давали бисквиты «Делегатка». Я съел четырнадцать.

— А в этом вашем, в синдикате, — из вежливости интересовалась жена, — все еще пирожки?

— Пирожки! — радостно трубил Авксентий. — Опоздал сегодня. Половину расхватали, черти. Однако штук шесть я успел.

И, удовлетворенный трудовым своим днем, Филосопуло засыпал. И молодецкий храп его по сочетанию звуков походил на скучную служебную фразу: «Выслушав предыдущего оратора, я не могу не отметить...»

Недавно с Авксентием Пантелеевичем стряслось большое несчастье.

Ворвавшись на заседание комиссии по улучшению качества продукции, Филосопуло сел в уголок и сразу же увидел большое аппетитное кольцо так называемой краковской колбасы. Рядом почему-то лежали сплющенная гайка, кривой гвоздь, полуистлевшая катушка ниток и пузырчатое ярко-зеленое ламповое стекло. Но Филосопуло не обратил на это внимания.

— Поддерживаю, — сказал Авксентий, вынимая из кармана перочинный ножик.

Пока говорил докладчик, Филосопуло успел справиться с колбасой.

— И что же мы видим, товарищи! — воскликнул оратор. — По линии колбасы у нас не всегда благополучно. Не все, не все, товарищи, благополучно. Возьмем, к примеру, эту совершенно гнилую колбасу. Колбасу, товарищи... Где-то тут была колбаса...

Все посмотрели на край стола, но вместо колбасного кольца там лежал только жалкий веревочный хвостик.

Прежде чем успели выяснить, куда девалась колбаса, Филосопуло задергался и захрипел.

На этот раз его храп отнюдь не походил на обычное «согласен, поддерживаю», а скорее на «караул! доктора!».

Но спасти Филосопуло не удалось.

Авксентий в тот же день умер в страшных мучениях.

1929

ДУША ВОН

Вечером на прохладной улице один гражданин бьет другого гражданина.

Гражданин, которого бьют, недоволен.

— Убивают! — кричит он, растерянно поглядывая по сторонам.

Гражданин, который бьет, тоже недоволен.

— Что ж ты кричишь? — спрашивает он, нанося последующие удары. — Не кричи, а то душу выну.

Второй гражданин, оказавшийся в затруднительном положении (будет кричать — убьют, не будет кричать — тоже убьют), подымает отчаянный визг.

Собирается большая, меланхоличная толпа и молча смотрит.

— Спасите! — надрывается жертва.

Толпа безмолвствует.

Ободренный общим молчанием, хулиган приводит в исполнение свою угрозу — начинает вынимать из «другого гражданина» душу.

Душа покидает свое место со стонами и криками.

— Что ж вы стоите, черти! — верещит душа. — Не видите, человека убивают?!

Толпа отлично видит.

Но на всякий случай молчит.

— Зачем впутываться не в свое дело! — бормочут в толпе.

Процесс вынимания души длится до прихода милиционера.

Тут толпа проявляет необыкновенное оживление Все разбегаются. Не то еще в свидетели возьмут.

Из милиции хулигана отпускают через полчаса. Свидетелей нет. И кто кого бил, понять невозможно.

На другой вечер хулиган ловкими движениями вынимает душу из следующего гражданина.

Вечером в прохладном помещении клуба идет заседание по чистке большого финансового учреждения. Один товарищ, стоящий перед столом, забивает баки другому товарищу, сидящему за столом.

Товарищ, которому забивают баки, недоволен.

— То, что вы отмежевались от своих родителей, мне известно, — говорит он, — и это не так важно. Расскажите нам, как вы работаете!

Товарищ, который забивает баки, тоже недоволен.

— Так вот и работаю, — говорит он обиженно, — работаю, можно сказать, не покладая рук, как полагается!

— Все это общие фразы, — морщится товарищ за столом. — Вы введите нас в курс своей работы.

Большая меланхоличная толпа сидит на скамьях и молчит.

— Кто хочет высказаться, товарищи?

Толпа безмолвствует.

Ободренный общим молчанием, первый товарищ начинает выматывать душу у председателя. Он уныло бубнит о своих общественных заслугах: организация кружка мандолинистов и одна стенгазетовская заметка «Почему чай подается без сахара?».

— Что же вы молчите, товарищи? — кричит председатель, обращаясь к толпе. — Разве вы не знаете, что это бюрократ?

Толпа отлично знает.

Но молчит. На всякий случай.

— Зачем впутываться не в свои дела! — бормочут на задних скамьях.

Мало-помалу все расходятся.

Бюрократ остается на службе.

И на следующее утро он лениво глотает чай, умышленно не глядя за перегородку, где уже полтора часа топчутся растерянные посетители.

1929

КАПРИЗ АРТИСТА

Однажды, проснувшись рано утром, товарищ Сорокин-Белобокин понял, что весна вступила в свои права. По небу катились сдобные облака. Пели птицы.

«Мы, — подумал Сорокин-Белобокин, — молодой весны гонцы». Он почувствовал, что этот день прекраснее прочих и что его необходимо как-нибудь отметить.

Обычно Сорокин-Белобокин и летом и зимой носил одну и ту же черную волосатую кепку. Но в этот раз кепка, тяжелая, как подкова, внушала ему отвращение. Число головных уборов в гардеробе товарища Сорокина было невелико — упомянутая кепка и оставшийся после дедушки-артиста новый вороной котелок.

И сам черт дернул Белобокина в первый весенний день надеть этот странный и даже неприличный в наши дни головной убор.

День был так хорош, что трамвайные пассажиры не кусали друг друга, как обычно, а напротив — обменивались улыбками.

И путешествие «гонца весны» к месту службы прошло вполне благополучно, если не считать радостного замечания одного из пассажиров:

— Давить надо таких гадов в котелках!

Тем не менее товарищ Сорокин-Белобокин умудрился донести к месту службы чашу весенней радости, почти не расплескав ее.

— Здравствуйте, товарищи! — крикнул Сорокин-Белобокин звонким, майским голосом, входя в секцию брючного кризиса, в коей служил.

И странно, сослуживцы, которые обычно отвечали ему добрыми восклицаниями, как-то замедлили с ответом.

— Весна-то какая! — сказал Сорокин.

На это также не последовало ответа. Все служащие расширенными глазами смотрели на котелок.

— Что случилось? — спросил Сорокин-Белобокин с тревогой в голосе. — Почему вы все молчите?

И тут он увидел на стене плакат о чистке, на котором с волнующей краткостью было написано:

ВОН ИЗ АППАРАТА
героев 20-го числа
головотяпов и головотяпок

— Как? Разве уже началось? — пробормотал Сорокин и, притихший, уселся за стол.

Поводив несколько минут карандашом по бумаге, он не выдержал и обратился к деловоду Носкевичу:

— Прямо умора какая-то. Открываю я сегодня утром гардероб и вижу — котелок висит, — остался от дедушки-артиста. Что за черт? Отличный венский котелок на белой шелковой подкладке. Я и надел. Ничего плохого тут нет.

— Да, — сказал деловод Носкевич, ни к кому не обращаясь, — а был еще и такой случай. Юрисконсульта одного, Пружанского, вычистили по второй. За ревность, за чванство и за бюрократизм. Одним словом, за старый быт.

— И правильно, — сказал Сорокин-Белобокин, — за бюрократизм следует гнать. Но при чем тут котелок, товарищи? Если уж на то пошло, то мой дедушка играл главным образом для народа, в садах трезвости. А котелок, что ж, котелок — каприз артиста, веяние эпохи. Не больше.

— Каприз артиста! — завизжал Носкевич. — Плакат вы видите — «Вон героев двадцатого числа»? И ведь плакат в нашей комнате повесили недаром. Вот нас восемь человек. Значит, есть среди нас герой двадцатого числа. Кто же этот герой? Я, например, котелков не ношу.

— И я не ношу! — быстро сказала девушка Заикина.

— Никто из нас не носит!

Сорокин-Белобокин обомлел. Вороной котелок лежал на его столе как вещественное доказательство неблагонадежности.

— Это же голословное обвинение, — сказал Сорокин-Белобокин плачущим голосом. — Вы все меня знаете. Какой же я герой двадцатого числа? Тем более что и жалованье мы получаем первого и пятнадцатого.

— Чужая душа — потемки! — угрожающе сказал Носкевич. — Ходят тут всякие в котелках.

Сорокин-Белобокин не выдержал и, схватив котелок, кинулся в местком.

190

— Вот котелок, — крикнул он, — возьмите в культфонд! Может, для драмкружка пригодится.

Котелок взяли. Домой товарищ Сорокин-Белобокин шел без шапки. Он счастливо улыбался.

1930

ШКУРЫ БАРАБАННЫЕ

Тревожная весть пронеслась по служебным комнатам обширной конторы, ведающей учетом и распределением «дедушкина кваса». Сотрудники «Дедкваса» скоплялись группами по три и четыре человека, что само по себе уже указывало на крайнее неблагополучие в конторе.

— Скатывается! — грустно шептались отдельные сотрудники «Дедкваса».

— Сползает! — испуганно бормотали в группах.

— Скатывается на рельсы делячества! — говорил старый дедквасовец Выводов.

— Сползает в болото оппортунизма! — хныкал сотрудник Распопов.

— Он нас всех погубит, — откровенно сказала женщина-архивариус. — Я знаю по опыту. Года четыре тому назад был уже у нас прецедент. Начальником конторы служил тогда один партийный товарищ. За ним все держались, как за каменной стеной, а он возьми и разложись.

— И что же? — наивно спросил Выводов.

— А как вы думаете? — с горечью сказала женщина-архивариус. — Его куда-то бросили. Я уцелела только потому, что была в то время беременна и меня нельзя было уволить по кодексу.

Из этого рассказа дедквасовцы быстро уяснили себе участь всех прочих сотрудников, кои не находились в то время в интересном положении.

— И затем была чистка с песочком? — спросил Распопов, дрожа всем телом.

— С наждаком! — грубо ответила женщина-архивариус, уходя к себе в подвал.

Все увидели ее сильно расширенную талию.

— Ей хорошо! — молвил Выводов. — Ее и сейчас нельзя будет уволить. Кодекс не допустит. Но что будет с нами? Скатывается наш любимый начальник, сползает, собака. И это нас погубит. Он полетит — и мы полетим.

— А у меня жена, у меня кредит на мебель, — сказал Распопов, —долги у меня.

И все смолкли в немом отчаянии.

Положение дедквасовцев было весьма щекотливым. Время было бурное — любой мог пострадать. Взволновавшую дедквасовцев весть разнес курьер.

— Заглядываю я вчера в кабинет, а он, товарищ Избаченков, сидит в креслице, и глаза у него бегают. Ну, думаю, так и есть. Впал. И, конечно, в разложение. Я их много видел. Которые в креслице сидят и в глаза не смотрят, те, конечно, в разложение впадают.

Отборные дедквасовцы, цепко державшиеся за товарища Избаченкова, понимали, что если выставят начальника, то и любимым подчиненным дышать недолго.

— Его нужно упредить, — сказал наконец Распопов. — Повлиять на него. Что за безобразие — заниматься делячеством! Ему что? Перебросят. А нам куда идти? Где мы такую кормушку найдем?

— Как на него повлиять? — вопрошал Выводов. — Ведь я политически слабограмотный. Надо спасти его от идеологических шатаний.

— Он должен признать свои ошибки, — сказал Распопов, тяжело дыша.

— Свои принципиальные ошибки, — поправил его Выводов.

И оба они осторожно пробрались в кабинет любимого шефа.

Избаченков сидел перед американским шкафом, за стеклами которого церковным золотом мерцали корешки энциклопедического словаря, и работал. У самого его лица блистали полированные черные уши телефонных трубок.

— Здравствуйте, товарищ Избаченков, — решительно сказал Выводов. — Как вы себя чувствуете?

— Да так себе. Неважно, — ответил шеф. — Присядьте пока.

— Ах, товарищ Избаченков, — продолжал Выводов, — я только что видел одного делягу. У него был такой идеологически опустошенный вид, что просто жалко было на него смотреть. Несчастные люди.

Избаченков поднял голову.

— Вот как, — сказал он. — Интересно!

— Да, — хорохорился Выводов, — история безжалостно ломает всех несогласных с нею.

— Вы сами подумайте, — подхватил Распопов, — остаться за бортом жизни! Все живут, работают, а ты сидишь где-то в углу со вскрытыми корнями, и всем противно на тебя смотреть.

— Да, да, — горячился Выводов, — кошмар! Главное, ты сбит с идеологических позиций. Моральное состояние ужасное. Чувствуешь себя каким-то изгоем. И надо вам сказать всю правду. Вы меня извините, товарищ Избаченков, но нет пророка в своем отечестве, ей-богу, нет пророка.

— Зачем же быть пророком? — взмолился Распопов. — Товарищ Избаченков, не будьте пророком! Мы — старые служащие, мы знаем, чем кончаются все эти штуки.

— Позвольте, в чем дело? — изумился Избаченков. — Что это вы там бормочете? Кто морально опустошен? Какие такие пророки?

Выводов толкнул локтем Распопова и, сильно побледнев, пропел:

— Товарищ Избаченков, мы вас очень просим... Мы люди семейные. У Распопова кредит на мебель. На улице мороз. Не губите! Не разлагайтесь под влиянием мещанского окружения...

— Ничего не понимаю, — сказал Избаченков.

— Ради детей... Берегите свою партийную репутацию.

— Почему же партийную? — спросил Избаченков, улыбаясь. — Вы, вероятно, хотели сказать — беспартийную?

— Не шутите с огнем! — закричал Выводов. — Вас уже вычистили? Тогда вам нужно немедленно покаяться.

— Да меня не вычистили. Я — старый беспартийный. Неужели вы не видели, что меня никогда нет на ячейке?

— Мы думали, что вы приписаны к другому предприятию, — закричал Распопов, почуяв совершенно новую ситуацию. — Это меняет дело!

А старый Выводов, трясясь от счастливого смеха, подошел к беспартийному начальнику и прошептал:

— В таком случае я вам расскажу такой анекдот про одного еврея — сдохнете!

Гроза, нависшая над «Дедквасом», миновала.

1930

ДОВЕСОК К БУКВЕ «Щ»

Во вкусовом комбинате «Щи да каша» никто так ничего и не узнал о замечательном событии, происшедшем в стенах этого почтенного пищевого учреждения.

Глава «Щей да каши» товарищ Аматорский, оказавшийся виновником происшедшего, засекретил все до последней степени. Не быть ему, Аматорскому, главою учреждения, если какой-нибудь злой контрольный орган пронюхает о совершившемся.

У Аматорского были самые благие намерения. Хотелось ему одним взмахом определить способности своих подчиненных, выделить способных и оттеснить на низшие ступени служебной лестницы глупых и нерадивых.

Но как в массе служащих отыщешь способных? Все сидят, все пишут, все в мышиных толстовках.

Однажды, прогуливаясь в летнем саду «Террариум», товарищ Аматорский остановился у столика, где под табличкой «Разоблачитель чудес и суеверий, графолог И. М. Кошкин-Эриванский» сидел волосатый молодой человек в очках с сиреневыми стеклами и определял способности граждан по почерку.

Помедлив некоторое время, товарищ Аматорский своим нормальным почерком написал на клочке бумаги:

«Тов. Кошк.-Эриванскому. На заключение».

Когда графолог получил эту бумажку, глаза его под сиреневыми стеклами засверкали. Определить характер Аматорского оказалось пустяковым делом.

Через пять минут глава «Щей да каши» читал о себе такие строки:

194

«Вы, несомненно, заведуете отделом, а вернее всего, являетесь главою большого учреждения. Особенности вашего почерка позволяют заключить, что вы обладаете блестящими организаторскими способностями и ведете ваше учреждение по пути процветания. Вам предстоит огромная будущность».

— Ведь до чего верно написано! — прошептал товарищ Аматорский. — Какое тонкое знание людей! Насквозь проницает, собака. Вот кто мне нужен. Вот кто поможет мне определить способности щи-да-кашинцев!

И Аматорский пригласил И. М. Кошкина-Эриванского к себе в учреждение, где задал ему работу. Кошкин должен был определить по почерку служащих, кто к чему способен. Расходы (по полтиннику за характеристику) были отнесены за счет ассигнований на рационализацию.

Три дня и три ночи корпел И. М. Кошкин-Эриванский над почерками ничего не подозревавших служащих. И, совершив этот грандиозный труд, он открыл перед товарищем Аматорским книгу судеб.

Все раскрылось перед начальником ЩДК.

Добрый Кошкин-Эриванский никого не «закопал». Большинство служащих, по определению разоблачителя чудес и суеверий, были людьми хотя и средних способностей, но трудолюбивыми и положительными. Лишь некоторые внушали опасение («Способности к живописи», «Наклонность к стихам», «Будущность полководца»).

И один лишь самый мелкий служащий — Кипяткевич получил триумфальный отзыв. По мнению Эриванского, это был выдающийся человек.

«Трудно даже представить себе, — писал Кошкин каллиграфическим почерком, — каких вершин может достигнуть данный субъект. Острый, проницательный ум, ум чисто административный характеризует этого индивидуума. Оригинальный наклон букв свидетельствует о бескорыстии. Довесок к букве «щ» говорит о необыкновенной работоспособности, а завиток, сопровождающий букву «в», — о воле к победе. Нельзя не ждать от этого индивидуума крупных шагов по службе».

Когда Кошкин-Эриванский покидал гостеприимное ЩДК, на лестнице его догнал Кипяткевич и спросил:

— Ну как?

— Такое написал, — ответил Кошкин, — что пальчики об-
лижешь.

Кипяткевич вынул кошелек и честно выдал разоблачителю
чудес и суеверий обусловленные пять рублей.

Немедленно вслед за этим Кипяткевича позвали в кабинет
самого Аматорского.

Кипяткевич бежал в кабинет весело, справедливо ожидая
отличия, повышения и награды.

Из кабинета он вышел, шатаясь. Аматорский почему-то
распек его и пообещал уволить, если он не исправится.

Прочтя о гениальном индивидууме с необыкновенным дове-
ском к букве «щ», Аматорский очень обрадовался. Наконец-то
он сыскал змею, которая таилась в недрах учреждения и могла когда-нибудь занять его место.

«Теперь, — сказал он самому себе, — и в отпуск можно
ехать спокойно. Прищемил гада!»

1930

ОБЫКНОВЕННЫЙ ИКС

О несправедливости судьбы лучше всех на свете знал Виталий
Капитулов.

Несмотря на молодые сравнительно годы, Виталий был лы-
соват. Уже в этом он замечал какое-то несправедливое к себе
отношение.

— У нас всегда так, — говорил он, горько усмехаясь. — Не
умеют у нас беречь людей. Довели культурную единицу до лысины. Живи я спокойно, разве ж у меня была бы лысина? Да я
же был бы страшно волосатый!

И никто не удивлялся этим словам. Все привыкли к тому,
что Виталий вечно жаловался на окружающих.

Утром, встав с постели после крепкого десятичасового сна,
Виталий говорил жене:

— Удивительно, как это у нас не умеют ценить людей, просто не умеют бережно относиться к человеку. Не умеют и не
хотят!

— Ладно, ладно, — отвечала жена.

196

— И ты такая же, как все. Не даешь мне договорить, развить свою мысль. Вчера Огородниковы до одиннадцати жарили на гармошке и совершенно меня измучили. Ну конечно, пока жив человек, на него никто внимания не обращает. Вот когда умру, тогда поймут, какого человека потеряли, какую культурную единицу не уберегли!

— Не говори так, Виталий, — вздыхала жена. — Не надо.

— Умру, умру, — настаивал Капитулов. — И тогда те же Огородниковы будут говорить: «Не уберегли мы Капитулова, замучили мы его своей гармошкой, горе нам!» И ты скажешь: «Не уберегла мужа, горе мне!»

Жена плакала и клялась, что убережет. Но Виталий не верил.

— Люди — звери, — говорил он, — и ты тоже. Вот сейчас ты уже испугалась ответственности и навязываешь мне на шею свой шарф. А вчера небось не навязывала, не хотела меня уберечь от простуды. Что ж, люди всегда так. Простужусь и умру. Только и всего. В крематории только поймут, что, собственно говоря, произошло, какую силу в печь опускают. Ну, я пошел!.. Да не плачь, пожалуйста, не расстраивай ты мою нервную систему.

Рассыпая по сторонам сильные удары, Капитулов взбирался на трамвайную площадку первым. Навалившись тяжелым драповым задом на юную гражданку, успевшую захватить место на скамье, Виталий сухо замечал:

— Какая дикость! Средневековье! И таким вот образом меня терзают каждый день.

Замечание производило обычный эффект: вагон затихал, и все головы поворачивались к Виталию.

— Люди — звери, — продолжал он печально. — Вот так в один прекрасный день выберусь из трамвая и умру. Или даже еще проще — умру прямо в вагоне. Кто я сейчас для вас, граждане? Пассажир. Обыкновенный икс, которого можно заставлять часами стоять в переполненном проходе. Не умеют у нас беречь людей, этот живой материал для выполнения пятилетки в четыре и даже в три с половиной года. А вот когда свалюсь здесь, в проходе, бездыханный, тогда небось полвагона освободят. Ложитесь, мол, гражданин. Найдется тогда место. А сейчас приходится стоять из последних сил.

Тут обыкновенно юная гражданка багровела и поспешно вскакивала:

— Садитесь, пожалуйста, на мое место.

— И сяду, — с достоинством отвечал Капитулов.— Спасибо, мой юный друг.

Добившись своего, Капитулов немедленно разворачивал «Известия» и читал похоронные объявления, время от времени крича на весь вагон:

— Вот полюбуйтесь! Еще один сгорел на работе. «Местком и администрация с глубокой скорбью извещают о преждевременной смерти...» Не уберегли, не доглядели. Теперь объявлениями не поможешь!..

Прибыв на место службы и грустно поздоровавшись, Капитулов садился и с глубоким вздохом поднимал штору шведского стола.

— Что-то Виталий сегодня бледнее обыкновенного, — шептали служащие друг другу, — ведь его беречь надо.

— В самом деле, у нас такое хамское отношение к людям, что только диву даешься.

— Вчера мне Виталий жаловался. Столько, говорит, работы навалили, что не надеется долго прожить. Ну, я по человечеству, конечно, пожалел. Взял его работу и сам сделал.

— Как бы не умер, в самом деле. А то потом неприятностей не оберешься. Скажут, не уберегли, не доглядели. Просто ужас.

Капитулов задремал над чистой бухгалтерской книгой.

— Тише! — бормотали сослуживцы. — Не надо его беспокоить. Опять он, наверно, всю ночь не спал, соседи гармошкой замучили. Вчера он жаловался. Действительно, люди — типичные звери.

К концу служебного дня Виталий смотрел на календарь и с иронией говорил:

— У нас всегда так. Где же нам догнать и перегнать при таком отношении к людям? Не умеют у нас беречь человека. Видите, опять пятнадцатое число. Нужно отрываться от дела, бежать в кассу, стоять в очереди за жалованьем, терять силы. Вот когда умру, тогда поймут, какого человека потеряли, какую культурную единицу не уберегли...

1930

НА ВОЛОСОК ОТ СМЕРТИ

Теперь как-то не принято работать в одиночку. Многие наконец поняли, что ум — хорошо, а два все-таки лучше. Поэтому, когда редакции серьезного трехдекадника «Кустарь-невропатолог» понадобился художественный очерк о психиатрической больнице, то послали туда не одного журналиста, а сразу двух — Присягина и Девочкина. Поочередно поглядывая на беспокойного Присягина и на круглое, глобусное брюхо Девочкина, секретарь «Неврокустаря» предупреждал:

— Имейте в виду, что это не предприятие какое-нибудь, где вы можете безнаказанно всем надоедать. В больнице имени Титанушкина нужно держаться очень осторожно. Больные, сами понимаете, люди немного нервные, просто сумасшедшие. Среди них много буйных, и раздражаются они очень легко. Не противоречьте им, и все пройдет благополучно.

Сговорившись с секретарем относительно пределов художественности очерка, Девочкин и Присягин немедленно отправились выполнять задание.

На круглой, как тарелка, окраинной площади чета очеркистов справилась у милиционера о дальнейшем пути.

— Прямо, — сказал милиционер, — и налево, в переулок. Там только два больших серых здания. В одном психиатрическая, а в другом учреждение «Силостан». Там спросите.

— Мне страшно, — признался Присягин, когда друзья подходили к серым воротам. — Вдруг они на нас нападут!

— Не нападут, — рассудительно ответил Девочкин. — Ты только не приставай к ним насчет душевных переживаний. Я уже бывал в сумасшедших домах. Ничего страшного, тем более что теперь режим в таких больницах совсем свободный. Сумасшедшим предоставлено право заниматься любимым делом. Я буду тебе все объяснять.

В это время на каменное крылечко ближайшего серого дома с визгом выкатился очень расстроенный гражданин. Шершавым рукавом пиджака он отирал потное лицо.

— Скажите, пожалуйста, — спросил Девочкин, — это сумасшедший дом?

— Что? — закричал гражданин. — Вот это? Конечно, сумасшедший дом.

И, размахивая портфелем, гражданин умчался, что-то каркая себе под нос.

Друзья, бессмысленно покашливая, вступили на цементные плиты вестибюля. Швейцар в глупой фуражке с золотым околышем степенно говорил какой-то женщине с подносом, по-видимому сиделке:

— Новый-то — буен! Как начал сегодня с девяти утра бушевать, так никакого с ним сладу нет. Одно слово — псих. Патрикеев уже к нему и так и этак — и ничего. Уперся на своем. «Всех, говорит, повыгоняю. Начальник я или не начальник?»

— Чай я ему носила, — грустно сказала сиделка, — не пьет. Все пишет. Каракули свои выводит.

— Наверно, опасный экземпляр, — шепнул Присягину опытный Девочкин.

— Может, вернемся? — трусливо пробормотал Присягин.

Девочкин с презрением посмотрел на коллегу и обратился к швейцару:

— У кого можно получить пропуск для осмотра заведения?

— Какой пропуск? — строго сказал золотой околыш. — У нас вход свободный.

— Как видишь, — разглагольствовал Девочкин, когда друзья поднимались по лестнице, — совершенно новая система лечения. Ничто внешне не напоминает сумасшедший дом. Вход свободный. Врачи не носят халатов. И даже больные без халатов. Халат угнетает больного, вызывает у него депрессию.

В первой же комнате очеркисты увидели пожилого сумасшедшего. Он сидел за большим столом и бешено щелкал на окованных медью счетах. При этом он напевал на какой-то церковный мотив странные слова: «Аванс мы удержим, удержим, удержим».

— Этого лучше не трогать, — сказал осторожный Присягин. — Стукнет счетами по башке, а потом ищи с него.

— Ты трус, Вася, — отвечал Девочкин. — Он совсем не буйный. Иначе ему не дали бы счетов. Просто шизофреник.

Но, увидев, что в этой же комнате урна для окурков прикована цепью к стене, сам побледнел и далеко обошел больного.

— Черт их знает! Может, они лупцуют друг друга урнами.

— Очень свободно. Оттого урна и прикована.

Толкаясь в дверях, друзья быстро вывалились из комнаты в длинный коридор. Там сумасшедшие прогуливались парочками, жуя большие бутерброды.

— Это, кажется, тихие, — облегченно сказал Присягин. — Давай послушаем, что они говорят.

— Вряд ли это что-нибудь интересное, — авторитетно молвил Девочкин. — Какое-нибудь расстройство пяточного нерва или ерундовая психостения.

Однако когда до уха Девочкина долетело: «Он из меня все жилы вытянул», то очеркист насторожился и стал внимательно прислушиваться.

— Все жилы, — сказал один больной другому. — Он ко мне придирается. Хочет сжить со свету. А почему — неизвестно. И такая меня охватывает тоска, так хочется подальше из этого сумасшедшего дома. Куда-нибудь на юг, на южный берег...

— Против меня плетутся интриги, — хрипло перебил второй. — Малороссийский хочет меня спихнуть. И каждое утро я слышу, как в коридоре повторяют мою фамилию. Это не зря. Но еще посмотрим, кто кого! Негодяй!

— Обрати внимание, — шепнул Девочкин, — типичный бред преследования.

— Ужас-то какой! — простонал Присягин. — Знаешь, эта обстановка меня гнетет.

— То ли еще будет! — сказал бесстрашный Девочкин. — Войдем в эту палату номер шестнадцать. Там, кажется, сидит только один сумасшедший, и, если он на нас набросится, мы сможем его скрутить.

В большой палате, под плакатом: «Не задавайте лишних вопросов», сидел человек с безумными глазами и в длинной синей толстовке, из кармана которой высовывались какие-то никелированные погремушки.

— Вам кого? — раздражительно крикнул больной.

— Можно у вас узнать... — начал оробевший Девочкин.

— Молчи, —шепнул Присягин, вцепившись в руку своего друга. — Разве ты не видишь, что ему нельзя задавать лишних вопросов?

— Что же вы молчите? — сказал больной, смягчаясь. — Я вас не укущу.

«Это еще не известно, — подумал Девочкин. — Скорее всего, что именно укусишь».

— Да кто же вам нужен наконец? — завизжал сумасшедший. — Если вам нужен начканц, то это я — Патрикеев. Я — начальник канцелярии. Ну-с, я вас слушаю. Садитесь, я вам рад.

— В-ва-ва-ва! — задребезжал Присягин, оглядываясь на дверь.

— Ради бога, не волнуйтесь, — начал Девочкин. — Да, да, вы — начальник канцелярии, прошу вас, успокойтесь.

Однако больной раздражался все больше и больше. Багровея, он начал:

— Если вы пришли к занятому челове…

— Бежим! — крикнул Присягин.

Но тут из соседней палаты, на дверях которой висела стеклянная табличка: «М. Ф. Именинский», раздался леденящий душу крик.

Раскрылась дверь, и из палаты выбежал новый больной.

— Тысячу раз повторял я вам, — кричал он на больного, назвавшегося Патрикеевым, — чтобы машину не давали кому попало. Мне ехать, а машины нет!

— Бежим! — повторил Присягин, увлекая за собой Девочкина.

Их догнал безумный крик:

— Мне на дачу, а машины нет!

Скатившись по лестнице в вестибюль, очеркисты ошалело присели на скамейку.

— Ну и ну! — сказал Присягин, отдуваясь. — Убей меня, во второй раз не пойду в сумасшедший дом. Мы просто были на волосок от смерти.

— Я это знал, — ответил храбрый Девочкин. — Но не хотел говорить тебе об этом, не хотел пугать.

Часы в вестибюле пробили четыре. И сразу же сверху, как стадо бизонов, ринулись больные с портфелями. Сбивая друг друга с ног, они побежали к вешалке.

Девочкин и Присягин в страхе прижались к стене. Когда больные выбежали на улицу, Девочкин перевел дух и сказал:

— На прогулку пошли. Прекрасная постановка дела. Образцовый порядок.

На улице друзья увидели вывеску, на которую они не обратили внимания при входе:

```
СИЛОСТАН
ТРЕСТ СИЛОВЫХ АППАРАТОВ
```

Ввиду того что время было позднее, а очерк о сумасшедшем доме надо было написать сегодня же, друзья честно описали все, что видели, назвав очерк «В мире душевнобольных».

Очерк этот был напечатан в «Невро-кустаре» и очень понравился.

«Как отрадно, — писал в редакцию видный психиатр Титанушкин, — читать очерк, в котором с такой исчерпывающей полнотой и правильностью описаны нравы и повадки душевнобольных».

1930

ВЕСЕЛЯЩАЯСЯ ЕДИНИЦА

Вернемся к лету.

Было такое нежное время в текущем бюджетном году. Был такой волшебный квартал — июнь, июль, август, когда косили траву на московских бульварах, летал перинный пух и в чистом вечернем небе резались наперегонки ласточки.

И, ах, как плохо был проведен этот поэтический отрезок времени!

В одном из столичных парков, где деревья бросали пышную тень на трескучий песок аллей, целое лето висел большой плакат:

«Все на борьбу за здоровое гулянье!»

Но никто здесь не гулял. Деревья праздно бросали свою тень, и ничья пролетарская пята не отпечаталась на отборном аллейном песке.

Здесь не гуляли. Здесь только боролись. Боролись за здоровое гулянье.

Борьба за этот весьма полезный и, очевидно, еще недостаточно освоенный вид отдыха происходила так. С утра идеологи отдыхательного дела залезали в фанерный павильон и, плотно закрыв окна, до самого вечера обсуждали, каким образом следует гулять. Курили при этом, конечно, немыслимо много. И если на лужайке появлялась робкая фигура гуляющего, его тотчас же кооптировали в президиум собрания как представителя от фланирующих масс.

И с тех пор он уже не гулял. Он включался в борьбу.

По поводу здорового гулянья велись болезненно страстные дебаты.

— Товарищи, давно уже пора дать отпор вредным и чуждым теорийкам о том, что гулять можно просто так, вообще. Надо наконец осмыслить этот гулятельно-созидательный процесс, который некоторыми вульгаризаторами опошляется названием прогулки. Просто так, вообще, гуляют коровы *(смех)*, собаки *(громкий смех)*, кошки *(смех всего зала)*. Мы должны, мы обязаны дать нагрузку каждой человеко-гуляющей единице. И эта единица должна, товарищи, не гулять, а, товарищи, должна проводить огромную прогулочную работу. *(Голос с места: «Правильно!»)* Кое-какие попытки в этом направлении имеются. Вот проект товарища Горилло. Что предлагает товарищ Горилло? Товарищ Горилло предлагает навесить на спину каждого человеко-гуляющего художественно выполненный плакат на какую-нибудь актуальную тему — другдитевскую или госстраховскую. Например: «Пока ты здесь гуляешь, у тебя, может быть, горит квартира. Скорей застрахуй свое движимое имущество в Госстрахе». И прочее. Но, товарищи, как сделать так, чтобы человеко-единицы ни на минуту не упускали из виду плакатов и чтобы действие таковых было, так сказать, непрерывным и стопроцентным. Этого товарищ Горилло не учел, слона-то он и не приметил. *(Смех.)* А это можно сделать. Нужно добиться, чтобы гуляющие шли гуськом, в затылок друг другу, тогда обязательно перед глазами будет какой-нибудь плакат. В таком здоровом отдыхе можно провести часа два-три. *(Голос с места: «Не много ли?»)* Да, товарищи, два-три часа. А если нужно, то и четыре и пять, товарищи. Ну-с, после короткого пятиминутного политперерыва устраивается веселая массовая игра под названием «Утиль-Уленшпигель». Всем единице-гуляющим выдаются художественно выполненные мусорные ящички и портативные крючья. Под гармошку затейника все ходят по парку, смотрят себе под ноги, и чуть кто заметит на земле тряпочку, старую калошу или бутылку из-под водки, то сейчас же хватает этот полезный предмет крючком и кладет в художественно выполненный мусорный ящичек. При этом он выкрикивает начало злободневного лозунга, а остальные хором подхватывают окончание. Кроме того, счастливчик получает право участия в танцевальной игре «Узники капитала». (*Голос с места:* «А если играющие не будут смотреть под ноги, тогда что?») Не волнуйтесь, товарищ! (*Смех.*) Они будут смотреть под ноги. По правилам игры каждому участвующему навешивается на шею небольшая агитгирька, двадцать кило весу. Таким образом, воленс-неволенс он будет смотреть под ноги, и игра, так сказать, не потеряет здоровой увлекательности. Таков суммарно, в общих чертах, план товарища Горилло.

— А вот мне, товарищи, хотелось бы сказать два слова насчет плана товарища Горилло. Не слишком ли беспредметно такого рода гулянье? Нет ли тут голого смехачества, развлеченчества и увеселенчества! Нужно серьезней, товарищи. Для пожилого рабочего, которого мы хотим вовлечь в парк, это все слишком легкомысленно. Ему после работы хочется чего-нибудь более. Его прогулочные отправления должны происходить в трудовой атмосфере. Он, товарищи, вырос вширь и вглубь. Мы должны создать ему родную производственную обстановку. Вот, например, прекрасный летний аттракцион. Надо в нашем парке вырыть шахту глубиной в тридцать метров и спустить туда в бадье отдыхающего пожилого рабочего. И представляете себе его радость: на дне шахты он находит подземный политпрофилакторий, где всегда может получить нужные сведения по вопросам профчленства и дифпая. Тут вносят поправку, что хорошо бы там, в шахте, продавать нарзан. Я против, товарищи. Это в корне неверно, это отвлечет пожилую единицу от работы в профилактории. Лучше уж вместо нарзана продавать нашу брошюру «Доведем до общего сознанья вопросы здорового гулянья».

И вот что получилось. Государство отвело чудную рощу, ассигновало деньги и сказало: «Гуляйте! Дышите воздухом! Веселитесь!» И вместо того чтобы все это проделать (гулять, дышать, веселиться!), стали мучительно думать: «Как гулять?

С кем гулять? По какому способу дышать воздухом? По какому методу веселиться?»

Ужасно скучное заварили дело. Так вдруг стало панихидно, что самый воздух, так сказать, эфир и зефир, не лезет в рот гуляющим единицам.

Могут не поверить тому, что здесь было рассказано, могут посчитать это безумным враньем, потребовать подкрепленья фактами, может быть, даже попросят предъявить живого товарища Горилло с его сверхъестественным планом культурного отдыха.

Между тем все это чрезвычайно близко к истине. В любом парке можно найти следы титанической борьбы за здоровое гулянье при блистательном отсутствии самого гулянья.

Великолепна, например, идея организации Центрального парка культуры и отдыха для московских пролетариев. Превосходна территория, отведенная под этот парк. Велики траты на его содержание.

Но почему на иных мероприятиях парка лежит печать робости, преувеличенной осторожности, а главное — самой обыкновенной вагонной скуки?

Не хочется умалять заслуги огромного штата работников парка, который, несомненно, безостановочно стремится к созданию подлинного Магнитостроя отдыха, но надо сказать прямо, что в парке господствует второй сорт культуры и второй сорт отдыха.

А что касается развлечений, то тут дело уже не в сорте. Их нет, этих развлечений.

— Как нет? — заголосит весь огромный штат. — А наш родимый спиральный спуск, краса и гордость увеселенческого сектора? Чего вам еще надо! А популярное перекидное колесо? А... а...

Но вслед за этим «а» не последует никакого «б», потому что больше ничего нет. В лучшем и самом большом парке нашей страны, куда приходят сотни тысяч людей, есть два аттракциона: ярмарочное перекидное колесо и сенсация XX века — спиральный спуск. Впрочем, если хорошо разобраться, то не очень он уж спиральный и вовсе не какой-нибудь особенный спуск. В сооружении его сказалась та робость, которая так свойственна парковым затеям. Спирали спуска сделаны такими отлогими, что вместо милой юношескому сердцу головокружительной поездки на коврике (в XIX веке это называлось сильными ощущениями) веселящаяся единица, кряхтя и отпихиваясь от бортов ногами, ползет вниз и прибывает к старту вся в поту. И только крупный разговор с начальником спуска дает те сильные ощущения, которые должен был принести самый спуск.

Аттракционов в парке меньше, чем было в год его открытия. Куда, кстати, девалась «чертова комната»? То есть не чертова (черта нет, администрация парка это учла сразу, — раз бога нет, то и черта нет), а «таинственная комната»?

Комната была не ахти какая, она не являлась пределом человеческой изобретательности. Но все же оттуда несся смех и бодрый визг посетителей. Она всем нравилась. А ее уничтожили.

Почему же уничтожили эту чертову, то есть, извините, таинственную комнату?

Воображению рисуются страшные подробности.

Надо полагать, что смущение, внесенное этим аттракционом в сердца работников отдыхательного дела, было велико.

— Что это за комната такая? Стены вертятся, люди смеются, черт знает что! Абсолютно бесхребетный, беспринципный аттракцион. Надо этой комнате дать смысловую нагрузку.

Дали.

Как у нас дается смысловая нагрузка? Повесили на стены плакаты — и все. Но тут выяснилось новое обстоятельство. Смысловая нагрузка не доходит. А не доходит потому, что стены все-таки вертятся и нельзя прочесть плакаты.

— Надо, товарищи, остановить стены. Ничего не поделаешь.

— Но тогда не будет аттракциона!

— Почему же не будет? Будет чудный, вполне советский аттракцион. Человеко-гуляющий платит десять копеек и получает право просидеть в комнате пять минут, читая плакаты и расширяя таким образом свой кругозор.

— Но ведь тут не будет ничего таинственного и вообще завлекательного!

— И не надо ничего таинственного. И аттракцион надо назвать не вульгарно — вроде «комнаты чудес», а по-простому, по-нашему — «комната № 1». Очень заманчивое название. Увидите, как будет хорошо. Сразу исчезнет этот дурацкий, ничем не нагруженный смех.

Было это так или несколько иначе — не важно. Главное было достигнуто. Таинственная комната исчезла, а вместе с ней исчезло и процентов сорок того смеха, который слышался в парке.

Парковая администрация отыгрывается на всевозможных надписях, таблицах, диаграммах, призывах и аншлагах. Но вызывают большое сомнение эти картонные и фанерные методы работы. Особенно когда натыкаешься на огромную стеклянную заповедь, утвержденную в центре парка:

> ПРЕВРАТИМ ПАРК В КУЗНИЦУ ВЫПОЛНЕНИЯ РЕШЕНИЙ
> СЪЕЗДА ПРОФСОЮЗОВ

Превратим парк в кузницу!

Что может быть печальней такой перспективы! Как это нелучезарно! Какое надо иметь превратное понятие об отдыхе, чтобы воображать его себе в виде кузницы. Хотя бы даже кузницы выполнения решений.

Иной из работников отдыхательного дела взовьется на дыбы.

— Вот вы кто такие! Вы против выполнения решений!

Нет, мы за выполнение решений. Мы только против превращения парка в кузницу канцелярских лозунгов и принадлежностей. И самым лучшим делом было бы не только призывать к выполнению решений, а выполнять эти решения. Превратить парк в место настоящего пролетарского отдыха, а не в городское четырехклассное училище для детей недостаточных мороженщиков, на которое парк очень сейчас походит.

Естественно, что все живое устремляется на реку, каковую еще не успели перегородить картонной плотиной с надписью:

> ПРЕВРАТИМ РЕКУ В НЕЗЫБЛЕМУЮ ГРАНИТНУЮ
> ЦИТАДЕЛЬ ЗДОРОВОГО ОТДЫХА

Между тем, невзирая на усилия отдыхательных идеологов, в парке сквозь «левый» культзагиб слышится радостный смех. Но парк тут ни при чем.

Посетители смеются сами по себе. Они молоды. Им семнадцать лет. Молодость всегда смеется. Однако если не остановить борьбы за «превращение парка в кузницу», если не прекратить отчаянной свалки по поводу методов «борьбы за здоровое гулянье», то вскоре перестанут смеяться даже они — семнадцатилетние.

Вот о чем необходимо столковаться зимой, чтобы опять не увидеть этого будущим летом.

1932

РАВНОДУШИЕ

В том, что здесь будет рассказано, главное — это случай, происшедший на рассвете.

Дело вот в чем.

Молодые люди полюбили друг друга, поженились, говоря высокопарно — сочетались браком. Надо заметить, что свадьбы — вообще нередкое явление в нашей стране. Сплошь и рядом наблюдается, что люди вступают в брак, и дружеский обмен мнений, а равно звон стопочек на свадьбах затягивается далеко за полночь.

В изящной литературе эти факты почему-то замалчиваются. Будущий исследователь, может быть, никогда и не узнает, как объяснялись в любви в 1932 году. Было ли это как при царском режиме («шепот, робкое дыханье, трели соловья») или как-нибудь иначе, без соловья и вообще без участия пернатых. Нет о любви сведений ни в суперпроблемных романах, написанных, как видно, специально для потомства, ибо современники читать их не могут, ни в эстрадных номерах, сочиненных по бригадно-лабораторному методу ГОМЭЦа.

Разговор о любви возвращает нас к случаю на рассвете.

В семье художника ожидали ребенка. Роды начались немного раньше, чем предсказывали акушеры. Это бывает почти всегда. Начались они в самое неудобное время — в конце ночи. Это тоже бывает всегда. Все шло стремительно. Родовые схватки возникали через каждые десять минут. Жену надо было немедленно везти в родильный дом. Первая мысль была о такси.

А телефона в квартире не было. Свою биографию художник мог бы начать фразой, полной глубокого содержания: «Я родился в 1901 году. Телефона у меня до сих пор нет». Эта спартанская краткость дает возможность пропустить длительные описания того, как художник подавал заявления в абонементное бюро, подговаривал знакомых, интриговал и ничего не добился.

Итак, на рассвете он ворвался в чужую квартиру и припал к телефонной трубке. Он много читал о ночных такси, которые являются по первому зову желающего, а номер гаража — 42-21 — художник знал на память уже три месяца. Он был предусмотрителен. Он учел все.

Но из гаража мягко ответили, что машин нет. Ночные такси свою работу уже закончили, а дневные еще не начинали.

— Но у меня жена, роды...

— С девяти часов, гражданин.

А было семь.

«Скорая помощь» на такие случаи не выезжает. Художник это знал. Он все знал. И тем не менее ему было очень плохо. Он побежал на улицу.

Натурально, никаких приборов для передвижения в этот час утра столица предоставить не могла. Трамваи еще только вытягивались из депо (к тому же трамвай никак сейчас не годился), а извозчиков просто не было. Где-то они, вероятно, толпились у вокзалов, размахивая ручищами и путая приезжих сообщениями о цене на овес.

Художник оторопел.

И вдруг — радость сверх меры, счастье без конца — машина, и в ней два добрых шофера. Они благожелательно выслушали лепет художника и согласились отвезти его жену в родильный дом.

С великими предосторожностями роженицу свели с четвертого этажа вниз и усадили в машину. Художник очень радовался. В памяти помимо воли всплывали какие-то пошлые прописи: «Свет не без добрых людей», «Не имей сто рублей, а имей сто друзей» и, совсем уже не известно почему: «Терпенье и труд все перетрут». Машина тронулась. Теперь все должно было пойти хорошо. Но все пошло плохо.

Автомобиль пробежал десять метров и остановился. Заглох мотор.

И такое дьявольское невезение! До родильного дома всего только пять минут езды. Но было видно по шоферам, которые начинали злиться, что они потеряли власть над машиной, что она пойдет не скоро. А у жены схватки возникали уже через каждые две минуты. Ждать было бессмысленно. Художник выскочил из автомобиля и снова побежал. От Кропоткинских ворот он бежал до самого Арбата. Извозчиков он не встретил, но по Арбату машины проходили довольно часто.

Что же вам сказать, товарищи, друзья и братья? Он остановил больше пятидесяти автомобилей, но никто не согласился ему помочь. Событие это настолько мрачное и прискорбное, что не нуждается ни в подчеркивании, ни в выделении курсивом. Ни один из ехавших в тот час по Арбату не согласился уклониться в сторону на несколько минут, чтобы помочь женщине, рожающей на улице.

Сначала художник стеснялся. Он бежал рядом с машиной, объяснял на ходу свое горе, но его даже не слушали, не останавливались, хотя видели, что человек чем-то чрезвычайно взволнован.

Тогда он стал действовать решительней. Ведь уходило время. Он сошел на мостовую и загородил дорогу зеленому «форду». Сидел в нем человек, довольно обыкновенный и даже не со злым лицом. Он выслушал художника и сказал:

— Не имею права. Как это я вдруг повезу частное лицо? Тратить казенный бензин на частное лицо!

Художник стал что-то бормотать о деньгах. Человек с незлым лицом рассердился и уехал.

Бежало по улице полуразвалившееся такси. Шофер попытался обогнуть бросившегося навстречу художника, но художник вскочил на подножку, и весь последовавший затем разговор велся на ходу.

В такси ехала веселая компания. Людей там было много — четверо с девушкой в купе (один — на чужих коленях), а шестой рядом с шофером (он-то и оказался потом главная сволочь). На молодых долдонах были толстые, как валенки, мягкие шляпы. Девушка, болтушка-лепетушка, часто, не затягиваясь, дымила папироской. Им было очень весело, но как только они услышали просьбу художника, все сразу поскучнели и отвечали противными трамвайными голосами. Но от просителя было нелегко отделаться.

— Ну что вам стоит, — говорил он, — ведь вы не очень торопитесь! Ведь такой случай.

— То есть как — что нам стоит? — возражали из машины. — Почему ж это мы не торопимся?

— Но ведь вам не на вокзал. Пожалуйста!

— Вам пожалуйста, другому пожалуйста, а мы два часа такси искали.

— На десять минут! Через десять минут я вам доставлю машину назад.

Долдоны упорно говорили, что они никак не могут и что лучше их даже не просить.

— Подумайте, она каждую минуту может родить!

— Ей-богу, он нас считает за пижонов! Что это такое, в самом деле? Уже в такси толкаться начинают!

— В конце концов я могу требовать! — настаивал художник.

— Ну, это уже нахальство, — заметила болтушка-лепетушка.

Тогда обернулся молчавший до сих пор шестой, тот, который сидел рядом с шофером. Он задрожал от гнева.

— Хулиган! — завизжал он на всю улицу. — Сойдите с подножки, я вам говорю. Он еще будет требовать, мерзавец!

И он высунулся из машины, чтобы сбросить художника на ходу.

Машина завернула на Смоленский рынок, грозя завезти художника черт знает куда, и он соскочил.

Ах, как хотелось драться, поносить долдонов различными благородными словами! Но было некогда.

Он увидел машину, остановившуюся у обочины. Счастливый отец высаживал на тротуар жену и двоих детей. Художник бросился к нему.

Надо сказать, что по природе своей он был человек не застенчивый, скорее даже натура драматическая. Он умел убеждать и волновать. И сейчас он без стеснения заговорил так называемыми жалкими словами, которые вызывают слезы в театре и которыми так стыдно пользоваться в быту.

— Вы — отец, — говорил он, — вы меня поймете. У вас у самого маленькие дети. Вы счастливы, помогите мне!

В театре счастливый отец заплакал бы. Но здесь поблизости не было занавеса с белой чайкой, не было седых капельдинеров. И он ответил:

— Товарищ, мне некогда. Я опоздаю на службу.

— Я заклинаю вас, — молил художник, — понимаете, заклинаю! Во имя...

— Товарищ, я все понимаю, но у меня нет ни одной минуты свободного времени. Позвольте мне войти в машину.

— Ну, хорошо, — сказал несчастный, перейдя почему-то на шепот. — Ну, если река и тонет человек, что вы сделаете?

— Товарищ, я так занят, что два года не был в кино, даже «Путевки в жизнь» не видел, а вы... буквально нет ни одной минуты.

Художник опять остался один. Снова он бежал за кем-то, прижимая руки к груди и бормоча:

— Русским языком заклинаю вас!

Снова он вскакивал на подножки автомобилей, упрашивал, предлагал деньги, произносил речи, грозил или плакал, и — вы знаете — это не подействовало. Оказалось, что все очень заняты делами, не терпящими отлагательства. И машины катились одна за другой, и не было в эту минуту силы, которая могла бы их свернуть с предначертанного пути.

Ленин, погруженный в работу, громадную, неизмеримую, находил время, чтобы узнать, как живут не только его ближайшие товарищи, но и люди, которых он видел мельком, несколько лет назад, — не нужно ли им чего-нибудь, здоровы ли они, не мешает ли им кто-нибудь работать и жить.

А у этих пятидесяти человек, которые, конечно, считают себя исправными жителями социалистической страны, не нашлось ни времени, ни желания, чтобы выполнить первейшую обязанность члена коллектива и гражданина Советского Союза — броситься на помощь.

Это не изящный вымысел писателя, а история, происшедшая этим летом в Москве.

Как жалко, что номера машин остались неизвестными, что нельзя уже собрать всех этих безумно занятых людей, собрать в Колонном зале Дома Союзов, чтобы судить их всей страной с прожекторами, микрофонами-усилителями, с громовой речью прокурора, судить как отчаянных врагов социалистического общества за великое преступление — равнодушие*.

О, равнодушие! С ним всегда встречаешься неожиданно. Созидательный порыв, которым охвачена Советская страна, заслоняет его. Равнодушие тонет в большой океанской волне социалистического творчества. Равнодушие — явление маленькое, но подлое. И оно кусается.

Был дом, счастливый дом, семьдесят две квартиры, семьдесят две входных двери, семьдесят два американских замка. Утром жильцы уходили на работу, вечером возвращались. Летом уезжали на дачи, а осенью приезжали назад.

Ничто не предвещало грозы. О кражах даже не думали. В газетах отдел происшествий упразднен, очевидно за непригодностью уголовной тематики. Возможно, что какое-нибудь статистическое ведомство и выводит раз в год кривую краж, указывающую на рост или падение шнифа и домушничества, но граждане об этом ничего не знают. Не знали об этом и жильцы счастливого дома в семьдесят две квартиры, запертые семьюдесятью двумя массивными американскими замками — производство какой-то провинциальной трудовой артели. Отправляясь в свои предприятия и учреждения, жильцы беззаботно покидали квартиры.

Сперва обокрали квартиру номер восемь. Унесли все, кроме мебели и газового счетчика. Потом обокрали квартиру номер

---

* Вот конец этой истории. Он нашел машину. Не важно, какая она была — пятьдесят вторая или пятьдесят третья. Важно лишь то, что ее пассажир не заставлял себя просить, а тотчас же согласился помочь, хотя ехал по делу весьма значительному. Финиш был совсем неожиданный. На месте происшествия художник не нашел ни замороженной машины, ни жены. Он не нашел ее также в родильном доме. Только тогда он догадался вернуться домой. Оказалось, что жена ждать не могла, потащилась на свой четвертый этаж и немедленно родила у себя в комнате. Ребенка принимали перепуганные соседки. Пуповину перерезали обыкновенными ножницами, которые впопыхах забыли хотя бы вытереть спиртом. Ожидали заражения крови, гибели матери, гибели ребенка. Но тут наконец повезло — все окончилось благополучно. Одна беда: ожидали мальчика, а родилась девочка. Но это уже общественного значения не имеет. (*Примеч. авторов.*)

шестьдесят три. Тут захватили и счетчик. Кроме того, варварски поломали любимый фикус. Дом задрожал от страха. Кинулись проверять псевдоамериканские замки, изготовленные трудолюбивой артелью. И выяснилось. Замки открываются не только ключом, но и головной шпилькой, перочинным ножиком, пером «рондо», обыкновенным пером, зубочисткой, ногтем, спичкой, примусной иголкой, углом членского билета, запонкой от воротничка, пилкой для ногтей, ключом от будильника, яичной скорлупой и многими другими товарами ширпотреба. К вечеру установили, что если дверь просто толкнуть, то она тоже открывается.

Пришлось завести семьдесят третий замок. Это был человек-замок, гражданин пятидесяти восьми лет, сторож по имени Евдоким Колонныч. Парадные подъезды заколотили наглухо. И сидит теперь старик Колонныч при воротах, грозя очами каждому, кто выходит из дома с вещами в руках. И платится Колоннычу жалованье. И уже закупается Колоннычу на особые фонды громаднейший тулуп для зимней спячки. И все же дом в страхе. И непрерывно в доме клянут ту буйную артель, которая бросила на рынок свое странное изделие.

А ведь артель знает, что ее продукция отмыкается и пером «рондо», и простым пером, и вообще любой пластиночкой. И работники прилавка знают. И начальники торгсектора в курсе. И все-таки идет бойкая торговля никому не нужным миражным замком — продуктом полного равнодушия.

Чья равнодушная рука забросила в ялтинские книжные магазины одни лишь медицинские труды, так что на благовонных крымских берегах духовная пища состоит исключительно из сумрачного изложения основ гистологии, детального описания суставного ревматизма, золотухи, язвы желудка и стригущего лишая?

Иногда в трамвае, пересекающем Свердловскую площадь, остолбенелому взору потомственного почетного горожанина предстоит отечески увещевающий картонный плакат:

> Коль свинью ты вдруг забил,
> Шкурку сдать ты не забыл?
> За нее, уверен будь,
> Ты получишь что-нибудь!

В проникновенном куплете, изготовленном по бригадно-лабораторному методу ГОМЭЦа, вам, московские трамвайные пассажиры, предлагают сдавать свиные шкуры.

Хорошо, посмотрим. В вагоне двадцать восемь мест для сиденья, шесть мест на задней площадке, разговаривать с вагоновожатым воспрещается, пройдите вперед, там совсем свободно, — итого, следовательно, двести сорок пять человек в различных прихотливых позах. Кто ж из них мог бы вдруг забить свинью?

Вот этот, в парадной толстовке, читающий журнал «Рабис»? Или маляр с кистью, закутанной в газетную бумагу? Или две девочки, напуганные отчаянно пихающимися взрослыми дядями и тетями? Или сами дяди и тети, уже начавшие извечную склоку насчет того, кто ходит в шляпке, кто «дурак» и кто «сама дура»?

Товарищи, друзья и братья! Разве похож московский трамвайный пассажир на свинодержателя или поросятовладельца? Не относится ли плакат скорее к деревне? Чья же равнодушная лапа наводнила им шумную столицу?

Это все тот же человек из ведомости, безразличный ко всему на свете, пугающийся даже мысли о том, что можно потратить пол-литра казенного бензина, чтобы спасти женщину, рожающую на улице. Его кислая одышка слышится рядом с молодым дыханием людей, строящих мир заново.

Так открывается вдруг цепочка унылых людей, работающих только для видимости, комариная прослойка граждан, связанных с коллективом исключительно ведомостью на жалованье.

Человек из ведомости хитер. Если спросить его, почему он так равнодушен ко всему на свете, он сейчас же подведет под свое равнодушие каменную идеологическую базу. Он скажет преданным голосом:

— Это все мелочи — замочки, детки, всякая ерунда. Надо смотреть шире, глубже, дальше, принципиальнее. Я люблю класс, весь класс в целом, а не каждого его представителя в отдельности. Интересы отдельных единиц не поколеблют весов истории.

Вот маска человека из комариной прослойки. На деле он любит только самого себя (и ближайших родственников — не дальше второго колена).

По своей толстовочной внешности и подозрительно новеньким документам он — строитель социализма (хоть сейчас к фотографу!), а по внутренней сущности — мещанин, себялюбец и собственник.

1932

КЛООП

— Не могу. Остановитесь на минутку. Если я сейчас же не узнаю, что означает эта вывеска, я заболею. Я умру от какой-нибудь загадочной болезни. Двадцатый раз прохожу мимо и ничего не могу понять.

Два человека остановились против подъезда, над которым золотом и лазурью было выведено:

> КЛООП

— Не понимаю, что вас волнует. Клооп и Клооп. Прием пакетов с часу до трех. Обыкновенное учреждение. Идем дальше.

— Нет, вы поймите! Клооп! Это меня мучит второй год. Чем могут заниматься люди в учреждении под таким вызывающим названием? Что они делают? Заготовляют что-нибудь? Или, напротив, что-то распределяют?

— Да бросьте. Вы просто зевака. Сидят себе люди, работают, никого не трогают, а вы пристаете — почему, почему? Пошли.

— Нет, не пошли. Вы лентяй. Я этого так оставить не могу.

В длинной машине, стоявшей у подъезда, за зеркальным стеклом сидел шофер.

— Скажите, товарищ, — спросил зевака, — что за учреждение Клооп? Чем тут занимаются?

— Кто его знает, чем занимаются, — ответил шофер. — Клооп и Клооп. Учреждение как всюду.

— Вы что ж, из чужого гаража?

— Зачем из чужого! Наш гараж, клооповский. Я в Клоопе со дня основания работаю.

Не добившись толку от водителя машины, приятели посовещались и вошли в подъезд. Зевака двигался впереди, а лентяй с недовольным лицом несколько сзади.

Действительно, никак нельзя было понять придирчивости зеваки. Вестибюль Клоопа ничем не отличался от тысячи других учрежденских вестибюлей. Бегали курьерши в серых сиротских балахончиках, завязанных на затылке черными ботиночными шнурками. У входа сидела женщина в чесанках и большом окопном тулупе. Видом своим она очень напоминала трамвайную стрелочницу, хотя была швейцарихой (прием и выдача калош). На лифте висела вывесочка «Кепи и гетры», а в самом лифте вертелся кустарь с весьма двусмысленным выражением лица. Он тут же на месте кроил свой модный и великосветский товар. (Клооп вел с ним отчаянную борьбу, потому что жакт нагло, без согласования, пустил кустаря в ведомственный лифт.)

— Чем же они могли бы тут заниматься? — начал снова зевака.

Но ему не удалось продолжить своих размышлений в парадном подъезде. Прямо на него налетел скатившийся откуда-то сверху седовласый служащий и с криком «брынза, брынза!» нырнул под лестницу. За ним пробежали три девушки, одна — курьерша, а другие две — ничего себе — в холодной завивке.

Упоминание о брынзе произвело на швейцариху потрясающее впечатление. На секунду она замерла, а потом перевалилась через гардеробный барьер и, позабыв о вверенных ей калошах, бросилась за сослуживцами.

— Теперь все ясно, — сказал лентяй, — можно идти назад. Это какой-то пищевой трест. Разработка вопросов брынзы и других молочнодиетических продуктов.

— А почему оно называется Клооп? — придирчиво спросил зевака.

На это лентяй ответить не смог. Друзья хотели было расспросить обо всем швейцариху, но, не дождавшись ее, пошли наверх.

Стены лестничной клетки были почти сплошь заклеены рукописными, рисованными и напечатанными на машинке объявлениями, приказами, выписками из протоколов, а также различного рода призывами и заклинаниями, неизменно начинавшимися словом «Стой!».

— Здесь мы все узнаем, — с облегчением сказал лентяй. — Не может быть, чтобы из сотни бумажек мы не выяснили, какую работу ведет Клооп.

И он стал читать объявления, постепенно передвигаясь вдоль стены.

— «Стой! Есть билеты на “Ярость”. Получить у товарища Чернобривцевой». «Стой! Кружок шашистов выезжает на матч в Кунцево. Шашистам предоставляются проезд и суточные из расчета центрального тарифного пояса. Сбор в комнате товарища Мур-Муравейского». «Стой! Джемпера и лопаты по коммерческим ценам с двадцать первого у Кати Полотенцевой».

Зевака начал смеяться. Лентяй недовольно оглянулся на него и подвинулся еще немножко дальше вдоль стены.

— Сейчас, сейчас. Не может быть, чтоб... Вот, вот! — бормотал он. — «Приказ по Клоопу № 1891-35. Товарищу Кардонкль с сего числа присваивается фамилия Корзинкль». Что за чепуха! «Стой! Получай брынзу в порядке живой очереди под лестницей, в коопсекторе».

— Наконец-то! — оживился зевака. — Как вы говорили? Молочнодиетический пищевой трест? Разработка вопросов брынзы в порядке живой очереди? Здорово!

Лентяй смущенно пропустил объявление о вылазке на лыжах за капустой по среднекоммерческим ценам и уставился в производственный плакат, в полупламенных выражениях призывавший клооповцев ликвидировать отставание.

Теперь уже забеспокоился и он.

— Какое же отставание? Как бы все-таки узнать, от чего они отстают? Тогда стало бы ясно, чем они занимаются.

Но даже двухметровая стенгазетина не рассеяла тумана, сгустившегося вокруг непонятного слова «Клооп».

Это была заурядвейшая стенгазетина, болтливая, невеселая, с портретами, картинками и статьями, получаемыми, как видно, по подписке из какого-то центрального газетного бюро. Она могла бы висеть и в аптекоуправлении, и на черноморском пароходе, и в конторе на золотых приисках, и вообще где угодно. О Клоопе там упоминалось только раз, да и то в чрезвычайно неясной форме: «Клооповец, поставь работу на высшую ступень!»

— Какую же работу? — возмущенно спросил зевака. — Придется узнавать у служащих. Неудобно, конечно, но придется. Слушайте, товарищ...

С внезапной ловкостью, с какой пластун выхватывает из неприятельских рядов языка, зевака схватил за талию бежавшего по коридору служащего и стал его выспрашивать. К удивлению приятелей, служащий задумался и вдруг покраснел.

— Что ж, — сказал он после глубокого размышления, — я в конце концов не оперативный работник. У меня свои функции. А Клооп что же? Клооп есть Клооп.

И он побежал так быстро, что гнаться за ним было бы бессмысленно.

Хотя и нельзя еще было понять, что такое Клооп, но по некоторым признакам замечалось, что учреждение это любит новшества и здоровый прогресс. Например, бухгалтерия называлась здесь счетным цехом, а касса — платежным цехом. Но картину этого конторского просперити портила дрянная бумажка: «Сегодня платежа не будет». Очевидно, наряду с прогрессом имелось и отставание.

В большой комнате за овальным карточным столом сидело шесть человек. Они говорили негромкими, плаксивыми голосами.

Кстати, почему на заседаниях по культработе всегда говорят плаксивыми голосами?

Это, как видно, происходит из жалости культактива к самому себе. Жертвуешь всем для общества, устраиваешь вылазки, семейные вечера, идеологическое лото с разумными выигрышами, распределяешь брынзу, джемпера и лопаты — в общем, отдаешь лучшие годы жизни, — и все это безвозмездно, бесплатно, из одних лишь идейных соображений, но почему-то в урочное время. Очень себя жалко!

Друзья остановились и начали прислушиваться, надеясь почерпнуть из разговоров нужные сведения.

— Надо прямо сказать, товарищи, — замогильным голосом молвила пожилая клооповка, — по социально-бытовому сектору работа проводилась недостаточно. Не было достаточного охвата. Недостаточно, не полностью, не целиком раскачались, размахнулись и развернулись. Лыжная вылазка проведена недостаточно. А почему, товарищи? Потому, что Зоя Идоловна проявила недостаточную гибкость.

— Как? Это я недостаточно гибкая? — завопила ужаленная в самое сердце Зоя.

— Да, вы недостаточно гибкая, товарищ!

— Почему же я, товарищ, недостаточно гибкая?

— А потому, что вы совершенно, товарищ, негибкая.

— Извините, я чересчур, товарищ, гибкая.

— Откуда же вы можете быть гибкая, товарищ?

Здесь в разговор вкрался зевака.

— Простите, — сказал он нетерпеливо, — что такое Клооп? И чем он занимается?

Прерванная на самом интересном месте шестерка посмотрела на дерзких помраченными глазами. Минуту длилось молчание.

— Не знаю! — решительно ответила Зоя Идоловна. — Не мешайте работать, — и, обернувшись к сопернице по общественной работе, сказала рыдающим голосом: — Значит, я недостаточно гибкая? Так, так! А вы — гибкая?

Друзья отступили в коридор и принялись совещаться. Лентяй был испуган и предложил уйти. Но зевака не склонился под ударами судьбы.

— До самого Калинина дойду! — завизжал он неожиданно. — Я этого так не оставлю.

Он гневно открыл дверь с надписью: «Заместитель председателя». Заместителя в комнате не было, а находившийся там человек в барашковой шапке отнесся к пришельцам джентльменски холодно. Что такое Клооп, он тоже не знал, а про заместителя сообщил, что его давно бросили в шахту.

— Куда? — спросил лентяй, начиная дрожать.

— В шахту, — повторила барашковая шапка. — На профработу. Да вы идите к самому председателю. Он парень крепкий, не бюрократ, не головотяп. Он вам все разъяснит.

По пути к председателю друзья познакомились с новым объявлением: «Стой! Срочно получи в месткоме картофельные талоны. Промедление грозит аннулированием».

— Промедление грозит аннулированием. Аннулирование грозит промедлением, — бормотал лентяй в забытьи.

— Ах, скорей бы узнать, к чему вся эта кипучая деятельность?

Было по дороге еще одно приключение. Какой-то человек потребовал с них дифпай. При этом он грозил аннулированием членских книжек.

— Пустите! — закричал зевака. — Мы не служим здесь.

— А кто вас знает, — сказал незнакомец, остывая,— тут четыреста человек работает. Всех не запомнишь. Тогда дайте по двадцать копеек в «Друг чего-то». Дайте! Ну, дайте!

— Мы уже давали, — пищал лентяй.

— Ну и мне дайте! — стенал незнакомец. — Да дайте! Всего по двадцать копеек.

Пришлось дать.

Про Клооп незнакомец ничего не знал.

Председатель, опираясь ладонями о стол, поднялся навстречу посетителям.

— Вы, пожалуйста, извините, что мы непосредственно к вам, — начал зевака, — но, как это ни странно, только вы, очевидно, и можете ответить на наш вопрос.

— Пожалуйста, пожалуйста, — сказал председатель.

— Видите ли, дело в том. Ну, как бы вам сказать. Не можете ли вы сообщить нам — только не примите за глупое любопытство, — что такое Клооп?

— Клооп? — спросил председатель.

— Да, Клооп.

— Клооп? — повторил председатель звучно.

— Да, очень было бы интересно.

Уже готова была раздернуться завеса. Уже тайне приходил конец, как вдруг председатель сказал:

— Понимаете, вы меня застигли врасплох. Я здесь человек новый, только сегодня вступил в исполнение обязанностей и еще недостаточно в курсе. В общем, я, конечно, знаю, но еще, как бы сказать...

— Но все-таки, в общих чертах?..

— Да и в общих чертах тоже...

— Может быть, Клооп заготовляет лес?

— Нет, лес нет. Это я наверно знаю.

— Молоко?

— Что вы! Я сюда с молока и перешел. Нет, здесь не молоко.

— Шурупы?

— М-м-м... Думаю, что скорее нет. Скорее что-то другое.

В это время в комнату внесли лопату без ручки, на которой, как на подносе, лежал зеленый джемпер. Эти припасы положили на стол, взяли у председателя расписку и ушли.

— Может, попробуем сначала расшифровать самое название по буквам? — предложил лентяй.

— Это идея, — поддержал председатель.

— В самом деле, давайте по буквам. Клооп. Кооперативно-лесо... Нет, лес нет... Попробуем иначе. Кооперативно-лакокрасочное общество... А второе «о» почему? Сейчас, подождите... Кооперативно-лихоимочное...

— Или кустарное?

— Да, кустарно-лихоимочное... Впрочем, позвольте, получается какая-то чушь. Давайте начнем систематически. Одну минуточку.

Председатель вызвал человека в барашковой шапке и приказал никого не пускать.

Через полчаса в кабинете было накурено, как в станционной уборной.

— По буквам — это механический путь, — кричал председатель. — Нужно сначала выяснить принципиальный вопрос. Какая это организация? Кооперативная или государственная? Вот что вы мне скажите.

— А я считаю, что нужно гадать по буквам, — отбивался лентяй.

— Нет, вы мне скажите принципиально...

Уже покои Клоопа пустели, когда приятели покинули дымящийся кабинет. Уборщица подметала коридор, а из дальней комнаты слышались плаксивые голоса:

— Я, товарищ, чересчур гибкая!

— Какая ж вы гибкая, товарищ?

Внизу приятелей нагнал седовласый служащий. Он нес в вытянутых руках мокрый пакет с брынзой. Оттуда капал саламур.

Зевака бросил на служащего замороченный взгляд и смущенно прошептал:

— Чем же они все-таки здесь занимаются?

1932

ЗДЕСЬ НАГРУЖАЮТ КОРАБЛЬ

> Когда восходит луна, из зарослей выходят
> шакалы.
>
> *Стенли. Как я нашел Ливингстона*

Ежедневно собиралось летучее совещание, и ежедневно Самецкий прибегал на него позже всех.

Когда он, застенчиво усмехаясь, пробирался к свободному стулу, собравшиеся обычно обсуждали уже третий пункт повестки. Но никто не бросал на опоздавшего негодующих взглядов, никто не сердился на Самецкого.

— Он у нас крепкий, — говорили начальники отделов, их заместители и верные секретари. — Крепкий общественник.

С летучего совещания Самецкий уходил раньше всех. К дверям он шел на цыпочках. Краги его сияли. На лице выражалась тревога.

Его никто не останавливал. Лишь верные секретари шептали своим начальникам:

— Самецкий пошел делать стеннуху. Третий день с Ягуар Петровичем в подвале клеят.

— Очень, очень крепкий работник, — рассеянно говорили начальники.

Между тем Самецкий озабоченно спускался вниз.

Здесь он отвоевал комнату, между кухней и месткомом, специально для общественной работы. Для этого пришлось выселить архив, и так как другого свободного помещения не нашли, то архив устроился в коридоре. А работника архива, старика Пчеловзводова, просто уволили, чтоб не путался под ногами.

— Ну, как стенновочка? — спрашивал Самецкий, входя в комнату.

Ягуар Петрович и две девушки ползали по полу, расклеивая стенгазету, большую, как артиллерийская мишень.

— Ничего стеннушка, — сообщал Ягуар Петрович, поднимая бледное отекшее лицо.

— Стеннуля что надо, — замечал и Самецкий, полюбовавшись работой.

— Теперь мы пойдем, — говорили девушки, — а то нас и так ругают, что мы из-за стенгазеты совсем запустили работу.

— Кто это вас ругает? — кипятился Самецкий. — Я рассматриваю это как выпад. Мы их продернем. Мы поднимем вопрос.

Через десять минут на третьем этаже слышался голос Самецкого:

— Я рассматриваю этот возмутительный факт не как выпад против меня, а как выпад против всей нашей советской общественности и прессы. Что? В служебное время нужно заниматься делом? Ага. Значит, общественная работа, по-вашему, не дело? Товарищи, ну как это можно иначе квалифицировать, как не антиобщественный поступок!

Со всех этажей сбегались сотрудники и посетители.

Кончалось это тем, что товарищ, совершивший выпад, плачущим голосом заверял всех, что его не поняли, что он вообще не против и что сам всегда готов. Тем не менее справедливый Самецкий в следующем номере стенгазеты помещал карикатуру, где смутьян был изображен в самом гадком виде — с большой головой, собачьим туловищем и надписью, шедшей изо рта: «Гав, гав, гав!»

И такая принципиальная непримиримость еще больше укрепляла за Самецким репутацию крепкого работника.

Всех, правда, удивляло, что Самецкий уходил домой ровно в четыре. Но он приводил такой довод, с которым нельзя было не согласиться.

— Я не железный, товарищи, — говорил он с горькой усмешкой, из которой, впрочем, явствовало, что он все-таки железный, — надо же и Самецкому отдохнуть.

Из дома отдыха, где измученный общественник проводил свой отпуск, всегда приходили трогательнейшие открытки:

«Как наша стеннушечка? Скучаю без нее мучительно. Повел бы общественную работу здесь, но врачи категорически запретили. Всей душой стремлюсь назад».

Но несмотря на эти благородные порывы души, тело Самецкого регулярно каждый год опаздывало из отпуска на две недели.

Зато по возвращении Самецкий с новым жаром вовлекал сотрудников в работу.

Теперь не было прохода никому. Самецкий хватал людей чуть ли не за ноги.

— Вы слабо нагружены! Вас надо малость подгрузить! Что? У вас партийная нагрузка, учеба и семинар на заводе? Вот, вот! С партийного больше и спрашивается. Пожалуйте, пожалуйте в кружок балалаечников. Его давно надо укрепить, там очень слабая прослойка.

Нагружать сотрудников было самым любимым занятием Самецкого.

Есть такая игра. Называется она «нагружать корабль». Играют в нее только в часы отчаянной скуки, когда гостей решительно нечем занять.

— Ну, давайте грузить корабль. На какую букву? На «М» мы вчера грузили. Давайте сегодня на «Л». Каждый говорит по очереди, только без остановок.

И начинается галиматья.

— Грузим корабль лампами, — возглашает хозяин.

— Ламбрекенами! — подхватывает первый гость.

— Лисицами!

— Лилипутами!

— Лобзиками!

— Локомотивами!

— Ликерами!

— Лапуасцами!

— Лихорадками!

— Лоханками!

Первые минуты нагрузка корабля идет быстро. Потом выбор слов становится меньше, играющие начинают тужиться. Дело движется медленнее, а слова вспоминаются совсем дикие. Корабль приходится грузить:

— Люмпен-пролетариями!

— Лимитрофами!

— Лезгинками!

— Ладаном.

Кто-то пытается загрузить корабль Лифшицами. И на этом игре конец. Возникает дурацкий спор: можно ли грузить корабль собственными именами?

Самецкий испытывал трудности подобного же рода.

Им были организованы все мыслимые на нашей планете самодеятельные кружки. Помимо обыкновенных, вроде кружка профзнаний, хорового пения или внешней политики, числились еще в отчетах:

Кружок по воспитанию советской матери.

Кружок по переподготовке советского младенца.

Кружок — «Изучим Арктику на практике».

Кружок балетных критиков.

Достигнув таких общественных высот, Самецкий напрягся и неожиданно сделал еще один шаг к солнцу. Он организовал ночную дежурку под названием: «Скорая помощь пожилому служащему в ликвидации профнеграмотности. Прием с двенадцати часов ночи до шести часов утра».

Диковинная дежурка помещалась в том же подвале, где обычно клеили стенгазету.

Здесь дежурили по ночам заметно осунувшиеся, поблекшие девушки и Ягуар Петрович. Ягуар Петрович совсем сошел на нет. Щек у него уже почти не было.

В ночной профилакторий никто не приходил. Там было холодно и страшно.

Все-таки неугомонный Самецкий сделал попытку нагрузить корабль еще больше.

Самецкий изобрел карманную стенгазету, которую ласкательно назвал «Стеннушка-карманушка».

— Понимаете, я должен довести газету до каждого сотрудника. Она должна быть величиной в визитную карточку. Она будет роздана всем. Вынул газету из жилетного кармана, прочел, отреагировал и пошел дальше. Представляете себе реагаж!..

Вся трудность заключалась в том, как уместить на крошечном листке бумаги полагающийся материал: и статью о международном положении, и о внутриучрежденской жизни, и карикатуру на одного служащего, который сделал выпад, одним словом — все.

Спасти положение мог только главный бухгалтер, обладавший бисерным почерком.

Но главный бухгалтер отказался, упирая на то, что он занят составлением годового баланса.

— Ну, мы это еще посмотрим, — сказал Самецкий, — я это рассматриваю как выпад.

Но здесь выяснилось, что Самецкий перегрузил свой корабль.

— Чем он, собственно, занимается? — спросили вдруг на летучем совещании.

— Ну, как же! Крепкий общественник. Все знают.

— Да, но какую работу он выполняет?

— Позвольте, но ведь он организовал этот... ну, ночной колумбарий, скорая помощь, своего рода профсоюзный Склифосовский... И потом вот... переподготовка младенцев. Даже в «Вечерке» отмечали...

— А должность, какую он занимает должность?

Этого как раз никто не знал. Кинулись к ведомости на зарплату. Там было весьма кратко и неопределенно:

«Самецкий — 360 рублей».

— Туманно, туманно, — сказал начальник, — ах, как все туманно! Конечно, Склифосовский Склифосовским, но для государства это не подходит. Я платить не буду.

И судьба Самецкого решилась.

Он перегрузил свой корабль. И корабль пошел ко дну.

1932

ПЫТКА РОСКОШЬЮ

Стоит только недосмотреть за каким-нибудь незначительным явлением жизни, как оно сразу превращается в проблему и уже в качестве таковой начинает волновать умы.

Так родилась проблема бритья и стрижки.

В старину человечество уделяло непомерно много внимания борьбе с лысиной. В газетных объявлениях главное место обычно занимала радостная исповедь пехотного майора французской службы господина Адольфа Шантажу о том, как он, пехотный майор, натирая свою лысую, как детский горшок, голову пастой «Анти-Лысотикон», в два дня добился поразительных результатов.

На его голове со свистом и грохотом выросла густая и красивая шевелюра.

Счастливая судьба не существующего в природе господина Шантажу вызывала суматоху среди лысых. И они тоже втирали в свои плеши различные «Анти-Лысотиконы», «Вырастатели» и прочие волшебные средства, рекомендованные капитанами и тамбурмажорами преимущественно французской службы. В общем, все хотели быть волосатыми.

Сейчас парикмахерская проблема повернулась другой стороной.

Граждане хотят избавиться от своих волос. И это почти так же трудно, как вырастить их на голом месте по способу Адольфа Шантажу.

Московские парикмахерские превратились в читальни. Где-то в глубине салона, перед голубоватым зеркалом, трудится мастер в полубелом фельдшерском халате. Но его почти не видно. Он затерт толпой ожидающих клиентов. Самые молодые и неопытные коротают время, перечитывая по двадцать раз единственный номер детского журнала «Козявка», который от частого употребления готов рассыпаться в порошок. Тоскливо шевеля губами, они моментально заучивают наизусть слова задушевного детского стишка:

Толя, Коля и Машутка
Закричали: «Вот так шутка!
После разных неудач
Стал папаша наш избач.
Динь-бом,
Динь-динь-бом!
Свет несет в деревню он».

Совсем не так поступает опытный клиент. Опытному клиенту точно известно, сколько часов придется прождать в парикмахерской очереди. Потому он и является соответствующей по тоннажу книгой. Чаше всего это бывает «Граф Монте-Кристо», роман в шести частях с пролог и с эпилогами, или современная эпохальная трилогия в шестьсот страниц текста и вступительной статьей, отмечающей ошибки автора Этого хватает в обрез. Приглашение мастера занять место совпадает с благополучной концовкой романа.

Но тут начинается новое мученье — пытка роскошью.

— Голову рекомендую мыть хной, — тихо говорит мастер

Клиент бросает косой взгляд на прейскурант (мытье головы хной — 2 р. 50 к.) и начинает врать, что он недавно был в бане.

— Перхоти много, — угрожающе говорит мастер, — может, помоем «Пиксапо»?

Но клиент отказывается и от «Пиксапо» (1 р. 50 к.). Тогда на лице мастера появляется выражение, которое нужно понимать так: «Что ж, а ля гер, ком а ля гер, — на войне как на войне. Бывают раненые, бывают убитые».

Вслед за сим обездоленный мастер начинает бритье, стараясь вместе с волосяными покровами снять также и кожные.

Уже в середине операции клиент сознает, какую гибельную ошибку он совершил, и говорит дрожащим голосом:

— А может быть, в самом деле помоем голову «Пиксапо»?

— Помоем хной, — сурово отвечает мастер.

Клиент готов на все. И пытка роскошью начинается. Клиенту моют голову дорогой персидской жижей и сушат волосы электрической машинкой, потом снова поливают, на этот раз хинной водой, и снова сушат салфеткой. Дальше в ход идут бриолин, горячий компресс на щеки, сухой пресс на голову, одеколон «Сирень», цветочная вода Фармзавода № 8, причесывание бровей специальной щеточкой и, сверх прейскуранта, насильственное выщипывание волос из носа и из ушей хирургическими клещами.

Счет достигает пяти рублей, и, когда клиент направляется к двери, шатаясь от горя, его неожиданно по спине бьет веником швейцар с преданными и льстивыми, как у сеттера, глазами. Он отбирает последние, припасенные на трамвай десять копеек и, по старинному обычаю, низко кланяется.

Домой страдалец идет пешком, бессмысленно лепеча: «Динь-бом, динь-динь-бом», и размышляет о самовластии парикмахеров.

Самовластие это безгранично. В поселке Клязьма, под Москвой, есть парикмахерская, где под обыкновенным кличем: «Одеколон — не роскошь, а гигиеническое средство», висит сообщение хозяина:

КРЕПКИЕ, ЖЕСТКИЕ ГОЛОВЫ И БОРОДЫ
Я НЕ БРЕЮ

А так как на Клязьме скопилось много зимогоров с крепкими и жесткими головами и бородами, то бриться они ездят поездом в Пушкино, где их подвергают пытке роскошью.

В Надеждинске на семьдесят тысяч рабочего населения есть только три парикмахерские. Проблема бритья и стрижки достигла там предельной остроты. Если бы Большой театр решил вдруг выехать в Надеждинск на гастроли, особенным успехом пользовался бы там «Севильский цирюльник», а то место, где Фигаро без всякой очереди бреет Бартоло, несомненно вызвало бы громовые аплодисменты, бурю рукоплесканий, овацию.

Раньше, когда человек вдруг начинал отращивать бороду, было ясно, что это киноактер, готовящийся сниматься в роли опричника в фильме «Приключения Иоанна Грозного». Теперь свежая и длинная борода показывает, что собственник ее устал бороться с парикмахерскими очередями, что ему надоело читать «Графа Монте-Кристо» и что, наконец, ему невмоготу посвящать своему подбородку выходные дни, мудро предназначенные для отдыха.

Нужно торопиться.

Надо либо пригласить в консультанты легендарного майора Адольфа Шантажу, мастера на все руки, который, вероятно, имеет в запасе какой-нибудь «Анти-Волосатин», вызывающий молниеносную потерю волос, либо открыть много хороших парикмахерских (без пытки роскошью), изжив, таким образом, разросшуюся проблему бритья и стрижки и сведя её до размеров обыкновенного жизненного явления.

1932

МУРАВЕЙ

Трамвайная остановка в так называемые часы пик не представляет собой ничего привлекательного.

Не услышишь тут от граждан тонких высказываний о том о сем, не увидишь здесь изящных жестов. Напротив, движения граждан порывисты, глаза светятся недобрым огнем, рука сама собой складывается в кулак.

И достаточно только трамваю показаться из-за угла, как ожидающие начинают пританцовывать на месте, словно нервный голкипер в воротах.

Раздаются пошлые крики о том, что впереди свободно, и все прочее, что обычно говорится в таких случаях. О, как скучно садиться в трамвай в часы пик! Гораздо приятнее созерцать небо в часы заката.

Странные разговоры ведутся в толпе, поджидающей трамвай.

— Бернардов, это вы?

— А, здравствуйте, дружочек. Давно в Москве?

— Недавно. А вы?

— Ну, я давно.

— Откуда у вас этот костюм?

— Что, нравится?

— Нравится. Сколько вы за него заплатили в переводе на золото?

— В переводе — не знаю. Купил в распределителе водников. За шестьдесят пять рублей.

— Разве вы теперь водник?

— Нет, я не водник. Я состою в горкоме писателей.

— Это, должно быть, очень интересно, романы, повести... Вы знаете, я сам немножко работаю в области литературы. Но куда мне до вас? Я все больше в стенгазете, а вы художник слова, писатель.

— Нет, я не писатель.

— Вы ж говорили, что писатель.

— Нет, я только считаюсь писателем, я обедаю в писательской столовой.

— Где же вы работаете?

— Вообще я числюсь по Энкапеесу.

— Ах, вы железнодорожник!

— Нет, я не железнодорожник, я только получаю там бесплатный проезд по железной дороге, а основная моя работа в Стройнадзоре.

— Вы строитель? Инженер? Техник? Как я вам завидую. Вы закладываете фундамент новой жизни? Вы планируете города?

— Что вы! Я только получаю там новую квартиру с газом. Больше ничего я для них сделать не могу. Я очень занят. У меня массу времени отнимает автогараж.

— Ах, вы заведуете гаражом?

— Нет, заведует гаражом мой знакомый. Вот я все время и трачу на то, чтобы он бесплатно перевез мою мебель в новую квартиру.

— Значит, вы не работаете по автотранспорту?

— Никоим образом, я вам уже говорил. Вообще-то я ближе всего к пожарному делу.

— Вы тушите пожары?

— Нет, я только получаю там молоко.

— Молоко?

— Да, молоко. Видите ли, пожарная профессия очень вредная для здоровья, и там выдают молоко.

— Молоко?

— Ну да, молоко. Так устаешь каждый день ездить с бидонами за этим молоком в Сущевскую часть... Честное слово, буду требовать, чтоб меня перевели в центр, в Кропоткинское депо. Так устаешь...

— Устаешь?

— Ужасно устаешь от всей этой сутолоки, беготни и криков. Вы не поверите, как приятно после всего этого прийти к себе, в клуб глухонемых, и поужинать.

— Вы глухонемой?.. Позвольте, какой же вы глухонемой?

— А я и не глухонемой. Я только член секции глухонемых. Это очень удобно. Во-первых, у нас, у глухонемых, чудный клуб, ужин из четырех блюд — четырнадцать копеек. Во-вторых, тихо. Вы знаете, что такое глухонемые? Прямо скажу, не ораторы. Весь вечер молчат. А?

— Да нет, я ничего.

— Ну, адье. Мой трамвай.

— Куда же вы с передней площадки? Оштрафуют.

— Меня? Я езжу как член Моссовета.

— Ф-фу, наконец понял. Вы член Моссовета.

— Нет, я не член Моссовета. Я только езжу как член Моссовета. Но, конечно, и это ужасно утомляет. И если бы не отдых в санатории Совнаркома, я бы совсем выбился из сил.

— Вы член правительства?

— Да нет, я не член правительства. Я же вам объяснил — я член горкома писателей по разряду титанов художественной мысли с правом бесплатно лечить зубы.

— Что же вы? Мыслите?

— Пока только лечу зубы.

— Но вы все-таки писатель?

— Да ничего подобного. Полчаса вам объясняю, а вы не можете понять. До свидания!

И трамвай умчался в серо-голубую весеннюю даль.

Ох, уж эти трамваи!..

1933

РЕЦЕПТ СПОКОЙНОЙ ЖИЗНИ

Докладчик. Граждане, наше домоуправление предложило мне прочесть жильцам дома небольшую лекцию о том, как организовать спокойную жизнь. По зрелом размышлении, я согласился.

Многие удивляются, как это я сохраняю спокойствие духа и постоянно нахожусь в удовлетворительном настроении, в то время как вокруг идет такая бурная жизнь и происходит бессмысленная трепка нервов. Хорошо. В порядке обмена опытом я расскажу о всех моих достижениях.

Прошу только соблюдать тишину, в противном случае вынужден буду принять соответствующие решительные меры.

Итак, если человек хочет быть спокойным, он постоянно должен иметь при себе следующие предметы: записную книжку, хорошо очиненный карандаш и свисток. Да, я сказал свисток. Никакое спокойствие немыслимо, если у вас в кармане нет свистка.

Скажем, так. Вы входите в магазин с целью приобретения каких-либо продуктов питания, или ширпотреба, или отдельных предметов роскоши, или канцпринадлежностей. Я не спорю, иногда все проходит гладко — вы быстро налаживаете очередь к прилавку, покупаете нужную вам вещь, налаживаете очередь в кассу, платите и уходите. Но обычно посещение магазина не обходится без инцидента. Покупатель может вас толкнуть, продавец грубо ответить, кассирша заявить, что у нее нет сдачи. В таких случаях всегда начинаются крик, пререкания, волнение, — в общем, то, о чем я уже докладывал, — бессмысленная трепка нервов. Вот этого-то и не надо делать. Не надо повышать голоса.

Скажем, вас толкнули. Хорошо. Полное спокойствие. Вы выясняете, кто вас толкнул. Просите предъявить документы. Виновный, конечно, уверяет, что толкнул нечаянно, и документы предъявить отказывается. Еще лучше. Вы приглашаете заведующего магазином и очень тихо, но твердо требуете от него немедленного удаления хулигана с территории торговой точки. Заведующий, конечно, заявляет, что это не его дело и что вообще нечего подымать шум из-за пустяков. Пустяки? Отлично. Без крика, тихо, спокойно берете карандашик и заносите фамилию бюрократа в записную книжечку. Заведующий говорит, что плевал он на мою книжечку. Ах, плевал! Замечательно! Вы мобилизуете покупательский актив, сплачиваете его и подымаете на борьбу с чиновником, потерявшим чувство действительности.

Покупатели не хотят включиться в борьбу? Не хотят сплачиваться? Превосходно! Вынимаете тот же карандашик и, сохраняя полнейшее спокойствие, переписываете поголовно всех граждан, находящихся в магазине. Да, да, поголовно всех, с указанием адресов и места службы. В борьбу с этими антиобщественными элементами вы вовлекаете продавцов.

Если продавцы не оказывают вам законного содействия, то тем лучше. Всех их туда же, в книжечку. Кассиршу тоже. Чтоб не смеялась идиотским смехом в ущерб своим прямым обязанностям. Вы мне, конечно, скажете, что виновные могут убежать из магазина, спасаясь, таким образом, от ответственности. В том-то и дело, что не могут. На скандал с улицы лезут любопытные, и в дверях образуется пробка — ни войти, ни выйти.

Дети плачут, взрослые грозятся, какая-то неустойчивая женщина падает в обморок, слышен, так сказать, стук падения тела. Происходит то, о чем я вам докладывал уже дважды — трепка нервов. Но вы делаете свое дело, продолжаете перепись.

Если в это время вас будут оскорблять разными словами, — очень хорошо! Отнеситесь к факту словесного оскорбления спокойно, зафиксируйте его в книжечке и поставьте против фамилии негодяя-оскорбителя птичку.

Н е т е р п е л и в ы й г о л о с и з з а л а. А если дадут по морде?

Д о к л а д ч и к. Вот этого мне только и надо. Я получаю по морде. Прекрасно. Теперь вся эта объединенная банда покупателей и продавцов в моих руках. Дела идут блестяще. Надо мной намечается суд Линча со стороны недовольных граждан. Уже хватают за толстовку. И тут я вынимаю свисток и громко, торжественно свищу. Никто не уйдет, все ответят: кто за оскорбление действием, кто за подстрекательство к оскорблению действием, кто за неоказание помощи во время оскорбления действием. Приходит милиционер, и вся компания преступников отправляется в милицию. И, заметьте, опять идет бессмысленная трепка нервов. Все волнуются, не хотят идти в отделение, орут, что им надо на службу, к доктору, домой. Один я спокоен.

Спокойным меня делает сознание собственной правоты. Пульс шестьдесят два, прекрасного наполнения. Температура тела тридцать шесть и семь. Зрачки реагируют правильно. Я даже улыбаюсь. По дороге все ужасно нервничают по поводу моего спокойствия, и на глазах у представителя власти мне еще несколько раз дают по морде. Превосходно! Вынимаете тот же карандашик и хладнокровно записываете в книжечку, кто бил и сколько раз ударил. И ставите птички. Теперь можно быть спокойным — дело дойдет до суда. Вообще, граждане, запомните аксиому: решительно все надо доводить до суда. Иначе не может быть никакой спокойной жизни.

Г о л о с и з з а л а. Решительно все?

Д о к л а д ч и к. Все решительно. Вы были на вечеринке, и кто-то надел ваши калоши. Выясняете, кто это сделал, — и в суд его! И хозяина в суд за то, что недосмотрел. И гостей под суд за пьянство и попустительство. Дело, конечно, не в калошах, не в трех рублях, дело в принципе. Если бы мы все доводили до суда, то кривая нервных заболеваний резко пошла бы вниз.

Г о л о с   и з   з а л а. Это просто возмутительно! (*Общий шум.*)

Д о к л а д ч и к. Прошу не нарушать тишины. За нарушение тишины взимается штраф. Кстати, о штрафах. Давно пора уже возбудить вопрос о том, чтобы дать гражданам право штрафовать друг друга. Это сыграло бы огромную воспитательную роль. Я вас штрафую, а вы меня. Вы — меня, а я — вас. Кондуктора — публику, публика — кондукторов. Ведь какая была бы прелесть, какая началась бы спокойная жизнь, без этой трепки нервов. Получил с кого-нибудь пятерку, выдал квитанцию и пошел дальше. Но главное — это все-таки суд. Я все довожу до суда. Сейчас, например, я сужусь с моей невестой по личному вопросу, за нанесение мне ею пощечины во время совместного посещения Художественного театра. Вы скажете, что это дело интимное, что было бы гораздо проще совсем не жениться на ней. Да, было бы проще. Но я это делаю принципиально. И у меня есть свидетели. Я переписал двенадцать человек из второго яруса и трех капельдинеров. Ее бандит-папаша рыщет по всему городу и обещает меня искалечить. Отлично! Спокойно жду хулиганского выпада. Единственное, что меня заботит: как бы будущий, так сказать, тесть не поймал меня без свидетелей. Придется в ближайшие горячие дни водить свидетелей с собой.

Вот, граждане, в общих чертах те методы, которыми я пользуюсь и которые дают мне возможность избегать бессмысленной трепки нервов и неизменно находиться в спокойном состоянии. Повторяю еще раз — ни шагу без суда, ни шагу без свидетелей, все должно быть запротоколировано, все... Кто вредный дурак?! Я вредный дурак? Хорошо! Ах, даже мерзавец? Замечательно! Подлец? Великолепно! Вынимаю книжечку, беру карандашик и записываю... Не размахивайте руками, гражданин Феодалкин, суд все разберет. Кулаками все равно ничего не докажете. Ах так? Оскорбление действием? Этого мне только и надо было. Нет, не умеете вы жить. Долго еще надо вам совершенствоваться. (*Со вздохом вынимает свисток и громко свистит.*)

1934

БЕЗМЯТЕЖНАЯ ТУМБА

Заметили ли вы странную черту, особенность, часто наблюдаемую в отношениях между людьми, нуждающимися в обслуживании, и некоторыми мрачными субъектами, их обслуживающими?

Человеку надо, скажем, записаться на прием в амбулаторию. Он — в одном конце города, а амбулатория — в другом. Человек звонит по телефону. Ему с раздражением отвечают, что по телефону запись не производится. Надо явиться лично. Почему лично? Потому что... и все. Вешается трубка.

И вот человек тащится через весь город для того лишь, чтобы назвать свою фамилию, узнать день приема и тотчас же уйти. А телефон, великое изобретение XIX века, специально созданное для облегчения человеческой жизни, остается неиспользованным, неосвоенным.

Странное и удивительное явление!

Как часто можно натолкнуться на служебное лицо, которое стилем своей работы избрало придирчивость и лишенную смысла строгость!

Вот что произошло несколько дней назад.

Одной женщине сделали аборт. Когда она вернулась домой, ей вдруг стало плохо, началось сильное кровотечение. Это был очень опасный случай, требующий немедленной операции. Женщину повезли в больницу.

Здесь, вместо того чтобы сию же минуту передать больную хирургам, ее посадили в приемную и заставили ждать очереди не к операционному столу, а к канцелярскому, где заполняются опросные листки. Напрасно говорили дежурному, что больная истекает кровью, что анкету можно заполнить потом, что не в учетных деталях сейчас дело.

Это не помогло.

Дежурный поступил по всей форме, запись производил в порядке живой очереди, нисколько не помышляя о том, что последнее звено этой живой очереди находится в полуживом состоянии. Когда пришел черед несчастной женщины, то и тут из правила не сделали исключения: проверялись документы, заполнялись пункты — возраст, образование, национальность (очень важна в такой момент национальность, особенно в Союзе Советских Социалистических Республик!).

Когда женщину повели наконец в хирургическую, вся скамья, на которой она сидела, и пол под ней были залиты кровью. Хорошо сделано?

Итак, когда пришлось выбирать между человеком и формой, выбрали форму, опошлили ее и извратили ее смысл. Да и как, в самом деле, экстренно оперировать женщину, когда не знаешь, где она служит: в тресте ли, в синдикате ли, да сколько у нее родственников и сколько каждому из них лет и к какому полу они имеют честь принадлежать.

И если можно оправдать эту болезненную любознательность в отношении человека с невинным нарывом на пальце, то совсем уж нельзя понять, как мог дежурный заставить женщину, жизнь которой находится в опасности, принять участие в его статистических упражнениях.

Кто воспитал эту безмятежную тумбу? Как могли привиться в лечебном учреждении хладнокровные навыки, имеющие смысл разве только при допросе в уголовном розыске? В больничных правилах внутреннего распорядка, помимо всего, что написано, подразумевается еще и самое важное — сердечное отношение к людям. В этом стержень всякого по-советски усвоенного правила!

Чтобы покончить с областью медицины, надо сказать несколько холодноватых слов о родильных домах.

Охотно верится тому, что в этих домах безукоризненно чисто, что трудолюбивые уборщицы хлопотливо гоняются там за каждой пылинкой, что там работают врачи-виртуозы, что неумелым практикантам не дают принимать новорожденных без надзора, что белье там ослепительной белизны, что роженицы получают вкусную, здоровую еду и совершенно нет никакой надобности приносить пищу из дому, что сам наркомздрав объезжает иногда родильные дома и лично интересуется всеми тонкостями этого дела.

Но вот есть претензия.

В приемных родовспомогательных заведений толпятся счастливые отцы. Лица у них бледны и перекошены. Возбужденные и растерянные, они кидаются на каждого человека в белом халате. Эти чудаки хотят узнать, как чувствует себя любимая жена, принял ли грудь новорожденный, не грозит ли обоим какая-нибудь опасность.

Но человек в белом халате часто ничего не сообщает. Близкие находятся в полном неведении и, уж конечно, не получают свиданий. Дело поставлено оскорбительно сухо. Никаких этих душевных штучек-мучек! К молодому отцу относятся с суровой безразличностью, словно он не муж. Если что-нибудь случится с роженицей, тогда сообщим, а раз не сообщаем, значит, все в порядке.

Как это непонятно, неверно, обидно!

Произошло громадное событие, родился ребенок. И отец этого ребенка — не статистическая единица, а живой человек, не лишенный чувств. Пусть его вопросы кажутся смешными и докучливыми, но на них надо ответить. Ведь он растревожен до крайности, чуть ли не сам болен. Его надо успокоить, рассказать ему, объяснить.

Так ли уж трудно выжать из себя обыкновенную человеческую фразу:

— Ну, товарищ, все в порядке. Жена вам кланяется и чувствует себя отлично. Температура тридцать шесть и восемь. Роды? Нет, были не тяжелые, так, средние. Но вот мальчишка у вас получился первоклассный, любительский. Ест с большим аппетитом.

Ручаемся, что нежная улыбка появится на зеленом лице родителя. И если в эту минуту еще ободрительно похлопать его по плечу, то он выскочит из приемной обезумевший от радости и с пеной на губах будет убеждать своих знакомых, что нигде в мире нет таких гениальных акушеров, как в районном родильном доме № 68, в Кривособачьем переулке.

Так легко, так просто! Немножко души, той самой души, которая, как известно, является понятием бессодержательным и ненаучным. Что ж делать, ненаучно, но полезно.

Вы, конечно, заметили, что если служебная тумба, пользуясь своим положением, может вам причинить неудобство или неприятность, то сделает это почти всегда. И неизвестно почему, так как интересы дела, ему порученного, требуют обратного тому: чтобы он был мил, любезен и даже ласков.

Построили большой новый дом. Его строили долго, тщательно, ввели самые современные удобства в квартирах, не забыли о внешней красоте, снабдили фасад достаточным количеством колонн и барельефов. Снимки с этого дома печатались в газетах. Открывали дом с большой помпой. Действительно, дом был хорош.

Когда последний грузовик вывез со двора последний строительный мусор, в здание вошел управдом. Вошел и тотчас же заколотил грязными досками широкие стеклянные подъезды и приклеил тестом объявления, на которых ужасными лиловыми буквами было выведено: «Подъезд закрыт. Ход со двора».

Чувствовалась в начертании этих мрачных каракулей старательность идиота, пишущего, высунув толстый язык и подперев кулаком голову.

Стоило ли строить красивый вход с рубчатыми стеклами, чтобы написать на нем, что входа нет и что в квартиру надо ползти со двора? А так как двор есть двор, общественность его не видит и фотографии с него не печатаются, то уж будет жилец несколько лет спотыкаться там о брошенное кем-то ведро от известки, проваливаться в ямы и стукаться лбом о притолоку черного хода.

Такой управдом не одинок. Заколачивание дверей становится манией. Это делают иногда и в театрах, и в универмагах, и в учреждениях, куда приходят тысячи людей, то есть именно там, где двери больше всего нужны и где догадливый архитектор старался понастроить их как можно больше.

Есть еще одно любимое занятие у людей подобного рода. Это — возведение заборов.

Когда-то еще на этом месте будет что-то строиться, а забор уже стоит, охватывая весь тротуар и сгоняя пешеходов на мостовую под колеса автомобилей.

Из любви к строительству пешеход пойдет на все неудобства. Но если за забором иногда по году ничего не строится, если еще только ведется титаническая борьба за участок между жилкооперативом баритонов и организацией глухонемых, то пешеходу становится обидно. Тем более что на его жалобы отвечают грубыми и глупыми фразами, которые стали знаменем всех безмятежных тумб, причисляющих себя к начальству:

— Ничего, пройдешь и так!

— Раз сделано, значит, надо!

— Скажи пожалуйста, ему неудобно! Удобства стал искать.

Если приходит повестка или извещение, то каково бы ни было их содержание, хотя бы это было приглашение на диспут об архитектуре или даже на танцевальный вечер, уж будьте покойны, в конце найдется приписка: «Явка обязательна. За неявку то-то и то-то». Не очень, конечно, страшное «то-то», скажем, угроза в другой раз не пригласить на танцы, но все-таки противно читать. Слышится делопроизводительский окрик, чудятся решительно сдвинутые брови и сверкающие глаза.

Тумба проявляет строгость там, где нужна простая деловитость, сухость там, где нужна внимательность, и беспардонность там, где нужно уважение к жителю социалистической страны. Ему легче всего отнестись к обслуживаемому человеку как к лицу подозреваемому, окружить его наибольшим количеством всевозможных формальностей и свою плохую работу свалить на него. Он, мол, и недисциплинированный, он и правил не хочет исполнять, он и вообще мешает работать.

Это встречается не только в быту, это было и в искусстве.

Когда режиссер изготовлял дрянной фильм, где обсосанные двадцатью консультантами благонамеренные герои совершали взвешенные на аптекарских весах положительные поступки, где черствые, неестественные юноши скучно ликвидировали некий прорыв и бездарно достигали своего хрестоматийного счастья, а зритель на этот фильм упорно не ходил, тогда и режиссер, и его директор поднимали ужасный крик:

— Вот видите, не ходят на идеологические фильмы! А почему? Потому что зритель у нас невыдержанный, чуждый, ни черта не понимает в искусстве. Ему подавай Монти Бенкса.

История обычная — зритель брался киночиновниками под подозрение. Мы хорошие и талантливые, это он плохой, мещанский и недоросший.

А вот у «Чапаева» почему-то оказались замечательные зрители. Миллионы зрителей, вполне доросших, идеологически выдержанных, хорошо разбирающихся в искусстве, революционных в душе и советских во всех своих делах.

Это те самые люди, которые протестуют против безмятежных тумб, извращающих советские законы и традиции, против их комариных укусов, надоедливых и противных.

1934

ЛЕНТЯЙ

Ровно в девять часов утра небольшая комната сектора планирования наполнилась сотрудниками. Прогремел железный футляр, который сняли с ундервуда и поставили на подоконник, захлопали ящики письменных столов, и рабочий день начался.

Последним явился Яков Иванович Дубинин.

— Салют! — сказал он жизнерадостно. — Здравствуйте, Федор Николаевич, здравствуйте, Людмила Филипповна. Остальным — общий привет.

Но, повернувшись к своему столу и увидев на нем большую кучу деловых папок, он сразу увял.

Некоторое время он сидел, тупо глядя на бумаги, потом встрепенулся и развернул «Правду».

— Ого! — сказал он минут через десять. — Немцы-то, а? «Эр нувель» пишет...

Сектор безмолвствовал.

Дубинин, конечно, понимал, что надо бы заняться планированием, но какая-то неодолимая сила заставила его перевернуть страницу и углубиться в чтение большой медицинской статьи.

— Товарищи, — внезапно воскликнул он, высоко подымая брови, — вы только смотрите, что делается! Вы читали сегодняшнюю «Правду»?

Трудолюбивые сотрудники подняли на него затуманенные глаза, а Людмила Филипповна на минуту даже перестала печатать.

— Можно будет рожать без боли! Здорово, а?

Он так взволновался, как будто бы сам неоднократно рожал и испытывал при этом ужасные страдания.

Машинка снова застучала, а Яков Иванович принялся читать дальше. Он добросовестно прочитывал все по порядку, не пропуская ни одного столбца и бормоча:

— А сев ничего. Сеют, сеют, засевают. Что-то в этом году в грязь не сеют? А может, сеют, но не пишут? Ну-с, пойдем дальше. Ого! Опять хулиганы! Я бы с ними не стеснялся, честное слово! Профессор Пиккар приехал в Варшаву. Я бы лично никогда не полетел в стратосферу. Хоть вы меня озолотите... Ну-с, в Большом театре сегодня «Садко», билеты со штампом «Град Китеж» действительны на двадцать восьмое. Дальше что? Концерт Беаты Малкин... Вечер сатиры и юмора при участии лучших сил... Партколлегия вызывает в комнату № 598 товарища Никитина... Так, так... Телефоны редакции... Уполномоченный Главлита 22 624...

Дубинин озабоченно посмотрел на часы: было всего только одиннадцать.

— Да, а «Известия» где? — деловито закричал он. — Дайте мне «Известия». Федор Николаевич, где «Известия»? Вечно эта проклятая курьерша куда-то их засовывает.

— Сегодня «Известий» нет, — сухо ответил Федор Николаевич.

— Как нет?

— После выходного «Известий» никогда не бывает.

Яков Иванович даже изменился в лице, когда понял, что читать больше нечего. В тоске он захрустел пальцами и четверть часа сидел, не будучи в силах пошевелиться. Потом собрался с духом и стал изготовлять картонный переплетик для своего паспорта. Он долго и старательно что-то резал, клеил и, высунув язык, выводил надпись: «Я. И. Дубинин».

К часу дня грандиозный труд был закончен. Приближалась роковая минута, когда придется все-таки заняться планированием. Яков Иванович отвернулся от письменного стола брезгливо, как кот, которому пьяный шутник сует в нос дымящуюся папиросу. Он даже фыркнул от отвращения.

За окном шумели голые весенние ветки.

— Сегодня солнечно, но ветрено, — сообщил Яков Иванович, набиваясь на разговор.

— Не мешайте работать, — ответила Людмила Филипповна.

— Я, кажется, всем здесь мешаю, — обидчиво сказал Дубинин. — Что ж, я могу уйти.

И он ушел в уборную, где сидел сорок минут, думая о нетоварищеском, нечутком отношении к нему сотрудников сектора планирования, о профессоре Пиккаре и о том, что билеты на «Град Китеж» действительны на двадцать восьмое.

«Вот черт, — думал он, — ходят же люди по театрам. Времени у них сколько угодно, вот они и шляются».

В свой сектор Дубинин вернулся томный, обиженный.

— К вам посетитель приходил, — сказала Людмила Филип-повна. — Относительно запланирования стеклянной тары. Он ждет в коридоре.

— Знаю без вас, — сурово сказал Яков Иванович. — Сейчас я с ним все выршу. Уж, извините за выражение, человеку в уборную сходить нельзя.

Но в эту минуту его позвали к начальнику.

— Слушайте, товарищ Дубинин, — сердито сказал начальник. — Оказывается, вы сегодня опять опоздали на десять минут к началу служебных занятий. Это что ж получаете? Не планирование, а фланирование. Вы понимаете, что такое десять минут, украденные у государства? Я вынужден объявить вам выговор в приказе. Я вас не задерживаю больше, товарищ Дубинин. Можете идти.

«"Не задерживаю", — горько думал Яков Иванович, медленно идя по коридору. — "Фланирование"! Скажите пожалуйста, какой юморист. Тут работаешь как зверь, а он... бюрократ паршивый! Городовой в пиджаке!»

— Нет, я этого так не оставлю, — кричал он в отделе, заглушая шум машинки. — Да, я опоздал на десять минут. Действительно, на десять минут я опоздал. Ну и что? Разве это дает ему право обращаться со мной, как со скотом? «Я вас не задерживаю!..» Еще бы он меня задержал, нахал. «Можете идти!» Что это за тон? Да, и пойду! И буду жаловаться!

Он хватал сотрудников за руки, садился на их столы и беспрерывно курил. Потом сел на свое место и принялся сочинять объяснительную записку.

«Объяснительная записка», — вывел он посредине листа.

Он сбегал в соседний сектор, принес оттуда красных чернил и провел под фиолетовым заглавием красивую красную черту.

— Товарищ Дубинин, — сказал тихий Федор Николаевич,— готовы у вас плановые наметки по Южному заводу?

— Не мешайте работать! — заревел Яков Иванович. — Человека оскорбили, втоптали в грязь! Что ж, ему уже и оправдаться нельзя, у него уже отнимают последнее право, право апелляции?

Федор Николаевич испуганно нагнул голову и притаился за своим столом.

— Я им покажу! — ворчал Дубинин, приступая к созданию объяснительной записки.

«25-го сего месяца я был вызван в кабинет товарища Пытлясинского, где подвергся неслыханному...»

Он писал с громадным жаром, разбрызгивая чернила по столу. Он указывал на свои заслуги в области планирования. Да, именно планирования, а не фланирования.

«Конечно, острить может всякий, но обратимся к непреложным фактам. Инкриминируемое мне опоздание на десять минут, вызванное трамвайной пробкой на площади имени Свердлова...»

— Пришел товарищ Дубинин? — раздался голос. — Я, собственно говоря, поджидаю его уже два часа.

— Что? — сказал Дубинин, обратив к посетителю страдающий взгляд.

— Я, товарищ, по поводу стеклянной тары.

— Вы что, слепой? — сказал Яков Иванович гнетущим шепотом. — Не видите, что человек занят? Я пишу важнейшую докладную записку, а вы претесь со своей стеклянной тарой. Нет у людей совести и чувства меры, нет, честное слово, нет!

Он отвернулся от посетителя и продолжал писать:

«Десятиминутное опоздание, вызванное, как я уже докладывал, образовавшейся на площади имени Свердлова пробкой, не могло по существу явиться сколько-нибудь уважительной причиной для хулиганского выступления тов. Пытлясинского и иже с ним...»

В половине пятого Дубинин поднялся из-за стола.

— Так и есть, — сказал он. — Полчаса лишних просидел в этом проклятом, высасывающем всю кровь учреждении. Работаешь, как дикий зверь, и никто тебе спасибо не скажет.

Объяснительную записку он решил дописать и окончательно отредактировать на другой день.

1935

ИНТРИГИ

С товарищем Бабашкиным, освобожденным секретарем месткома, стряслась великая беда.

Десять лет подряд членская масса выбирала Бабашкина освобожденным секретарем месткома, а сейчас, на одиннадцатый год, не выбрала, не захотела.

Черт его знает, как это случилось! Просто непонятно.

Поначалу все шло хорошо. Председатель докладывал о деятельности месткома, членская масса ему внимала, сам Бабашкин помещался в президиуме и моргал белыми ресницами. В зале стоял привычный запах эвакопункта, свойственный профсоюзным помещениям. (Такой запах сохранился еще только в залах ожидания на отсталых станциях, а больше нигде уже нет этого портяночно-карболового аромата.)

Иногда Бабашкин для виду водил карандашом по бумаге, якобы записывая внеочередные мысли, пришедшие ему на ум в связи с речью председателя. Два раза он громко сказал: «Правильно». Первый раз, когда речь коснулась необходимости активной борьбы с недостаточной посещаемостью общих собраний, и второй раз, когда председатель заговорил об усилении работы по внедрению профзнаний. Никто в зале не знал, что такое профзнания, не знал и сам Бабашкин, но ни у кого не хватило гражданского мужества прямо и откровенно спросить, что означает это слово. В общем, все шло просто чудесно.

На Бабашкине были яловые сапоги с хромовыми головками и военная гимнастерка. Полувоенную форму он признавал единственно достойной освобожденного члена месткома, хотя никогда не участвовал в войнах.

— А теперь приступим к выборам, — сказал председатель, делая ударение на последнем слоге.

Профсоюзный язык — это совершенно особый язык. Профработники говорят: выбора́, договора́, средства́, про́цент, по́ртфель, ква́ртал, до́ставка, до́быча.

Есть еще одна особенность у профработника. Начиная свою речь, он обязательно скажет: «Я, товарищи, коротéнько», а потом говорит два часа. И согнать с трибуны его уже невозможно.

Приступили к выборам.

Обычно председатель зачитывал список кандидатов. Бабашкин вставал и говорил, что «имеется предложение голосовать в целом»; членская масса кричала: «Правильно, давай в целом, чего там!»; председатель говорил: «Позвольте считать эти аплодисменты...»; собрание охотно позволяло; все радостно бежали по домам, а для Бабашкина начинался новый трудовой год освобожденного секретарства. Он постоянно заседал, куда-то кооптировался, сам кого-то кооптировал, иногда против него плели интриги другие освобожденные члены, иногда он сам плел интриги. Это была чудная кипучая жизнь.

А тут вдруг начался кавардак.

Прежде всего собрание отказалось голосовать список в целом.

— Как же вы отказываетесь, — сказал Бабашкин, демагогически усмехаясь, — когда имеется предложение? Тем более что по отдельности голосовать надо два часа, а в целом — пять минут, и можно идти домой.

Однако членская масса с каким-то ребяческим упрямством настояла на своем.

Бабашкину было ужасно неудобно голосоваться отдельно. Он чувствовал себя как голый. А тут еще какая-то молодая, член союза, позволила себе резкий, наглый, безответственный выпад, заявив, что Бабашкин недостаточно проводил работу среди женщин и проявлял нечуткое отношение к разным вопросам.

Дальше начался кошмарный сон.

Бабашкина поставили на голосование и не выбрали.

Еще некоторое время ему представлялось, что все это не всерьез, что сейчас встанет председатель и скажет, что он пошутил, и собрание с приветливой улыбкой снова изберет Бабашкина в освобожденные секретари.

Но этого не произошло.

Жена была настолько уверена в непреложном ходе событий, что даже не спросила Бабашкина о результатах голосования. И вообще в семье Бабашкиных слова «выбора́, голосование, кандидатура» хотя и часто произносились, но никогда не употреблялись в их прямом смысле, а служили как бы добавлением к по́ртфелю и ква́рталу.

Утром Бабашкин побежал в областной профсовет жаловаться на интриги, он ходил по коридорам, всех останавливал и говорил: «Меня не выбрали», — говорил таким тоном, каким обычно говорят: «Меня обокрали». Но никто его не слушал. Члены совета сами ждали выборов и со страхом гадали о том, какой процент из них уцелеет на своих постах. Председатель тоже был в ужасном настроении, громко, невпопад говорил о демократии и при этом быстро и нервно чесал спину металлической бухгалтерской линейкой.

Бабашкин ушел, шатаясь.

Дома состоялся серьезный разговор с женой.

— Кто же будет тебе выплачивать жалованье? — спросила она с присущей женщинам быстротой соображения.

— Придется переходить на другую работу, — ответил Бабашкин. — Опыт у меня большой, стаж у меня тоже большой, меня всюду возьмут в освобожденные члены.

— Как же возьмут, когда надо, чтоб выбрали?

— Ничего, с моей профессией я не пропаду.

— С какой профессией?

— Что ты глупости говоришь! Я профработник. Старый профработник. Ей-богу, даже смешно слушать.

Жена некоторое время внимательно смотрела на Бабашкина и потом сказала:

— Твое счастье, что я умею печатать на машинке.

Это была умная женщина.

Вечером она прибежала домой, взволнованная и счастливая.

— Ну, Митя, — сказала она, — я все устроила. Только что я говорила с соседским управдомом, как раз им нужен дворник. И хорошие условия. Семьдесят пять рублей в месяц, новые метлы и две пары рукавиц в год. Пойдешь туда завтра наниматься. А сегодня вечером Герасим тебя выучит подметать. Я уже с ним сговорилась за три рубля.

Бабашкин молча сидел, глядя на полку, где стояло толстое синее с золотом собрание сочинений Маркса, которое он в суматохе профсоюзной жизни так и не успел раскрыть, и бормотал:

— Это интриги! Факт! Я этого так не оставлю.

1935

ДОБРОДУШНЫЙ КУРЯТНИКОВ

Мы впервые увидели Василия Петровича Курятникова лет десять тому назад в редакции одной профсоюзной газеты. Он ходил из комнаты в комнату вместе с секретарем редакции, который представлял ему сотрудников.

— Пожалуйста, товарищи, познакомьтесь, — говорил секретарь. — Это наш новый редактор, товарищ Курятников.

Редактор произвел на сотрудников впечатление человека добродушного и симпатичного. На нем был новый синий костюм. Голова у редактора была круглая, короткие черные волосы блестели, как у морского льва.

Газета в то время была хорошая, популярная. И редакция работала слаженно и дружно.

Новый редактор начал с того, что заперся в своем кабинете, где стояла сделанная из фанеры огромная профсоюзная членская книжка — подарок редакции от какой-то читательской конференции, и уже не выходил оттуда. Увидеться с ним было почти невозможно. Только иногда сотрудникам удавалось поймать его в коридоре, когда он направлялся в уборную. Но в таких случаях он, естественно, спешил и на вопросы сотрудников отвечал весьма кратко.

Хорошо налаженная газета месяца два проработала автоматически, а потом стала вдруг разваливаться. Те сотрудники, которым все-таки удавалось прорваться в кабинет Курятникова, выходили оттуда, ошеломленно пожимая плечами и бормоча:

— Худо, товарищи, худо.

— А что такое? — спрашивали товарищи.

— Просто дуб. Ничего не понимает.

Еще через месяц все в редакции твердо знали, что Курятников — глупый, бесталанный человек. Но что было делать? Идти в профсоюз жаловаться на редактора? Но ведь он ничего конкретно плохого не сделал. Жаловаться на его глупость? Это — неопределенно, расплывчато, слишком общо. У нас любят факты. А фактов не было и не могло быть, потому что Курятников ничего не делал.

Началось бегство из редакции. Постепенно стал падать тираж. Когда почти все сотрудники перекочевали в соседние органы, к более расторопным и деятельным редакторам, а тираж газеты с четырехсот тысяч упал до пятидесяти, — в профсоюзе медленно заворочались. И после целого года размышлений Курятникова сняли.

Но он не огорчился. Он сам не раз за время своего редактирования говорил, что газетная работа — это не его стихия, что она ему не нравится.

Через полгода стало известно, что Курятников управляет консервным заводом. А еще через полгода в «Правде» появилась коротенькая, но леденящая душу заметка под названием «Баклажаны товарища Курятникова». В конце заметки сообщалось, что за полное пренебрежение вопросами качества продукции управляющий заводом снят с работы. Все-таки Василий Петрович продержался год, прежде чем общественность удостоверилась в том, что консервы не были его стихией.

Некоторое время Курятников ходил в запасе, таинственный и гордый. При встречах с знакомыми он говорил, что его зовет к себе заместителем Коля Саботаев.

— Но нема дураков, — говорил Василий Петрович. — В заместители я не пойду. Подожду чего-нибудь более подходящего по моему положению.

И, представьте себе, дождался. Не прошло и двух месяцев, как Московскому комнатному театру срочно понадобился директор взамен старого, перешедшего на другую работу. Художественный руководитель театра безумно боялся, что ему подкинут какого-нибудь серьезного и умного человека.

Ему посчастливилось: достался Курятников.

В Комнатном театре Василий Петрович продержался очень долго — два года. Конечно, должность была менее ответственная, зато спокойная. Сиди себе в кабинете среди бронзовых подсвечников да знай снимай себе трубку телефона.

— Слушаю. Нет, нет, по вопросам репертуара обратитесь, пожалуйста, к художественному руководителю, заслуженному деятелю искусств товарищу Тицианову. Нет, по вопросам контрамарок тоже не ко мне. Это вы обратитесь к главному администратору товарищу Передышкину.

Хорошая была жизнь. Вечером Василий Петрович заходил в директорскую ложу и с удовольствием смотрел на сцену. Потом вызывал машину, садился рядом с шофером и ехал домой.

И все-таки он не удержался даже на этом тихом месте. Комнатный театр и до Курятникова не блистал свежестью репертуара и гениальностью художественных замыслов, а при нем дело совсем расползлось. Пьесы шли какие-то особенно глупые, актеры перестали учить роли, даже занавес заедал и не опускался донизу, так что зрителям отлично видны были сапоги театральных рабочих, перетаскивавших декорации. Продуктивно работал только товарищ Передышкин, главный администратор. Ежевечерне он выдавал около тысячи контрамарок, так как зрители совсем перестали покупать билеты.

Изгнанный из театра Курятников на некоторое время исчез. Мы потеряли его из виду.

Однажды началась ожесточенная кампания в газетах. Мишенью этой кампании была фабрика дачно-походных кроватей, так называемых раскладушек.

Пресса открыла ужасные неполадки в раскладушечном деле. Тысячи дачников и дачниц, которые приобрели эти прохвостовы ложа, ругались очень крепкими словами. Раскладушки ломались в первую же ночь. Была назначена ревизия. Пахло судом.

— Тут не могло обойтись без Курятникова, — решили мы. — Такой развал, да притом в такие сжатые сроки, мог вызвать один только Василий Петрович.

Мы почти угадали. Курятников оказался заместителем директора фабрики. Это его спасло, хотя он был правой рукой директора именно по линии раскладушек. Он отделался только выговором и снятием с работы.

Опять он ходил в запасе, гордый и загадочный. Опять его звал к себе верный Коля Саботаев, и, на горе этого Коли, Курятников пошел к нему и в феерически короткий срок — в две шестидневки — развалил большой, недурно налаженный завод граммофонных иголок. Вместо иголок стали получаться почему-то подковные гвозди. Дело пошло своим путем — снимали, судили и так далее. Курятников пошел на другую работу.

Так и двигался по стране Василий Петрович Курятников, неторопливо переходя с места на место.

А чего с ним только не делали! Уже и перемещали, и смещали, и пытались учить. Вся беда заключалась в том, что он был хороший человек. Никогда ничего не крал, вовремя приходил на работу, вежливо обращался с посетителями. Он имел только один недостаток — был бездарен, тяжело и безнадежно глуп.

Даже после того как становится ясно, что человек не годится для места, которое занимает, он по инерции держится еще год. Вот этот год иногда обходится очень дорого.

Странный жизненный путь проходят люди, подобные Курятникову.

С первого же дня поступления на новую должность Курятниковы начинают бояться, что их снимут. Поэтому все свои силенки они направляют не на выполнение порученной им работы, а на борьбу за сохранение занятого поста. В этой затяжной борьбе они выработали тысячи уловок и хитростей. Новая Конституция ускорит движение этих «карьер сверху вниз». Дуракам некуда будет уйти. Они будут освещены, как актеры на сцене. Тут сразу станет видно, на какую роль годится человек. Подходит ли ему роль героя, или он способен только на то, чтобы промямлить два слова и тотчас же уйти со сцены.

Вчера мы встретили в Охотном ряду Курятникова.

Он ехал в старом «газике» с дрожащим кузовом и пожелтевшим ветровым стеклом. Увидев нас, он бешено замахал портфелем.

— Ну, как твои дела, Василий Петрович? Что-то, говорят, неважно? — спросили мы.

— Да, да, —озабоченно сказал Курятников, — имеется некоторая заминка. Стали меня как-то обижать в последнее время. Не могу понять, в чем дело! Работаю так же, как всегда, не жалею сил, а отношение почему-то уже не то. Преждевременно все это, товарищи!

— Что преждевременно?

— Да все это. Между нами говоря. Ну, Конституция. Дело хорошее. Кто же возражает? Но вот тайные выборы. Почему тайные? Кому это надо? Нам с вами? Ни на черта это нам не надо! То есть я понимаю — демократия и прочее. Я ж тоже не бюрократ. Но зачем тайные? Вдруг выберут не того, кого надо? Что тогда будет? А?

— Почему же не того?

Курятников внимательно посмотрел на нас и протянул:

— Ну, ладно! Может, я совсем дураком стал! Что-то мне непонятно все это. Ну, я поехал.

— Что же ты, Василий Петрович, сейчас делаешь?

— Еще работаю. Еще приносит Курятников пользу. Недавно ушел из Планетария, не поладил там немножко с этими психопатами астрономами. А сейчас меня взял к себе Саботаев Коля. Он теперь в районе заведует пивными-американками, а я — его заместителем. Ничего, еще услышите обо мне!

Но последние слова Курятников произнес очень уж вялым голосом. Видно, он не верил в свое будущее.

1936

МЫ ПИРУЕМ,
или СЛЕЗАЙ — ПРИЕХАЛИ!

МОСКОВСКИЕ АССАМБЛЕИ

> — Пей, собака!
> — Пей до дна, пей до дна! — подхватил хор.
> Раздались звуки цевниц и сопелей.
> Граф Остен-Бакен уже лежал под столом.
>
> *(Гуго Глазиус. «История Руси»)*

В тот вечерний час, когда в разных концах Москвы запевают граммофоны-микифоны, на улицах появляются граждане, которых не увидишь в другое время.

Вот идет тощий юноша в лаковых штиблетах. Это не баритон, не тенор и даже не исполнитель цыганских романсов. Он не принадлежит к той категории трудящихся (рабис, рабис, это ты!), коим даже в эпоху реконструкции полагается носить лаковую обувь.

Это обыкновенный гражданин, направляющийся на вечеринку. Третьего дня вечеринка была у него, вчера у товарища Блеялкина, а сейчас он идет на ассамблею к сослуживцу Думалкину. Есть еще товарищ Вздох-Тушуйский. У него будут пировать завтра.

У всех — Думалкина, Блеялкина, Вздох-Тушуйского и у самого лакового юноши Маркова — есть жены. Это мадам Думалкина, мадам Блеялкина, мадам Вздох и мадам Маркова.

И все пируют.

Пируют с такой ошеломляющей дремучей тоской, с какою служат в различных конторах, кустах и объединениях.

Уже давно они ходят друг к другу на ассамблеи, года три. Они смутно понимают, что пора бы уже бросить хождение по ассамблеям, но не в силах расстаться с этой вредной привычкой.

Все известно заранее.

Известно, что у Блеялкиных всегда прокисший салат, но удачный паштет из воловьей печени. У пьяницы Думалкина хороши водки, но все остальное никуда. Известно, что скупые Вздохи, основываясь на том, что пора уже жить по-европейски, не дают ужина и ограничиваются светлым чаем с бисквитами «Баррикада». Также известно, что Марковы придут с граммофонными пластинками, и известно даже с какими. Там будет вальс-бостон «Нас двое в бунгало», чарльстон «У моей девочки есть одна маленькая штучка» и старый немецкий фокстрот «Их фаре мит майнер Клара ин ди Сахара», что, как видно, значит: «Я уезжаю с моей Кларой в одну Сахару».

Надо заметить, что дамы ненавидят друг друга волчьей ненавистью и не скрывают этого.

Пока мужчины под звуки «Нас двое в бунгало, и больше никого нам не надо» выпивают и тревожат вилками зеленую селедку, жены с изуродованными от злобы лицами сидят в разных углах, как совы днем.

— Почему же никто не танцует? — удивляется пьяница Думалкин. — Где пиршественные клики? Где энтузиазм?

Но так как кликов нет, Думалкин хватает мадам Блеялкину за плечи и начинает танец.

На танцующую пару все смотрят с каменными улыбками.

— Скоро на дачу пора! — говорит Марков, подумав.

Все соглашаются, что действительно пора, хотя точно знают, что до отъезда на дачу еще осталось месяцев пять.

К концу вечера обычно затевается разговор на политические темы. И, как всегда, настроение портит Вздох-Тушуйский.

— Слышали, господа, — говорит он, — через два месяца денег не будет.

— У кого не будет?

— Ни у кого. Вообще никаких денег не будет. Отменят деньги.

— А как же жить?

— Да уж как хотите, — легкомысленно говорит Вздох. — Ну, пойдем, Римма. До свиданья, господа.

— Куда же вы? — говорит испуганная хозяйка. — Как же насчет денег?

— Не знаю, не знаю! В Госплане спросите. Наобедаетесь тогда на фабрике-кухне. Значит, назавтра я вас жду. Марковы принесут пластиночки — потанцуем, повеселимся.

После ухода Вздохов водворяется неприятная тишина. Все с ужасом думают о тех близких временах, когда отменят деньги и придется обедать на фабрике-кухне.

Так пируют они по четыре раза в неделю, искренне удивляясь:

— Почему с каждым разом ассамблеи становятся все скучнее и скучнее?

1929

ХАЛАТНОЕ ОТНОШЕНИЕ К ЖЕЛУДКУ

На берегу реки N живописно раскинулся город N. Впрочем, не будем делать загадочного лица... Скажем прямо. На берегу реки Волги живописно раскинулся город Ярославль. Но это еще полбеды. Дело в том, что на одной из его улиц живописно раскинулась кооперативная столовая, вывесившая на стене большой плакат:

> ПИЩА — ИСТОЧНИК ЖИЗНИ ЧЕЛОВЕКА

Конечно, принципиальных возражений против этой концепции быть не может. Даже сам Марко не смог бы привести никаких доводов против такой железной установки. Между тем отдельные ярославцы, побывавшие в этой столовой, с сумасшедшим упорством настаивают на том, что пища ведет к прекращению жизни человека. Тут, как видно, все дело в том, какая пища... Именно этого недоучел ярославский коопзаведующий, который уделил слишком много внимания идейно-теоретическому обоснованию своей должности, позабыв о чисто практических ее задачах. Забыл он о том, что обед должен быть съедобным.

Иной начстоловой, человек в теле и с философским уклоном, никогда не забудет вывесить анонс: «Перед едой обязательно мой руки», забывая в то же время поставить в столовой рукомойник. Где ему помнить о скучных мелочах! Он человек возвышенных мыслей и широкого кругозора.

Как это ни удивительно, но такие люди большей частью командуют большими рабочими столовыми, фабриками-кухнями и сверхмощными пищевыми комбинатами.

Они никогда не говорят «еда» или «кушанье». Они говорят «питание». Не «накормить посетителя», а «охватить едока». Блюда у них не «порционные», а «учебно-показательные». Но все-таки основной своей задачей они ставят обеспечение столовой достаточным количеством плакатов и таблиц.

И перед глазами охваченного ужасом едока появляются строгие увещевания в стихах и прозе.

ВВОДИ В ОРГАНИЗМ ГОРЯЧУЮ ПИЩУ
И РАЗНЫЕ ЗАКУСКИ

НЕ ОТВЛЕКАЙСЯ ВО ВРЕМЯ ЕДЫ РАЗГОВОРОМ,
ЭТО МЕШАЕТ ПРАВИЛЬНОМУ ВЫДЕЛЕНИЮ
ЖЕЛУДОЧНОГО СОКА

ФРУКТОВЫЕ ВОДЫ СУЛЯТ НАМ УГЛЕВОДЫ

ПРОСЯТ О СКАТЕРТИ РУКИ НЕ ВЫТИРАТЬ

А скатертей и вовсе нет. Столы накрыты липкой нечистой клеенкой. Ножи и вилки прикованы цепями к ножке стола (чтоб не украли). И при взгляде на заповедь о желудочном соке не только не хочется вводить в организм горячую пищу и разные закуски, но совершенно наоборот. Что же касается слова «углевод», то хотя всем известно, что углевод нужен для продления жизни, но почему-то по ассоциации вспоминается водопровод, а вслед за ним и канализация. Так что фруктовую воду тоже не хочется вводить в организм. Хочется поскорее уйти, выбраться на свежий воздух, посмотреть на солнце, которое еще не успели снабдить надписью:

ГЛЯДЯ НА СОЛНЕЧНЫЕ ЛУЧИ,
НЕ ЗАБУДЬ ПРОИЗВЕСТИ АНАЛИЗ МОЧИ

В обеденные часы заведующий-мыслитель сочиняет отчетный доклад, в коем точно указано, сколько калорий содержал поданный потребителям суп рыбный, сколько витаминов «А» пришлось на одну едоцкую единицу и в какой связи находятся все эти цифровые данные с такими же данными за первый квартал прошлого бюджетного года.

А в это время сама едоцкая единица глядит на еле теплую котлету и отчаянно тоскует:

— Почему эти калории такие невкусные! И витамины какие-то неудобоваримые!

О многом размышляет едоцкая единица и подводит печальный итог:

— Почему такое халатное отношение к желудку? Почему костюм принято шить по росту? Почему ботинки изготовляются разных размеров, от мальчиковых до дедушковых? Даже воротнички — и те выделываются в зависимости от толщины потребительской шеи! А еда единообразна и явно рассчитана на какой-то отвлеченный, обезличенный желудок.

Хотелось бы подчеркнуть фундаментальность жалоб на обезличенное меню. Судя по тому, как часто люди едят, можно смело, не боясь впасть в ошибку, заключить, что они придают вопросам принятия пищи большое значение.

Едят везде. Едят дома, на улице, на работе, в театре, в кино, едят на стадионах и пароходах, в вагонах и на вокзалах, помаленьку стали есть даже в воздухе. До сих пор в воздухе не ели, не было подходящего помещения, но теперь, с выпуском сорокаместного гиганта, где будет буфет, начнут питаться и на высоте трех тысяч метров над уровнем моря. Говоря кратко, человек ест, где только возможно, подсознательно чуя, что прав ярославский заведующий, что пища действительно источник жизни человека.

Таким образом, мы опять возвращаемся к проклятому вопросу, каким же должен быть этот источник? Эта задача имеет лишь одно решение. Пища не должна быть только механическим сцеплением калорий, витаминов, крахмалов и щелочей. Она обязательно должна быть вкусной, горячей или холодной, если ее принято вводить в организм именно в таком виде.

Но в кино и театрах, в кафе и учрежденских буфетах ситро подается по возможности горячим, а чай соответственно холодным. На вокзалах дело обстоит еще строже. Там не боятся того, что потребитель начнет жаловаться. Он обычно торопится на поезд и ввиду этого пуглив, как овца. И вот ему подсовывают все, что попадается под руку. Чай пассажиру дают без блюдечка, и он уносит его к своему столику, обжигая пальцы и жалобно подвывая. Впрочем, чаю он так и не пьет. Его горло сжимает тоска. Полными слез глазами он смотрит на жену. Она стоит за дверью перед двумя контролерами и посылает мужу прощальные взгляды. По железнодорожным правилам в буфет пускают только пассажиров дальнего следования по предъявлении ими билетов или плацкарт. Провожающих не пускают. И стоит жена у входа, глотая слезы, большие, как аптекарские пилюли. Это жестоко. Но там, где дело касается вопросов принятия пищи внутрь, там и без того злой чиновник превращается в барса.

Как-то незаметно выработалось неписаное и никакими общественными или хозяйственными организациями не утвержденное правило, по которому обыкновенная вывеска, висящая над нарпитовским предприятием, играет неожиданно решающую роль.

Если на вывеске написано «Ресторан», то обязательно в помещении чисто, есть скатерти, салфетки, солонки и цветы, перевязанные лентами из розовых стружек. Там есть выбор из пяти-шести блюд, обращение корректное, на стене висят приглашения: «Требуйте горячие пирожки» или «Перед едой мойте руки — первая дверь направо». Кроме того, на эстраде, среди взъерошенных пальм, большой симфонический ансамбль из трех человек играет «Турецкий марш» Моцарта.

Если же на вывеске написано «Столовая», то в помещении не чисто, высоко под потолком горит слабая электрическая лампочка, меню состоит из двух блюд, рассчитанных все на тот же отвлеченный, обезличенный желудок, в каждом посетителе видят жулика и деньги с оскорбительной настойчивостью требуют вперед. На стенах висят раскрашенные картинки с изображениями детских глистов и трахомных глаз. Летают большие мясные мухи. Оркестра нет — музыку здесь считают выпадом против общественности.

И можно не сомневаться, что заведующий здесь занимается главным образом философским обоснованием своей работы, совершенно позабыв о кооперативной заповеди, по которой пища все же источник жизни человека.

1931

ГОРЮ — И НЕ СГОРАЮ

Спокойно и величаво жила в своей квартире стандартная дореволюционная бабушка. Дверь квартиры была обита войлоком и блестящей зеленой клеенкой. Была на двери еще большая гербовая бляха с надписью: «Горю — и не сгораю». Застраховано от огня в об-ве «Саламандра». Больше всего в жизни бабушка боялась, что ее мебель сгорит. Бабушка уважала свою мебель.

Здесь царил буфет, огромный дубовый буфет с зеркальными иллюминаторами, с остроконечными шпилями-башенками, нишами, с барельефными изображениями битой дичи, виноградных гроздьев и лилий. Цоколь буфета был рассчитан на такую неимоверную тяжесть, что на нем без опасения можно было бы установить конный памятник какому-нибудь Скобелеву. Буфет походил на военный собор, какие обычно строили при кадетских корпусах и юнкерских училищах, и был разукрашен цветными пупырчатыми стеклами. Грандиозен был буфет, и тем не менее его полки и ящики были так малы, что вмещали только чайный сервиз. Остальная посуда стояла на буфетной крыше, за шпилями и башенками, и покрывалась пылью.

На большом столе лежала парадная бархатная скатерть с бомбошками по углам. Вообще у бабушки все было с бомбошками. Драпри с бомбошками, гардины с бомбошками, пуфы с бомбошками. Эти разноцветные плюшевые шарики приводили котов в ярость. Они постоянно их подстерегали, хватали когтями и раскачивали. Стол был так же величествен и бесполезен, как буфет. За него никак нельзя было сесть. Коленки постоянно сталкивались с какими-то острыми дубовыми украшениями, и смельчак, пытавшийся было использовать стол по его прямому назначению, тотчас же отскакивал от него, яростно растирая ладонью ушибленное место.

Был еще стол — малый, бамбуковый — зыбкое сооружение, предназначенное для семейного альбома с толстой плюшевой крышкой и медными застежками величиной в складские засовы. Но достаточно было сдвинуть альбом хотя бы на миллиметр вправо или влево от геометрического центра, как равновесие нарушалось и столик валился на атласную козетку.

Бабушке очень нравилась козетка, нравилась главным образом красотой форм, так сказать, гармоничностью линий. Странная это была штука! Для лежания она не годилась — была слишком коротка. Не годилась она и для сидения. Сидеть мешали главным образом гармоничность линий и красота форм. Мастер предназначил ее для полулежания, совершенно не учтя, что такое небрежно-аристократическое положение тела допустимо только в великосветских романах и в жизни не встречается. Так что на козетке обычно лежала кошка, да и то только в те редкие минуты, когда бомбошки не раскачивались.

Повсюду стояли длинные, вытянутые в высоту, и узкие вазочки для цветов с толстой стеклянной пяткой. Они походили на берцовую кость человека и вмещали только по одному цветку. Цветки были бумажные. Висели картинки неизвестных старателей-акварелистов в рамках в виде спасательных кругов, в рамках из ракушек, бамбуковых палочек или из багета с золотыми листочками. На шатких этажерках могли помещаться только фарфоровые слоны, мал-мала меньше.

Удивительная это была мебель! Она не только не приносила пользы человеку, но даже ставила его в подчиненное, унизительное положение. В своих резных выступах, углах, барельефах и загогулинах она собирала чертову уйму пыли и паутины. Постоянно надо было за мебелью ухаживать, просить гостей на нее не садиться. Кроме того, ее надо было страховать от огня. Не ровен час — сгорит!

— Никогда я не буду жить, как моя бабушка! — восклицал иной внук, больно ударяясь о стол большой или опрокидывая стол малый. — Вырасту — заведу совсем другую мебель, удобную, простую, а эта дрянь — хорошо, если бы сгорела.

И она действительно сгорела. Случилось то, чего бабушка боялась больше всего на свете.

В восемнадцатом и девятнадцатом и даже в двадцатом году внук обогревался бабушкиной мебелью. С наслаждением отрубал он от стола его львиные лапы и беспечно кидал в «буржуйку». Он особенно хвалил соборный буфет, которого хватило на целую зиму. Все пригодилось: и башенки, и шпили, и разные бекасы, а в особенности многопудовый цоколь. Горели в печке бамбуковые столики, этажерки для семи слонов, кои якобы приносят счастье, дурацкие лаковые полочки, украшенные металлопластикой, и прочая дребедень, которую внук для краткости называл «гаргара» или «бандура».

С тех пор ушли годы, внук вырос, сделался сперва молодым, а потом уж и не очень молодым человеком, обзавелся комнатой в новом доме и наконец решил приобрести мебель, о которой мечтал в детстве, — удобную и простую.

Он стоял перед огромной мебельной витриной универмага Мосторга, по замыслу заведующего изображавшей, как видно, идеальную домашнюю обстановку благонамеренного советского гражданина.

Если бы внук не сжег в свое время бабушкину мебель собственными руками, то подумал бы, что это именно она и стоит за зеркальной стеной магазина.

Здесь царил буфет, коренастый буфет, с вырезанными на филёнках декадентскими дамскими ликами, с дрянными замочками и жидкими латунными украшениями. Были на нем, конечно, и иллюминаторы, и ниша, и колонки. А на самом верху, куда человек не смог бы дотянуться, даже став на стул, неизвестно для чего помещалось сухаревское волнистое зеркало. Перпендикулярно буфету стояла кровать, сложное сооружение из толстых металлических труб, весьма затейливо изогнутых, выкрашенных под карельскую березу и увенчанных никелированными бомбошками. (Бабушка была бы очень довольна, — она так любила всякие бомбошки!)

Кровать была застлана стеганым одеялом. Одеяло было атласное, розовое, цвета бедра испуганной нимфы. Оно сразу превращало кровать, эту суровую постройку из дефицитного металла, в какое-то ложе наслаждений.

Был здесь и диванчик для аристократического полулежания, в чем, несомненно, можно было бы усмотреть особенную заботу о потребителе. Был и адвокатский диван «радость клопа» со множеством удобных щелей и складок, с трясущейся полочкой, на которой лежал томик Карла Маркса (дань времени!), и этажерка на курьих ножках, и стол, под который никак нельзя подсунуть ноги.

Была бы жива бабушка, она сейчас же с радостным визгом поселилась бы в этой витрине. Так здесь было хорошо и старорежимно. Все как прежде. Вот только Маркс! Впрочем, Маркса можно заковать в плюшевый переплет с медными засовами и показывать гостям вместо семейного альбома.

— А это вот Маркс! Видите! Тут он еще молодой, даже без усов. А вот тут — уже в более зрелых годах.

— Смотрите, довольно прилично одевался. А это что за старичок?

— Это один его знакомый. Энгельс по фамилии.

— Ничего, тоже приличный господин.

И текла бы за мосторговской витриной тихая, величавая бабушкина жизнь.

С поразительным упорством работает наша мебельная промышленность на ветхозаветную дуру бабушку! На рынок с непостижимой методичностью выбрасывается мебель того нудного, неопределенного, крохоборческого стиля, который можно назвать банковским ампиром, — вещи громоздкие, неудобные и чрезвычайно дорогие.

Из существующих в мире тысяч моделей шкафов древтресты облюбовали самую тоскливую, так называемый «славянский шкаф». Заходящие в магазины «советские славяне», а именно: древляне, поляне, кривичи и дреговичи, а также представители нацменьшинств, советские половцы, печенеги, хозары и чудь белоглазая, первым долгом тревожно спрашивают:

— Скажите, а других шкафов у вас нету?

— Других не работаем, — равнодушно отвечает древтрестовский витязь. — А что, разве плохо? Типа «гей, славяне!». Все равно возьмете. Ведь выбора нету.

Выбора действительно нет. Потребитель вынужден уродовать новое жилье безобразной мебелью. Он покупает низкорослые ширмы, которые ничего не заслоняют, но зато ежеминутно падают. Он везет на извозчике гадкий, рассыхающийся уже по дороге комодик с жестяными ручками. Письменные столы изготовляются или только канцелярские, сверхъестественно скучные, или крохотные дамские, больше всего пригодные для маникюрши. Обыкновенных полок для книг достать нельзя. Их не делают. Но зато есть полочки, предназначенные для предметов, которые должны украшать жилье.

Вот, кстати, эти предметы искусства:

1. Гипсовая статуэтка «Купающаяся трактористка» (при бабушке эта штука называлась «Утренняя нега»).

2. Толстолицый немецкий пастушок, вымазанный линючими краскапми. Гипс.

3. Кудреватый молодой человек с хулиганской физиономией играет на гармонике. Гипс.

4. Пепельница с фигурками:

а) охотник, стреляющий уток;
б) бегущая собака;
в) лошадиная морда.

} луженый чугун

5. Чернильный прибор, могучий агрегат, сооруженный из уральского камня, гранитов, хрусталя, меди, никеля и высококачественных сталей. Имеет название: «Мы кузнецы, и дух наш молод». Лучший подарок уезжающему начальнику. Цена — 625 рублей 75 копеек.

И когда слышатся робкие протестующие голоса, начальники древтрестов и командующие статуэтками и чернильными приборами отчаянно вопят:

— Вы не знаете потребителя! Вы не знаете условий рынка! Рынок этого требует!

А кричат они потому, что привыкли работать на стандартную дореволюционную старуху, законодательницу сухаревских вкусов и мод.

И в силу этой пошлейшей инерции новому человеку приходится жить среди свежепостроенных бабушкиных мебелей и украшений.

1932

БРОНИРОВАННОЕ МЕСТО

Рассказ будет о горьком факте из жизни Посиделкина.

Беда произошла не оттого, что Посиделкин был глуп. Нет, скорее он был умен.

В общем, произошло то, что уже бывало в истории народов и отдельных личностей, — горе от ума. Дело касается поездки по железной дороге.

Конечная цель усилий Посиделкина сводилась вот к чему: 13 сентября покинуть Москву, чтобы через два дня прибыть в Ейск на целительные купанья в Азовском море. Все устроилось хорошо: путевка, отпуск, семейные дела. Но вот — железная дорога. До отъезда оставалось только два месяца, а билета еще не было.

«Пора принимать экстренные меры, — решил Посиделкин. — На городскую станцию я не пойду. И на вокзал я не пойду. Ходить туда нечего, там билета не достанешь. Там, говорят, в кассах торгуют уже не билетами, а желчным порошком и игральными картами. Нет, нет, билет надо доставать иначе».

Это самое «иначе» отняло указанные уже два месяца.

— Если вы меня любите, — говорил Посиделкин каждому своему знакомому, — достаньте мне билет в Ейск. Жесткое место. Для лежания.

— А для стояния не хотите? — легкомысленно отвечали знакомые.

— Бросьте эти шутки, — огорчался Посиделкин, — человеку надо ехать в Ейск поправляться, а вы... Так не забудьте. На тринадцатое сентября. Наверное же у вас есть знакомые, которые все могут. Да нет! Вы не просто обещайте — запишите в книжечку. Если вы меня любите!

Но все эти действия не успокаивали — так сказать, не давали полной гарантии. Посиделкин опасался конкурентов. Во всех прохожих он подозревал будущих пассажиров. И действительно, почти все прохожие как-то нервно посматривали по сторонам, словно только на минуту отлучились из очереди за железнодорожными билетами.

«Худо, худо, — думал Посиделкин, — надо действовать решительнее. Нужна система».

Целый вечер Посиделкин занимался составлением схемы. Если бы его сейчас поймали, то, несомненно, решили бы, что Посиделкин — глава большой подпольной организации, занятой подготовкой не то взрыва железнодорожного моста, не то крупных хищений в кооперативах открытого типа.

На бумажке были изображены кружочки, квадратики, пунктирные линии, литеры, цифры и фамилии. По схеме можно было проследить жизнь и деятельность по крайней мере сотни людей: кто они такие, где живут, где работают, какой имеют характер, какие слабости, с кем дружат, кого недолюбливают. Против фамилий партийных стояли крестики. Беспартийные были снабжены нуликами. Кроме того, значились в документе довольно-таки странные характеристики:

«Брунелевский. Безусловно, может».

«Никифоров. Может, но вряд ли захочет».

«Мальцев-Пальцев. Захочет, но вряд ли сможет».

«Бумагин. Не хочет и не может».

«Кошковладельцев. Может, но сволочь».

И все это сводилось к одному — достать жесткое место для лежания.

«Где-нибудь да клюнет, — мечтал Посиделкин, — главное, не давать им ни минуты отдыха. Ведь это все ренегаты, предатели. Обещают, а потом ничего не сделают».

Чем ближе подходил день отъезда, тем отчаяннее становилась деятельность Посиделкина. Она уже начинала угрожать спокойствию города. Люди прятались от него. Но он преследовал их неутомимо. Он гнался за ними на быстроходных лифтах. Он перегрузил ручную и автоматические станции бесчисленными вызовами.

— Можно товарища Мальцева? Да, Пальцева. Да, да, Мальцева-Пальцева. Кто спрашивает? Скажите — Леля. Товарищ Мальцев? Здравствуйте, товарищ Пальцев. Нет, это не Леля. Это я, Посиделкин. Товарищ Мальцев, вы же мне обещали. Ну да, в Ейск, для лежанья. Почему некогда? Тогда я за вами заеду на такси. Не нужно? А вы действительно меня не обманете? Ну, простите великодушно.

Завидев нужного ему человека, Посиделкин, презирая опасность, бросался в самую гущу уличного движения. Скрежетали автомобильные тормоза, и бледнели шоферы.

— Значит, не забудьте, — втолковывал Посиделкин, стоя посреди мостовой, — в Ейск, для лежания. Одно жесткое.

Когда его отводили в район милиции за нарушение уличных правил, он ухитрялся по дороге взять с милиционера клятву, что тот достанет ему билет.

— Вы — милиция, вы все можете, — говорил он жалобно.

И фамилия милиционера с соответствующим кружочком и характеристикой («Может, но неустойчив») появлялась в страшной схеме.

За неделю до отъезда к Посиделкину явился совершенно неизвестный гражданин и вручил ему билет в Ейск. Счастью не было предела. Посиделкин обнял гражданина, поцеловал его в губы, но так и не вспомнил лица (стольких людей он просил о билете, что упомнить их всех было решительно невозможно).

В тот же день прибыл курьер на мотоцикле от Мальцева-Пальцева. Он привез билет в Ейск. Посиделкин благодарил, но деньги выдал со смущенной душой.

«Придется один билет продать на вокзале», — решил он.

Ах, напрасно, напрасно Посиделкин не верил в человечество!

Схема действовала безотказно, как хорошо смазанный маузер, выпуская обойму за обоймой.

За день до отъезда Посиделкин оказался держателем тридцати восьми билетов (жестких, для лежанья). В уплату за билеты ушли все отпускные деньги и шестьдесят семь копеек бонами на Торгсин.

Какая подлость! Никто не оказался предателем или ренегатом!

А билеты все прибывали. Посиделкин уже прятался, но его находили. Количество билетов возросло до сорока четырех.

За час до отхода поезда Посиделкин стоял на гранитной паперти вокзала и несмелым голосом нищего без квалификации упрашивал прохожих:

— Купите билетик в Ейск! Целебное место — Ейск! Не пожалеете!

Но покупателей не было. Все отлично знали, что билета на вокзале не купишь и что надо действовать через знакомых. Зато приехали на казенной машине Брунелевский, Бумагин и Кошковладельцев. Они привезли билеты.

Ехать Посиделкину было скучно.

В вагоне он был один.

И, главное, беда произошла не оттого, что Посиделкин был глуп. Нет, скорее он был умен. Просто у него были слишком влиятельные знакомые. А чудное правило — покупать билеты в кассе — почему-то было забыто.

1932

ЧЕЛОВЕК С ГУСЕМ

Один гражданин пожелал купить электрическую лампочку. В магазине лампочки были, но все не те — в пятьдесят, двадцать пять и даже пятнадцать свечей. А гражданин обязательно хотел сто свечей. Такая это была капризная и утонченная натура.

Казалось бы, происшествие ничем не замечательное. Но надо же было случиться тому, что опечаленный гражданин столкнулся на улице со старым своим другом.

Друг был рыжий, веселый, напудренный и держал под мышкой большого битого гуся.

(Здесь опускается описание довольно продолжительных приветствий и объятий, во время которых гусь несколько раз падал на тротуар, а рыжий живо поднимал его за лиловатую мерзлую ножку.)

— Да, Миша! — воскликнул вдруг гражданин. — Где можно купить стосвечовую лампочку?

— Нигде, конечно, — загадочно ответил рыжий.

— Что же мне делать?

— Очень просто. Достать по блату.

Неудачливый покупатель не понял своего веселого друга. Он впервые слышал такое странное выражение. Задумчиво он повторил его вслух и долго бы еще растерянно топтался посреди тротуара, мешая пешеходному движению, если бы рыжий не набросился на него, размахивая гусем:

— Что ты не можешь понять? Да, по блату! Не слышал?

И, многократно повторяя это неизящное воровское слово, Миша пихал гуся под нос другу. Друг отгибал голову назад и испуганно закрывал глаза.

— Вот! — возбужденно вскричал рыжий. — Этого гуся я получил по блату. За тридцать копеек. Одного жиру тут на пятьдесят рублей. А пальто? Видел? Инснабовское маренго. Двенадцать рублей. Одна подкладка теперь на базаре... Да ты погоди...

Он положил гуся на землю и, не сводя с него глаз, расстегнул пальто, чтобы показать костюм. Костюм действительно был неплохой. Такие костюмы снятся пижонам в длинные зимние ночи.

— Сколько, по-твоему, стоит?

— Рублей шестьсот? — нетвердо сказал искатель лампочки.

— А двадцать два дуба не хочешь? Шито по фигурке. Мировой блат!

Это слово, которое скрытно жило в малинах и употреблялось исключительно в интимных беседах между ширмачами и скупщиками краденого (каинами), выскочило наружу. А рыжий веселый друг все подпрыгивал и радовался. Наконец он наклонился к уху собеседника и, оглянувшись, зашептал:

— Надо понимать. Блат — великая вещь.

Искатель лампочки тоже оглянулся. Но он уже вошел во вкус нового слова и застенчиво спросил:

— Что же это все-таки значит... по блату?

— По блату — это по знакомству. Тебе нужна лампочка? Сейчас... Кто у меня есть по электричеству? Ах, жалко. Бешенский в отпуску. Но, знаешь, все-таки пойдем. Может, что-нибудь достанем.

К вечеру искатель стосвечовой лампочки вернулся домой. Двусмысленно улыбаясь, он поставил на стол черный экспортный патефон и восьмидюймовую банку с медом. Веселый друг оказался прав. Бешенский еще не вернулся. К счастью, на улице встретился директор объединения «Мембрана», и беспокойный Миша сразу выпросил у него записку на патефон по сверхтвердой цене и со скидкой в тридцать процентов, так что почти ничего платить не пришлось. Что же касается банки с медом, то отчаянный друг с такой ловкостью выхватил ее из какого-то ГОРТа, что искатель лампочки даже не успел заметить, какой это был ГОРТ.

Весь вечер он ел мед и слушал пластинки. И в диких выкриках гомэцовской хоровой капеллы чудилась ему дивная, почти сказочная жизнь, по каким-то чужим броням, почему-то вне всяких очередей и даже с правом посылать семейные телеграммы с надписью «посевная».

Утром, на свежую голову, он стал вспоминать и записывать в книжечку фамилии и телефоны своих знакомых. Оказалось, что многие полезны, из них особенно:

кассиров железнодорожных — 1,

привратников ЗРК — 3,

хозяйственников — 2,
управляющих финансовыми секторами — 1,
председателей РЖСКТ — 1.

А он, дурак, с иными пил чай, с другими играл в карты и даже в фанты, с третьими жил в одной квартире, приглашал их на вечеринки и сам бывал у них на вечеринках — и никогда ни о чем их не просил. Это было какое-то непонятное затмение.

Теперь ясно, что надо делать. Надо просить!

Просить все: бесплатный билет в Сочи, свинобобы по твердым ценам, письменный стол за счет какого-нибудь учреждения, скидку на что-то, преимущества в чем-то, одним словом — все.

Через год человек, искавший когда-то лампочку, оглянулся на пройденный путь. Это был путь человека с вечно протянутой за подаянием рукой.

Теперь он часто без дела разъезжал в поездах, занимая мягкие места, а на пароходах его иной раз даже даром кормили.

Среди пассажиров по томному блеску глаз и по умению держать проводников в страхе он узнавал тех, кто тоже устраивался по блату.

Если эти люди ехали с женами, то чудилось, что даже они по протекции, по чьей-то записочке, вне всякой очереди, — такие у них были подруги, отборные, экспортные, лучше, чем у других.

И когда они переговариваются между собой, кажется, что они беспрерывно твердят некое загадочное спряжение:

я — тебе,

ты — мне,

он, она, оно — мне, тебе, ему,

мы — вам,

вы — нам,

они, оне — нам, вам, им.

Теперь понятно выражение «по блату». Просто оно оказалось наиболее точно обозначающим бурную деятельность некоторого количества людей, думающих, что если они и не ангелы, то уж во всяком случае хорошие ребята и крепкие парни.

Но их выдает уже самое выражение «по блату». Оно вышло, как бы сказать, из официально воровского мира и пришло в мир воров неофициальных, растаскивающих советское имущество по карманам толстовок, по плетенкам. Это еще более предприимчивые и наглые расхитители социалистической собственности, чем те, кто ночью где-нибудь на товарном дворе взламывают вагоны, за что и судятся по соответствующей статье.

Тут есть все, предусмотренное уголовным кодексом: и гортовская кража со взломом по записке, и строительный бандитизм по протекции, и похищение чужой квартиры среди бела дня и вне всякой очереди.

Рыжие молодцы не всегда ходят с битым гусем под мышкой.

Иногда они хватают чужие вагоны с алебастром или мандаринами, морожеными судаками или табуретками. Они рвут. Оказывается, им все нужно.

— Сегодня отхватил пять тысяч штук кирпича! Мировой блат! По твердой. А на рынке знаете сколько?.. Пусть полежит. Когда-нибудь пригодится. Мы тут наметили года через два начать строить авгиевы коттеджи.

И наверно же у нас есть домики, выстроенные по блату, против плана, вопреки прямому запрещению государственных органов, выстроенные только потому, что какой-то очень энергичный человек обманным путем, в ущерб государству, в ущерб новому жилью для рабочих, ученых или специалистов вырвал где-то все элементы своего гнездышка: и цемент, и крышу, и унитазы, и рамы, и паркет, и газовые плиты, и драгоценный телефонный кабель. Вырвал из плана, смешал карты, спутал работу, сломал чьи-то чудные начинания, проник микробом в чистый и сильный советский организм.

Товарищи, еще одна важная новость! Но помните— это секрет! Никому ни слова!

Тише!

У нас есть писатели по блату! (Немного, но есть.)

Композиторы по блату! (Бывают.)

Художники
Поэты } по блату.
Драматурги (Имеется некоторый процент.)
Кинорежиссеры

Это тонкая штука. И это очень сложная штука. В искусстве все очень сложно. И это большое искусство — проскочить в литературу или музыку без очереди.

Все эти люди — и веселый приобретатель с протянутой рукой, и строительный разбойник, с кистенем в руках отбивающий магнитогорский вагон с пиленым лесом, и идеологический карманник с чужой славой на озабоченном челе, — все это «ятебетымне» думают, что по блату можно сделать все, что нет такого барьера, который нельзя было бы взять с помощью семейственности, что по блату, по записке можно примазаться и к социалистическому строительству. Но это им не удастся. Столь любимый ими «блат» приведет их в те же самые камеры, откуда вышло это воровское, циничное, антисоветское выражение.

1933

ДЛЯ ПОЛНОТЫ СЧАСТЬЯ

Для полноты счастья членам профсоюза — тем самым членам профсоюза, о духовных запросах которых пекутся столь многочисленные и многолюдные организации, — иногда хочется сходить в клуб.

Как создается новый клуб?

О, это не так просто.

Объявляется конкурс. И пока молодые и немолодые архитекторы при свете сильных ламп чертят свои кривые и производят расчеты, общественность волнуется. Больше всех кипятятся врачи. Они требуют, чтобы новый клуб был образцом санитарии и гигиены.

— Не забудьте, — предостерегают врачи, — что каждый кружковец, кроме общественной нагрузки, несет еще нагрузку физиологическую — он вдыхает кислород, выдыхает азот и прочий там ацетилен. Нужны обширные помещения, полные света и воздуха.

Консультанты из ВСФК требуют, чтобы был гимнастический зал, тоже полный света и воздуха.

Автодоровская общественность настаивает на том, чтобы не были забыты интересы автомобильного кружка, которому нужна для работы комната, конечно полная воздуха и света. Волнуются осоавиахимовцы, мопровцы, друзья детей, представители пролетарского туризма, нарпитовцы (комната, свет и воздух).

Артель гардеробщиков выступает с особой декларацией. Довольно уже смотреть на гардероб как на конюшню. Гардероб должен помещаться в роскошном помещении, полном света и воздуха, с особыми механизмами для автоматического снимания калош и установления порядка в очереди, а также электрическим счетчиком, указывающим количество пропавших пальто.

Центром всего является заметка в вечерней газете — заметка оптимистическая, полная света, воздуха и юношеского задора. Она называется:

В УБОРНОЙ — КАК ДОМА

Заметка начинается с академических нападок на царский режим. Покончив с этой злободневной темой, «Вечерка» доказывает, что человечество проводит в уборных значительную часть своей жизни. Поэтому надо уделить им особенное внимание: надо добиться того, чтобы каждый, побывавший в уборной нового клуба, вынес оттуда хоть небольшой, но все же культурный багаж.

В общем, кутерьма идет порядочная. Архитекторы выбиваются из сил, чтобы наилучшим образом сочетать требования общественности.

Но вот проект выбран, клуб построен, флаг поднят, прогремели приветственные речи, и в новое здание вступает заведующий клубом.

Нет слов, клуб хорош. Блистают светлые стены, в толстых стеклах отражаются бюсты, по углам стучат листьями пальмы, а коричневый зрительный зал почище, черт побери, любого филиала московского театра. Хороша и циркуляция воздушных потоков. Есть, конечно, недочеты, но в основном общественность добилась своего — клуб хорош.

Суровые будни начинаются с того, что главный вход наглухо заколачивается бревнами и для верности опутывается колючей проволокой. Почему это делается — никто не знает, но делается это всегда. Теперь в клуб ходят со двора, в какую-то маленькую дверь. Во дворе, ясное дело, темно и вырыты большие волчьи ямы. Главный вход, со всеми своими колоннами, гранитными ступенями и статуей рабочего со сверхъестественно развитой грудью, пропадает впустую.

Но это еще не магистральная беда.

Начинается переоборудование помещения. Оказывается, что нет комнаты для фотокружка. То есть комнаты есть, но полные света и воздуха, а кружку для лаборатории как раз нужна комната совершенно, если можно так выразиться, обратного типа.

И заведующий бодро начинает свое дело не с организации его, а с реорганизации. Кстати, к этому он привык еще в старом помещении.

Чудное окно фотографической комнаты замуровывается кирпичами, возникает рубиновый свет, и кружковцы запираются на ключ, чтобы как можно скорей приступить к любимому делу — проявлять пластинки, покачивать ванночки и грустно улыбаться, глядя на ужасные результаты негативного процесса. Впрочем, кружковцы тут же узнают, что покачивать ванночки покуда не придется — деньги, ассигнованные на покупку фотоаппарата, уже израсходованы на замуровывание окна и обнесение главного входа окопной проволокой.

Через три дня заведующий клубом случайно попадает в фотолабораторию. Здесь его взору предстает странная картина: кружковцы при красном свете играют в карты, в двадцать одно. Что им еще делать? Если в этой мрачной комнате не развлечься чем-нибудь, то можно сойти с ума от страха!

Их выгоняют. Освободившееся помещение отдают кружку кройки и шитья, которому больше всего нужен свет и воздух. Окно размуровывают. Комната наполняется строительным мусором, и по всему клубу летает известь и красный кирпичный порошок. Свет еще есть, но воздух уж не так чист. Делается грязно. Посетители клуба с легким сердцем швыряют на пол окурки и яблочные огрызки. И почему бы не бросать, если пол уже запятнан глиной и алебастром!

Заведующий немедленно начинает кампанию за чистоту. Но увеличивается не число веников, швабр и пылесосов, а количество плакатов, воззваний и увещеваний. Появляются различные сентенции в стихах и прозе. Чище от этого не становится, просто становится скучнее.

К этому времени выясняется, что клубный делопроизводитель растратил трамвайные талоны. Для такого случая снимают колючую проволоку и на один день открывают главный вход. Мерзавца судят. Становится еще немножко скучнее. А тут еще эта реорганизация никак не может окончиться.

Дело в том, что штат, обслуживающий клуб, никак не может выбрать себе помещение по вкусу. Все время штат перетаскивает из этажа в этаж столы, и когда бы член профсоюза ни пришел в свой клуб, на лестничной площадке стоит бюст Максима Горького. Его куда-то несли, но не донесли. Гремят топоры, и в комнатах, полных света и воздуха, вырастают зыбкие фанерные перегородки. Появляется необходимость в новых проходах. Их прорубают. Одновременно заделываются старые двери.

От замысла общественности, от трудов врачей, архитекторов и строителей не остается и следа. Новый клуб напоминает увеличенный раз в десять старый клуб. Новая грязь напоминает старую грязь.

Наблюдается гигантский рост плакатов. От всех проблем, от всех задач, от всей жизни заведующий клубом с мужеством гладиатора отбивается ни к чему не обязывающими надписями:

УВАЖАЙ ТРУД УБОРЩИЦ!

ВСЕ НА КОНФЕРЕНЦИЮ ГЛУХОНЕМЫХ!

ПРИВЕТ ШЕФАМ!

СОЗДАДИМ ВЫСОКОХУДОЖЕСТВЕННЫЕ ПЬЕСЫ!

НАЛАДИМ ДОРОЖНОЕ СТРОИТЕЛЬСТВО
НА ДАЛЕКИХ ОКРАИНАХ!

Чтобы не отстать ни от чего, чтобы все отметить и во всем отчитаться, повешен еще один чрезвычайно политичный плакат:

```
┌─────────────────────────┐
│   ПОБОЛЬШЕ ВНИМАНИЯ      │
│   РАЗНЫМ ВОПРОСАМ!       │
└─────────────────────────┘
```

В тени этого плаката жить легко и отрадно. Никто не сможет придраться. Но почему-то недовольны члены клуба.

Молодежь что-то бурчит, а так называемые пожилые начинают посещать МХАТ I и уделяют разным вопросам все меньше и меньше внимания.

Дело как-то не вяжется, не кипит. Никто из членов клуба не создает высокохудожественных пьес, на конференцию глухонемых приходят не все граждане, как этого требовал заведующий, а только сами глухонемые, дорожное строительство на далеких окраинах идет само по себе, стихийно, без согласования с завклубом, труд уборщиц, возможно, и уважался бы, но его (труда) незаметно. Остается привет шефам. Что ж, члены клуба не против, однако хотели бы знать, какие это шефы. Но спрашивать неудобно, и любовь к шефам остается платонической, холодноватой, вроде как между Лаурой и Петраркой.

Достигнув столь головокружительных вершин, заведующий садится писать квартальный отчет. Это высокохудожественное произведение искусства на грани фантастики:

Проведено массовых вечеров — 34.
  Охвачено 48 675 человек.
Проведено массовых танцев — 4.
  Охвачено 9121 человек.
Проведено массовых авралов — 18.
  Охвачено 165 000 человек.
Проведено массовых культштурмов — 60.
  Охвачено 10 000 человек.
Проведено массовой самодеятельности — 27.
  Охвачено 6001 человек.
Проведено массовой кружковой работы — 16.
  Охвачено 386 человек.
Обслужено вопросов — 325.
Охвачено плакатами — 264 000.
Принято резолюций — 143.
Поднято ярости масс — 3.

План клубной работы выполнен на 99,07 процента.

Если бы к этому отчету добавить еще один пункт:

«Уволено грязных очковтирателей, заведующих клубами 1(один)», то он был бы не так уже плох.

И тогда отчет, это произведение искусства, стоящее на грани фантастики, приобрел бы столь нужные нам черты социалистического реализма.

1933

ДИРЕКТИВНЫЙ БАНТИК

Представьте себе море, шумное Черное море. Сейчас, перед началом отпусков, не трудно вызвать в памяти сладкий образ этого громадного водохранилища. И представьте себе пляж. Теплый и чистый драгоценный песок. Если очень хочется, представьте себе еще и солнце, вообще всю волнующую картину крымско-кавказского купального побережья.

Двое очаровательных трудящихся лежали на пляже. Будем телеграфно кратки. Они были молоды запятая, они были красивы точка. Еще короче. Они были в том возрасте, когда пишут стихи без размера и любят друг друга беспредельно. Черт побери, она была очень красива в своем купальном костюме. И он был, черт побери, не Квазимодо в своих трусиках-плавках на сверкающем теле.

Они познакомились здесь же, на пляже. И кто его знает, что тут подействовало сильнее — обаяние ли самого водохранилища, солнечные ли, так сказать, блики, или еще что-нибудь. Кроме того, мы уже говорили, они были очень красивы. При нынешнем увлечении классическими образцами такие тела заслуживают всемерного уважения и даже стимулирования. Тем более что, будучи классическими по форме, они являются безусловно советскими по содержанию.

Еще короче. К двум часам дня он сказал:

— Если это глупо, скажите мне сразу, но я вас люблю.

Она сказала, что это не так глупо.

Потом он сказал что-то еще, и она тоже сказала что-то. Это было чистосердечно и нежно. Над водохранилищем летали чайки. Вся жизнь была впереди. Она была черт знает как хороша и на днях (узнаю твои записи, загс!) должна была сделаться еще лучше.

Влюбленные быстро стали одеваться.

Он надел брюки, тяжкие москвошвеевские штаны, мрачные, как канализационные трубы, оранжевые утиль-тапочки, сшитые из кусочков, темно-серую, никогда не пачкающуюся рубашку и жесткий душный пиджак. Плечи пиджака были узкие, а карманы оттопыривались, словно там лежало по кирпичу.

Счастье сияло на лице девушки, когда она обернулась к любимому. Но любимый исчез бесследно. Перед ней стоял кривоногий прощелыга с плоской грудью и широкими, немужскими бедрами. На спине у него был небольшой горб. Стиснутые у подмышек руки бессильно повисли вдоль странного тела. На лице у него было выражение ужаса. Он увидел любимую.

Она была в готовом платье из какого-то ЗРК. Оно вздувалось на животе. Поясок был вшит с таким расчетом, чтобы туловище стало как можно длиннее, а ноги как можно короче. И это удалось.

Платье было того цвета, который дети во время игры в «краски» называют бурдовым. Это не бордовый цвет. Это не благородный цвет вина бордо. Это неизвестно какой цвет. Во всяком случае, солнечный спектр такого цвета не содержит.

На ногах девушки были чулки из вискозы с отделившимися древесными волокнами и бумажной довязкой, начинающейся ниже колен.

В это лето случилось большое несчастье. Какой-то швейный начальник спустил на низовку директиву о том, чтобы платья были с бантиками. И вот между животом и грудью был пришит директивный бантик. Уж лучше бы его не было. Он сделал из девушки даму, фарсовую тещу, навевал подозренья о разных физических недостатках, о старости, о невыносимом характере.

«И я мог полюбить такую жабу?» — подумал он.

«И я могла полюбить такого урода?» — подумала она.

— До свиданья, — сухо сказал он.

— До свиданья, — ответила она ледяным голосом.

Больше никогда в жизни они не встречались.

Ужасно печальная история, правда?

И мы предъявляем счет за разбитые сердца, за грубо остановленное движение души. И не только за это. Счет большой. Будем говорить по порядку. Отложим на минуту сахарное правило: «Покупатель и продавец, будьте взаимно вежливы». Не будем взаимно вежливы.

Итак — магазин готового платья. Прилавки, за прилавками работники прилавка, перед прилавком покупательская масса, а на полках и плечиках — товарная масса.

Больше всего головных уборов, кепок. Просто кепки, соломенные кепки, полотняные кепки, каракулевые кепки, кепки на вате, кепки на красивой розовой подкладке. Делали бы кепки из булыжника, но такой труд был бы под силу одному только Микеланджело, великому скульптору итальянского Возрождения, — сейчас так не могут. К сожалению, все кепки одного фасона. Но не будем придираться. Тем более что среди моря кепок заманчиво сверкают мягкие шляпы, серые шляпы из валяного товара с нежно-сиреневой лентой. Не будем придираться. Это для проезжающих дипломатов и снобов.

Продаются мужские костюмы. Фасон один. Мы уже описали его в начале рассказа. А цвета какие? О, огромный выбор цветов! Черный, черно-серый, серо-черный, черновато-серый, серовато-черный, грифельный, аспидный, наждачный, цвет передельного чугуна, коксовый цвет, торфяной, земляной, мусорный, цвет жмыха и тот цвет, который в старину назывался «сон разбойника». В общем, сами понимаете, цвет один, чистый траур на небогатых похоронах.

Пальто и полупальто (официально это называется ватный товар), помимо перечисленных свойств, обладают еще одним — появляться в магазинах только в том квартале года, когда весенний первый гром, как бы резвяся и играя, грохочет в небе голубом.

Есть еще сверхроссийские овчинные шубы. Обычно в шубах такого покроя волостные старшины представлялись царю в годовщину чудесного спасения императорской семьи на станции Борки. Все это было бородатое, мордатое, увешанное толстыми медалями.

Ну, дальше. Дальше рубашки с вшитой пикейной грудью и пристежные воротнички с дырочками для жестяных штучек, якобы придерживающих галстук.

Если верхняя одежда всегда темного цвета и своим видом нагоняет безмерное таежное уныние, то все, что находится под ней, слепит глаза яркими химическими тонами и по мысли устроителей должно вызывать ликование. Кальсоны фиолетовые, подтяжки зеленые, подвязки красные, носки голубые.

И стоит масса против массы, покупательская против товарной, а между ними прилавок, а за прилавками работники прилавка, и вид у работников самый невинный.

— При чем тут мы? Мы этого не шили, мы этого не ткали. Мы только торговая точка, низовое звено товаропроводящей сети.

Ах, это очень плохо, когда магазин называется точкой! Тут обязательно выйдет какая-нибудь запятая. Вдруг на всю улицу светит электрический призыв к прохожим: «Учитесь культурно торговать». Почему прохожие должны культурно торговать? У них своих дел достаточно. Именно вы должны культурно торговать, а не прохожие. Прохожие должны покупать! И они это делают очень культурно, не волнуйтесь. Запросы у них правильные — одежда хорошая, красивая, даже, представьте себе, элегантная. Не падайте, пожалуйста, в обморок, не считайте это за выпад. Они такие. Трудящиеся богатеют и к лету требуют белые штаны.

Не будем придираться к бедным точкам. Не они ткали, не они шили. Ткали, шили и тачали в Наркомлегпроме. Это там родилось искусство одевать людей в обезличенные коксовые костюмы. Оттуда плавно спускались директивы насчет тещиных бантиков.

Несколько лет назад, когда у нас еще не строили автомобилей, когда еще только выбирали, какие машины строить, нашлись запоздалые ревнители славянства, которые заявили, что стране нашей с ее живописными проселками, дивовдивными бескрайними просторами, поэтическими лучинками и душистыми портянками не нужен автомобиль. Ей нужно нечто более родимое, нужна авто-телега. Крестьянину в такой штуке будет вольготнее. Скукожится он в ней, хряснет по мотору и захардыбачит себе по буеракам. Захрюндится машина, ахнет, пукнет и пойдет помаленьку, все равно спешить некуда.

Один экземпляр телеги внутреннего сгорания даже построили. Телега была как телега. Только внутри ее что-то тихо и печально хрюкало. Или хрюндило, кто его знает! Одним словом, как говорится в изящной литературе, хардыбачило. Скорость была диво-дивная, семь километров в час. Стоит ли напоминать, что этот удивительный предмет был изобретен и построен в то самое время, когда мир уже располагал «роллс-ройсами», «паккардами» и «фордами»? К счастью, братьям славянам сейчас же дали по рукам. Кой-кому попало даже по ногам. Построили, конечно, то, что надо было построить — быстроходную, сильную современную машину, не авто-телегу, а авто-мобиль.

Почему же швейная промышленность все время строит авто-телегу? Не пиджак, а спинжак, не брюки, а портки, не женское платье, а крепдешиновый мешок с директивными бантиками?

Если бы вдруг завод имени Сталина построил автомобиль, руководствуясь вкусами людей из пиджачной индустрии, то эта машина вызвала бы смех, на нее показывали бы пальцами, за ней с улюлюканием бежали бы дети. Так это было бы отстало, плохо и некрасиво.

На весь Советский Союз есть два бездарных фасона пальто, три тусклых фасона мужских костюмов, четыре пугающих фасона женского платья. Шьются только эти фасоны, и уйти от них некуда. Все мужчины, все женщины вынуждены одеваться по этой единообразной моде.

В Наркомлегпроме хорошо разбираются в модах. Где-то когда-то сиял принц Уэльский, первый джентльмен мира, как о нем говорят в «Таймсе». И от него брели по свету фасоны брюк и пиджаков. И давно он уже сделался королем и давно уже в этом звании умер, почил в бозе, то есть дал дуба, а мода, им установленная, как свет давно угасшей звезды, только сейчас дошла до наших ведомственных закройщиков.

Более свежих образцов получить не успели. Да и не очень старались получить, были заняты рационализацией одежды, делали пиджаки без лацканов и подкладки, экономили на пуговицах, укорачивали брюки, словом — изобретали авто-телегу, в которой якобы советскому человеку вольготнее.

Утвержденный в канцелярии покрой устанавливается самое меньшее на пять лет. Иначе они не могут. Трудно освоить эту сверхсложную модель. Вы только подумайте, масса деталей: карманы, рукава, петли, спинки — ужас! Советская автотракторная и авиационная промышленность как-то ухитряется выпускать каждый год новые, все более совершенные модели. Им как-то удается. Как видно, менее сложен производственный процесс, меньше деталей, только по полторы тысячи на каждую машину. И точность требуется меньшая, всего лишь тысячные доли миллиметра. Вот спинки и лацканы! Попробуйте сделать! Это вам не блок цилиндра, не магнето, не коробка скоростей. Тут, пардон, пардон, большой брак неизбежен!

И, конечно же, еще и еще раз, опять и снова нашли своего «ватного товара» к благоуханному апрелю месяцу. И лежат великие партии теплых пальто с меховыми воротниками, и никто не знает, что с ними делать.

А как в самом деле поступить, если покупательская масса не хочет ходить летом в ватном товаре? С другой же стороны, ватный товар может побить моль, грубая, необразованная моль, которая не желает учитывать глупости и бестолковости швейных начальников.

Хорошо бы увезти этот товар в холодные края, туда, туда, где трещат морозы, в Якутию, на Камчатку. Но пока соберутся, пока довезут, там тоже начнется весна, начнут лопаться какие-то глупые почки. Черт бы ее побрал, эту климатическую неразбериху, это несовершенство земного шара! Трудно, трудно дается Наркомлегпрому борьба со слепыми силами природы. Просто нет выхода. Изнемогают в решительной схватке. Нет, нет, турбогенераторы, крекинги, блюминги и домны гораздо легче строить! Это ясно!

И, конечно же, еще, еще и еще раз, опять и снова не подготовились к лету, не учли этого кошмарного времени года. Обо всем помнили — о распределении отпусков (еще осенью со страшными криками делили июни — июли будущего года, предусмотрительно оставляя августы — сентябри для ответ- и приветработников), помнили о заседаниях, о кружках самодеятельных балалаечников, о юбилеях и проводах, о семейно-товарищеских вечеринках, — только о лете забыли, забыли о светлых, легких, разнообразных одеждах для покупательской массы.

Что это значит, товарищи? Ау! Местком спит? Или нарком спит? В общем, кто спит? А может быть, и тот и другой?

Когда это кончится?

Счет большой. В то время как во всех областях промышленности, сельского хозяйства, науки, культуры, во всей жизни страна делает поразительные успехи, показывает всему миру, на что способен пролетариат, в области одежды нет успехов, стоящих на уровне даже теперешних запросов. А ведь надо думать еще о запросах завтрашнего дня. Великолепная заря этого завтра уже сейчас освещает наше бытие. Но даже не видно подлинного, непоказного стремления достичь этого уровня.

Пусть пиджак не будет узок в плечах — его противно носить. Пусть бантики не изобретаются в канцеляриях — канцелярские изобретения не могут украсить девушку. Надо помнить, что если жизнь солнечная, то и цвет одежды не должен быть дождливым. Давайте летом носить хорошо сшитые белые брюки. Это удобно. Покупательская масса заслужила эту товарную массу.

Вот мы горевали, беспокоились о ватном товаре. Не знали, какой выход найдет Наркомлегпром. Есть уже выход, нашелся. Оказывается, не надо гнать маршруты с пальто в Якутию. Устроились проще. Закупили на тридцать миллионов рублей нафталина. Теперь ватный товар спокойно будет лежать под многомиллионным нафталиновым покровом до будущего 1935 года. И моль печально будет кружиться над неприступными базисными складами, с отвращением принюхиваясь к смертоносному запаху омертвленного капитала.

1934

КОСТЯНАЯ НОГА

Очень трудно покорить сердце женщины.

А ведь чего только не делаешь для выполнения этой программы! Уж и за руку берешь, и грудным голосом говоришь, и глаз не сводишь.

И ничто не помогает. Ну, не любят тебя, не верят! И опять надо начинать сначала. Честное слово, каторжный труд при звездах и при луне.

Из Москвы в Одессу приехал отдыхать молодой доктор.

Когда у него впервые в жизни оказались две свободные недели, он внезапно заметил, что мир красив и что население тоже красиво, особенно его женская половина. И он почувствовал, что если сейчас же не примет решительных мер, то уже никогда в жизни не будет счастлив, умрет вонючим холостяком в комнате, где под кроватью валяются старые носки и бутылки.

Через несколько дней молодой медик гулял с девушкой по сильно пересеченной местности на берегу моря.

Он изо всех сил старался понравиться. Конечно, говорил грудным и страстным голосом, конечно, нес всякий вздор, даже врал, что он челюскинец и лучший друг Отто Юльевича Шмидта. Он предложил руку, комнату в Москве, сердце, отдельную кухню и паровое отопление. Девушка подумала и согласилась.

Здесь опускаются восемь страниц художественного описания поездки с любимым существом в жестком вагоне. (Прилагается только афоризм: лучше с любимой в жестком, чем одному в международном.)

А в Москве купили ветку сирени и пошли в загс расписываться в собственном счастье.

Известно, что такое загс. Не очень чисто. Не очень светло. И не так чтобы уж очень весело, потому что браки, смерти и рождения регистрируются в одной комнате. Когда доктор со своей докторшей, расточая улыбки, вступил в загс, то сразу увидел на стене укоризненный плакат:

ПОЦЕЛУЙ ПЕРЕДАЕТ ИНФЕКЦИЮ

Висели еще на стене адрес похоронного бюро и заманчивая картинка, где были изображены в тысячекратном увеличении бледные спирохеты, бойкие гонококки и палочки Коха. Очаровательный уголок для венчания.

В углу стояла грязная, как портянка, искусственная пальма в зеленой кадушке. Это была дань времени. Так сказать, озеленение цехов. О таких штуках вечерняя газета пишет с еле скрываемым восторгом: «Сухум в Москве. Загсы принарядились».

Служащий загса рассмотрел документы юной пары и неожиданно вернул их назад.

— Вас нельзя зарегистрировать.

— То есть как нельзя? — забеспокоился доктор.

— Нельзя, потому что паспорт вашей гражданки выдан в Одессе. А мы записываем только по московским паспортам.

— Что же мне делать?

— Не знаю, гражданин. По иногородним паспортам не регистрируем.

— Значит, мне нельзя полюбить девушку из другого города?

— Не кричите вы, пожалуйста. Если все будут кричать...

— Я не кричу, но ведь выходит, что я имею право жениться только на москвичке. Какое может быть прикрепление в вопросах любви?

— Мы вопросами любви не занимаемся, гражданин. Мы регистрируем браки.

— Но какое вам дело до того, кто мне нравится? Вы что же, распределитель семейного счастья здесь устроили? Регулируете движения души?

— Потише, гражданин, насчет регулирования движения!

— Вы растаптываете цветы любви! — завизжал доктор.

— А вы не хулиганьте здесь!

— А я вам говорю, что вы растаптываете!

— А вы не нарушайте порядка.

— Я нарушаю порядок? Значит, любовь уже больше не великое чувство, а просто нарушение порядка? Хорошо. Пойдем отсюда, Люся.

Очутившись на улице, незадачливый кандидат в мужья долго не мог успокоиться.

— Разве это люди? Разве это человек? Ведь это баба-яга костяная нога! Что мы теперь будем делать?

Он так волновался, что девушке стало его жалко.

— Знаешь что, — сказала она, — ты меня любишь, и я тебя люблю. Ты не ханжа, и я не ханжа. Будем жить так.

Действительно, если вдуматься, то с милым рай и в шалаше. Стали жить «так».

Но с милым рай в шалаше, товарищи, возможен только в том случае, если милая в шалаше прописана и занесена шалашеуправлением в шалашную книгу. В противном случае возможны довольно мрачные варианты.

Любимую не прописали в доме, потому что у нее не было московского паспорта. А московский паспорт она могла получить только как жена доктора. Женой доктора она была. Но загс мог признать ее женой только по предъявлении московского паспорта. А московский паспорт ей не давали потому, что они не были зарегистрированы в загсе. А жить в Москве без прописки нельзя. А...

Таким образом, рай в шалаше на другой же день превратился в ад. Люся плакала и при каждом стуке в дверь вздрагивала — вдруг появятся косматые дворники и попросят вон из шалаша. Доктор уже не ходил в свою амбулаторию. «Лучший друг» Отто Юльевича Шмидта представлял собой жалкое зрелище. Он был небрит. Глаза у него светились, как у собаки. Где ты, теплая черноморская ночь, громадная луна и первое счастье?!

Наконец он схватил Люсю за руку и привел ее в милицию.

— Вот, — сказал он, показывая пальцем на жену.

— Что вот? — спросил его делопроизводитель, поправляя на голове войлочную каску.

— Любимое существо.

— Ну, и что же?

— Я обожаю это существо и прошу его прописать на моей площади.

Произошла тяжелая сцена. Она ничего не добавила к тому, что нам уже известно.

— Какие же еще доказательства вам нужны? — надрывался доктор. — Ну, я очень ее люблю. Честное слово, не могу без нее жить. И могу ее поцеловать, если хотите.

Молодые люди, не отводя льстивых взоров от делопроизводителя, поцеловались дрожащими губами. В милиции стало тихо. Делопроизводитель застенчиво отвернулся и сказал:

— А может, у вас фиктивный брак? Просто гражданка хочет устроиться в Москве.

— А может быть, не фиктивный? — застонал «счастливый» муж. — Об этом вы подумали? Вот вы за разбитое стекло берете штраф, а мне кого штрафовать за разбитую жизнь?

В общем, доктор взял высокую ноту и держал ее до тех пор, пока не выяснилось, что счастье еще возможно, что есть выход. Достаточно поехать к месту жительства любимой, снова в Одессу, всего только за тысячу четыреста двенадцать километров, и все образуется. С московским паспортом одесский загс зарегистрирует докторские порывы, и преступная любовь приобретет наконец узаконенные очертания.

Ну что ж, любовь всегда требует жертв. Пришлось пойти на жертвы — занимать деньги на билеты и выпрашивать дополнительный отпуск для устройства семейных дел.

Но доктор еще не знал самого страшного — не знал, что костяная нога сидит не только в загсе, что костяные ноги уже подстерегают его на вокзале.

Здесь опускается шестнадцать страниц драматического описания того, как молодые супруги опоздали на поезд. Что тут, собственно, описывать? Всем известно, что нет ничего легче в Москве, как опоздать куда-нибудь.

Посадив свою горемычную Люсю на чемодан, доктор побежал компостировать билеты. Эта авантюра ему не удалась. НКПС бдительно охранял железнодорожные интересы и отменил компостирование билетов.

— Что же теперь будет? — ахнул доктор.

— Ваши билеты пропали, — сообщила костяная нога. — Такое правило. Раз опоздали на поезд, значит, пропали.

— Что ж, мы нарочно опоздали?

— А кто вас знает? Это не наше дело, нарочно или не нарочно.

— Но ведь всегда компостировали, со дня основания железных дорог.

— А теперь другое правило, гражданин.

— Наконец, у меня нет больше денег. Теперь я не могу поехать.

Костяная нога корректно промолчала.

И человек, который злостно мешал спокойной работе ряда почтенных учреждений, шатаясь, побрел назад и, усевшись рядом со своей Люсей, тяжело задумался. Он перебрал в памяти все свои поступки.

«Ну, что я сделал плохого? Ну, поехал в отпуск, ну, встретил хорошую девушку, ну, полюбил ее всей душой, ну, меня всей душой полюбили, ну, хотел жениться. И, понимаете, не выходит. Правила мешают».

Если создается правило, от которого жизнь советских людей делается неудобной, правило бессмысленное, которое выглядит нужным и важным только на канцелярском столе, рядом с чернильницей, а не с живыми людьми, можно не сомневаться в том, что его создала костяная нога, человек, представляющий себе жизнь в одном измерении, не знающий глубины ее, объема.

Если за учрежденским барьером сидит человек, выполняющий глупое, вредное правило, и если он, зная об этом, оправдывается тем, что он — человек маленький, то и он костяная нога. У нас нет маленьких людей и не может быть их. Если он видит, что правило ведет к неудобствам и огорчениям, он первый должен поставить вопрос о том, чтобы правило это было отменено, пересмотрено, улучшено.

А доктор? Куда девался милый, честный доктор? Кто его знает! Бегает, наверно, с какими-нибудь справками к костяной ноге, чтобы оформить свою затянувшуюся свадьбу. А возможно, и не бегает уже, утомился и махнул на все рукой. Любовь тоже не бесконечна. А может быть, и верная Люся бежала с каким-нибудь уполномоченным по закупкам в Сызрань или Актюбинск, где легче сочетаться браком.

Во всяком случае, ошибка была сделана доктором с самого начала.

Прежде чем прошептать милой: «Я вас люблю», — надо было решительно и сухо сказать: «Предъявите ваши документы, гражданка».

1934

У САМОВАРА

За буфетной перегородкой сочинского вокзала, в двух шагах от паровоза, с утра до ночи играет оркестр. Это художественный ансамбль под управлением специально приглашенного маэстро.

Играются главным образом легкомысленные мотивчики, например: «У самовара я и моя Маша, а на дворе совсем уже темно».

Делается это, очевидно, не столько для услаждения слуха курортно-больных, сколько для того, чтобы заглушить крики пассажиров, пострадавших от некоторых недочетов железнодорожного транспорта.

Значит, картинка такая: перрон, солнце и поезд, готовый отправиться в дальний путь. Морской ветер шумит в привокзальной роще.

Мимо цветочных клумб, мимо художественного ансамбля пассажир идет к своему вагону. Он растерянно улыбается. Давно ли на железной дороге к пассажиру относились с отвращением, старались его не замечать, а теперь вдруг такой прогресс.

Пассажир показывает проводнику свой билет, и вслед за этим выясняется, что указанное на билете место издавна принадлежит начальнику поезда и что городская станция не имела права его продавать.

Пассажир начинает горячиться. Проводник сохраняет самообладание.

Но как же все-таки попасть в поезд?

Проводник этого не знает. Он говорит, что это не его дело. Его дело — сажать пассажиров с правильными билетами.

Дежурный по станции сочувствует пассажиру, но в конце концов это тоже не его дело. Его дело — дежурить по станции.

С громадным трудом пассажир и восемь человек провожающих, которые ходят за ним с растопыренными для прощальных объятий руками и с вытянутыми для поцелуев губами, находят начальника поезда.

Начальник поезда оказывается обаятельным человеком. Он готов сделать все на свете. Но билеты — это не его дело. Он не может отвечать за неправильные действия городской станции.

Итак, когда бьет второй звонок, выясняется, что на вокзале нет ни одного человека, которому было бы дело до пассажира.

Поезд трогается, бедняга с исковерканным от гнева лицом остается на платформе, провожающие приводят свои губы и руки в нормальное положение, а художественный ансамбль с удесятеренной силой и в бешеном темпе исполняет «Песнь индийского гостя», переделанную в фокстрот.

В ресторане киевского вокзала тоже играет оркестр «У самовара я и моя Маша».

Под эти жизнерадостные звуки, среди пальм, заляпанных известкой, бродят грязные официанты. На столиках лежат скатерти с немногочисленными следами былой чистоты. Под сенью засохших цветов стоят мокрые стаканы с рваными краями.

Еще дальше пошли московские вокзалы.

Большие объявления в газетах извещают всех, что на вокзале до четырех часов утра играет джаз и что специальность вокзала — пельмени.

И это не наглая реклама. Все соответствует действительности. Стоят пальмы, подаются грязноватые пельмени, и несколько человек в пиджаках и украинских рубашечках, не выпуская из рук портфелей, делают пьяные попытки танцевать румбу, а оркестранты, положив инструменты на стулья, вдруг поднимаются и постыдными голосами поют:

> Маша чай мне наливает,
> И взор ее так много обещает.

Ужасный запах доносится из кухни, котлетный чад плывет над перроном, и совершенно ясно становится, что кто-то ничего не понял и все напутал, что специальностью вокзала должны быть никак не пельмени под водку, а что-то другое, более железнодорожное, что в газеты надо давать не расписание вокзальных танцев, а расписание поездов. Так пассажиру будет удобнее.

Здесь нет подстрекательства к борьбе с пельменями, пальмами и танцами.

Пельмени — прекрасное блюдо. Но на грязной скатерти есть их не хочется, они не лезут в рот. Пальма хороша на своем месте. Но что может быть безобразнее пыльных ресторанных тропиков, пальмы в растрескавшейся кадушке, возвышающейся над несъедобным железнодорожным борщом или деволяйчиком! А когда поезд опаздывает на несколько часов, тогда пальма в глазах пассажира становится чисто декоративным растением, содержащим в себе все признаки очковтирательства. Что же касается фокстрота, то тут опять-таки затруднение. Раз играет джаз, то хорошо бы уж танцевать. Но отправиться танцевать, оставив чемоданы у столика, опасно — украдут, танцевать же с багажом в руках — тяжело. Можно взять носильщика, чтобы танцевал рядом, но это не всякому по карману.

Немало мелких хозяйственников и администраторов с упорством маньяков навязывают советскому человеку свои низкопробные вкусы, свое трактирное представление о красоте, комфорте и отдыхе.

В большом трактире всегда был орган, страшное музыкальное орудие подавления психики отсталых извозчичьих масс. Он день и ночь вырабатывал громовой вальс «Дунайские волны».

В «Кавказской Ривьере», лучшей курортной гостинице на Черном море, роль органа передана радиофицированному граммофону. Без перерыва гремят фокстроты. И не в том беда, что фокстроты, а в том беда, что беспрерывно. Спастись от металлического рева можно только бегством на пляж.

Следовательно, картина такая: аэрарий, курортно-больные лежат под тентом, их обдувает прохладный ветер, они читают книги или тихо разговаривают о своих ревматизмах, о Мацесте, о том о сем.

И вот появляется голая фигура в белой милицейской каске и с медным баритоном под мышкой.

За фигурой входят еще двадцать девять голых милиционеров в парусиновых тапочках. Они несут корнеты, валторны, тромбоны, флейты, геликон, тарелки и турецкий барабан.

Курортно-больные еще не понимают, что случилось, а милиция уже расставляет свои пюпитры.

— А ну-ка похилитесь, граждане, — вежливо говорит дирижер.

— Что вы тут будете делать? — с испугом спрашивают больные.

Вместо ответа дирижер кричит своей команде: «Три, четыре», — взмахивает рукой, и мощные, торжественные звуки «У самовара я и моя Маша» разносятся над многострадальным побережьем.

Три раза в неделю усиленный оркестр сочинской милиции дает дневные концерты, чтобы купающиеся, часом, не заскучали. А так как играть на пляже жарко, то музыканты устремляются в аэрарий. И больные, тяжело дыша, убираются вон из своего последнего пристанища. Вслед им бьет барабан и слышится каннибальский звон тарелок.

На какие только затеи не идут хозяйственники, желающие лишь отвертеться от все повышающихся требований потребителя, читателя, покупателя, зрителя, пассажира!

Кто-то от кого-то узнал, что где-то на свете есть голубые экспрессы, которые славятся быстротой, удобством и блеском.

Завели свой голубой экспресс на линии Киев — Москва.

Слов нет, он очень голубой. Все вагоны, даже багажный, добросовестно выкрашены красивой голубой краской.

На этом сходство кончается.

Прежде всего он не экспресс: восемьсот километров делает в двадцать часов. Затем, его мягкие вагоны отделаны хуже, чем такие же вагоны в обыкновенных поездах. Затем, его вагон-ресторан грязен и кормят там плохо. Зато в купе на столиках стоят громоздкие горшки со скучными цветами и на окнах болтаются жесткие репсовые занавески. Поставили бы еще пальмы, но не хватило места.

Хорошо хоть, что нет джаза, что не слышно треска флексатона. У нас очень полюбили джаз, полюбили какой-то запоздалой, нервной любовью.

Вообще стало обычаем заменять кабацкими пальмами и музыкой умелое и быстрое обслуживание потребителя.

Ими заменяется все: и чистота, и комфорт, и вежливость, и вкусные блюда, и хороший ассортимент товаров, и отдых. Это считается универсальным средством.

Иногда к цветам и скрипкам добавляется еще швейцар с бородой, как у Александра Третьего. Это тоже считается красиво. Как бы сказать, вечная, нетленная красота, вроде афинского Акрополя или римского Форума. Борода стоит у ворот отеля, а во всех номерах уже второй год не работают звонки.

Легче подсунуть человеку под нос вазончик с фуксиями, чем аккуратно, вовремя и бесшумно подать ему на горячих тарелках вкусный обед.

Легче оглушить человека воровскими песенками, переложенными для фокстрота, чем добиться подлинной, сверкающей чистоты на вокзале и настоящего удобства в поезде.

И происходит это не от бедности, а от глупости. И еще — от нежелания заниматься своим прямым делом.

1934

ШИРОКИЙ РАЗМАХ

За громадным письменным столом, на дубовых боках которого были вырезаны бекасы и виноградные гроздья, сидел глава учреждения Семен Семенович. Перед ним стоял завхоз в кавалерийских галифе с желтыми леями. Завхозы почему-то любят облекать свои гражданские телеса в полувоенные одежды, как будто бы деятельность их заключается не в мирном пересчитывании электрических лампочек и прибивании медных инвентарных номерков к шкафам и стульям, а в беспрерывной джигитовке и рубке лозы.

— Значит, так, товарищ Кошачий, — с увлечением говорил Семен Семенович, — возьмите семги, а еще лучше лососины, ну там ветчины, колбасы, сыру, каких-нибудь консервов подороже.

— Шпроты?

— Вот вы всегда так, товарищ Кошачий. Шпроты! Может, еще кабачки фаршированные или свинобобы? Резинокомбинат на своем последнем банкете выставил консервы из налимьей печенки, а вы — шпроты! Не шпроты, а крабы. Пишите. Двадцать коробок крабов.

Завхоз хотел было возразить и даже открыл рот, но ничего не сказал и принялся записывать.

— Крабы, — повторил Семен Семенович, — и пять кило зернистой икры.

— Не много ли? В прошлый раз три кило брали, и вполне хватило.

— По-вашему, хватило, а... по-моему, не хватило. Я следил.

— Сорок рублей кило, — грустно молвил завхоз.

— Ну, и что же из этого вытекает?

— Вытекает, что одна икра станет нам двести рублей.

— Я давно вам хотел сказать, что у вас, товарищ Кошачий, нет размаха. Банкет так банкет. Закуска, горячее, даже два горячих, пломбир, фрукты.

— Зачем же такой масштаб? — пробормотал Кошачий. — Конечно, я не спорю, мы выполнили месячную программу. И очень хорошо. Можно поставить чаю, пива, бутербродов с красной икрой. Чем плохо? И, кроме того, на прошлой неделе был банкет по поводу пятидесятилетия управделами.

— Я все-таки вас не понимаю, товарищ Кошачий. Извините, но вы какой-то болезненно скупой человек. Что у нас — бакалейная лавочка? Что мы, частники?

Завхоз потупился, сраженный аргументами.

— И потом, — продолжал Семен Семенович, — купите вы наконец приличный сервиз, а то вы подаете уже черт знает на чем. Какие-то разнокалиберные тарелки, рюмки разных размеров. В последний раз вино пили из чашек. Понимаете, что это такое?

— Понимаю.

— А раз понимаете, то пойдите в комиссионный магазин и купите все, что нужно. Нельзя же так.

— Дорого очень в комиссионном, Семен Семенович. Ведь у нас определенный бюджет.

— Я лучше вашего знаю про бюджет. Мы не воры, не растратчики и себе домой эту лососину в рукаве не таскаем. Но зачем нам прибедняться? Наши предприятия убытков не приносят. И если мы устраиваем товарищеский ужин, то пусть будет ужин настоящий. Надо нанять джаз, пригласить артистов, а не эту тамбовскую капеллу, как она там называется...

— Ансамбль лиристов, — хрипло сказал завхоз.

— Да, да, не надо больше этих балалаечников. Пригласите хорошего певца, пусть нам споет что-нибудь. «Спи, моя радость, усни, в доме погасли огни».

— Так ведь такой артист, — со слезами в голосе сказал Кошачий, — с нас три шкуры снимет.

— Ну какой вы, честное слово, человек! С вас он снимет эти три шкуры? И потом, не три, а две. И для нашего миллионного бюджета это не играет никакой роли.

— Такси для артиста придется нанимать, — тоскливо прошептал завхоз.

Семен Семенович внимательно посмотрел на собеседника и проникновенно сказал:

— Простите меня, товарищ Кошачий, но вы просто сквалыжник. Самый обыкновенный скупердяй. Такой, извините меня, обобщенный тип даже описан в литературе. Вы — Плюшкин! Гарпагон! Да, да, и, пожалуйста, не возражайте. У вас тяжелая привычка всегда возражать. Вы Плюшкин, и все. Вот и мой заместитель жаловался на вашу бессмысленную мещанскую скупость. Вы до сих пор не можете купить для его кабинета порядочной мебели.

— У него хорошая мебель, — мрачно сказал Кошачий. — Все, что надо для работы: стульев шведских — шесть, столов письменных — один, еще один стол — малый, графин, бронзовая пепельница с собакой, красивый новый клеенчатый диван.

— Клеенчатый! — застонал Семен Семенович. — Завтра же купите ему кожаную мебель. Слышите? Пойдите в комиссионный.

— Кожаный, Семен Семенович, пятнадцать тысяч стоит.

— Опять эти деньги. Просто противно слушать. Что мы, нищие? Надо жить широко, товарищ Кошачий, надо, товарищ Кошачий, иметь социалистический размах. Поняли?

Завхоз спрятал в карман рулетку, которую вертел в руках, и, шурша кожаными леями, вышел из кабинета.

Вечером, сидя за чаем, Семен Семенович со скучающим видом слушал жену, которая что-то записывала на бумажке и радостно говорила:

— Будет очень хорошо и дешево. Четыре бутылки вина, литр водки, две коробочки анчоусов, триста граммов лососины и ветчина. Потом я сделаю весенний салат со свежими огурцами и сварю кило сосисок.

— Здравствуйте.

— Ты, кажется, что-то сказал?

— Я сказал: здравствуйте.

— Тебе что-нибудь не нравится? — забеспокоилась жена.

— Да, кое-что, — сухо ответил Семен Семенович. — Мне, например, не нравится, что каждый огурец стоит один рубль пятнадцать копеек.

— Но ведь на весь салат пойдет два огурчика.

— Да, да, огурчики, лососина, анчоусы. Ты знаешь, во сколько все это станет?

— Я тебя не понимаю, Семен. Мои именины, придут гости, мы уже два года ничего не устраивали, а сами постоянно у всех бываем, просто неудобно.

— Почему неудобно?

— Неудобно, потому что невежливо.

— Ну, ладно, — сказал Семен Семенович томно. — Дай сюда список. Так вот, все это мы вычеркиваем. Остается... собственно, ничего не остается. А купи ты, Катя, вот что. Купи ты, Катя, бутылку водки и сто пятьдесят граммов сельдей. И все.

— Нет, Семен, так невозможно.

— Вполне возможно. Каждый тебе скажет, что селедка — это классическая закуска. Даже в литературе об этом где-то есть, я читал.

— Семен, это будет скандал.

— Хорошо, хорошо, в таком случае приобрети еще коробку шпрот. Только не бери ленинградских шпрот, а требуй тульских. Они хотя и дешевле, но значительно питательнее.

— Можно подумать, что мы нищие! — закричала жена.

— Мы должны строить свою жизнь на основах строжайшей экономии и рационального использования каждой копейки, — степенно ответил Семен Семенович.

— Ты получаешь тысячу рублей в месяц. К чему нам прибедняться?

— Катя, я не вор и не растратчик и не обязан кормить на свои трудовые деньги банду жадных знакомых.

— Тьфу!

— Я оставляю твой выпад без внимания. У меня есть бюджет, и я не имею права выходить за его рамки. Понимаешь, не имею права!

— И в кого он такой сквалыга уродился? — сказала жена, обращаясь к стене.

— Ругай меня, ругай, — сказал Семен Семенович, — но предупреждаю, что финансовую дисциплину я буду проводить неуклонно, что бы ты там ни говорила.

— Говорю и буду говорить! — закричала жена. — Коля уже месяц ходит в рваных ботинках.

— При чем тут Коля?

— При том тут Коля, что он наш сын.

— Ладно, ладно, не кричи! Купим этому пирату ботинки. С течением времени. Ну, что там еще надо? Говори уж скорее. Может быть, рояль надо купить, арфу?

— Арфу не надо, а табуретку на кухню надо.

— Табуретку! — завизжал Семен Семенович. — Зачем табуретку? Чего уж там! Купим для кухни сразу кожаную мебель! Всего только пятнадцать тысяч. Нет, Катенька, я наведу в доме порядок.

И он долго еще объяснял жене, что пора уже покончить с бессмысленными тратами, пирами и тому подобным безудержным разбрасыванием и разбазариванием социалистической копейки.

1935

ПЕШЕХОДА НАДО ЛЮБИТЬ

МЕБЛИРОВКА ГОРОДА

Пешехода надо любить. Его надо лелеять и по возможности даже холить.

Обычно пешеходов изображают каким-то диким стадом, отдельные представители которого только и думают, как бы поскорее угодить под колеса автомобиля.

В соответствии с этим ложным представлением многие блюстители порядка, муниципальные перегибщики и головокруженцы не так давно охотились на пешеходов, как на бекасов. То один, то другой пешеход, сошедший с тротуара на мостовую, падал жертвой милиции движения. Он уплачивал четвертак штрафа и, жалко улыбаясь, спрашивал:

— Где же мне прикажете ходить?

Милиционер принимался объяснять, что ходить следует по тротуару, но, взглянув на тротуар, по которому лавой текли граждане, безнадежно взмахивал рукой. Однако четвертака не отдавал.

По справедливости, площадь московских улиц надо было бы переделать заново. Двум миллионам пешеходов предоставлены только узкие полоски, асфальтовые тесемки тротуаров, а пяти тысячам авто отданы довольно широкие мостовые.

Между тем при существующей пропорции следовало бы поступить наоборот — отдать мостовые пешеходам, а машинам предоставить тротуары.

Это, конечно, крайняя точка зрения, приближающаяся к шутке. Но в ней есть сладчайшая капля истины, заключающаяся в том, что пешеходов надо уважать, ибо они представляют собой далеко не худшую часть человечества. Ведь ни для кого не является секретом, что из среды пешеходов вышли такие замечательные люди, как Ньютон, Себастьян Бах, Вольтер, Пушкин, врач-общественник Гааз и Всеволод Мейерхольд.

Возвращаясь к той мысли, что пешеходов надо любить, надо отметить, что такую же позицию занял с нынешнего года и Моссовет. Везде, где производится прокладка новых усовершенствованных мостовых, одновременно идет расширение тротуаров.

Во всех концах Москвы можно наткнуться на толпы народа. Люди стоят на холмиках строительного мусора и вывороченного булыжника. Как зачарованные смотрят они на большую дорожную машину. Машина жрет битый кирпич, цемент и песок, пьет воду и время от времени страшно гаркает, переваривая в железном пузе съеденную пищу. У машины, похожей на осадное орудие персидского царя Кира, отличное пищеварение. Она извергает готовый бетон, фундамент для мостовой.

Машина вызывает к себе уважение.

Рядом с ней стоит американец в подтяжках и, заложив руки в карманы, следит за работой. Он тоже пользуется уважением. Обслуживающий персонал — механики и рабочие — чувствуют себя артистами летней эстрады. Их нахмуренные лица говорят:

— Да, мы работаем, мы строим мостовую. И ничего в этом удивительного нет. Мы привыкли к уважению.

Толпа безмолвно с этим соглашается.

Зрители уважают также друг друга. Как-никак они тоже являются участниками этого сложного дела — они смотрели, обменивались корректными замечаниями и одобряли. Все это дает право на уважение.

Таким образом, все остаются довольными друг другом.

Фундамент укрывают рогожами. Через некоторое время он дозревает, и тогда улицу заливают асфальтом. Тут удовольствие и чувство обоюдного уважения достигают невиданных размеров.

Если укладка бетонной одежды мостовой по величественности и грохоту может сравниться со спектаклем театра МОСПС, то заливка улицы асфальтом, работа тонкая, чистая и полная нюансов, скорее приближается к спектаклю Художественного театра.

Нет уже дьяволов с чанами, в которых кипит асфальт. И белый угарный дым не подымается уже больше к окнам четвертых этажей. Сухой и горячий асфальт в порошке привозят на грузовиках, разравнивают граблями и сейчас же прессуют маленькими катками.

Сперва он выглядит, как паюсная икра, жирный, зернистый и мягкий. Потом его посыпают песком и снова прессуют. Через два дня по свежей мостовой уже катятся автомобили, оставляя на асфальте европейские пятна бензина и масла.

Одни извозчики недовольны.

Впрочем, они всегда недовольны. Как видно, прогресс в транспорте органически им противен. Они были недовольны, когда появился первый трамвай, они проклинали первый автомобиль, они воротят бороды от дорожных машин. Все это несет им скорую и вполне заслуженную гибель.'

С горя они запрашивают 15 рубликов до Рязанского вокзала. Извозчичье жало ранит так больно, что этой каретой прошлого пользуются только в крайних случаях.

На извозчиках ездят только:

а) роженицы;

б) железнодорожные пассажиры с багажом и

в) пьяные.

Но и эта клиентура скоро ускользнет от извозчиков, и наша страна лишится почти последних признаков так называемой «матушки-России». Уже в извозчичьем стане началось разложение. Наиболее молодые и прогрессивные извозчики обучаются шоферскому делу.

В горячей дискуссии о том, что нужнее для Москвы — метро или автобус, мнения резко разделились. Образовались лагери метрополистов и автобусианцев.

Метрополисты полагали, что только метро может спасти Москву. Автобусианцы же утверждали, что «жили мы без метро, и никакого метро нам не надо», хватит автобусов.

Одни лишь извозчики с прямолинейностью старых николаевских солдат высказались и против метро, и против автобусов! Заодно они высказались против трамвая и такси.

Извозчики, мол, и сами решат великую транспортную проблему. Но Моссовет нашел четвертое решение:

— И метро и автобус!

1930

ЧЕТЫРЕ СВИДАНЬЯ

Путь из Винницы в Ленинград лежит через Витебск.

Но Иосиф Евгеньевич Ауэ всегда, то есть один раз в четыре года, ездил в Ленинград через Москву.

Этот путь был дольше, мучительней и дороже. Однако не заехать в Москву товарищ Ауэ не мог. Там были друзья и любимая женщина.

— Когда-то и я был Ромео, — говорил Иосиф Евгеньевич. — Когда-то и у меня была Джульетта. Теперь она замужем. Ее фамилия Протопопуло. Все было. Она стояла на балконе. Я стоял под балконом. На мне были диагоналевые брюки. Ах, вся моя молодость прошла в Москве!

Теперь понятно, почему Ауэ ездил в Ленинград кружным путем.

— Как же мне не посмотреть на нее — на нашу дорогую матушку Москву! А друзья! Иван Сундукевич, монстр, грубиян, но замечательный человек! Имею я право раз в четыре года бросить взгляд на Ваньку Сундукевича? Имею я право перекинуться двумя-тремя словами с Левиафьяном? Это мой друг, доктор Левиафьян, болезни уха, горла и носа. Мы так его и звали в институте — Ухогорлонос. Потом есть у меня еще два дружка, два брата — Савич и Авич. Могу я их обнять на правах старой дружбы?!

И вот на регулярный конгресс работников по культуре бобовых растений Иосиф Евгеньевич Ауэ ехал через Москву.

Времени было очень мало, от поезда до поезда — четыре часа. За этот короткий срок надо было повидаться со всеми: и с Джульеттой Протопопуло, и с друзьями детства мужского пола. Кроме того, хотелось посмотреть и самую Москву.

План, по которому Ауэ действовал каждое четырехлетие, был прост, удобен и проверен на опыте. Друзьям посылались открытки («дорогой», «дорогая»), где Иосиф Евгеньевич назначал свидания в излюбленных местах («были когда-то и мы москвичами») и строго требовал пунктуальности («будем американцами!»).

И его никогда не обманывали. Все любили своего трогательного провинциального друга. Даже грубиян Сундукевич не обманывал. Он бросал все дела и бежал куда-нибудь к памятнику Гоголя или к часам на Садово-Каретной, где знатоку бобовых приходило в голову назначить очередную встречу. О Джульетте же и говорить нечего. Уже за день до приезда Ромео она сидела в парикмахерской, где ей железными приборами завинчивали локоны.

Все празднично шумело на Иосифе Евгеньевиче, когда он вышел на вокзальную площадь Москвы. Шумел резиновый плащ, шумел люстриновый пиджак (откуда только берутся на пожилых научных работниках эти люстриновые пиджаки?).

Открытки были посланы давно. Места встреч были точно обозначены. Время было распределено самым идеальным образом.

Ауэ прибыл на Красную площадь минута в минуту. Здесь, у памятника Минину и Пожарскому, его должен был поджидать специалист по уху, горлу и носу, нежный доктор Левиафьян.

Новая, слегка выпуклая гранитная мостовая площади очень понравилась товарищу Ауэ. Не надо было смотреть под ноги, спотыкаться о проклятый булыжник. Можно было двигаться, гордо задрав голову. И, гордо задрав голову, Иосиф Евгеньевич двинулся вперед и тут же увидел, что место свидания исчезло.

Исчез памятник Минину и Пожарскому, который воздвигла им благодарная Россия. Ауэ повертелся. Да. Место было совершенно гладкое, как и вся площадь, — ровные диабазовые кубики.

Постоять на месте памятника и поразмыслить, что же произошло, не представлялось возможным, потому что по мостовой с шорохом пробегали грузовики.

На расспросы прохожих о судьбе гражданина Минина и князя Пожарского ушло порядочно времени. Наконец выяснилось, что монумент находится в полной исправности, но стоит сейчас в ограде Василия Блаженного. Оказалось, что Россия благодарна по-прежнему, но памятник перетащила подальше с дороги.

— Чтоб не мешал заниматься! — сказал прохожий.

Когда Ауэ прибыл к подножию гражданина и князя, которые, кстати сказать, указывали своими зелеными ручищами уже не на Кремль, а на далекий магазин Мостропа по Тверской, то доброго Ухогорлоноса уже не было. Конечно, он не дождался и побежал к своим больным вырезать им полипы в носах.

Горевать было некогда. Нужно было спешить к Иверской, на свидание с Ваней Сундукевичем. Ауэ двинулся стрелковым маршем. Сундукевич человек занятой и долго ждать не будет.

Три обстоятельства поразили Иосифа Евгеньевича, когда он прибыл на рандеву, причем все эти три обстоятельства вытекали одно из другого, а равно и вливались одно в другое, создавая таким образом какой-то порочный круг.

Сундукевича не было.

Очевидно, его не было потому, что не было никакой Иверской и поджидать ему было негде.

А Иверской не могло быть по той причине, что раньше она была прислонена к воротам, а ворот-то и не существовало. Их снесли.

Ничего не было. Был широкий проезд, по которому двигались колонны пешеходов и опять-таки зловредные грузовики. Были и гранитные кубики, только на этот раз выложенные дугами.

— Клейнпфластер, — объяснил прохожий, — усовершенствованная мостовая.

Про Иверскую Ауэ даже не спросил. Стало совестно.

Некоторое время он мыкался в толпе, крича: «Сундукевич, Сундукевич!» — потом, взглянув на часы и ахнув, заторопился в Охотный ряд, где в левом углу, у магазина старинной советской фирмы «Пух и перо» так приятно будет увидеться с двумя друзьями, братьями — т. Савичем и Авичем.

Здесь было уже черт знает что!

Во-первых, асфальт, во-вторых, молодые деревья, в-третьих, справа — грандиозная постройка и, в-четвертых, слева — полное отсутствие того самого угла, где у магазина «Пух и перо» должны были, взявшись за ручки, поджидать Ауэ два брата — Авич и Савич.

Вполне возможно даже, что аккуратные братья ждали его там, но проникнуть к ним было невозможно. Угол был обшит высоким забором, на котором имелись надписи: «Постройка метрополитена», «Вход посторонним лицам воспрещается» и «Предъявляй пропуск, не ожидая требования».

Оставалась любимая женщина — Джульетта Протопопуло. Свидание предполагалось на Лубянской площади, у фонтана, где бронзовые бамбино держат в пухлых ручонках виноградные гроздья.

— Посмотрим, посмотрим, — шептал Ауэ, с трудом подымаясь по Театральному проезду, — может быть, уже и площади нету.

Нет! Площадь была (новая диабазовая мостовая).

Но фонтана не было.

Через то место, где он стоял, проходили трамваи, стуча на пересечении путей. И там, где должна была стоять трепетная Джульетта с подвинченными локонами, стоял милиционер.

Помимо всего этого, по площади ходить воспрещалось во избежание несчастных случаев.

Где-то по городу, может быть даже совсем близко, в десяти шагах, бродили друзья и любимая женщина, и все они были недосягаемы.

А во всем был виноват Ауэ, любвеобильный, хороший Ауэ. Он думал, что знает Москву, но он знал не ту Москву.

Что же будет через четыре года, когда Иосиф Евгеньевич Ауэ снова устремится на конгресс работников по культуре бобовых растений?

Маленькое добавление. Когда автор настоящего труда явился в редакцию «Крокодила», чтобы сдать рукопись, сотрудники стояли в шляпах, а курьеры, кряхтя, уносили столы на тумбах, пишущие машинки и прочую утварь.

— Идем отсюда скорее, — сказал редактор, — наш дом сносят. Здесь будет гостиница Моссовета на тысячу номеров.

И действительно, дом уже обносили забором.

1932

МЕТРОПОЛИТЕНОВЫ ПРЕДКИ

Недавно в московскую психиатрическую больницу доставили нового клиента. Клиент был не то чтоб очень буйный, но какой-то отчаянный и нахальный.

Он все время лез куда-то вперед, толкал врачей животом и грудью, наступал санитарам на ноги и отвратительным голосом выкрикивал:

— Сходите? Сходите? А впереди сходят? А та старушка у двери тоже сходит? Вы что, офонарели, гражданка? Вас спрашивают!

Доктора успокаивали больного, пытались взять его за руку, но он не давался.

— Что же вы не сходите? — визжал он. — Тоже, стоит как столб! Сходят там на Арбате?

— Сходят, сходят, — говорил хитрый доктор.

— Все сходят? — подозрительно спрашивал странный больной.

— Все, все, — убеждал доктор.

— А там впереди? Вон та старушка сходит?

— Сходят, сходит, уверяю вас.

И тем не менее новый больной вдруг багровел, со страшной силой толкал доктора в зад коленом и раздирающим голосом орал:

— Пройдите в вагон, там впереди совсем свободно!

Это был ужасный человек. Его ненавидели больные. Они даже собирались его убить. Шизофреники, шизоиды и кроткие маньяки жаловались на него главному врачу. Они утверждали, что еще никогда в сумасшедшем доме не было такого беспорядка, какой внес туда новоприбывший псих.

Научная мысль была обеспокоена. Болезнь нового клиента нельзя было подвести ни под одно известное определение. Это не был бред величия. Не было здесь и бреда преследования. Больного, конечно, нельзя было назвать тихим идиотом. Не могло быть и речи о черной меланхолии. Куда там! Какая там меланхолия!

Долго совещались психиатры и наконец установили симптомы нового помешательства. Диагностика обогатись новым названием — «трамвайный бред».

Не у всех пациентов болезнь протекала одинаково. Особенно тяжелой формой отличался бред, подхваченный на трамвайной линии № 34. Немножко легче было с пациентами, заболевшими на линии «А». Больные же, доставленные с линии «Б», страдали затяжной, почти хронической формой помешательства.

Профессором Н. Д. Гусевым-Лебедевым в 1933 году нашей эры был открыт также «автобусный бред». Но это сравнительно легкая болезнь, почти детская, она была вроде свинки, излечивалась в какие-нибудь две недели. В то время как трамвайные сумасшедшие всегда были возбуждены и оскорбляли врачебный персонал, автобусники были люди вежливые и ласковые. Они обращались к няням, сестрам и докторам с однообразной просьбой:

— Ну, пустите меня, я очень спешу, я опаздываю на службу, там же только девять человек стоит в проходе, а можно стоять не свыше десяти человек. Ну, я вас прошу.

Иногда они становились на колени и плакали.

Лечили их хорошим обращением по способу того же Н. Д. Гусева-Лебедева и на их слезные мольбы отвечали:

— Пожалуйста, душечка, войдите в автобус. Садитесь, милейший гражданин, на это дерматиновое креслице. Здесь вам будет удобно. Ах, у вас только крупная купюра? Три рубля? Ну, конечно, дадим вам сдачи, не выгоним из автобуса. Что мы, немцы какие!

На третий день у больного высыхали слезы, на пятый — появлялся аппетит, а на десятый день он выздоравливал. Из больницы его выпускали со строгим наставлением: во избежание рецидива болезни ходить только пешком.

Но с трамвайными сумасшедшими было очень тяжело. Автобусный метод ласки и исполнения желаний тут не помогал.

После работы в больнице Н. Д. Гусев-Лебедев приходил домой в ужасном виде — у него были оторваны пуговицы, поцарапаны щеки, отдавлены пальцы на ногах. Это сделали его новые друзья — трамвайные больные.

Но в конце концов и здесь психиатрия одержала новую победу.

Талантливый Гусев-Лебедев нашел способ лечения новой мании...

Однажды во время обхода палаты, когда на него по обыкновению стали кидаться трамвайные психи, когда со всех сторон ему кричали: «Сходите? Впереди сходят? А тот гражданин сходит?» — доктор внезапно затопал ногами и стал кричать:

— Сам дурак! А еще очки надел, интеллигент собачий! А ты что зубы скалишь? Шляпку надела!

Больные от неожиданности замолчали.

— В такси бы ездили, — продолжал кричать гениальный психиатр. — Я тебе покажу плакаться! В отделении давно не был?

Больные беспорядочно отступали. Новый метод лечения возымел ошеломляющий успех. Страшные трамвайные маньяки становились кроткими, как цуцики, и умоляли выписать их из больницы, обещая впредь вести себя примерно.

Но стоило выписавшемуся из больницы один раз повиснуть на трамвайной подножке, как снова в его больную душу вселялись дьяволы и бесы городского транспорта. И снова его, хохочущего и задыхающегося, тащили в психиатричку.

Таким образом, лечение по методу Гусева-Лебедева все-таки оказалось паллиативом.

К счастью, известно действительно радикальное средство, которое вконец уничтожит трамвайные болезни, автобусные недуги и душевные раны, нанесенные чутким пассажирам бессердечными извозчиками.

Как только гудящие поезда метро побегут по светлым тоннелям, воспоминания о горестях передвижения по Москве начнут отодвигаться, бледнеть и скоро совсем исчезнут из памяти людей.

Надо торопиться. Скорей, скорей, надо все записать, иначе мы сами через год или два забудем, как мы безнадежно толпились на трамвайных остановках, как нам сурово кричали: «Вагон только до центра!», как мы висели не только на подножках, но даже на каких-то металлических скобках, держась одеревеневшими пальцами за шнурочек от пенсне соседа, как мы слезно молили автобусных кондукторов, как сухо отвергали наши мольбы, как странно и нелепо, по нескольку раз в день, переносились трамвайные остановки, как обижали нас шоферы такси, как грабили нас злые извозчики, — все, все надо вспомнить в чудесный день открытия метрополитена.

Громадную книгу можно было бы написать обо всем этом, чудную книгу с торжественным эпиграфом:

«Вы, живущие в бесклассовом обществе, вспомните о нас, блуждавших по узеньким улочкам, разбивавших ноги о булыжники, ездивших в раскачивающихся и вонючих трамвайных вагонах, вспомните о нас, потому что мы этого заслужили».

Такая книга будет полна трогательных и смешных историй, происшествий и случаев, это будет рассказ о том, как Москва очищала себя от грязи, накопившейся со времен царя Салтана, Бориса Годунова и даже Евгения Онегина. Помните, глава седьмая, стр. 265, третья строка сверху:

> ...вот уж по Тверской
> Возок несется чрез ухабы.
> Мелькают мимо будки, бабы,
> Мальчишки, лавки, фонари,
> Дворцы, сады, монастыри,
> Бухарцы, сани, огороды,
> Купцы, лачужки, мужики,
> Бульвары, башни, казаки,
> Аптеки, магазины моды,
> Балконы, львы на воротах
> И стаи галок на крестах.

Дворцы и бульвары мы оставляем, сеть аптек увеличиваем, казаки и ухабы — дело прошлое, а с модой не только перестали бороться, а понемногу вводим ее в обиход. Лачужкам пришел последний час, что же касается галок, то этот вопрос действительно встал во всей своей остроте. Галкам не на чем сидеть, придется им, кажется, за отсутствием крестов устраиваться на шариках и вазах гостиницы Моссовета.

Итак, воспоминания, переживания, ряд, так сказать, психологических этюдов, жизнь московского пешехода и пассажира дометрополитеновской эры.

Пешеход идет по кривой улочке. Пахнет гарью. Заметили ли вы, что в Москве всегда пахнет чем-то горелым? Иногда начинается пожар в урне для окурков, и оттуда валит густой серый дым, иногда дым бьет из окон учрежденческой столовой, наспех оборудованной в полуподвале или под лестницей. А иногда пахнет гарью неизвестно почему: не запах ли это наполеоновского пожара, сохранившийся еще с 1812 года в заплатанных дворянских домишках или в толстостенных купеческих лабазах?

По тротуарам и мостовым, в самых различных направлениях, вправо, влево, вперед, назад, вкривь и вкось, налетая друг на друга, бегут люди. Впечатление такое, будто беспрерывно ловят вора. И только присмотревшись, замечаешь, что никто никого не ловит, а все заняты своими делами. Один бежит, увидев приближающийся к остановке вагон трамвая, второй скачет к киоску «Союзпечать», торопясь ухватить газету, третий спасается бегством от стремглав проносящегося по улице грузовика, четвертый выскакивает из распределителя, держа высоко над головой свежего судака с помертвевшими жестяными глазами, пятый убегает от милиционера, который гонится за ним, чтобы взять штраф за неправильный переход улицы, а шестой бежит, и сам не зная почему, бежит, потому что все бегут. Мальчики и домохозяйки тоже бегут. Такова уж их природа. И лишь одни черноусые айсоры, члены коллектива чистильщиков обуви под названием «Трудассириец», с восточным спокойствием сидят у своих шкафиков, увешанных резиновыми каблуками, стельками и шнурками для ботинок.

В общем, на улице происходит то, что официально называется «часы пик». Великое множество людей, и всем надо немедленно куда-то ехать.

Жизнь не такая простая штука, и надо быть готовым ко всему. Перед тем как выйти на улицу, московский житель принимает меры предосторожности.

Пуговицы пальто пришивает сапожной дратвой, предварительно натертой канифолью. Так будет крепче.

В калоши набивается бумага. Они должны так плотно держаться на ногах, чтобы в минуту решительной схватки на подножке трамвая их не могла сорвать никакая сила. В крайнем случае пусть оторвут вместе с ногами.

Шапки надвигаются на брови. Теперь уши пассажира легкомысленно торчат в разные стороны. Это некрасиво, но зато шапка туго сидит на голове. На худой конец пусть лучше оторвут уши.

И вот он идет по улице, то есть не идет, а бежит. Ветер свищет в его оттопыренных ушах. Пуговицы и калоши блистают на солнце.

Зажмурив глаза и невольно шепча себе под нос «давай, давай», он прыгает в вагон. Первые полкилометра он висит на подножке, кренясь и раскачиваясь на поворотах. Сердце холодеет, когда смотришь со стороны на этого пожилого человека. Но ему не страшно. Поглощенный желанием пробраться внутрь, он презирает опасности.

Внутри вагона тесно. Ну, понимаете, тесно. Тесно, потемки. Почему так беден русский язык? Пятьдесят человек в вагоне, сто человек, триста человек — определение одно — тесно. Разве это слово годится, когда в вагоне двести пятьдесят один пассажир, девять милиционеров, семь матерей с детьми и четыре инвалида? Есть еще, правда, метафоры. Разные там «как сельди в бочке», «яблоку негде упасть». Но и это, товарищи, не похоже, слабо, бледно. Нет, изящная словесность пасует перед таким фактом, как электрический трамвай. Тут какая-то особая, высшая теснота, образующаяся наперекор физическим законам. Мы не умеем рассказать, как там тесно. Хотели это сделать, но вот не вышло, не хватило таланта. Пусть будущий историк литературы обвинит нас. Да, не хватило изобразительных средств для описания трамвайной тесноты в дометрополитеновскую эру.

Значит, триста человек в принудительных объятиях у друга едут по своим делам. Конечно, идет обмен резкими репликами, раздаются крики с мест, слышатся стоны, кряхтенья и, наконец, голос доведенного до отчаяния кондуктора, который вдруг заговорил стихами: «Двиньтесь, граждане, вперед, станьте между лавочек».

Просим вспомнить трамвайного кондуктора. Вспомните, что мимо него за день работы проносилась лавина в двадцать тысяч человек и что каждый из этих двадцати тысяч награждал его толчками или раздражительными словечками. И если кондукторы не были ангелами, то вспомните, пожалуйста, что и пассажиры оставляли свои крылья дома.

Нет, грубость в трамвае неудивительна. Скорей даже естественна. Удивительно то, что в этой сердитой каше, где перемешались руки, гривенники, ноги, бидоны, животы, корзинки и головы, очень многие молодые люди читают книги. И эти книги называются не «Картуш, атаман разбойников» и не «Дневник горничной», а это «Органическая химия» или «История партии». Либо сидит в самом углу зажатый донельзя старичок и читает книгу, состоящую из одних только цифр. И такая, видно, удивительная гармония заключена в этих таблицах, что старичок иногда улыбается или даже легко и радостно вскрикивает. И уж конечно, он не замечает, что давно ему оторвали карман драпового пальтишона и что на коленях у него сидит трубочист с лопаткой перышком и с черным ядром на цепи.

Но вот наконец пассажир сходит на землю.

Первое мгновение он растерянно озирается, потом делает глубокий вздох и начинает себя ощупывать. Экстренные мероприятия, проведенные перед выходом из дому, оправдали себя полностью. Пуговицы на месте, калоши на месте, уцелела и шапка. Но зато погибли очки (их сорвало и унесло трамвайным течением), болит колено (очевидно, трубочист зацепил лопатой), а грудь залита молоком.

Ну что ж, завтра пассажир учтет и это. Прикует очки к ушам собачьей цепочкой, наденет под брюки футбольные щитки и выйдет на улицу с клеенчатой слюнявкой под бородой. Да, слюнявка — это очень некрасиво, но как иначе уберечь пальто от молока?

И он с надеждой смотрит на заборы и вышки метростроя.

Выброшенная из тоннелей порода течет по конвейерам и сыплется в грузовики. Ловко и быстро работают метростроевки в беретиках и брезентовых штанах и резиновых сапогах.

Московский житель смотрит в витрины и видит там красиво иллюстрированные проекты подземных станций, вестибюлей, видит разрезы тоннелей и выглядывающие оттуда вагоны приятной обтекаемой формы.

Он раскрывает газету и сразу же ищет заметки и статьи о метро. Он в курсе всех дел, знает, где изготовляют эскалаторы, кто строит вагоны, какой архитектор оформляет станцию «Красные ворота», какая шахта впереди и какая отстает, со вкусом говорит о плывунах, о проходке щитами и о необходимости строить вторую очередь метро исключительно закрытым способом. Ему так хочется поскорее спуститься под землю, что он часто подходит к заборам шахт и смотрит в щелку.

Оторвавшись от этого увлекательного занятия, он видит, как из еще не тронутого, девственного старомосковского переулка выезжает извозчик, мрачное видение прошлого.

Уже через год или два обитатель столицы будет глядеть на извозчика примерно с таким же удивлением, с каким львы, антилопы, носороги и страусы, стоя в очереди к водопою, заметили бы подлетающего к ним доисторического птеродактиля, унылую и страшную птицу с огромным количеством старомодных перепонок из потрескавшейся не то кожи, не то клеенки, с давно не чищенным хвостом, птицу древнюю да к тому же, кажется, еще и пьяную.

Товарищи, необходимо описать извозчика. Ведь исчезнет, ведь уже их почти нет.

Казалось, царству извозчика не будет конца.

Их было множество — лихачи на дутиках, просто лихачи, ваньки приличные и ваньки совершенно невозможные, дневные извозчики и извозчики ночные.

Лихачи установили по отношению к седокам тон издевательской сверхпочтительности. Даже в советское время они титуловали седоков.

Лучшим седоком считался пьяный. Лихачи заманивали его радостными криками: «Ваше сиятельство, ваше сиятельство». Им было все равно. Они могли назвать своего клиента даже «ваше императорское величество».

Седоков похуже, то есть трезвых, но в порядочной одежде и с покупками называли «ваше благородие». Если же человек носил маленькую полуответственную бородку, ему давался новый чин:

— Пожалуйте, ваше преосвященство.

Кстати, наиболее жизнерадостные из лихачей никогда не говорили «пожалуйте», они выражались более кратко и энергично:

— Пожа, пожа. Я вас катаю.

А если наивный и неопытный, только что прибывший в Москву рабфаковец с фанерным чемоданчиком в руках по ошибке подступал к роскошным дутикам, лихач совсем без воодушевления вскрикивал:

— Пожалуйте, ваше здоровье. Прокачу на резвой. Восемь рубликов.

И рабфаковец, содержащий себя на двенадцатирублевую пенсию, в страхе падал на свой скромный чемоданчик.

Особенно же румяны и толстозады бывали лихачи зимой. Они ристали на площадях, описывая круги, чтобы показать горячность своих рысаков, чтобы зеленая сетка, наброшенная на лошадь, затрепетала перед глазами пожилого пешехода, чтобы никакой силы не было отказаться от поездки на крошечных санках в Петровский парк, в особенности если рядом шагает какое-то такое существо диаметрально противоположного тебе пола.

И вот уже они выносятся на прямую линию шоссе, бешено стучит о задок саней медвежья голова теплой и жестковатой полости, и резвая лошадка раскидывает копытами молодой снег, под которым лежит асфальт так называемого показательного километра.

Еще несколько лет назад Москва гордилась одним лишь километром усовершенствованной мостовой. На этот километр люди специально ездили кататься, фотографии этого километра печатались в газетах, и кинооператоры снимали в этом месте урбанистические кадры из американской жизни.

Сейчас, когда все московские магистрали, кольца, набережные и множество переулков покрыты асфальтом, эта любовь к показательному километру кажется наивной и трогательной. Но в те времена, когда волнующее булыжное море заливало громадный город, на этот километр приходили помечтать о том, какой будет Москва через пять, десять лет, никак не ожидая того, что чудесная дорожная метаморфоза займет всего лишь одно пятилетие.

А тогда на бурных булыжных волнах качались утлые экипажи ванек.

Ваньки вели тревожную жизнь. Они всего боялись — начальства, автомобилей, придирчивого седока, жуликоватых господ, уходящих через проходной двор, не заплатив денег.

Под влиянием всех этих опасностей ваньки часто плакали. Всегда можно было увидеть старого бородатого ваньку, который, путаясь в своей тяжелой синей юбке, с кнутом в руках, шел куда-то требовать заработанные деньги.

Ванька и на облучке производил невыгодное впечатление, поодаль же от своей вещей каурки облик его, если вспомнить сейчас, представляется совсем уж нелепым и ненатуральным.

Зимой и летом он ездил в одном и том же армяке с высочайше утвержденными сборками назади. Над козлами возвышался его важный зад, похожий на очищенный мандарин. Свою лошадку ванька путем долголетних упражнений самым подлым образом приучил к особому аллюру, имеющему все внешние признаки рыси, но не превышающему скорости обыкновенного шага. Двигаясь таким образом, ванька симулировал бешеную езду: чмокал губами, подсвистывал, размахивал кнутом и даже привставал на козлах. Со стороны же нервного седока, торопящегося к поезду, ванька обезопасил себя толстым слоем ваты на спине. Для него были нечувствительны даже удары палкой.

Торгуясь с седоком, ванька держался так, будто дело шло не о том, чтобы съездить с Варварки в Харитоньевский переулок или с Кривоколенного в Кривоарбатский, а так, словно ему предстояло положить голову на плаху. Тон его всегда был жалостно бесшабашный. В его речи было много всяких «эх-ма», «что жа», «ехать оно, конечно, можно», одним словом, пропадать — так пропадать, двум смертям не бывать, а одной не миновать, и так далее в том же плаксивом роде.

Торгу с седоком ванька посвящал большую часть своих сил. Когда же все бывало переговорено и улажено, когда седок уже терпеливо выслушал от возницы обычные пошлости о вздорожании овса, сена, соломы и половы и с проклятиями усаживался в грязный, оборванный и кривой экипаж, ванька издавал длинный поцелуйный звук и сразу же сворачивал в первый переулок направо.

Куда бы ни указано было ему ехать, каков бы ни был маршрут, ваньки всегда сворачивали в первый переулок направо. У них была своя география города. Они любили переулки и опасались магистралей. На магистралях милиция, трамваи, автомобили и тому подобные новшества. А в кривоарбатских и кривоколенных тихо, спокойно, растет трава на мостовой, там хитрый извозчичий аллюр кажется естественным, и там самый злой, нетерпеливый ездок чувствует свою беспомощность, закрывает глаза и вручает ваньке свою судьбу.

Вечером ванька пьет чай на заезжем дворе — в трактире. На нем тот же армяк, хотя из тридцатиградусного мороза ванька непосредственно попал в тридцатиградусную жару. В трактире пахнет навозом, валенками, потом и сеном. Трактир называется «Париж».

Но вот под давлением времени и обстоятельств рушилась великая держава извозчиков. Сейчас в Москве их почти нет, а те, которые остались, основанием своей профессии положили несчастье человека.

Они выжидают момента, когда с человеком стрясется какая-нибудь беда и он не сможет обойтись без извозчика: больного надо срочно свезти в больницу, а такси под рукой нет и не предвидится, — либо приезжий остался на пустынной вокзальной площади с громадным багажом на руках.

Тут извозчик мстит за все: за трамвай, за автобус, за такси, за строящийся метрополитен. На Сивцев Вражек — пятиалтынный, к вокзалу — четвертачок, в больницу — три гривенника. Три гривенника — это значит тридцать рублей. Соответственно этому можно расшифровать стоимость пятиалтынного и четвертака.

И увозимый соловьем-извозчиком в первый переулок направо, московский житель снова бросает нежные взгляды на заборы и вышки метрополитена.

Да, чуть не вылетело из памяти. Ведь в Москве совсем еще недавно, году еще в двадцать восьмом, была очень странная на теперешний взгляд отрасль местного транспорта, так называемый «частный прокат».

Это были машины старинных марок — «бенцы», «минервы», «пино», древние «мерседесы», а также механические экипажи, давно утерявшие свой первоначальный облик, смонтированные черт знает из чего, с высокими сиденьями и байковыми занавесками. Преимущественно это были закрытые машины, ибо цели, для которых они предназначались, требовали некоторой тайны. Вдоль борта они несли на себе широкую желтую полосу, и по этому отличительному знаку население называло их «желтополосыми».

Как правило, счетчиков они не имели. Цена устанавливалась смотря по пассажиру и по обстоятельствам. И если во время торгов с ванькой постоянно упоминалась цена на традиционный овес, то «желтополосый» упирал главным образом на стеснения, чинимые частной инициативе безжалостными агентами.

Иногда, впрочем, «желтополосый» приколачивал гвоздями к своей машине большой ободранный таксометр, выисканный где-то на Сухаревке. Этот прибор употреблялся «желтополосыми», как видно, исключительно из эстетических соображений, потому что его работа в корне меняла представление об основах арифметики.

Как только машина трогалась, счетчик начинал громко и хрипло стучать, и сразу же выскакивала цифра «84», чтобы сейчас же исчезнуть и дать место цифре «13». После этого внутри счетчика что-то всхлипывало, стук усиливался, и в окошечке медленно появлялась леденящая душу сумма 48 р. 12 коп. Но не успевал пассажир ахнуть и схватиться за сердце, как из счетчика слышался металлический стон, и выплывала новая, чрезвычайно скромная на этот раз цифра — «8 коп.». После этого пассажир махал рукой и отдавался во власть судьбы. Но бывали случаи, когда пассажиры выходили из такси совершенно седыми.

«Желтополосые» стояли на Страстной площади. На каждую машину приходилось два-три хозяина. Они не доверяли друг другу и ездили все вместе, тесно усевшись возле руля. Установка всей компании была, конечно, не на обычного пассажира. Им нужен был седок, обуреваемый, так сказать, низменными страстями.

День у «желтополосых» проходил безрадостно. При дневном свете они не извлекали особенных прибылей, зато вечером появлялся настоящий пассажир.

Его можно было узнать издали. Он двигался неровным шагом от ресторана «Ку-ку», держа курс к памятнику Пушкина. К груди он прижимал расстегнутый портфель. За кутилой бежали марафоны, жуки и стрелки. Стрелок выпрашивал пятерку, марафон звал в казино, а жуки попросту надеялись, что их новый друг выронит деньги, они, жуки, их поднимут и будут счастливы.

Но пижона прихватывали девки в плюшевых саках и стеганых ботах. Теперь он был полностью готов для поездки, теперь ему до зарезу нужна была машина.

Троица автомобилевладельцев с треском заводила мотор и усаживалась за руль, опускались байковые занавески с бомбошками, и грохочущий «бенц» медленно совершал свой обычный рейс на Ленинградское шоссе и обратно, на ту же Страстную, где душераздирающе кричали и пели пьяные, деловито разгуливали проститутки, где кого-то вели в милицию и этот кто-то на всю улицу верещал: «Что ты мине рюки крютишь?»

Все это надо было вспомнить для того, чтобы яснее понять, какая одержана победа, как удивительно изменилась и похорошела Москва.

Постройка метрополитена могла вначале показаться лишь созданием для Москвы нового вида транспорта. На самом деле она превратилась в целую метрополитеновскую эру. Ее великое содержание не только в том, что прорыты великолепные тоннели под землей, прорублены новые проспекты, возведены и возводятся монументальные здания на земле, а еще и в том, что вместе с булыжной мостовой исчезает и человеческий булыжник. Вместе с городом совершенствуются и люди, которые в нем живут.

И это замечательное превращение есть самое главное, что заложено во всякой советской стройке.

1933

ЛЮБИМЫЙ ТРАМВАЙ

Когда говорили о человеке бывалом, тертом, видавшем виды, выражались так:

— Он прошел огонь, воду и медные трубы.

Теперь говорят иначе, менее фигурально, ближе к делу:

— Он прошел испытания трамвая, невзгоды автобуса и ужасы такси.

Один троллейбус пока еще ничем себя не замарал, чистый, незапятнанный троллейбус, радость и утешение москвича.

А что касается трамвая... О! О трамвае надо писать целую книгу. А автобус! Это роман. А такси! Его тоже надо отобразить в художественной литературе. Это будет сборник веселых анекдотов, — как говорят на юге — вагон смеха. Сквозь трамвайные слезы, конечно.

Бывалый, тертый, видавший виды человек, утром выходит на улицу. Он заранее все знает и ко всему приготовился. В одном кармане у него лежит никелевый гривенник (не затруднять кондуктора разменом). В другом кармане — второй гривенник (на тот случай, если первый украдут при передаче кондукторше). Еще в одном кармане лежит желтенький бумажный рубль (может быть, оштрафуют — теперь энергично борются с висунами, а он в душе отчаянный висун). И есть еще один карманчик, самый далекий, самый тайный. Там лежат двадцать рублей (возможно «разбитие» стекла, а висун — человек служащий, не тащиться же в милицию для составления протокола, нельзя опаздывать на работу).

Он вполне готов, он закален в борьбе. Пуговицы пальто пришиты вощеной дратвой, чтоб не отодрали в схватке, ботинки нарочно не чищены — все равно затопчут. Глаза висуна мечут молнии. Это уже не человек, не старший бухгалтер, не обожаемый муж, добрый отец и любимый дедушка. Теперь это укротитель львов, неустрашимый капитан Шнейдер.

И вот он выходит на улицу. И солнце сияет на пришитых дратвой пуговицах. И расплющенные ботинки вызывают невольное уважение своим боевым видом. И голубой гонщик дружелюбно смотрит на него с высокой рекламы Автодора на Страстном монастыре.

Пассажир выходит на середину площади. Здесь его наблюдательный пункт. Отсюда видны все приближающиеся трамваи и автобусы, все номера. Кроме того, здесь стоянка такси. Чудес на свете не бывает, но бывают удача, счастье, везение — вдруг набежит свободная машина. В самой крайней беде — не одно, так другое: лишь бы не опоздать на службу, там сегодня важные дела.

Но мы уже не так молоды, мы знаем, что жизнь сама по себе, а трамвайно-автобусный график — сам по себе. Сначала идут только вагоны тех линий, которые сейчас не нужны. И идут бессмысленно часто. Когда они понадобятся, их не будет полтора часа. Потом, по пятам друг за другом, проходят одни лишь пятнадцатые номера, семь вагонов подряд. Автобусов почему-то нет ни одного уже двадцать минут. И сердце уже горит, а душа требует жалобную книгу. Еще два пятнадцатых номера с вызывающим звоном проносятся мимо. Наконец на повороте показывается нужный, родимый вагон. Висун бежит через площадь. Еще секунда, и он займется любимым делом, с блаженной улыбкой будет висеть на подножке переполненного трамвая. Но вагон неожиданно полным ходом проскакивает мимо и катится еще метров двести к тому углу, где для него учредили новую остановку. И обманутый висун, причитая, бежит назад.

На бегу он замечает автобус. Он тотчас же меняет направление и, делая огромные прыжки, достигает цели. Он уже пропихнулся в дверь, но кондуктор преграждает ему путь. Висун знает, что кричать нельзя, не действует, надо молить. И он шепчет:

— Ну, я вас прошу. У меня колит. Я опоздаю. Будьте человеком. У меня разные заслуги.

Ему даже хочется сказать: «Я больше никогда не буду», как говорят провинившиеся дети. Но его выталкивают. Автобус берет двадцать восемь человек, а он — двадцать девятый.

Как обидно быть двадцать девятым! Как хочется быть двадцать восьмым! В конце концов, жизнь проходит, стареешь, приближаешься к маленькой мраморной урне. Ах, как хочется до конца дней быть молодым, веселым, румяным, с безбоязненно начищенными ботинками, с розой в петлице, с пуговицами, пришитыми обыкновенной ниткой, одним словом — двадцать восьмым!

Этого в трамвайных и автобусных трестах не понимают.

Обожаемый муж, добрый отец или любимый дедушка уже опоздал на час. Он скакал по площади, увертываясь от грузовиков и вглядываясь в асфальтовые дали. Вместе с ним бегали сотни людей, охваченных утренней трамвайной паникой.

Уже сообщалось, что чудес на свете не бывает, но это утро оказалось каким-то особенным, с налетом мистики. Громко бренча, на площадь выехало такси с трясущимся кузовом. Оно было такое грязное, будто его только что вытащили из мусорной ямы. Шофер в черной драповой кепке смотрел холодно и высокомерно. Было видно, что он капризен и привередлив, как дочка американского миллиардера, что он знает себе цену и не соединит свою судьбу с первым встречным.

За спасательный круг, случайно прикатившийся на площадь, сразу ухватилось по крайней мере пятьдесят утопающих пассажиров.

И началось то, что ежедневно происходит на московских перекрестках, то, о чем все знают, к чему привыкли, о чем говорят со злостью, досадой и раздражением, говорят и покоряются, — началось вымогательство.

Не хочется повторять этих унизительных разговоров. Схема обычная и давно осточертела.

На Таганскую площадь шофер не поедет — не по дороге. На Каланчевскую тоже не поедет — тоже не по дороге. И к Яузским воротам не по дороге. В каком направлении пролегает светлый путь шофера-взяточника, никогда не удается установить.

Сесть в такси с пакетом весом в кило нельзя. Это — груз, а перевозить грузы не разрешается. Если совсем не к чему придраться, то шофер заявляет, что не хватит бензина. Между прочим, чтобы возить пьяных, бензина всегда хватает. Шоферы обожают пьяных. Тут можно добре поживиться. Без особого труда они освоили «классическое» наследие извозчиков-лихачей, все грязные повадки холуев дореволюционной купеческой Москвы.

Пешеходы жалки. Они сгибаются под тяжелым взглядом шофера. Напрасно они кричат, чуть ли не разрывают на себе одежды, показывая раны, полученные во время гражданской войны. Ничто не поможет. Поедет тот, кто даст взятку, кто даст на чай. А кто не даст взятки, тот не поедет.

Что же, все шоферы московских такси взяточники? Нет, не все, но многие. И это не просто, это стало явлением, и запускать болезнь нельзя. Но в таксомоторных гаражах, кажется, привыкли к развращенным подонкам, облепившим трудовой шоферский мир.

А висун? Висун все-таки попал в трамвай. Правда, это был не его номер, но по какому-то странному стечению обстоятельств он изменил свой маршрут и повез висуна на службу. Вот уж, действительно, счастье, удача, везение.

Штрафной рубль взяли немедленно. Висун висел. Что ему еще оставалось делать? Но, рассчитавшись с милиционером, он успел догнать вагон и снова повис на подножке, подпихивая впереди стоящих своим натренированным, мускулистым животом.

Первый гривенник, как и следовало ждать, затерялся при передаче. Второй гривенник он вручил лично, после чего его стало дрейфовать, то есть прижимать к окнам, сносить в середину потока людей, поворачивать спиной и даже выталкивать вверх, как это бывает с кораблями при сжатии льдов в Арктике.

Трамвай очень изменился в последнее время. Уже исчезло незамысловатое трамвайное веселье, умолкли остроты насчет того, что вагончик не резиновый, никто не отпускает замечаний по поводу гражданина в шляпе, перестали даже кидаться на людей в очках, так называемых четырехглазых. Слышны только мычание и вздохи, как на самой верхней полке в бане.

И в ту минуту, когда вагон трещит под напором сдавливаемых тел, когда все пассажиры слились в какую-то единую, начинающую застывать бетонную массу, визжа открывается дверь передней площадки, и внутрь втискиваются восемь милиционеров в новых касках и с кошелками в руках. Им обязательно надо внутрь, надо впечататься в бетон. Есть новое правило, по которому представителям милиции не разрешается стоять на передней площадке.

В такой вагон боятся входить контролеры. А это — люди в общем бесстрашные, хорошо знающие, что такое электрический трамвай.

Висун сошел на своей остановке. Сошел — это мягко сказано. Из трамвая не выходят, из трамвая вываливаются, вылетают, выдавливаются — это более подходящие определения.

Ах, что сделали с человеком, видавшим виды, с неустрашимым укротителем трамвайных львов, с пассажиром, который все предусмотрел!

— Ну, что, сынку, помогла тебе твоя вощеная дратва? А ну, поворотись-ка! Что это на тебе за свитка такая?

Нет, не помогла дратва. Отлетели пуговицы. И придется теперь искать новые и пришивать их на этот раз басовой струной от гитары. И чудную свитку придется нести в капитальный ремонт к портному. Да и самому неплохо бы показаться доктору, что-то здоровье за последние полчаса стало пошаливать. А как доберешься к доктору? Опять в трамвай? Нет, уж лучше умереть в постели. И глаза пусть закроет не кондуктор, а любимая жена или обожаемый внук.

Ну, давайте разговаривать без лирики, официально. Если вы любите выражаться в процентах, можно и в процентах. Так вот. Каждый человек в Москве, прежде чем достигнуть места работы, теряет пятьдесят процентов работоспособности на преодоление трамвайных и автобусных препятствий (не претендуем на точность). Тут и физическое усилие, и расстройство нервов, и потеря самообладания.

И на работу он является уже уставшим, раздраженным, злым, как черт. Плохо он работает после транспортной передряги. А если в выходной день он решил съездить с семьей в Сокольники, то садится он в вагон, так сказать, с иждивенцами, а выползает из него с изможденцами и изнуренцами. И, сидя под деревом, на зеленой траве, семья целый день ругает трамвай, накаляя друг друга мрачными историями из пассажирского быта. Нет, не вдыхают они благовонного воздуха Сокольнической рощи, не прислушиваются к голосам шустрых птичек, им не до того.

Понимают ли в трамвайных трестах и парках, какое важное дело им вручено? Кажется, что не понимают. Похоже на то, что там все надежды возложили на метрополитен, а к своему огромному хозяйству остыли. Признали устаревшим. Как раз к осени доломаем трамвай и автобус, выбросим на помойку последние щепки от такси, а сами в белых парадных толстовках, с венками на освобожденных от всяких забот головах сядем в метро и устремимся в сияющую даль. Зачем же стараться? Образуется и без нас.

Кому не известно, что метрополитен — это коренное решение вопросов московского транспорта! Поэтому он и строится с такой решительностью и удивительной быстротой. Поэтому десятки тысяч пролетариев вместо отдыха идут на субботники —

помогать одному из самых замечательных строительств нашего времени. И вот в то время, когда вся Москва переживает небывалый в ее тысячелетней истории жизненный подъем, когда каждый год возводятся сотни зданий, с рекордной быстротой покрываются асфальтом сотни улиц, возникают монументальные гранитные набережные, когда в одно нынешнее лето будет асфальтировано шестьсот километров подмосковных дорог, — московский транспорт работает так плохо, что иногда даже начинает казаться, будто он находится в ведении НКПС, а не трамвайного и автобусного трестов.

Надо сразу отбить у них желание повторить историю трактора и коня, когда под победный гром тулумбасов различные недоучки гуляли под ручки, поджидая тракторов из центра и с презрением поглядывая на нечищеную и некормленую лошадь. Поглядывали и вели «сверхлевые» разговоры:

— Лошадь — это устаревшее, подозрительное по происхождению, явно чуждое нам животное, ихтиозавр.

Даже при полной работе всех линий метро Москве нужен будет трамвай. А сейчас сотни вагонов застревают в депо с пустяковыми поломками и еще сотни возвращаются среди бела дня с линий.

Трамвай и автобус дичают с каждым днем. Они становятся все хитрее, неуловимее и грязнее. В них перестали верить. К вечернему поезду едут с утра, в театр выходят за два часа до начала спектакля. Вечером как можно раньше убегают из клубов, из гостей. Вечером уже полный кавардак: одни вагоны идут до центра, другие чуть ли не пятятся задом. Пассажир всегда находится в состоянии неуверенности. И вечером и днем каждый вагон кажется ему последним, больше вагонов не будет. По этой причине дичает и пассажир. Нерегулярность, неаккуратность движения делают его сверх меры предприимчивым, превращают в отчаянного висуна.

Трамвайно-автобусное начальство думает спасти положение сочинением новых правил и ежедневным переносом остановок с места на место. Правила пишутся главным образом для собственного успокоения, а новые остановки далеко не всегда улучшают дело, часто даже мешают ему. А иногда вдруг начинается изучение человеко-пассажира с узконаучной точки зрения. По городу рассылаются тысячи статистиков-добровольцев.

Они робко допрашивают пассажиров, куда они едут, где сели, где полагают совершить пересадку и где удобнее ездится — в номере «34» или на линии «А».

На это можно ответить без обследования.

— Неудобно, товарищи. Всюду неудобно. Каждый день неудобно. В каждый час дня неудобно, и становится все неудобнее.

И будет неудобно, пока не начнется настоящая работа, без примеси болтовни, без желания свалить все на метро. (Вот Лазарь Моисеевич его построит и поднесет нам на блюдечке. А мы его примем и навесим красивые таблички, как им пользоваться, где можно курить, а где нельзя.)

Десятки автобусных линий на самом деле — никакие не линии. Если автобуса надо ждать сорок минут — это уже не движение, а случайность, счастье, удача. А работа нескольких миллионов человек в Москве не может, не должна зависеть от удачи, от везения. Трудящиеся Москвы — не игроки в девятку: придет карта или не придет. Надо в широчайших размерах увеличить автобусное и таксомоторное поголовье. Это трудно, но и более трудные вещи делаются у нас, и делаются блестяще.

А трамвайное стадо особенно и поправлять не нужно. Вагонов достаточно. Надо только, чтобы они вовремя чинились, все работали, содержались в чистоте и ходили регулярно.

Тогда не надо будет пришивать пуговицы гитарными струнами. Струны смогут остаться на самой гитаре. И, захватив ее, мы поедем с иждивенцами в Сокольники, не опасаясь того, что после поездки в руках останется вместо гитары только один гриф с поломанными колками. И на зеленой траве не будут вестись разговоры о злых кондукторах, о лягающихся старушках и о расплющенных ботинках.

1934

ШЕВЕЛИ НОГАМИ

ЯРОСЛАВЛЬ ПЕРЕД ШТУРМОМ

О городе Ярославле, не боясь впасть в ошибку, можно сказать, что он лежит на реке Волге у того места, где в нее впадает река Которосль.

Так же безбоязненно можно указать, что Ярославль богат церквами, старинными и нестаринными, красивыми и уродливыми, большими и малыми. Наряду с соборами, которые своей величиной лишний раз вызывают сожаление о том, что в Ярославле нет таких же больших клубов, встречаются карликовые храмы.

Даже у самого неистового безбожника вид этих каменных малюток вызывает пренебрежительную улыбку сострадания. В них, кроме служителей культа, с большим трудом может поместиться только один прихожанин (рост не выше 150 сантиметров), так что когда эти церквушки, за отсутствием указанного выше минимума прихожан, будут превращены в музеи, то больше одного экскурсанта за один прием музей принять не сможет.

Говоря кратко, в каком бы месте Ярославля вы ни остановились и в какую бы сторону ни посмотрели, вы увидите сразу не меньше 138 церквей.

Подняв глаза к небесам, чтобы отдохнуть немного от приевшегося вида, путешественник с ужасом замечает колокольню самого большого собора.

Он опускает глаза к земле, но и тут его ждет потрясение: два карликовых храма в стиле барокко.

Церковные главы, синие, желтые и зеленые, главы чешуйчатые, пупыристые, золотые и серебряные, прут отовсюду. Город похож на пучок редиски.

Только красные колонноподобные фабричные трубы спасают городской пейзаж от налета средневековья.

Пока что на каждую церковь приходится по трубе. Но пятилетка нарушит это состояние равновесия в пользу труб, а не колоколен.

Здесь приходится сделать странное на первый взгляд заявление: город Ярославль находится сейчас не в городе Ярославле, а по соседству. Но об этом после.

То же, что принято издавна называть Ярославлем, может похвастаться бульваром, городским театром и Линией Социализма.

На бульваре граждане стоят в очереди за мороженым, прогуливаются с портфелями по тенистым аллеям, заглядывают в общественную уборную, воздвигнутую в свое время тщанием председателя городской управы господина Щапова (при этом ярославцы непременно говорят: «Ну, пойдем в кабинет Щапова»), и посиживают на капитальных скамейках.

Уборная, как и скамейки, построена с расчетом на века, и память о Щапове вечно будет жить в сердцах благодарных ярославцев.

Что же касается главной улицы города — Линии Социализма, то на ней помещается большинство ярославских учреждений. По всей вероятности, они работают отлично.

Этого никак, однако, не скажешь о губернской врачебно-экспертной комиссии. Не так давно эта комиссия почувствовала летнее томление.

— А хорошо бы, — сказал один из участников комиссии, — хорошо бы съездить куда-нибудь на юг. Море там, фрукты.

— Что вы! — возразил другой. — В деревню бы, в овсы, в зеленя. Рыбку поудить. С мужичками потолковать о том о сем.

— Недотепы, — сказал третий, — в Москву надо ехать. В столицу. Людей посмотреть. Себя показать.

В общем, решили ехать в отпуск все, начиная от курьера и кончая председателем. Приняв такое решение, все повеселели и намаракали такую бумаженцию для всеобщего сведения:

«Настоящим доводим до Вашего сведения, что с 17 июня по 1-е июля (две недели) на время отпусков служащих Губернская Врачебно-экспертная комиссия будет закрыта. Просьба на этот период не назначать больных на комиссию».

За сим следовали подписи граждан Пилясова и Беляковой.

Как видно, это было сделано в расчете на то, что тяжелобольные по причине своей слабости жаловаться не смогут, а легкобольные — люди привычные, и год ждут.

Мы не хотим сказать, что в Ярославле все так работают. Отнюдь нет, работают, как мы уже указывали, отлично. Но вот комхоз не в силах исполнить свои обещания.

Он обязался доставить кирпич для постройки нового трамвайного парка. Но ни в июле, ни в августе станция не получила от комхоза ни одного кирпичика. Трамвайные вагоны, и без того непривлекательные, ночуют под открытым небом.

Хорошо бы запретить сотрудникам комхоза пользоваться трамтягой, этим завоеванием человеческого гения. Пусть ходят пешком, размышляя по пути о своем нехорошем поведении в смысле кирпича.

Остальные же учреждения работают хорошо. По Линии Социализма непрерывно циркулируют люди с портфелями. Вид у них самый благообразный.

Самый город Ярославль помещается все-таки не в Ярославле.

У него не было богатого прошлого.

Господин Щапов не обращал на него внимания. Купцы не строили там церквей (одна-две — и обчелся). И портфеленосцев там немного. Город этот — «Красный Перекоп», текстильная фабрика, одна из самых больших в Советской стране.

Если в Ярославле говорят о новой лекции, кинокартине, политическом собрании или футбольном матче, то обязательно прибавляют:

— В клубе «Красный Перекоп».

— На стадионе «Красного Перекопа».

— Среди рабочих «Красного Перекопа».

Старый город угасает. Свороченные на сторону кресты и облупленные звонницы только оттеняют силу фабричных корпусов, которые обступили древний Ярославль и скоро возьмут его штурмом.

1929

МНЕ ХОЧЕТСЯ ЕХАТЬ

Человек внезапно просыпается ночью. Душа его томится. За окном качаются уличные лампы, сотрясая землю, проходит грузовик; за стеной сосед во сне вскрикивает: «Сходите? Сходите? А впереди сходят?» — и опять все тихо, торжественно.

Уже человек лежит, раскрыв очи, уже вспоминается ему, что молодость прошла, что за квартиру давно не плачено, что любимые девушки вышли замуж за других, как вдруг он слышит вольный, очень далекий голос паровоза.

И такой это голос, что у человека начинает биться сердце. А паровозы ревут, переговариваются, ночь наполняется их криками — и мысли человека переворачиваются.

Не кажется ему уже, что молодость ушла безвозвратно. Вся жизнь впереди. Он готов поехать сейчас же, завернувшись в одно только тканьевое одеяло. Поехать куда попало, в Сухиничи, в Севастополь, во Владивосток, в Рузаевку, на Байкал, на озеро Гохчу, в Жмеринку.

Сидя на кровати, он улыбается. Он полон решимости, он смел и предприимчив, сейчас ему сам черт не брат. Пассажир — это звучит гордо и необыкновенно!

А посмотреть на него месяца через два, когда он трусливой рысью пересекает Каланчевскую площадь, стремясь к Рязанскому вокзалу. Тот ли это гордый орел, которому сам черт не брат!

Он до тошноты осторожен.

На вокзал пассажир прибегает за два часа до отхода поезда, хотя в мировой практике не было случая, чтобы поезд ушел раньше времени. (Позже — это бывает.)

К отъезду он начинает готовиться за три дня. Все это время в доме не обедают, потому что посуду пассажир замуровал в камышовую дорожную корзину. Семья ведет бивуачную жизнь наполеоновских солдат. Везде валяются узлы, обрывки газетной бумаги, веревки. Спит пассажир без подушки, которая тоже упрятана в чемодан-гармонию и заперта на замок. Она будет вынута только в вагоне.

На вокзале он ко всем относится с предубеждением. Железнодорожного начальства он боится, а остальной люд подозревает. Он убежден, что кассир дал ему неправильный билет, что носильщик убежит с вещами, что станционные часы врут и что его самого спутают с поездным вором и перед самым отъездом задержат.

Вообще он не верит в железную дорогу и до сих пор к ней не привык.

Железнодорожные строгости пассажир поругивает, но в душе уважает, и, попав в поезд, сам не прочь навести порядок.

Иной раз в вагоне на верхней полке обнаруживается великий паникер.

— Почему вы поете? — говорит он, свешивая голову вниз. — В вагоне петь нельзя. Есть такое правило.

— Да я не пою. Я напеваю, — оправдывается пассажир.

— Напевать тоже нельзя, — отвечает паникер. — И вообще, если хотите знать, то к пению приравнивается даже громкий разговор.

Через пять минут снова раздается голос паникера.

— Если открыть тормоз Вестингауза, то за это двадцать пять рублей штрафа и, кроме того, показательный суд.

— Но ведь я не собираюсь открывать тормоз! — пугается девушка, отворачиваясь от змеиного взгляда паникера.

— Не собираетесь, а все-таки убрали бы локоть подальше. Сорвется пломба, тут вам и конец. Да и весь вагон по головке не погладят, такое правило.

Этот же голос спустя минуту:

— Нет, нет, гражданин, раму спускать нельзя. С завтрашнего дня вступает в силу осеннее расписание.

— Но ведь погода замечательная. Двадцать два градуса тепла.

— Тепло теплом, а расписание своим порядком.

— Позвольте, но ведь вы сами говорите, что новое расписание только завтра начнет действовать!

— А мы его сегодня применим. На всякий случай. Закройте, закройте! Не задохнетесь!

Через два часа в вагоне говорят уже только шепотом, сидят, выпрямив плечи и сложив руки на коленях.

А с верхней полки раздается равномерное ворчанье.

— Не курить, не плевать, не собирать в житницы! Есть такое правило! Уборную свыше трех минут не занимать, в тамбурах не стоять, в Девятый вал не играть! Есть такое правило!

Но какой реванш берут пассажиры, когда паникер, побежав за кипятком, опаздывает на поезд и гонится за ним, размахивая чайником. Пассажиры радостно опускают рамы и кричат несчастному:

— Ходить по шпалам строго воспрещается! Есть такое правило!

Но больше всего правил на вокзалах.

Правила были придуманы на все случаи жизни, но применялись они как-то странно.

Пассажира уговаривали не пить сырой воды, но не предлагали кипяченой. Запрещали сорить на пол, но не указывали, куда бросать мусор.

И когда вокзалы превратились в грязные сараи, долго жаловались на пассажиров:

— Вот людоеды! Сидят на полу, когда рядом висит правило: «Сидеть на полу строго воспрещается».

Положение коренным образом изменилось, когда чудное правило сняли, а вместо него поставили длинные деревянные диваны. И странно — никто уже не сидел на полу, хотя правило исчезло.

Все прочие повелительные изречения заменили предметами материальной культуры, и дикий, казалось, пассажир превратился в чистенького кроткого ягненка с розовым галстуком на шее.

Удивительное превращение!

И теперь ночью, заслыша паровозный гудок и воображая себе блеск и грохот высокого вокзала, видишь не взбудораженные толпы мечущихся по перрону людей, а чинно шествующих людей, которых познакомили наконец с самым важным и нужным правилом:

ПЛОХО ОТНОСИТЬСЯ К ПАССАЖИРАМ
СТРОГО ВОСПРЕЩАЕТСЯ

1932

НАЧАЛО ПОХОДА

Мы сидели в Севастополе, на Интернациональной пристани, об адмиральские ступени которой шлепались синенькие волны N-ского моря (мы умеем хранить военную тайну). Было утро. Голубой флот стоял в бухте.

Боевые башни линкора «Парижская коммуна» светились на солнце. Подальше расположились корабли бригады крейсеров. Эсминцы стояли у стенки. Все это вросло в море, было неподвижно. И сама бухта, казалось, задремала, усыпленная последним октябрьским теплом, частыми звонками склянок и свистом боцманских дудок.

Между тем в бухтах происходило незаметное сразу и лишь постепенно становившееся явственным движение. Вдруг показалась подводная лодка, скрытая до сих пор одноцветной с нею массой дредноута. Она направлялась к выходу в море, переговариваясь с кем-то флажками. Оказалось, что учебный корабль «Коминтерн» начал медленно выдвигаться из-за крейсера «Червона Украина». Вышли из солнечного сверкания, последовательно развернулись и со звоном стали подниматься на воздух гидросамолеты. И не успели они исчезнуть за уходящими в гору домами, как оттуда же, из-за домов, вылетело другое звено. Оно прогремело над железными балконами Ленинского проспекта, над Приморским бульваром, над белыми колоннами пристани и, выключив моторы, стало садиться на воду. У бетонной набережной водной станции неторопливо стукались бортами ялики, поднимаемые маленькой волной. Обшарпанный пароходик, забрав пассажиров, пошел на Северную сторону. «Коминтерн» был уже далеко в море. А подводной лодки и совсем не стало видно. От пристани Совторгфлота обильно побежала зеленоватая пена. Выехала высокая толстая черная корма с золотыми украшениями и белой надписью «Грузия. Одесса». На корме, напирая друг на друга, теснились взволнованные отплытием, гудками и запахом водорослей пассажиры. Они что-то кричали вниз провожающим. Выделялся один пронзительный голос: «Яйца на дне корзинки!» Сразу стало тесно и как-то беспорядочно. Закачались на воде арбузные корки, обрывки газет, селедочные скелетики. Теплоход показался весь с его спасательными лодками, уличными электрическими фонарями у трапов, тентами, шезлонгами и седым капитаном с золотыми шевронами на рукавах белого кителя. Из бортовых отверстий теплохода с шумом били струи отработанной воды.

Но вот веселая курортная «Грузия» ушла наконец, и в бухте снова открылись зловещие, неподвижные очертания военных судов.

— Не хотел бы я встретиться с такой эскадрой в темном переулке.

Это сказал писатель. Пиджак сидел на нем столь прихотливо, словно под ним находилось не дивное человеческое тело, а кактус.

Командиры, поджидавшие свои баркасы и катера, засмеялись. Так произошло знакомство.

— Вы что к нам, в качестве Гончарова? — строго спросил молодой командир.

— Так точно, на фрегат «Красный Кавказ».

— Что-то вас много. Сразу три Гончарова.

— Один — художник.

— Ага, значит, два Гончарова и один Верещагин.

— Почти что Верещагин.

— Ну что ж, давайте, давайте.

Пустив крутую волну, к пристани подскочил баркас и забрал всех. Последним сел редактор газеты Семенов. Из кармана у него торчал кончик наспех засунутого галстука. В руках редактор держал запеленутый в простыню штатский костюм.

— Вот что, ребята, — смущенно говорил он, — костюмчик у меня ничего, только что из швальни. И галстучек ничего. Но вот шляпа у меня, ребята, хреновая. Как я ее за границей буду носить — не знаю. Никогда в жизни шляпы не надевал.

Отряд кораблей Черноморского флота шел в заграничное плавание. По дороге он должен был посетить Стамбул и Афины. В отряд были назначены крейсер «Красный Кавказ», эскадренные миноносцы «Петровский» и «Шаумян» и три подводные лодки. Лодки уже ушли, и рандеву с ними должно было произойти у входа в Босфор.

В походе нам предстояло находиться на «Красном Кавказе».

Баркас дал полный ход. За его кормой сразу встал шевелящийся пенистый вал. Никто не садился на скамьи, все моряки стояли. Это такой стиль — стоять в баркасе. Мы, привычные трамвайные пассажиры, поспешили занять свободные места. Мы еще не почувствовали военно-морского стиля, но впоследствии вошли во вкус и уж обязательно стояли. Идешь как-нибудь ночью последним рейсовым баркасом с пристани Фалерон на свой корабль, и ведь набегался за день невероятно, ноги раскалены и болят, и все-таки не садишься — стоишь, как какой-нибудь капитан Гаттерас, не сводя взгляда с приближающихся огней крейсера. А греческая ночь черна и тепла, а греческие звезды — это толстые звезды. И далеко позади, на высоком холме, остывает нагретый за день мрамор Акрополя.

Но все это было еще впереди. Сейчас мы подходили к «Красному Кавказу», дивясь на его неожиданно большие вблизи размеры. Мы втащили чемоданы по трапу и остановились на палубе. Вахтенный начальник взял под козырек и прочел наши бумаги.

— Хорошо, — сказал он, — сейчас вас проведут в каюту. Только осторожней, не запачкайтесь, сегодня кончили краситься.

Берег за «Красным Кавказом» был высокий и пустынный. Дул освежающий ветер, чайки пищали на воде. Краснофлотец повел нас к кормовой надстройке.

— Тут крашено, — сказал он, когда мы подымались наверх, — не запачкайтесь.

Затем мы стали протискиваться между орудийной башней и каютой радистов. Из иллюминатора показалась голова в радионаушниках.

— Осторожней, товарищи, запачкаетесь, краска еще свежая.

В каюте были две металлические койки, одна над другой, два железных шкафа, выкрашенных под дуб, железный письменный стол (под дуб), умывальник с зеркалом, вешалка и железная полочка. Полочка тоже была разрисована под дуб. Чья-то домовитая душа на верфи решила придать бесчувственному металлу добродушный семейный вид. Из-за этого мы никогда не могли привыкнуть к боевой обстановке каюты, вечно стукались коленками о гремящие железные тумбы письменного стола и ходили в детских синяках и ссадинах. В одном из шкафов висела кожаная шуба на меху. Мы не придали этому значения. Шуба так шуба. Пусть висит.

Испытывая, как говорят дипломаты, чувство живейшего удовлетворения, мы вышли из каюты. На мостике кормовой надстройки стоял командир. Он посмотрел на нас с печальным любопытством.

— Вы, смотрите, товарищи, не запачкайтесь, — сказал он с необыкновенной грустью, — каюта только-только покрашена.

— Мы, кажется, заняли ваше место? Это ваша шуба там висит?

— Что вы, что вы, пожалуйста. Я уже поместился в другой каюте, рядом с вами. А шуба пусть повисит. Она вам не мешает?

Неловкость положения была смягчена появлением вестового.

— Товарищи писатели, — прокричал он, — старший помощник приказал передать, что если кто из вас запачкается, то в кают-компании есть бензин!

— Спасибо, товарищ, пока еще не требуется.

Но, осмотрев друг друга, мы увидели на костюмах голубые пятна и полоски. С этой минуты мы стали пожирать бензин в дозах, потребных разве только автомобильному мотору, потому что военный корабль всегда в каком-нибудь месте да подкрашивается. Морякам это не страшно. Но мы, береговые люди, привыкшие всегда на что-нибудь опираться и к чему-нибудь прислоняться, постоянно бегали в кают-компанию за горючим.

Теперь нечего скрывать. Мы сделали много ошибок и больше всего в первый вечер. Стояли на юте без шляпы, облокачивались на поручни, плевали за борт и за борт бросали окурки. Нельзя ходить по кораблю без головного убора, не полагается. Нельзя бросать окурков за борт — их может снести ветром назад, и корабль запачкается. По этой же причине не годится плевать. Не принято и облокачиваться: корабль — это не дом отдыха и совершенно не к чему принимать изящные пассажирские позы.

Относительно головных уборов нам вежливо заметили, что мы можем простудиться, если будем ходить без них. По поводу остального не было сделано такого косвенного замечания. Мы поняли это сами, но не скоро. Примерно в Дарданеллах закончился процесс нашего морского воспитания. А вот где нам стоять во время посещения корабля официальными лицами, мы так и не узнали. Приходит в голову мысль, что в таких случаях на военном корабле для людей в пиджаках и шляпах вообще нет места.

Сейчас мы отчетливо представляем себе то мрачное отчаяние, которое охватывало душу старшего помощника во время торжественного приема.

Блестящая картина. «Красный Кавказ» стоит в иностранном порту. Команда выстроена. К кораблю мчится адмиральский катер. В нем сидит красивый старик в треугольной шляпе и золотых эполетах, с голубой лентой через плечо. Стреляют пушки. Оркестр играет встречу. Все в полном порядке. Все голубое, синее и белое. Старпом подымает голову, чтобы бросить последний начальствующий взгляд, и вдруг на самой высокой площадке кормовой надстройки видит трех человек в разноцветных пиджаках и мягких шляпах набекрень. Их галстуки развеваются. Они с увлечением разговаривают, размахивают руками и вырывают друг у друга бинокль, чтобы лучше разглядеть подъезжающего адмирала. Что делать? Галстучно-пиджачная группа невыносима для морского глаза. Надо молниеносно принять решение. Гостеприимство борется с суровой необходимостью. И вот найдена замечательная формула: «Всем перейти на левый борт».

Это, конечно, значит, что всем оставаться на местах, а нам действительно перейти на левый борт. Там нас никто не увидит, там мы не будем портить картину.

Вечером кают-компания наполняется вернувшимися с берега командирами. Шли последние приготовления к походу. Все были очень заняты, все работали. Даже парикмахер открыл свою каюту, пустил вентиляцию и принялся стричь, брить и прыскать одеколоном.

Когда мы, взбудораженные первым днем на корабле, возлегли наконец на свои койки, на нашем мостике послышались шаги и веселое мурлыканье: «О, эти черные глаза... та-рам-та-ра-а-ра...» В открытой двери, заслонив собой севастопольские огни, появилась фигура с чемоданом. Вошедший с громом поставил чемодан на стол и, беззаботно пропев «меня плени-и-ли», внезапно замолчал. Мы притаились, как мыши.

— Что за черт! — послышался изумленный голос.

Пришелец схватил чемодан и выскочил наружу.

Из соседней каюты послышался шепот:

— Кто такие?

— Писатели.

— А шуба там?

— Шуба там.

— Ну пусть живут. «О, эти черные глаза-а...» А в кают-компании еще один лежит на диване, толстенький, в очках. Тоже писатель?

— Художник.

— Значит, рисовать. «Меня плени-и-ли...» Бежал со всех ног, чуть на последний баркас не опоздал. Сегодня на Приморском бульваре состоялся прыжок смерти, выступал один артист московских и ленинградских цирков. Ничего работает. Ну, послезавтра Стамбул! Приказ наркома — поднять флаги в Стамбуле ровно в девять утра.

Это была последняя ночь в Севастополе. Следующая ночь пройдет в открытом море, на пути в Босфор.

Завидное ощущение — проснуться утром от мысли, что происходит что-то хорошее и необыкновенное, чего никогда в жизни еще не бывало. Скорей одеваться! Ко мне, мои верные брюки!

Красное солнце висит в тумане над темно-фиолетовым берегом. Оно только что взошло, и его еще можно рассматривать, не щурясь. Предметы еще не отбрасывают теней. В такой час полагается быть утренней свежести, но на нашем мостике тепло. Как раз под нами из брезентовых вентиляционных рукавов дует горячий машинный воздух. Таким образом, нас омывает воздушный Гольфштрем. Вода за ночь вышколена так, что в своей преданности портовым властям не производит даже всплеска. И в полной тишине в бухту на весла входит парусник с повисшим гротом. Такое состояние утра длится недолго, цвета быстро меняются.

Фиолетовый берег сделался красным, а потом пожелтел. Вода в минуту переменила четыре зеленых оттенка и задержалась на полдороге к голубому. Солнце выпустило первый тончайший луч, и в сиреневой мгле Севастополя на какой-то крыше сразу зажглось стекло. От Инкермана к городу потянулся выпуклый дым, брошенный торопливо пробежавшим локомотивом. Дым стал розовым, потом белым. Быстрее стали выступать из тумана далекие суда и городские строения. Обозначились серые гладкие стены и трибуна водной станции. На Малаховом кургане засверкали стеклянные перекрытия круглого циркового здания Севастопольской панорамы.

Уже нельзя было смотреть на солнце. Начинался симфонический финал утра. Вступали все новые группы отражающих свет окон и иллюминаторов. Осветилось море. Ни на что уже нельзя было смотреть. Мир превратился в сплошное сверкание. Ударили тарелки и барабаны. Оркестры встречали командующего, который объезжал корабли, назначенные в поход. Командующий простился с краснофлотцами, пожелал им счастливого плавания и помчался на берег. Последний раз качнулись медные трубы оркестра, в последний раз чья-то верная жена махнула с белой пристани платком. Корабли снялись с якорей и бочек и вышли в море.

Еще Севастополь не скрылся из глаз, как на юте показался Семенов. Перескакивая через струи воды, бившие из шлангов (крейсер снова скребли и мыли, хотя и до этого он был чист, как голубь), он приблизился и, выставив вперед большой палец правой руки, сказал:

— Вот что, ребята. Надо, надо, надо, надо, надо, надо.

— Что надо?

— Надо, надо, ребята. Не годится. Газету надо выпускать.

— Не рано ли? Еще не накопился материал.

— Как не накопился? Уже накопился. Надо, надо, ребята.

И он потащил всех к себе в каюту. Там уже сидел в расстегнутом кителе командир Жученко. Большой настольный вентилятор гнал на него прохладный воздух. Жученко что-то бормотал, изредка косясь на свою волосатую грудь. Перед ним лежал чистый лист бумаги. Семенов засадил командира писать стихи для походного выпуска газеты «Красный черноморец».

— Ну что, нашел рифму на «вымпел»?

— Найдешь ее! Тут сам Пушкин не срифмует.

— Не валяй дурака, Жученко, — бессердечно сказал Семенов. — При чем тут Пушкин? Сам знаешь, кроме тебя, некому. Пиши, пожалуйста.

Жученко с тоской посмотрел в иллюминатор, за которым стремительно и близко неслась вольная вода, и зашептал:

— Вымпел — пепел. Нет. Вымпел — румпель. Тоже нет. Вымпел — шомпол. Знал бы такое дело, не поехал.

Пришли военкоры в брезентовой рабочей форме. Все поспешно закурили и расселись, кто как смог — на койке и по два на одном стуле. Семенов начал выжимать материал. Газета должна выйти к утру, к приходу в Стамбул.

— Вот что, ребята, — сказал Семенов, — завтра входим в соприкосновение с капиталистическим миром. Во-первых, надо отразить переход, работу личного состава. Есть известие с эсминцев, что они объявили друг с другом соревнование. Подробности получим по семафору. А у нас как в машинном отделении? Как работают механизмы? Это же все надо отразить, товарищи. Надо, надо, надо. Кто напишет? Раскачивайтесь, ребята. Фельетончик нам подкинут товарищи писатели. А вот кто будет писать привет дружественному турецкому народу? Может, Жученко? А, Жученко?

— Вымпел — пепел, — отозвался командир.

— Дался тебе этот вымпел. Замени чем-нибудь.

— Жалко. Уже первая строка есть.

Крейсер жил бесконечно разнообразной жизнью. Он уносил вперед свое громадное тело, в котором все было приспособлено к одной цели, подчинено одной задаче — стрелять!

Хорошо стреляют в Черноморском флоте.

То есть когда стреляют хорошо — это у них считается плохо. Извините, но это не каламбур. Считается хорошо, когда стреляют отлично.

Кстати, во флоте говорят: «на хорошо» и «на отлично». Там вообще говорят по-своему.

На боевом учении, после трудной ночной стрельбы, командующий приказал выстроить краснофлотцев и сказал им:

— Я должен вас огорчить, товарищи. Вы стреляли «на хорошо».

Стрелять, стрелять! Стрелять как только на свете возможно точно и быстро — это так проникло в сознание краснофлотцев, что, когда одного корабельного кока спросили, какая задача является для него главнейшей, он, не задумываясь, ответил:

— Огонь!

Удачный ответ. В одном слове кок сумел объединить и общую боевую задачу всего флота, и свою узкую специальность — поддерживать огонь в камбузе.

Отряд давно уже шел в открытом море.

Свободные от работы краснофлотцы затверживали турецкие, греческие и итальянские слова из специально выпущенного к походу «Словарика наиболее употребляемых слов». Зубрили на все Черное море:

— Дайте мне стакан воды. Сколько жителей в этом городе? Хорошо ли вам живется? Нам живется хорошо.

— Здравствуйте — мерхаба. Прощайте — смарладык.

— Синдрофос — товарищ, аркадаш — товарищ, кампаньо — тоже товарищ. По-гречески, по-турецки, по-итальянски.

У нас была своя книга — «Русско-французские разговоры для употребления в школе и в путешествии».

Не знаем, как в школе, но в путешествии она могла поставить путника только в дурацкое, двусмысленное положение.

Вот глава под названием «Встреча друга».

А. — Как, это вы? Вы взаправду?

Б. — Это я сам.

А. — Вы меня поразили. Я ожидал вас здесь встретить. Я ожидал вас утром, в два часа пополудни, поздно вечером, вечерком. Когда вы возвратились?

Б. — Я прибыл вчера вечером.

А. — Как вы прибыли?

Б. — Я прибыл на трамвае, по железной дороге, в телеге, пароходом, омнибусом, в лодке, в кабриолете, на велосипеде.

А. — Я забыл осведомиться о вашем дядюшке.

Б. (как видно, замогильным голосом). — Он очень, очень несчастлив, он потерял все свое состояние.

А. — Как! Неужели? Возможно ли это? Может ли это статься? Может ли это быть? Кто бы это подумал? Этого я никогда бы не подумал. Как это могло статься? Это невозможно. Это не может быть. Это меня очень удивляет. Это непонятно. Это невероятно. Это даже нечто совсем неслыханное.

Б. (*не обращая внимания на кудахтанье А., еще более замогильно*). — Знаете ли вы, что отец г-на X. только что умер?

А. (*приходит в страшное возбуждение*). — Это меня очень огорчает. Это меня чрезвычайно огорчает. Я безутешен. Это приводит меня в отчаяние. Какая жалость. Это очень жаль. Это очень неприятно. Это очень печально. Это очень досадно. Это очень оскорбительно. Это очень жестоко. Это в высшей степени страшно. Это огромное, громадное несчастье. От этого волосы могут стать дыбом!

Б. (*громовым басом*). — Говорят, его старший сын причинил ему много горя.

А. (*лопочет*). — Какой срам! Не стыдно ли ему! Это правдоподобно. Это более чем правдоподобно. Ничего нет правдоподобнее. Это удивительно. Это бог знает что. Это черт знает что!..

Б. (*сообщает очередную новость*). — Его мать тоже скончалась от потрясения (недовольства).

А. (*заводит свою машинку*). — Может ли это быть? Это не может быть. Это может быть. Этого не бывает. Это бывает часто, частенько. Вы меня заинтриговали. Вы доставили мне громадное, порядочное удовольствие. Я покорнейше вам благодарен. Я по крайней мере рад (доволен). Я в восторге. Я в значительной степени удовлетворен. Я ликую.

Б. (*холодно*). — До свидания. Добрый вечер. Доброй ночи.

А. (*беспечно чирикает*). — Здравствуйте. Доброе утро. Счастливо оставаться. В добрый час. Добрый полдень. Хорошо ли вы позавтракали? Не соблаговолите ли познакомиться с моей женой и тремя малолетними сынами?

Б. — Я чувствую удушье. Мне значительно плохо. Я чувствую себя неважно. Меня оставляют силы. Я умираю (задыхаюсь).

А. (*галдит*). — Что с вами? Вы больны? Посмотрите на себя, на кого вы похожи. На вас лица нет. Вы побледнели. Вы совсем белый. Вы стали сини. Это жутко. Это неосмотрительно. Вы недостаточно следите за своим здоровьем. Обратитесь к врачу-специалисту.

Б. (*неожиданно оживая*). — Я хочу применить к себе водолечение. Во сколько франков обходится сеанс?

Здесь глава «Встреча друга» естественным путем переходит в следующую главу — «У доктора».

Вечером, когда командиры в кают-компании со страшным стуком играли в домино, на крейсер стали валиться с неба летевшие в Африку усталые птички. Изнеможденные, они падали на палубы, залетали в люки, садились на боевые башни. Вахтенные брали их в свои большие наждачные ладони и отогревали в карманах, пропахших смолой и свежим канатом.

Могучие машинные силы мерно дрожали внутри на диво склепанной корабельной коробки, легко увлекая «Красный Кавказ» вперед. Позади неотступно светились зеленые и красные огни эсминцев.

И днем и вечером всюду можно было увидеть Семенова с поднятым кверху большим пальцем правой руки.

— Вот что, ребята, — говорил он, рассеянно засовывая крошечную птичку в тесный боковой карман кителя, — надо сделать какой-нибудь такой уголок юмора с самокритикой. Надо, надо...

А ночью он пропал совсем.

Утром, таким же свежим и чистым, как в Севастополе, отряд соединился с подводными лодками и вошел в Босфор.

Мы увидели маленькие города, спящие над голубой водой, такой голубой и теплой, что не верилось, будто она может быть соленой. Циклопические круглые башни старинных крепостей стояли над проливом. Побежал босфорский пароходик, и первые турки, столпившись на одном борту, возбужденно махали советским кораблям светлыми шляпами. У самого крейсера, на парусной шаланде, показался любопытствующий рыбак, в мягкой шляпе и жилетке на голое тело. Ноги его по колено уходили в живую шевелящуюся рыбу. Это были большие нежные синеватые рыбы торпедного вида и блеска. Тоненький звоночек послышался с берега.

— Трамвай! Трамвай! — закричал кто-то таким же взволнованным голосом, каким матросы Колумба кричали: «Земля! Земля!»

И сразу же раздались оглушительные, лопающиеся выстрелы салюта нации. Крейсер окутался дымом. Полетели обгоревшие клочья пыжей. Между выстрелами проскакивали парадные такты оркестра. Навстречу «Красному Кавказу», приподняв над головой котелок, мчался в катере советский консул. Отряд бросил якоря против мраморного дворца Дольма-Бахче.

Минуту была тишина. Над малоазиатским берегом показались дымки турецкой батареи, и погодя немного донеслись приглушенные расстоянием звуки ответного салюта.

С последним выстрелом на кормовой надстройке показалась фигура Семенова. Бледен и утомлен он был чрезвычайно. Всю ночь редактор провел в типографии, зато нес сейчас кипу только что выпущенных номеров газеты.

— Вот что, ребята, — начал он и сразу же остановился, глядя вперед себя.

Перед ним лежал Стамбул.

Город захватывал половину горизонта. Он был громаден. Все в нем было перемешано — дома и минареты, башни и банки, купола и мачты судов, стиснутых между берегами Золотого Рога.

— Вот что, ребята, — снова начал Семенов, — городок хорош, надо делать второй номер. Тема — ребята на берегу. Можно сказать, для них это экзамен политической зрелости. Надо, надо делать.

Он даже приврал, как это делают все опытные редакторы.

— Машины стоят, — сказал он, — честное слово. Типография прогуливает.

Пока рассматривали газету, Семенов стыдливо заглядывал через плечо и бормотал:

— Вы не смотрите на рисунки. Техника клише у нас пока что хреноватая. Пришлось делать гравюру на линолеуме.

На самом деле газета была хорошая, дай боже многим профессионалам. Напечатана чисто, телеграммы — последние, полученные по радио, жизнь корабля освещена, передовая короткая и ясная. Был и фельетон. А что касается рисунков, то ничего хреноватого в них не было, просто Семенов зарвался, перескромничал. Стихотворения не было. Действительно, Жученко поставил себе невыполнимую задачу — срифмовать слово «вымпел».

К крейсеру подплыл первый частник в лодочке с плюшевым сиденьем и бомбошками. Его не подпускали к трапу, он лез, вахтенный старшина отмахивался от него своей медной дудочкой. Но розовая надежда не покидала частника, и он тихо плавал вокруг корабля, обещая взглядом неисчислимые выгоды и показывая жестами, на какую огромную скидку он способен из уважения к клиентам.

Краснофлотцы, готовясь съехать на берег, бесконечно чистили друг друга щетками и сдували с рукавов пылинки.

1935

КОЛУМБ ПРИЧАЛИВАЕТ К БЕРЕГУ

— Земля, земля! — радостно закричал матрос, сидевший на верхушке мачты.

Тяжелый, полный тревог и сомнений путь Христофора Колумба был окончен. Впереди виднелась земля. Колумб дрожащими руками схватил подзорную трубу.

— Я вижу большую горную цепь, — сказал он товарищам по плаванию. — Но вот странно: там прорублены окна. Первый раз вижу горы с окнами.

— Пирога с туземцами! — раздался крик.

Размахивая шляпами со страусовыми перьями и волоча за собой длинные плащи, открыватели новых земель бросились к подветренному борту.

Два туземца в странных зеленых одеждах поднялись на корабль и молча сунули Колумбу большой лист бумаги.

— Я хочу открыть вашу землю, — гордо сказал Колумб. — Именем испанской королевы Изабеллы объявляю эти земли принадлежа...

— Все равно. Сначала заполните анкету, — устало сказал туземец. — Напишите свое имя и фамилию печатными буквами, потом национальность, семейное положение, сообщите, нет ли у вас трахомы, не собираетесь ли свергнуть американское правительство, а также не идиот ли вы.

Колумб схватился за шпагу. Но так как он не был идиотом, то сразу успокоился.

— Нельзя раздражать туземцев, — сказал он спутникам.— Туземцы как дети. У них иногда бывают очень странные обычаи. Я это знаю по опыту.

— У вас есть обратный билет и пятьсот долларов? — продолжал туземец.

— А что такое доллар? — с недоумением спросил великий мореплаватель.

— Как же вы только что указали в анкете, что вы не идиот, если не знаете, что такое доллар? Что вы хотите здесь делать?

— Хочу открыть Америку.

— А публисити у вас будет?

— Публисити? В первый раз слышу такое слово.

Туземец долго смотрел на Колумба проникновенным взглядом и наконец сказал:

— Вы не знаете, что такое публисити?

— Н-нет.

— И вы собираетесь открыть Америку? Я не хотел бы быть на вашем месте, мистер Колумб.

— Как? Вы считаете, что мне не удастся открыть эту богатую и плодородную страну? — забеспокоился великий генуэзец.

Но туземец уже удалялся, бормоча себе под нос:

— Без публисити нет просперити.

В это время каравеллы уже входили в гавань. Осень в этих широтах была прекрасная. Светило солнце, и чайка кружилась за кормой. Глубоко взволнованный, Колумб вступил на новую землю, держа в одной руке скромный пакетик с бусами, которые он собирался выгодно сменять на золото и слоновую кость, а в другой — громадный испанский флаг. Но куда бы он ни посмотрел, нигде не было видно земли, почвы, травы, деревьев, к которым он привык в старой, спокойной Европе. Всюду были камень, асфальт, бетон, сталь.

Огромная толпа туземцев неслась мимо него с карандашами, записными книжками и фотоаппаратами в руках. Они окружали сошедшего с соседнего корабля знаменитого борца, джентльмена с расплющенными ушами и неимоверно толстой шеей. На Колумба никто не обращал внимания. Подошли только две туземки с раскрашенными лицами.

— Что за чудак с флагом? — спросила одна из них.

— Это, наверно, реклама испанского ресторана, — сказала другая.

И они тоже побежали смотреть на знаменитого джентльмена с расплющенными ушами.

Водрузить флаг на американской почве Колумбу не удалось. Для этого ее пришлось бы предварительно бурить пневматическим сверлом. Он до тех пор ковырял мостовую своей шпагой, пока ее не сломал. Так и пришлось идти по улицам с тяжелым флагом, расшитым золотом. К счастью, уже не надо было нести бусы. Их отобрали на таможне за неуплату пошлины.

Сотни тысяч туземцев мчались по своим делам, ныряли под землю, пили, ели, торговали, даже не подозревая о том, что они открыты.

Колумб с горечью подумал: «Вот. Старался, добывал деньги на экспедицию, переплывал бурный океан, рисковал жизнью — и никто не обращает внимания».

Он подошел к туземцу с добрым лицом и гордо сказал:

— Я Христофор Колумб.

— Как вы говорите?

— Христофор Колумб.

— Скажите по буквам, — нетерпеливо молвил туземец.

Колумб сказал по буквам.

— Что-то припоминаю, — ответил туземец. — Торговля портативными механическими изделиями?

— Я открыл Америку, — неторопливо сказал Колумб.

— Что вы говорите! Давно?

— Только что. Какие-нибудь пять минут тому назад.

— Это очень интересно. Так что же вы, собственно, хотите, мистер Колумб?

— Я думаю, — скромно сказал великий мореплаватель, — что имею право на некоторую известность.

— А вас кто-нибудь встречал на берегу?

— Меня никто не встречал. Ведь туземцы не знали, что я собираюсь их открыть.

— Надо было дать кабель. Кто же так поступает? Если вы собираетесь открывать новую землю, надо вперед послать телеграмму, приготовить несколько веселых шуток в письменной форме, чтобы раздать репортерам, приготовить сотню фотографий. А так у вас ничего не выйдет. Нужно публисити.

— Я уже второй раз слышу это странное слово — публисити. Что это такое? Какой-нибудь религиозный обряд, языческое жертвоприношение?

Туземец с сожалением посмотрел на пришельца.

— Не будьте ребенком, — сказал он. — Публисити — это публисити, мистер Колумб. Я постараюсь что-нибудь для вас сделать. Мне вас жалко.

Он отвел Колумба в гостиницу и поселил его на тридцать пятом этаже. Потом оставил его одного в номере, заявив, что постарается что-нибудь для него сделать.

Через полчаса дверь отворилась, и в комнату вошел добрый туземец в сопровождении еще двух туземцев. Один из них что-то беспрерывно жевал, а другой расставил треножник, укрепил на нем фотографический аппарат и сказал:

— Улыбнитесь! Смейтесь! Ну! Не понимаете? Ну, сделайте так: «Га-га-га!», — и фотограф с деловым видом оскалил зубы и заржал, как конь.

Нервы Христофора Колумба не выдержали, и он засмеялся истерическим смехом. Блеснула вспышка, щелкнул аппарат, и фотограф сказал: «Спасибо».

Тут за Колумба взялся другой туземец. Не переставая жевать, он вынул карандаш и сказал:

— Как ваша фамилия?

— Колумб.

— Скажите по буквам. Ка, О, Эл, У, Эм, Бэ? Очень хорошо, главное — не перепутать фамилии. Как давно вы открыли Америку, мистер Колман? Сегодня? Очень хорошо. Как вам понравилась Америка?

— Видите, я еще не мог получить полного представления об этой плодородной стране.

Репортер тяжело задумался.

— Так. Тогда скажите мне, мистер Колман, какие четыре вещи вам больше всего понравились в Нью-Йорке?

— Видите ли, я затрудняюсь...

Репортер снова погрузился в тяжелые размышления: он привык интервьюировать боксеров и кинозвезд, и ему трудно было иметь дело с таким неповоротливым и туповатым типом, как Колумб. Наконец он собрался с силами и выжал из себя новый, блещущий оригинальностью вопрос:

— Тогда скажите, мистер Колумб, две вещи, которые вам не понравились.

Колумб издал ужасный вздох. Так тяжело ему еще никогда не приходилось. Он вытер пот и робко спросил своего друга-туземца:

— Может быть, можно все-таки обойтись как-нибудь без публисити?

— Вы с ума сошли, — сказал добрый туземец, бледнея. — То, что вы открыли Америку, — еще ничего не значит. Важно, чтобы Америка открыла вас.

Репортер произвел гигантскую умственную работу, в результате которой был произведен на свет экстравагантный вопрос:

— Как вам нравятся американки?

Не дожидаясь ответа, он стал что-то быстро записывать. Иногда он вынимал изо рта горящую папиросу и закладывал ее за ухо. В освободившийся рот он клал карандаш и вдохновенно смотрел на потолок. Потом снова продолжал писать. Потом он сказал «о'кей», похлопал растерявшегося Колумба по бархатной, расшитой галунами спине, потряс его руку и ушел.

— Ну, теперь все в порядке, — сказал добрый туземец, — пойдем погуляем по городу. Раз уж вы открыли страну, надо ее посмотреть. Только с этим флагом вас на Бродвей не пустят. Оставьте его в номере.

Прогулка по Бродвею закончилась посещением тридцатипятицентового бурлеска, откуда великий и застенчивый Христофор выскочил, как ошпаренный кот. Он быстро помчался по улицам, задевая прохожих полами плаща и громко читая молитвы. Пробравшись в свой номер, он сразу бросился в постель и под грохот надземной железной дороги заснул тяжелым сном.

Рано утром прибежал покровитель Колумба, радостно размахивая газетой. На восемьдесят пятой странице мореплаватель с ужасом увидел свою оскаленную физиономию. Под физиономией он прочел, что ему безумно понравились американки, что он считает их самыми элегантными женщинами в мире, что он является лучшим другом эфиопского негуса Селасси, а также собирается читать в Гарвардском университете лекции по географии.

Благородный генуэзец раскрыл было рот, чтобы поклясться в том, что он никогда этого не говорил, но тут появились новые посетители.

Они не стали терять времени на любезности и сразу приступили к делу. Публисити начало оказывать свое магическое действие: Колумба пригласили в Голливуд.

— Понимаете, мистер Колумб, — втолковывали новые посетители, — мы хотим, чтобы вы играли главную роль в историческом фильме «Америго Веспуччи». Понимаете, настоящий Христофор Колумб в роли Америго Веспуччи — это может быть очень интересно. Публика на такой фильм пойдет. Вся соль в том, что диалог будет вестись на бродвейском жаргоне. Понимаете? Не понимаете? Тогда мы вам сейчас все объясним подробно. У нас есть сценарий. Сценарий сделан по роману Александра Дюма «Граф Монте-Кристо», но это не важно, мы ввели туда элементы открытия Америки.

Колумб пошатнулся и беззвучно зашевелил губами, очевидно читая молитвы. Но туземцы из Голливуда бойко продолжали:

— Таким образом, мистер Колумб, вы играете роль Америго Веспуччи, в которого безумно влюблена испанская королева. Он в свою очередь так же безумно влюблен в русскую княгиню Гришку. Но кардинал Ришелье подкупает Васко да Гаму и при помощи леди Гамильтон добивается посылки вас в Америку. Его адский план прост и понятен. В море на вас нападают пираты. Вы сражаетесь, как лев. Сцена на триста метров. Играть вы, наверно, не умеете, но это не важно.

— Что же важно? — застонал Колумб.

— Важно публисити. Теперь вас публика уже знает, и ей будет очень интересно посмотреть, как такой почтенный и ученый человек сражается с пиратами. Кончается тем, что вы открываете Америку. Но это не важно. Главное — это бой с пиратами. Понимаете, алебарды, секиры, катапульты, греческий огонь, ятаганы, — в общем, средневекового реквизита в Голливуде хватит. Только вам надо будет побриться. Никакой бороды и усов! Публика уже видела столько бород и усов в фильмах из русской жизни, что больше не сможет этого вынести.

Значит, сначала вы побреетесь, потом мы подписываем контракт на шесть недель. Согласны!

— О'кей! — сказал Колумб, дрожа всем телом.

Поздно вечером он сидел за столом и писал письмо королеве испанской:

«Я объехал много морей, но никогда еще не встречал таких оригинальных туземцев. Они совершенно не выносят тишины и, для того чтобы как можно чаще наслаждаться шумом, построили во всем городе на железных столбах особые дороги, по которым день и ночь мчатся железные кареты, производя столь любимый туземцами грохот.

Занимаются ли они людоедством, я еще не выяснил точно, но, во всяком случае, они едят горячих собак. Я своими глазами видел много съестных лавок, где призывают прохожих питаться горячими собаками и восхваляют их вкус*.

От всех людей здесь пахнет особым благовонием, которое на туземном языке называется "бензин". Все улицы наполнены этим запахом, очень неприятным для европейского носа. Даже здешние красавицы пахнут бензином.

Мне пришлось установить, что туземцы являются язычниками: у них много богов, имена которых написаны огнем на их хижинах. Больше всего поклоняются, очевидно, богине Кока-кола, богу Драгист-сода, богине Кафетерии и великому богу бензиновых благовоний — Форду. Он тут, кажется, вроде Зевеса.

Туземцы очень прожорливы и все время что-то жуют.

К сожалению, цивилизация их еще не коснулась. По сравнению с бешеным темпом современной испанской жизни американцы чрезвычайно медлительны. Даже хождение пешком кажется им чрезмерно быстрым способом передвижения. Чтобы замедлить этот процесс, они завели огромное количество так называемых автомобилей. Теперь они передвигаются со скоростью черепахи, и это им чрезвычайно нравится.

Меня поразил один обряд, который совершается каждый вечер в местности, называемой Бродвей. Большое число туземцев собирается в большой хижине, называемой бурлеск.

---

* В Америке «горячими собаками» называют обыкновенные сосиски. (*Примеч. авторов.*)

Несколько туземок по очереди подымаются на возвышение и под варварский грохот тамтамов и саксофонов постепенно снимают с себя одежды. Присутствующие бьют в ладоши, как дети. Когда женщина уже почти голая, а туземцы в зале накалены до последней степени, происходит самое непонятное в этом удивительном обряде: занавес почему-то опускается, и все расходятся по своим хижинам.

Я надеюсь продолжить исследование этой замечательной страны и двинуться в глубь материка. Моя жизнь находится вне опасности. Туземцы очень добры, приветливы и хорошо относятся к чужестранцам».

1936

КОМИЧЕСКИЕ РАССКАЗЫ,
или ЗАСЕДАНИЕ ПРОДОЛЖАЕТСЯ

ЧАРЛЬЗ-АННА-ХИРАМ

Американский инженер Чарльз-Анна-Хирам Фост подписал договор на год работы в СССР.

Родственники и знакомые господина Фоста считали, что Чарльз-Анна-Хирам сделал хороший бизнес.

— Хотя смотрите, дружище Фост, — сказал ему знакомый фабрикант резиновых груш, — за свои денежки большевики заставят вас поработать.

Чарльз-Анна-Хирам объяснил, что работы не боится и давно уже искал широкого поприща для применения своих обширных познаний. Потом уложил чемоданы, сел на пароход и отплыл в Европу.

— Вы едете работать в Москву? — спросили его на пароходе на третий день плавания.

— Еду, — сказал Хирам.

— Там много работать придется. Пищать будете.

— Для этого и еду. Раз подписал договор — буду пищать.

Когда инженер Фост в поезде пересекал Европу, к нему подошел любопытствующий пассажир и, узнав о цели поездки Хирама, воскликнул:

— Все соки из вас выжмут в Москве!

Эти мрачные предсказания навеяли грусть на впечатлительную душу Хирама. Ему показалось даже, что он сделал не столь уж блестящий бизнес.

Управделами треста, кренясь набок, взошел в кабинет директора и доложил:

— Приехал иностранный специалист.

— Это тот, на которого мы договор заключали? Прекрасно! Он нам нужен до зарезу. Вы куда его девали?

— Пока в гостиницу. Пусть отдохнет с дороги.

Директор забеспокоился.

— Какой там может быть отдых? Столько денег за него плачено! Он нам нужен сию минуту. Жалко вот, что мне сейчас нужно ехать… Тогда отложим на завтра. Вызовите его ко мне ровно в десять часов утра.

Ровно в десять Чарльз-Анна-Хирам Фост, распаляемый мыслью о широчайшем поприще, на котором он сейчас же начнет применять свои знания, сидел в директорской приемной.

Директора еще не было.

Не было его также через час и через два.

Хирам начал томиться. Развлекал его только управделами, который время от времени появлялся и вежливо спрашивал:

— Что, разве еще не приходил директор? Странно, странно!

В два часа дня управделами поймал в коридоре инженера Румянцева-Дунаевского и начал с ним шептаться.

— Прямо не знаю, что делать! Иван Павлович назначил американцу на десять часов утра, а сам уехал в Ленинград для увязки сметных неполадок. Раньше недели не вернется. Посидите с ним, Адольф Николаевич, неудобно, все-таки иностранец. Деньги плачены.

Румянцев-Дунаевский выхватил из приемной раздраженного ожиданием Фоста и повел его в Третьяковскую галерею смотреть картину Репина «Иван Грозный убивает своего сына».

В течение недели господин Фост, руководимый Румянцевым-Дунаевским, успел осмотреть три музея, побывать на балете «Спящая красавица» и просидеть часов десять на торжественном заседании, устроенном в его честь.

«Дорогая Цецилия, — писал он невесте в Филадельфию, — вот уже около десяти дней я сижу в Москве, но к работе еще не приступал. Боюсь, что эти дни мне вычтут из договорных сумм».

Однако 15-го числа артельщик-плательщик вручил Фосту полумесячное жалованье.

— Не кажется ли вам, — сказал Фост своему новому другу Румянцеву-Дунаевскому, — что мне заплатили деньги зря?

— Почему зря? — удивился Румянцев. — Вы же ездите к нам каждый день!

— Но ведь вы не поручили мне никакой работы! Я не работаю.

— Оставьте, коллега, эти мрачные мысли! — вскричал Дунаевский. — Впрочем, если вы хотите, мы можем поставить вам специальный стол в моем кабинете!

После этого Хирам сидел за специальным собственным столом и писал письма невесте.

«Дорогая крошка! Я живу странной и необыкновенной жизнью. Я абсолютно ничего не делаю, но деньги мне платят аккуратно. Все это меня удивляет».

Приехавший из Ленинграда директор узнал, что у Фоста уже есть стол, и успокоился.

— Ну вот и прекрасно! — сказал он. — Пусть Румянцев-Дунаевский введет американца в курс дела.

Через два месяца к директору явился Фост. Он был очень взволнован.

— Я не могу получать деньги даром, — выпалил он. — Дайте мне работу! Я считаю такое положение нетерпимым! Если так будет продолжаться, я буду жаловаться вашему патрону.

Конец речи Хирама не понравился директору.

Он вызвал к себе Румянцева-Дунаевского.

— Что с американцем? — спросил он. — Чего он бесится?

— Знаете что, — сказал Румянцев, — по-моему, он просто склочник. Ей-богу. Сидит человек за столом, ни черта не делает, получает тьму денег и еще жалуется. Вот, действительно, склочная натура. Вот что, Иван Павлович, к нему надо применить репрессии.

Через две недели инженер Фост, видный американский специалист, писал своей невесте уже не из Москвы, а из какого-то Средне-Удинска.

«Дорогая крошка! Наконец-то я на заводе. Работы много и работа очень интересная. Сейчас я разрабатываю проект полной механизации всех работ. Но вот что меня поражает, дорогая Цецилия, это то, что сюда меня послали в наказание! Можешь ли ты себе это представить?..»

1929

ГРАФ СРЕДИЗЕМСКИЙ

Старый граф умирал.

Он лежал на узкой, грязной кушетке и, вытянув птичью голову, с отвращением смотрел в окно. За окном дрожала маленькая зеленая веточка, похожая на брошь. Во дворе галдели дети. А на заборе противоположного дома бывший граф Средиземский различал намалеванный по трафарету утильсырьевой лозунг: «Отправляясь в гости, собирайте кости». Лозунг этот давно уже был противен Средиземскому, а сейчас даже таил в себе какой-то обидный намек. Бывший граф отвернулся от окна и сердито уставился в потрескавшийся потолок.

До чего ж комната Средиземского не была графской! Не висели здесь портреты екатерининских силачей в муаровых камзолах. Не было и обычных круглых татарских щитов. И мебель была тонконогая, не родовитая. И паркет не был натерт, и ничто в нем не отражалось.

Перед смертью графу следовало бы подумать о своих предках, среди которых были знаменитые воины, государственные умы и даже посланник при дворе испанском. Следовало также подумать и о боге, потому что граф был человеком верующим и исправно посещал церковь. Но вместо всего этого мысли графа были обращены к вздорным житейским мелочам.

— Я умираю в антисанитарных условиях, — бормотал он сварливо. — До сих пор не могли потолка побелить.

И, как нарочно, снова вспомнилось обиднейшее происшествие. Когда граф еще не был бывшим и когда все бывшее было настоящим, в 1910 году, он купил себе за шестьсот франков место на кладбище в Ницце. Именно там, под электрической зеленью хотел найти вечный покой граф Средиземский. Еще недавно он послал в Ниццу колкое письмо, в котором отказывался от места на кладбище и требовал деньги обратно. Но кладбищенское управление в вежливой форме отказало. В письме указывалось, что деньги, внесенные за могилу, возвращению не подлежат, но что если тело месье Средиземского при документах, подтверждающих право месье на могильный участок, прибудет в Ниццу, то оно будет действительно погребено на ниццском кладбище. Причем расходы по преданию тела земле, конечно, целиком ложатся на месье.

Доходы графа от продажи папирос с лотка были очень невелики, и он сильно надеялся на деньги из Ниццы. Переписка с кладбищенскими властями причинила графу много волнений и разрушительно подействовала на его организм. После гадкого письма, в котором так спокойно трактовались вопросы перевозки графского праха, он совсем ослабел и почти не вставал со своей кушетки. Справедливо доверяя утешениям районного врача, он готовился к расчету с жизнью. Однако умирать ему не хотелось, как не хотелось мальчику отрываться от игры в мяч для того, чтобы идти делать уроки. У графа на мази было большое склочное дело против трех вузовцев — Шкарлато, Пружанского и Талмудовского, квартировавших этажом выше.

Вражда его к молодым людям возникла обычным путем. В домовой стенгазете появилась раскрашенная карикатура, изображавшая графа в отвратительном виде — с высокими ушами и коротеньким туловищем. Под рисунком была стихотворная подпись:

> В вашем доме номер семь
> Комната найдется всем.
> Здесь найдешь в один момент
> Классово чуждый элемент.
> Что вы скажете, узнав,
> Что Средиземский — бывший граф?!

Под стихами была подпись: «Трое».

Средиземский испугался. Он засел за опровержение, решив в свою очередь написать его стихами. Но он не мог достигнуть той высоты стихотворной техники, которую обнаружили его враги. К тому же к Шкарлато, Пружанскому и Талмудовскому пришли гости. Там щипали гитару, затягивали песни и боролись с тяжким топотом. Иногда сверху долетали возгласы: «...Энгельс его ругает, но вот Плеханов...» Средиземскому удалась только первая строка: «То, что граф, я не скрывал...» Опровергать в прозе было нечего. Выпад остался без ответа. Дело как-то замялось само по себе. Но обиды Средиземский забыть не мог. Засыпая, он видел, как на темной стене на манер валтасаровских «мене, текел, фарес» зажигаются три фосфорических слова:

> ШКАРЛАТО, ПРУЖАНСКИЙ,
> ТАЛМУДОВСКИЙ

Вечером в переулке стало тепло и темно, как между ладонями. Кушеточные пружины скрипели. Беспокойно умирал граф. Уже неделю тому назад у него был разработан подробный план мести молодым людям. Это был целый арсенал обычных домовых гадостей: жалоба в домоуправление на Шкарлато, Пружанского и Талмудовского с указанием на то, что они разрушают жилище, анонимное письмо в канцелярию вуза за подписью «Друг просвещения», где три студента обвинялись в чубаровщине и содомском грехе, тайное донесение в милицию о том, что в комнате вузовцев ночуют непрописанные подозрительные граждане. Граф был в курсе современных событий. Поэтому в план его было включено еще одно подметное письмо — в университетскую ячейку с туманным намеком на то, что партиец Талмудовский вечно практикует у себя в комнате правый уклон под прикрытием «левой фразы».

И все это еще не было приведено в исполнение. Помешала костлявая. Закрывая глаза, граф чувствовал ее присутствие в комнате. Она стояла за пыльным славянским шкафом. В ее руках мистически сверкала коса. Могла получиться скверная штука: граф мог умереть неотмщенным.

А между тем оскорбление надо было смыть. Предки Средиземского всевозможные оскорбления смывали обычно кровью. Но залить страну потоками молодой горячей крови Шкарлато, Пружанского и Талмудовского граф не мог. Изменились экономические предпосылки. Пустить же в ход сложную систему доносов было уже некогда, потому что графу оставалось жить, как видно, только несколько часов.

Надо было придумать взамен какую-нибудь сильно действующую быструю месть.

Когда студент Талмудовский проходил дворик дома, озаренный жирной греческой луной, его окликнули. Он обернулся. Из окна графской комнаты манила его костлявая рука.

— Меня? — спросил студент удивленно.

Рука все манила, послышался резкий павлиний голос Средиземского:

— Войдите ко мне. Умоляю вас. Это необходимо.

Талмудовский приподнял плечи. Через минуту он уже сидел на кушетке в ногах у графа. Маленькая лампочка распространяла в комнате тусклый бронзовый свет.

— Товарищ Талмудовский, — сказал граф, — я стою на пороге смерти. Дни мои сочтены.

— Ну, кто их считал! — воскликнул добрый Талмудовский. — Вы еще поживете не один отрезок времени.

— Не утешайте меня. Своей смертью я искуплю все то зло, которое причинил вам когда-то.

— Мне?

— Да, сын мой! — простонал Средиземский голосом служителя культа. — Вам. Я великий грешник. Двадцать лет я страдал, не находя в себе силы открыть тайну вашего рождения. Но теперь, умирая, я хочу рассказать вам все. Вы не Талмудовский.

— Почему я не Талмудовский? — сказал студент. — Я Талмудовский.

— Нет. Вы никак не Талмудовский: вы — Средиземский, граф Средиземский. Вы мой сын. Можете мне, конечно, не верить, но это чистейшая правда. Перед смертью люди не лгут. Вы мой сын, а я ваш несчастный отец. Приблизьтесь ко мне. Я обниму вас.

Но ответного прилива нежности не последовало. Талмудовский вскочил, и с колен его шлепнулся на пол толстый том Плеханова.

— Что за ерунда? — крикнул он. — Я Талмудовский! Мои родители тридцать лет живут в Тирасполе. Только на прошлой неделе я получил письмо от моего отца Талмудовского.

— Это не ваш отец, — сказал старик спокойно. — Ваш отец здесь, умирает на кушетке. Да. Это было двадцать два года тому назад. Я встретился с вашей матерью в камышах на берегу Днестра. Она была очаровательная женщина, ваша мать.

— Что за черт! — восклицал длинноногий Талмудовский, бегая по комнате. — Это просто свинство!

— Наш полк, — продолжал мстительный старик,— гвардейский полк его величества короля датского, участвовал тогда в больших маневрах. А я был великий грешник. Меня так и называли — Петергофский Дон-Жуан. Я соблазнил вашу мать и обманул Талмудовского, которого вы неправильно считаете своим отцом.

— Этого не может быть!

— Я понимаю, сын мой, ваше волнение. Оно естественно. Графу теперь, сами знаете, прожить очень трудно. Из партии вас, конечно, вон! Мужайтесь, сын мой! Я предвижу, что вас вычистят также из университета. А в доме про вас будут стихи сочинять, как про меня написали: «Что вы скажете, узнав, что Талмудовский бывший граф?» Но я узнаю в вас, дитя мое, благородное сердце графов Средиземских, благородное, смелое и набожное сердце нашего рода, последним отпрыском коего являетесь вы. Средиземские всегда верили в бога. Вы посещаете церковь, дитя мое?

Талмудовский взмахнул рукой и с криком «к чертовой матери!» выскочил из комнаты. Тень его торопливо пробежала по дворику и исчезла в переулке. А старый граф тихо засмеялся и посмотрел в темный угол, образованный шкафом. Костлявая не казалась ему уже такой страшной. Она дружелюбно помахивала косой и позванивала будильником. На стене снова зажглись фосфорические слова, но слова «Талмудовский» уже не было. Пылали зеленым светом только две фамилии:

ШКАРЛАТО,
ПРУЖАНСКИЙ

В это время во дворике раздался веселый голос:

— По морям, по волнам, нынче здесь, завтра там! По моря-ам, морям, морям, морям!

То возвращался домой с карнавала на реке веселый комсомолец Пружанский. Его узкие белые брюки сверкали под луной. Он торопился. Дома ждал его маринованный судак в круглой железной коробочке.

— Товарищ Пружанский! — позвал граф, с трудом приподняв к окну свою петушиную голову. — А, товарищ Пружанский!

— Это ты, Верка? — крикнул комсомолец, задрав голову.

— Нет, это я, Средиземский. У меня к вам дело. Зайдите на минуточку.

Через пять минут пораженный в самое сердце Пружанский вертелся в комнате, освещенной бронзовым светом. Он так суетился, словно на него напали пчелы.

А старый граф, придерживая рукой подбородок, длинный и мягкий, как кошелек, плавно повествовал:

— Я был великий грешник, сын мой. В то время я был блестящим офицером гвардейского его величества короля датского полчка. Мой полк участвовал тогда в больших маневрах у Витебска. И там я встретил вашу мать. Это была очаровательная женщина, хотя и еврейка. Я буду краток. Она увлеклась мною. А уже через девять месяцев в квартире портного Пружанского зашевелился маленький красный комочек. И этот комочек были вы, Пружанский.

— Почему вы думаете, что этот красный комочек был именно я? — слезливо спросил Пружанский. — То есть я хочу спросить, почему вы думаете, что отцом этого красного комочка были именно вы?

— Эта святая женщина любила меня, — самодовольно ответил умирающий. — Это была чистая душа, хотя и еврейка. Она рассказала мне, кто настоящий отец ее ребенка. Этот отец — я. И этот сын — вы. Вы мой сын, Яша. Вы не Пружанский. Вы — Средиземский. Вы граф! А я великий грешник, меня даже в полчку так и называли — Ораниенбаумский Дон-Жуан. Обнимите меня, молодой граф, последний отпрыск нашего угасающего рода.

Пружанский был так ошеломлен, что с размаху обнял старого негодяя. Потом опомнился и с тоской сказал:

— Ах, гражданин Средиземский, гражданин Средиземский! Зачем вы не унесли этот секрет с собой в могилу? Что же теперь будет?

Старый граф участливо смотрел на своего второго единственного сына, кашляя и наставляя:

— Бедное благородное сердце! Сколько вам еще придется испытать лишений! Из комсомола, конечно, вон. Да я надеюсь, что вы и сами не останетесь в этой враждебной нашему классу корпорации. Из вуза — вон. Да и зачем вам советский вуз? Графы Средиземские всегда получали образование в лицеях. Обними меня, Яшенька, еще разок! Не видишь разве, что я здесь умираю на кушетке?

— Не может этого быть, — отчаянно сказал Пружанский.

— Однако это факт, — сухо возразил старик. — Умирающие не врут.

— Я не граф, — защищался комсомолец.

— Нет, граф.

— Это вы граф.

— Оба мы графы, — заключил Средиземский. — Бедный сын мой. Предвижу, что про вас напишут стихами: «Что вы скажете, узнав, что Пружанский просто граф?»

Пружанский ушел, кренясь набок и бормоча: «Значит, я граф. Ай-ай-ай!»

Его огненная фамилия на стене потухла, и страшной могильной надписью висело в комнате только одно слово:

> ШКАРЛАТО

Старый граф работал с энергией, удивительной для умирающего. Он залучил к себе беспартийного Шкарлато и признался ему, что он, граф, великий грешник. Явствовало, что студент — последний потомок графов Средиземских и, следовательно, сам граф.

— Это было в Тифлисе, — усталым уже голосом плел Средиземский. — Я был тогда гвардейским офицером...

Шкарлато выбежал на улицу, шатаясь от радости. В ушах его стоял звон, и студенту казалось, что за ним по тротуару волочится и гремит белая сабля.

— Так им и надо, — захрипел граф. — Пусть не пишут стихов.

Последняя фамилия исчезла со стены. В комнату влетел свежий пароходный ветер. Из-за славянского шкафа вышла костлявая. Средиземский завизжал. Смерть рубанула его косой, и граф умер со счастливой улыбкой на синих губах.

В эту ночь все три студента не ночевали дома. Они бродили по фиолетовым улицам в разных концах города, пугая своим видом ночных извозчиков. Их волновали разнообразные чувства.

В третьем часу утра Талмудовский сидел на гранитном борту тротуара и шептал:

— Я не имею морального права скрыть свое происхождение от ячейки. Я должен пойти и заявить. А что скажут Пружанский и Шкарлато? Может, они даже не захотят жить со мной в одной комнате. В особенности Пружанский. Он парень горячий. Руки, наверно, даже не подаст.

В это время Пружанский в перепачканных белых брюках кружил вокруг памятника Пушкину и горячо убеждал себя:

— В конце концов я не виноват. Я жертва любовной авантюры представителя царского, насквозь пропитанного режима. Я не хочу быть графом. Рассказать невозможно, Талмудовский со мной просто разговаривать не станет. Интересно, как поступил бы на моем месте Энгельс? Я погиб. Надо скрыть. Иначе невозможно. Ай-ей-ей! А что скажет Шкарлато? Втерся, скажет, примазался. Он хоть и беспартийный, но страшный активист. Ах, что он скажет, узнав, что я, Пружанский, бывший граф! Скрыть, скрыть!

Тем временем активист Шкарлато, все еще оглушаемый звоном невидимого палаша, проходил улицы стрелковым шагом, время от времени молодецки вскрикивая:

— Жаль, что наследства не оставил. Чудо-богатырь. Отец говорил, что у него имение в Черниговской губернии. Хи, не вовремя я родился! Там теперь, наверно, совхоз. Эх, марш вперед, труба зовет, черные гусары! Интересно, выпил бы я бутылку рома, сидя на оконном карнизе? Надо будет попробовать! А ведь ничего нельзя рассказать. Талмудовский и Пружанский могут из зависти мне напортить. А хорошо бы жениться на графине! Утром входишь в будуар...

Первым прибежал домой Пружанский. Дрожа всем телом, он залег в постель и кренделем свернулся под малиновым одеялом. Только он начал согреваться, как дверь раскрылась, и вошел Талмудовский, лицо которого имело темный, наждачный цвет.

— Слушай, Яшка, — сказал он строго. — Что бы ты сделал, если бы один из нас троих оказался сыном графа?

Пружанский слабо вскрикнул.

«Вот оно, — подумал он, — начинается».

— Что бы ты все-таки сделал? — решительно настаивал Талмудовский.

— Что за глупости? — совсем оробев, сказал Пружанский. — Какие из нас графы!

— А все-таки? Что б ты сделал?

— Лично я?

— Да, ты лично.

— Лично я порвал бы с ним всякие отношения!

— И разговаривать не стал бы? — со стоном воскликнул Талмудовский.

— Нет, не стал бы. Ни за что! Но к чему этот глупый разговор?

— Это не глупый разговор, — мрачно сказал Талмудовский. — От этого вся жизнь зависит.

«Погиб, погиб», — подумал Пружанский, прыгая под одеялом, как мышь.

«Конечно, со мной никто не будет разговаривать, — думал Талмудовский. — Пружанский совершенно прав».

И он тяжело свалился на круглое, бисквитное сиденье венского стула. Комсомолец совсем исчез в волнах одеяла. Наступило длительное, нехорошее молчание. В передней раздались молодцеватые шаги, и в комнату вошел Шкарлато.

Долго и презрительно он оглядывал комнату.

— Воняет, — сказал он высокомерно. — Совсем как в ночлежном доме. Не понимаю, как вы можете здесь жить. Аристократу здесь положительно невозможно.

Эти слова нанесли обоим студентам страшный удар. Им показалось, что в комнату вплыла шаровидная молния и, покачиваясь в воздухе, выбирает себе жертву.

— Хорошо быть владельцем имения, — неопределенно сказал Шкарлато, вызывающе поглядывая на товарищей. — Загнать его и жить на проценты в Париже. Кататься на велосипеде. Верно, Талмудовский? Как ты думаешь, Пружанский?

— Довольно! — крикнул Талмудовский. — Скажи, Шкарлато, как поступил бы ты, если бы обнаружилось, что один из нас тайный граф?

Тут испугался и Шкарлато. На лице его показался апельсиновый пот.

— Что ж, ребятки, — забормотал он. — В конце концов нет ничего особенно страшного. Вдруг вы узнаете, что я граф. Немножко, конечно, неприятно... но...

— Ну, а если бы я? — воскликнул Талмудовский.

— Что ты?

— Да вот... оказался графом.

— Ты, графом? Это меня смешит.

— Так вот я граф... — отчаянно сказал член партии.

— Граф Талмудовский?

— Я не Талмудовский, — сказал студент. — Я Средиземский. Я в этом совершенно не виноват, но это факт.

— Это ложь! — закричал Шкарлато. — Средиземский — я.

Два графа ошеломленно меряли друг друга взглядами. Из угла комнаты послышался протяжный стон. Это не выдержал муки ожидания, выплывая из-под одеяла, третий граф.

— Я ж не виноват! — кричал он. — Разве я хотел быть графским сынком? Любовный эксцесс представителя насквозь прогнившего...

Через пятнадцать минут студенты сидели на твердом, как пробка, матраце Пружанского.и обменивались опытом кратковременного графства.

— А про полчок его величества короля датского он говорил?

— Говорил.

— И мне тоже говорил. А тебе, Пружанский?

— Конечно. Он сказал еще, что моя мать была чистая душа, хотя и еврейка.

— Вот старый негодяй! Про мою мать он тоже сообщил, что она чистая душа, хотя и гречанка.

— А обнимать просил?

— Просил.

— А ты обнимал?

— Нет. А ты?

— Я обнимал.

— Ну и дурак!

На другой день студенты увидели из окна, как вынесли в переулок желтый гроб, в котором покоилось все, что осталось земного от мстительного графа. Посеребренная одноконная площадка загремела по мостовой. Закачался на голове смирной лошади генеральский белый султан. Две старухи с суровыми глазами побежали за уносящимся гробом. Мир избавился от великого склочника.

<1929—1930>

СЧАСТЛИВЫЙ ОТЕЦ

Товарищ Сундучанский ожидал прибавления семейства. В последние решающие дни он путался между столами сослуживцев и расслабленным голосом бормотал:

— Мальчик или девочка? Вот что меня интересует. Марья Васильевна! Если будет девочка, как назвать?

Марью Васильевну вопрос о продлении славного рода Сундучанских почти не интересовал.

— Назовите Клотильдой, — хмуро отвечала она,— или как хотите. По общественным делам я принимаю только после занятий.

— А если мальчик? — допытывал Сундучанский.

— Извините, я занята, — говорила Марья Васильевна, — у меня ударное задание.

— Если мальчик, — советовал товарищ Отверстиев, — назовите в мою честь — Колей... И не путайся здесь под ногами, не до тебя. Мне срочно нужно вырешить вопросы тары.

Однажды Сундучанский прибежал на службу, тяжело дыша.

— А если двойня, тогда как назвать? — крикнул он на весь отдел.

Служащие застонали!

— О черт! Пристал! Называй как хочешь! Ну, Давид и Голиаф.

— Или Брокгауз и Ефрон. Отличные имена.

Насчет Брокгауза сказал Отверстиев. Он был остряк.

— Вы вот шутите, — сказал Сундучанский жалобно, — а я уже отправил жену в родовспомогательное заведение.

Надо правду сказать, никакого впечатления не вызвало сообщение товарища Сундучанского. Был последний месяц хозяйственного года, и все были очень заняты.

Наконец удивительное событие произошло. Род Сундучанских продлился. Счастливый отец отправился на службу. Уши его горели на солнце.

«Я войду, как будто бы ничего не случилось, — думал он, — а когда они набросятся на меня с расспросами, я, может быть, им кое-что расскажу».

Так он и сделал. Вошел, как будто бы ничего не случилось.

— А! Сундучанский! — закричал Отверстиев. — Ну как? Готово?

— Готово, — ответил молодой отец, зардевшись.

— Ну, тащи ее сюда.

— В том-то и дело, что не ее, а его. У меня родился мальчик.

— Опять ты со своим мальчиком! Я про таблицу говорю. Готова таблица? Ведь ее нужно в ударном порядке сдать.

И Сундучанский грустно сел за стол дописывать таблицу.

Уходя, он не сдержался и сказал Марье Васильевне:

— Зашли бы все-таки. На сына взглянули бы. Очень на меня похож. Восемь с половиной фунтов весит, бандит.

— Три с четвертью кило, — машинально прикинула Марья Васильевна. — Вы сегодня на собрании будете? Вопросы шефства...

— Слушай, Отверстиев, — сказал Сундучанский, — мальчик у меня — во! Совсем как человек: живот, ножки. А также уши. Конечно, пока довольно маленькие. Может, зашел бы? Жена как будет рада!

— Ну, мне пора, — вздохнул Отверстиев. — Мы тут буксир один организуем. Времени, брат, совершенно нет. Кланяйся своей дочурке. — И убежал.

В этот день Сундучанский так никого и не залучил к себе домой полюбоваться на сына.

А время шло. Сын прибавлял в весе, и родители начали даже распускать слух о том, что он якобы сказал «агу», чего с двухнедельным младенцем обычно никогда не бывает.

Но и эта потрясающая новость не вызвала притока сослуживцев в квартиру Сундучанского.

Тогда горемыка отец решился на крайность. Он пришел на службу раньше всех и на доске объявлений вывесил бумажку:

БРИГАДА
по обследованию ребенка Сундучанского начинает
работу сегодня, в 6 часов, в квартире т. Сундучанского.
Явка т. Отверстиева, Кускова, Имянинен, Шакальской
и Башмакова
ОБЯЗАТЕЛЬНА

В три часа к Сундучанскому подошел Башмаков и зашептал:

— Слушай, Сундучанский. Я сегодня никак не могу. У меня кружок и потом... жена больна... ей-богу!

— Ничего не поделаешь, — холодно сказал Сундучанский, — все загружены. Я, может, тоже загружен. Нет, брат, в объявлении ясно написано: «Явка обязательна»...

С соответствующим опозданием, то есть часов в семь, члены бригады, запыхавшись, вбежали в квартиру Сундучанского.

— Надо бы поаккуратнее, — заметил хозяин, — ну да ладно, садитесь. Сейчас начнем.

И он вкатил в комнату коляску, где, разинув рот, лежал молодой Сундучанский.

— Вот, — сказал Сундучанский-отец. — Можете смотреть.

— А как регламент? — спросила Шакальская. — Сначала смотреть, а потом задавать вопросы? Или можно сначала вопросы?

— Можно вопросы, — сказал отец, подавляя буйную радость.

— Не скажет ли нам докладчик, — спросил Отверстиев привычным голосом, — каковы качественные показатели этого объекта...

— Можно слово к порядку ведения собрания? — перебила, как всегда, активная Шакальская.

— Не замечается ли в ребенке недопотолстения, то есть недоприбавления в весе? — застенчиво спросил Башмаков.

И машинка завертелась.

Счастливый отец не успевал отвечать на вопросы.

1933

НЕОБЫКНОВЕННЫЕ СТРАДАНИЯ ДИРЕКТОРА ЗАВОДА

Просматривая утреннюю почту, директор Горьковского автозавода натолкнулся на письмо, полное оптимизма.

«Дорогие товарищи, — читал он. — Для большевиков нет ничего невозможного, и вот мы решили своим рабочим коллективом в сезон 1933 года выработать сверх плана 10 тонн арбузного цуката не дороже 4 рублей 50 копеек за килограмм, являющегося в нашей кондитерской промышленности прекрасным предметом ширпотреба...»

— Что это такое? Иван Васильевич, зачем вы мне это дали? При чем тут наш завод? Это, наверно, адресовано в какой-нибудь верховный кондитерский трест. Давайте следующее письмо.

«Наша республика — бывшая царская колония... При царизме в Дагестане не было ни одного исследовательского учреждения, теперь — десятки...»

— Хорошо, а при чем тут мы?

«Конкретной задачей нашей Дербентской опытной станции по виноградарству и овощам является доведение дешевого и хорошего качества винограда до рабочего стола...»

— Иван Васильевич, что вы со мной делаете? Я же не против доведения винограда до стола. Пусть производят свои головокружительные опыты. Но какое это имеет отношение к производству автомобилей?

— Вы прочтите до конца. Там дальше есть и про автомобили.

— Где?

— А вот: «... Дагестан по богатству природных условий может быть назван советской Калифорнией...»

— Это какая-то глупая география!

— Они всегда начинают с географии. Вы слушайте: «...Огромным злом является малярия. Единственное спасение от малярии — это выехать ночью, когда появляется комар, из малярийной местности в город, где больше принято профилактических мер...» Видите? Мы уже дошли. Вы-е-хать! А на чем выехать? На извозчике от быстроходного комара не убежишь. Нужен автомобиль.

— Да, но ведь с малярией борются другими средствами. Что-то я помню, хинизация, нефтевание водоемов...

— Теперь это уже отменено. Директор станции товарищ Улусский считает, что от малярии можно спастись только на автомобиле. Понимаете?

— Не понимаю.

— А между тем все очень просто. Они предлагают нам, хотят, так сказать, довести до нашего стола один вагон ранней капусты, один вагон ранних томатов и один вагон винограда и взамен просят один автомобиль.

— Знаете что, — мрачно сказал директор, — доведите это письмо до мусорной корзинки.

В кабинет вошел курьер и, странно улыбаясь, поставил на стол тяжелый ящик.

— Цукаты, — сообщил секретарь кратко.

— Какие цукаты?

— Арбузные. Вы же только что читали: являются прекрасным предметом ширпотреба. Где первое письмо? Вот видите: «Посылая одновременно вам образцы нашей продукции, просим обсудить наше предложение». А предложение вы знаете. Они — Дубовской арбузопаточный завод-совхоз — нам десять тонн чудного цуката, этого роскошного ширпотреба, а мы им... шесть автомобилей.

Через час начался прием посетителей.

В дверях сразу же застряли три человека: двое штатских и третий тоже штатский, но с морским уклоном в одежде. На нем был черный пиджак с золотыми торговыми пуговицами. Произошла короткая схватка, в результате которой усеянный пуговицами морской волк был отброшен в переднюю, и перед директором предстали двое просто штатских. Они были возбуждены борьбой и начали, задыхаясь:

— Мы из Ленинграда, — сказал первый штатский.

— От Государственного оптико-механического завода, — сообщил второй.

— Это товарищ Дубно, помощник директора, — представил первый.

— Вот товарищ Цветков, секретарь комитета ВЛКСМ,— представил второй.

— Мы вам два звуковых киноаппарата последней конструкции инженера Шорина для культурного обслуживания рабочих и ИТР, — начал первый.

— А вы нам два автомобильчика, — закончил второй.

— Уходите, — кротко сказал директор.

— Нас прислал треугольник.

— Все равно уходите.

— А автомобильчики?

— Я вам покажу автомобильчики! Знаете что? Поезд в Ленинград отходит ровно в восемь. Не опоздайте.

На пороге кабинета сверкнули золотые пуговицы.

— Я — Гнушевич, — сказал вошедший.

— Что?

— Гну-ше-вич. Из Черноморского управления кораблевождения. Нашему управлению кораблевождения стало известно, что ваш комсостав страдает от отсутствия часов. И вот управление кораблевождения считает своим долгом моряков, хранящих славные традиции управления и кораблевождения, обеспечить весь автозаводской комсостав импортными хронометрическими часами системы Буре. Управление кораблевождения...

— Подождите, у меня головокружение.

— Управление кораблевождения...

— Что вам надо?

— Три машины, — застенчиво прошептал Гнушевич, — три крохотных машинки. Они у вас так здорово получаются.

Директор поднялся и исторг из груди глухой звук, что-то среднее между «брысь» и «пошел ты со своими машинками знаешь куда!».

— Спокойно, — сказал Гнушевич, выбегая из кабинета, — я не спешу.

На производственном совещании директора постиг новый удар. Во время рассмотрения вопроса о работе малого конвейера в комнату ворвался молодой энтузиаст из завкома. Щеки его пылали. В руке он держал письмо.

— Товарищи, необыкновенно приятное известие! Севастопольский институт физических методов лечения хочет изучить наши организмы. Да, да. Он проявляет исключительный интерес к исследованию физического состояния рабочих автомобильного производства. Так они пишут. Именно автомобильного. Они хотят установить систематическое наблюдение за изменениями, происходящими в организмах наших ударников. Ура! И вы знаете, они отводят нам у себя в санатории пять постоянных коек. Совершенно бесплатно! Ура!

— А автомобили они просят?

— Нет.

— А ты посмотри хорошенько там, внизу...

— Да, просят, — пробормотал энтузиаст. — Две штуки.

— Нас не любят бескорыстно, — промолвил директор со слезами на глазах, — нас любят только по расчету.

Когда он проходил по коридору, к нему подошел неизвестный гражданин и, таинственно шевеля усами, спросил:

— Вам не треба ширпотреба?

Директор молча пихнул его локтем и прошел дальше.

Он уже садился в автомобиль, чтобы ехать домой, как ему подали телеграмму и маленький розовый конвертик. Телеграмма была такая: «Вперед светлому будущему шлите одну машину расчет возможности пятьдесят процентов продуктами Алма-Ата Райпартком».

Директор уронил телеграмму и бессильно повалился на сиденье автомобиля. Только через несколько минут он вспомнил про конвертик. Там была записка. Она благоухала.

«Я люблю вас. Вы такой интересный, непохожий на других директоров. Буду ждать у почтамта в шесть часов. В зубах у меня будет красная роза. Придете? Приходите! Ваша Женевьева».

А было как раз шесть часов. А путь как раз пролегал мимо почтамта. А чужая душа — потемки. А сердце — не камень. А директора — тоже люди. Так устаешь от бездушного отношения. И мы же, в общем, не монахи, так сказать, не игумены. А тут, кстати, весна, и вскрываются реки, и гремит лед, и дует какой-то бешеный ветер. И директор попросил остановиться у почтамта.

На ступеньках почтамта с красной бумажной розой в перламутровых зубах стоял Гнушевич.

Уносясь в пепельную весеннюю даль, директор долго еще слышал позади топот и страстные крики:

— П-с-с-с-т! Подождите! Полное великих традиций управления и кораблевождения, наше управление кораблевождения...

«И я поверил, — думал директор в тоске. — Тоже. Ария Хозе из оперы Бизе. Так мне и надо».

Вечер прошел сравнительно спокойно. Одна из фабрик Москвошвея дозналась, что рабочие и ИТР автозавода сильно «обносились», и по доброте душевной предлагала шефство, — конечно, не даром, а, так сказать, в обмен на... Кроме того, на кухне поймали представителя Сормовской судоверфи, который за автомобиль предлагал буксирный пароход. Только и всего.

Зато в два часа ночи в директорской спальне со звоном вылетела рама, и на подоконнике контражуром обрисовалась фигура человека.

Директор выхватил из-под подушки револьвер.

— Не надо, — сказала фигура. — Не стреляйте в меня. Выслушайте сначала стихи. Я член горкома писателей.

И он закаркал, как радио в час «рабочего отдыха»:

Шуми, шуми, железный конь.
Пылай в конвейере, огонь!
Лети, мотор, в час по сто миль...

— Я вижу, вам автомобиль? — спросил директор, невольно впадая в размер стиха.

— Да, — удивился поэт. — А что?

— Стреляю, — чопорно ответил директор.

— А вот не надо! — сказал служитель муз, поспешно выпрыгивая на улицу.

Наутро директора посетил кошмар. Привиделись ему тридцать три пожарных и с ними дядька-брандмайор. Они покачивали медными касками и несли совершенную уже чушь:

— Вы нам автомобильчик вне плана, а мы вам пожарчики будем тушить вне плана, вне всякой очереди!

К директору вызвали врача.

— Что с вами такое? — спросил врач.

— Да понимаете, — заволновался директор, — каждый выпущенный автомобиль распределяется в строго централизованном, плановом порядке... А тут всякие типы...

— Не волнуйтесь... А ну-ка вдохните... Так... Теперь выдохните.

— Неужели они никак не могут вбить себе в голову, что автомобили направляются в первую очередь туда, где этого требуют интересы социалистического хозяйства?..

— Нервочки, нервочки... Дайте-ка пульс... Вот у нас, у врачей, то же самое. Ходишь от больного к больному. Устаешь...

— Ведь это же чистая цеховщина, прикрываемая громкими словами об энтузиастах...

— Спокойней, спокойней. Покажите язык. Вот и я говорю, устаешь от этой ходьбы по больным. Если б вы мне автомобильчик, я бы вам... не закрывайте рот!.. Двухмесячный отпуск вне планчика. А?

— Знаете, доктор, — сурово сказал больной, — вас надо лечить.

Мы приносим глубочайшие извинения директору Горьковского автозавода за то, что сделали его невольным участником этой правдивой истории, украшенной лирическими авторскими отступлениями. Мы также выражаем всем руководителям завода свое сочувствие, так как в связи с выпуском легковых машин предложения африканского товарообмена (мы вам бусы, а вы нам слоновую кость), конечно, усилятся, если только не будут приняты свирепые меры.

Дорогой товарищ директор! Вы как выдающийся хозяйственник, разумеется, поймете, что мы своим могучим талантом, так сказать, бичом сатиры, могли бы дать по зарвавшимся товарообменщикам, если, конечно... Вы сами понимаете, как трудно приходится авторам. Ходишь по редакциям, устаешь... Кроме того, нас двое... Но мы не просим два. Один! Один автомобильчик сверх плана. А? Мы вам фельетончик, а вы нам автомобильчик. Вот чудно было бы! А?

1933

ОТРИЦАТЕЛЬНЫЙ ТИП

Во всех местах Советского Союза уважают американцев, и только в одном месте Союза это здоровое чувство внезапно потускнело.

Началом всей истории послужило объявление в «Известиях»:

Американский гражданин
АРЧИБАЛД СПИВАК
разыскивает своих родственников.
Он просит их откликнуться
По адресу: Нью-Йорк, 68-я авеню, 136

Кого не взволнуют слова: американский гражданин, Нью-Йорк и авеню! В городке, где жили советские Спиваки (их было много, 200 Спиваков на 2000 жителей), этот номер «Известий» продавался по три рубля за экземпляр. Спиваки плевались, но платили. Им хотелось своими глазами прочесть призыв американского родича.

Сомнений не было. Надвигалось что-то очень хорошее.

Чудесные мечты охватили советских Спиваков, политический уровень которых был весьма невысок. Читая на ходу волшебное объявление, они плелись по улицам, сослепу сталкивались друг с другом, и идиотские улыбки возникали на их лицах.

Вдруг им захотелось за океан, захотелось какого-то анархического стихийного счастья и родственных объятий Арчибалда. Захотелось им еще разок пожить в капиталистическом обществе.

Делались догадки, предположения, вспоминали всех Спиваков, уехавших когда-либо за границу. И наконец, вспомнили. Нашлась даже фотография. Даже две фотографии. На одной Арчибалд был представлен младенцем, и золотая подпись с росчерком «Рембранд» указывала на то, что снимок был сделан еще в России. На другой, американской, Арчибалд был заснят в таком виде: на голове котелок, а в руках мягкая шляпа, что одно уже указывало на сказочное богатство родственника.

— Это тот Спивак! — значительно сказал инкассатор Спивак, делая ударение на слове «тот». — Продусер! Коммерсант! Видное лицо в деловом мире.

Другой Спивак, милиционер, снял войлочную каску, обмахнулся ситцевым платком и гордо сказал:

— В деловом мире. На Уолл-стрит.

И тут все поняли, что надвигается что-то очень хорошее.

Забытый старинный ветер коммерции подул на них вдруг из нью-йоркских ущелий, где обитал их великий родственник.

Единое чувство владело всеми Спиваками, чувство любви к родимому капиталистическому хищнику. Мерещился им торгсин, какие-то вещевые посылки и, кто знает, может быть, приглашение переехать на жительство в Нью-Йорк, на 68-ю авеню. Замечательное слово — авеню!

Вечером Спиваки писали письма. И хотя делали они это тайком один от другого, все письма начинались одинаково: «Здравствуйте, наконец, дорогой Арчибалд». Так писал и Спивак-милиционер, и Спивак-инкассатор, и Спивак — курортный агент, и Спивак-фуражечник и кепочник, и Спивак — бывший прапорщик выпуска Керенского, и даже Спивак-марксист. Была такая фигура в колонне Спиваков — марксист, но не большевик, бесплотная надклассовая тень без определенных занятий.

Все они заверяли Арчибалда в любви и сообщали свои адреса.

Два месяца длилось молчание, ни звука не доносилось из Соединенных Штатов. Казалось, Арчибалд внезапно охладел к своей советской родне. А может быть, напортил марксист, написав ему что-нибудь оскорбительное про прибавочную стоимость. А может быть, родственник был занят пропихиванием Рузвельта в президенты. А может быть, Арчибалда и самого выбрали в конгресс, и до него теперь рукой не дотянешься.

Вдруг пришла телеграмма на имя Спивака-курагента. Потрясающее известие! Арчибалд извещал о приезде.

— Лично, персонально, в собственные руки! — в бессмысленном восторге бормотал курагент.

Ему завидовали. Считали, что он возвысился, что какими-то неведомыми путями завоевал особенную любовь американского гражданина. Курагент и сам понимал, что отныне он «счастья баловень безродный, полудержавный властелин».

— Там, — говорил он, наклоняя голову в сторону Североамериканских Соединенных Штатов, — там курагенты тоже нужны.

Велико было скопление Спиваков на станции в день приезда Арчибалда. Ожидали крушения поезда, потому что начальник станции тоже был Спивак и так волновался, что мог бы в ажиотаже принять состав на занятый путь. Спиваки все время угрожающе шикали на него, напоминая ему о суровой железнодорожной действительности.

Последние два часа все молчали, подавленные ожиданием, и только марксист, которому стало совестно, что он встречает капиталистического магната, болтал, что пришел из любопытства, но и он присмирел, когда высокий поезд вошел на станцию.

Арчибалда узнали сразу. Он сиял, как жар-птица. На нем был мохнатый пиджачный костюм, шляпа и вечный воротничок «Дакота», который можно мыть под краном холодной водой, чем устраняется необходимость покупать и стирать воротнички. Но Спиваки не знали тайн капиталистического быта, и воротничок «Дакота» показался им верхом мыслимого на земле благополучия и просперити.

Спиваки ничего не знали.

Бледный марксист, прижавшись к стене, глядел на блистательного представителя иной системы. Старый фуражечник-кепочник раскрыл объятия и двинулся навстречу дорогому гостю. Подойдя к Арчибалду вплотную, он, внезапно пощупав тремя пальцами материал его пиджака, остолбенело молвил: «Настоящая полушерсть» — и заплакал. И это были самые сладкие слезы на земле. Если бы их можно было собрать в графин, то уже через полчаса они бы засахарились.

Бывший прапорщик-рубака, со словами «Гелло, Арчибалд!», — ударил родственника по мохнатой костистой спине. Родственник также радостно хлопнул по спине рубаку. И долго они били друг друга по спинам, восклицая «Гелло, гелло!», в то время как остальные Спиваки стояли вокруг и одобрительно качали головами. И только почувствовав ломоту в спине, бывший прапорщик уступил место другим.

Спивак-милиционер расцеловался с родственником, предварительно взяв под козырек. Курагент, в карманах которого уже шелестели воображаемые доллары, раздвинул толпу и с боярским поклоном провозгласил:

— Добро пожаловать, чем бог послал!

Инкассатор, державший на руках девочку, ловко отпихнул боярина и протянул ребенка американцу.

И тут произошло то, чего не ждал никто из Спиваков, произошло нечто невероятное. Арчибалд поцеловал девочку и растерянно посмотрел на родичей. Его маленькое лицо покривилось, и он тихо сказал:

— Я не имею на жизнь!

— Гелло! — крикнул не расслышавший дурак-прапорщик. — Гелло, старина!

— Тише! — закричали перепуганные Спиваки. — Что он сказал?

— Я не имею на жизнь, джентльмены! — грустно повторил американец. — И вот я приехал к вам.

На этот раз расслышали все, даже старина-прапорщик.

— Приехали к нам? — спросил курагент, заметно волнуясь. — Жить?

— Жить, — подтвердил Арчибалд.

Тут инкассатор пугливо перенял девочку к себе на руки. А курагент, который был по совместительству еще и гостиничным агентом, с привычным бессердечием вскричал:

— Свободных номеров нет!

И, расталкивая родственников, он побежал с вокзала, крича, что загружен и не имеет времени на пустые разговоры с разными отрицательными типами. Лицо Арчибалда еще больше затуманилось, и он закрыл его руками.

С удивлением и страхом смотрели отечественные Спиваки на Спивака заокеанского. Родственное кольцо, сомкнутое вокруг американца, стало разжиматься.

Творилось непонятное дело. Плакал человек в чудном полушерстяном костюме, барской шляпе и вековом воротничке «Дакота».

— Мы имеем тут налицо, — сказал вдруг милиционер тоном пророка-докладчика, — типичный результат анархии производства и нездоровой конкуренции. Мы имеем перед собой на сегодняшнее число дитя кризиса.

Когда Арчибалд отвел руки от лица, на перроне уже никого не было.

Пять дней он кочевал по городу, переходя от одного родственника к другому и возбуждая своим аппетитом и чистеньким видом отвращение к капиталистической системе. Особую гадливость вызывало то, что великий Арчибалд умел только торговать. Спиваки уже забыли, как жадно внюхивались они недавно в старинный колониальный воздух коммерции. А на шестой день отрицательный тип был отправлен назад, в Североамериканские Соединенные Штаты. Билет до границы обошелся Спивакам в шестьсот три рубля ноль восемь копеек, и эта рана зияет до сих пор. Если же напомнить добрым Спивакам тот страшный день, когда они платили по три рубля за номер «Известий», они начинают мычать, словно им сверлят зубы бормашиной.

Что же касается капиталистической системы, то о ней больше нет разговоров.

Доверие к Америке подорвано навсегда.

1933

РАЗГОВОРЫ ЗА ЧАЙНЫМ СТОЛОМ

В семье было три человека — папа, мама и сын. Папа был старый большевик, мама — старая домашняя хозяйка, а сын был старый пионер со стриженой головой и двенадцатилетним жизненным опытом.

Казалось бы, все хорошо.

И тем не менее ежедневно за утренним чаем происходили семейные ссоры.

Разговор обычно начинал папа.

— Ну, что у вас нового в классе? — спрашивал он.

— Не в классе, а в группе, — отвечал сын. — Сколько раз я тебе говорил, папа, что класс — это реакционно-феодальное понятие.

— Хорошо, хорошо. Пусть группа. Что же учили в группе?

— Не учили, а прорабатывали. Пора бы, кажется, знать.

— Ладно, что же прорабатывали?

— Мы прорабатывали вопросы влияния лассальянства на зарождение реформизма.

— Вот как! Лассальянство? А задачи решали?

— Решали.

— Вот это молодцы! Какие же вы решали задачи? Небось трудные.

— Да нет, не очень. Задачи материалистической философии в свете задач, поставленных второй сессией Комакадемии совместно с пленумом общества аграрников-марксистов.

Папа отодвинул чай, протер очки полой пиджака и внимательно посмотрел на сына. Да нет, с виду как будто ничего. Мальчик как мальчик.

— Ну, а по русскому языку что сейчас уч... то есть прорабатываете?

— Последний раз коллективно зачитывали поэму «Звонче голос за конский волос».

— Про лошадку? — с надеждой спросил папа. — «Что ты ржешь, мой конь ретивый, что ты шейку опустил?»

— Про конский волос, — сухо повторил сын. — Неужели не слышал?

> Гей, ребята, все в поля
> Для охоты на
> Коня!
> Лейся, песня, взвейся, голос.
> Рвите ценный конский волос!

— Первый раз слышу такую... м-м-м... странную поэму, — сказал папа. — Кто это написал?

— Аркадий Паровой.

— Вероятно, мальчик? Из вашей группы?

— Какой там мальчик!.. Стыдно тебе, папа. А еще старый большевик... не знаешь Парового! Это знаменитый поэт. Мы недавно даже сочинение писали — «Влияние творчества Парового на западную литературу».

— А тебе не кажется, — осторожно спросил папа, — что в творчестве этого товарища Парового как-то мало поэтического чувства?

— Почему мало? Достаточно ясно выпячены вопросы сбора ненужного коню волоса для использования его в матрацной промышленности.

— Ненужного?

— Абсолютно ненужного.

— А конские уши вы не предполагаете собирать? — закричал папа дребезжащим голосом.

— Кушайте, кушайте, — примирительно сказала мама. — Вечно у них споры.

Папа долго хмыкал, пожимал плечами и что-то гневно шептал себе под нос. Потом собрался с силами и снова подступил к загадочному ребенку.

— Ну, а как вы отдыхаете, веселитесь? Чем вы развлекались в последнее время?

— Мы не развлекались. Некогда было.

— Что же вы делали?

— Мы боролись.

Папа оживился.

— Вот это мне нравится. Помню, я сам в детстве увлекался. Браруле, тур-де-тет, захват головы в партере. Это очень полезно. Чудная штука — французская борьба.

— Почему французская?

— А какая же?

— Обыкновенная борьба. Принципиальная.

— С кем же вы боролись? — спросил папа упавшим голосом.

— С лебедевщиной.

— Что это еще за лебедевщина такая? Кто это Лебедев.

— Один наш мальчик.

— Он что, мальчик плохого поведения? Шалун?

— Ужасного поведения, папа! Он повторил целый ряд деборинских ошибок в оценке махизма, махаевщины и механицизма.

— Это какой-то кошмар!

— Конечно, кошмар. Мы уже две недели только этим и занимаемся. Все силы отдаем на борьбу. Вчера был политаврал.

Папа схватился за голову.

— Сколько же ему лет?

— Кому, Лебедеву? Да немолод. Ему лет восемь.

— Восемь лет мальчику, и вы с ним боретесь?

— А как по-твоему? Проявлять оппортунизм? Смазывать вопрос?

Папа дрожащими руками схватил портфель и, опрокинув по дороге стул, выскочил на улицу. Неуязвимый мальчик снисходительно усмехнулся и прокричал ему вдогонку:

— А еще старый большевик!

Однажды бедный папа развернул газету и издал торжествующий крик. Мама вздрогнула. Сын сконфуженно смотрел в свою чашку. Он уже читал постановление ЦК о школе. Уши у него были розовые и просвечивали, как у кролика.

— Ну-с, — сказал папа, странно улыбаясь, — что же теперь будет, ученик четвертого класса Ситников Николай?

Сын молчал.

— Что вчера коллективно прорабатывали?

Сын продолжал молчать.

— Изжили наконец лебедевщину, юные непримиримые ортодоксы?

Молчание.

— Уже признал бедный мальчик свои сверхдеборинские ошибки? Кстати, в каком он классе?

— В нулевой группе.

— Не в нулевой группе, а в приготовительном классе! — загремел отец. — Пора бы знать!

Сын молчал.

— Вчера читал, что этого вашего Аркадия, как его, Паровозова не приняли в Союз писателей. Как он там писал? «Гей, ребята, выйдем в поле, с корнем вырвем конский хвост»?

— «Рвите ценный конский волос», — умоляюще прошептал мальчик.

— Да, да. Одним словом: «Лейся, взвейся, конский голос». Я все помню. Это еще оказывает влияние на мировую литературу?

— Н-не знаю.

— Не знаешь? Не жуй, когда с учителем говоришь! Кто написал «Мертвые души»? Тоже не знаешь? Гоголь написал. Гоголь.

— Вконец разложившийся и реакционно настроенный мелкий мистик... — обрадованно забубнил мальчик.

— Два с минусом! — мстительно сказал папа. — Читать надо Гоголя, учить надо Гоголя, а прорабатывать будешь в Комакадемии, лет через десять. Ну-с, расскажите мне, Ситников Николай, про Нью-Йорк.

— Тут наиболее резко, чем где бы то ни было, — запел Коля, — выявляются капиталистические противоре...

— Это я сам знаю. Ты мне скажи, на берегу какого океана стоит Нью-Йорк?

Сын молчал.

— Сколько там населения?

— Не знаю.

— Где протекает река Ориноко?

— Не знаю.

— Кто была Екатерина Вторая?

— Продукт.

— Как продукт?

— Я сейчас вспомню. Мы прорабатывали... Ага! Продукт эпохи нарастающего влияния торгового капита...

— Ты скажи, кем она была? Должность какую занимала?

— Этого мы не прорабатывали.

— Ах, так! А каковы признаки делимости на три?

— Вы кушайте, — сказала сердобольная мама. — Вечно у них эти споры.

— Нет, пусть он мне скажет, что такое полуостров? — кипятился папа. — Пусть скажет, что такое Куро-Сиво? Пусть скажет, что за продукт был Генрих Птицелов?

Загадочный мальчик сорвался с места, дрожащими руками запихнул в карман рогатку и выбежал на улицу.

— Двоечник! — кричал ему вслед счастливый отец. — Все директору скажу!

Он наконец взял реванш.

1934

ЧУДЕСНЫЕ ГОСТИ

Редакция газеты «Однажды вечером» находилась в смятении. Сотрудники часто выскакивали на лестницу и смотрели вниз, в пролет, уборщицы в неурочное время подметали коридоры, ударяя щетками по ногам пробегающих репортеров, а из комнаты, на дверях которой висела табличка «Литературный отдел и юридическая консультация», исходил запах колбасы и слышался отчаянный стук ножей. Там засели пять официантов и метрдотель в визитке. Они резали батоны, раскладывали по тарелкам редиску с зелеными хвостами, колесики лимона и краковскую колбасу. На рукописях стояли бутылки и соусники.

Сотрудники, которые в ожидании банкета нарочно ничего не ели, часто заглядывали в эту комнату и, вдохновившись сверканием апельсинов и салфеток, снова устремлялись на лестницу.

Заведующий литературным отделом стоял перед редактором и, нервно притрагиваясь к своим маленьким усикам, говорил:

— Сейчас у них обед с народными и заслуженными артистами, потом они поедут на завтрак в ЦУНХУ, оттуда минут через десять — на обед со знатными людьми колхозов, а там уже стоит наш человек с машинами, схватит их и привезет прямо сюда закусывать.

— И капитан Воронин будет? — с сомнением спросил редактор.

— Будет, будет. Челюскинцами я редакцию обеспечил. Можете не сомневаться.

— А герои? Смотрите, Василий Александрович!

— Героями я редакцию обеспечил. У нас будут: Доронин, Молоков, Водопьянов и Слепнев.

— Слушайте, а их не перехватят по дороге? Ведь они подъедут со стороны Маросейки, а там в каждом доме учреждение.

— С этой стороны мы тоже обеспечены. Я распорядился. Наш человек повезет их по кольцу «Б», а потом глухими переулками. Привезем свеженькими, как со льдины.

— Ой, хоть бы уж скорей приехали! — сказал редактор. — С едой там все в порядке? Смотрите, они, наверно, голодные приедут.

По телефону сообщили последнюю сводку:

— Выехали из ЦУНХУ, едут к знатным людям.

Известие облетело всю редакцию, и ножи застучали еще сильнее. Метрдотель выгнул грудь и поправил галстучек. На улице возле дома стали собираться дети.

Час прошел в таком мучительном ожидании, какое едва ли испытывали челюскинцы, ища в небе самолетов. Василий Александрович не отрывался от телефона, принимая сообщения.

— Что? Едят второе? Очень хорошо!

— Начались речи? Отлично!

— Кто пришел отбивать? Ни под каким видом! Имейте в виду, если упустите, мы поставим о вас вопрос в месткоме. Может, вам нужна помощь? Высылаем трех на мотоциклетке: Гуревича, Гуровича и Гурвича. Поставьте их на пути следования.

Наконец было получено последнее сообщение:

— Вышли на улицу. Захвачены. Усажены в машины. Едут.

— Едут, едут!

И в ту же минуту в кабинет редактора ворвался театральный рецензент. В волнении он сорвал с себя галстук и держал его в руке.

— Катастрофа! — произнес он с трудом.

— Что случилось?

— Внизу, — сказал рецензент гробовым голосом, — на третьем этаже, в редакции газеты «За рыбную ловлю», стоят банкетные столы. Только что видел своими глазами.

— Ну и пусть стоят. При чем тут мы?

— Да, но они говорят, что ждут челюскинцев. И, главное, тех же самых, которых ждем мы.

— Но ведь челюскинцев везут наши люди.

— Перехватят. Честное слово, перехватят! Мы на четвертом этаже, а они на третьем.

— А мы их посадим в лифт.

— А в лифте работает их лифтерша. Они все учли. Я ее спрашивал. Ей дали приказ везти героев на третий этаж — и никаких.

— Мы пропали! — закричал редактор звонким голосом. — Я же вам говорил, Василий Александрович, что перехватят!

— А я вам еще полгода назад говорил не сдавать третий этаж этой «За рыбную ловлю». Сдали бы тихой Медицинской энциклопедии, теперь все было бы хорошо.

— Кто же знал, что «Челюскин» погибнет! Ай-яй-яй! Пригрели змею на своей груди.

— А какой у них стол! — кипятился рецензент. — Это ведь рыбная газета. Одна рыба. Лососина, осетрина, белуга, севрюга, иваси, копченка, налимья печень, крабы, селедка. Восемнадцать сортов селедок, дорогие товарищи!

Несчастный редактор газеты «Однажды вечером» взмахнул руками, выбежал на лестницу и спустился на площадку третьего этажа.

Там, как ни в чем не бывало, мелкими шажками прогуливался ответственный редактор газеты «За рыбную ловлю». Он что-то бормотал себе под нос, очевидно репетируя приветственную речь. Из дверей выглядывали сотрудники. От них пахло рыбой.

Сдерживая негодование, редактор «Однажды вечером» сказал:

— Здравствуйте, товарищ Барсук. Что вы тут делаете, на лестнице?

— Дышу воздухом, — невинно ответил рыбный редактор.

— Странно.

— Ничего странного нет. Моя площадка — я и дышу. А вы что тут делаете, товарищ Икапидзе?

— Тоже дышу свежим воздухом.

— Нет, вы дышите свежим воздухом у себя. На площадке четвертого этажа.

— Ой, товарищ Барсук, — проникновенно сказал «Однажды вечером», — придется нам, кажется, встретиться в Комиссии партийного контроля.

— Пожалуйста, товарищ Икапидзе. К вашим услугам. Членский билет номер 1 293 562.

— Я знаю, — застонал «Однажды вечером», — вы ждете тут наших челюскинцев.

— Челюскинцы не ваши, а общие, — хладнокровно ответил «За рыбную ловлю».

— Ах, общие!

И стали надвигаться друг на друга.

В это время внизу затрещали моторы, послышались крики толпы и освещенный лифт остановился на третьем этаже. На площадку вышли герои. Рыбная лифтерша сделала свое черное дело.

«Однажды вечером» бросился вперед, но тут беззастенчивый Барсук стал в позу и с невероятной быстротой запел:

— Разрешите мне, дорогие товарищи, в этот знаменательный час...

Дело четвертого этажа казалось проигранным. Хитрый Барсук говорил о нерушимой связи рыбного дела с Арктикой и о громадной роли, которую сыграла газета «За рыбную ловлю» в деле спасения челюскинцев. Пока Барсук действовал таким образом, «Однажды вечером» нетерпеливо переминался с ноги на ногу, как конь. И едва только враг окончил свое торжественное слово, как товарищ Икапидзе изобразил на лице хлебосольную улыбку и ловко перехватил инициативу.

— А теперь, дорогие гости, — сказал он, отодвигая плечом соперника, — милости просим закусить на четвертый этаж. Пожалуйста, пройдите. Вот сюда, пожалуйста. Что вы стоите на дороге, товарищ Барсук? Нет, пардон, пропустите, пожалуйста. Сюда, сюда, дорогие гости. Не обессудьте... так сказать, хлебсоль...

И, ударив острым коленом секретаря «Рыбной ловли», который самоотверженно пытался лечь на ступеньку и преградить путь своим телом, он повел челюскинцев за собой.

Чудесные гости, устало улыбаясь и со страхом обоняя запах еды, двинулись в редакцию вечерней газеты.

В молниеносной и почти никем не замеченной вежливой схватке расторопный Барсук успел все-таки отхватить и утащить в свою нору двух героев и восемь челюскинцев с семьями.

Это заметили, только усевшись за банкетные столы. Утешал, однако, тот радостный факт, что отчаянный Василий Александрович дополнительно доставил на четвертый этаж по пожарной лестнице еще трех челюскинцев: двух матросов первой статьи и кочегара с женой и двумя малыми детками. По дороге, когда они карабкались мимо окна третьего этажа, рыбные сотрудники с криками: «Исполать, добро пожаловать!» — хватали их за ноги, а Василия Александровича попытались сбросить в бездну. Так по крайней мере он утверждал.

А дальше все было хорошо и даже замечательно. Говорили речи, чуть не плакали от радости, смотрели на героев во все глаза, умоляли ну хоть что-нибудь съесть, ну хоть кусочек. Добрые герои ели, чтоб не обидеть. И на третьем этаже тоже, как видно, все было хорошо. Оттуда доносилось такое сверхмощное ура, что казалось, будто целый армейский корпус идет в атаку.

После речей начались воспоминания, смеялись, пели, радовались. В общем, как говорится, вечер затянулся далеко за полночь.

Так вот, далеко за полночь на нейтральной площадке, между третьим и четвертым этажами, встретились оба редактора. В волосах у них запутались разноцветные кружочки конфетти. Из петлицы Барсука свисала бывшая чайная роза, от которой почему-то пахло портвейном № 17, а Икапидзе обмахивал разгоряченное лицо зеленым хвостиком от редиски. Лица у них сияли. О встрече в Комиссии партийного контроля давно уже не было речи. Они занимались более важным делом.

— Значит, так, — говорил Икапидзе, поминутно наклоняясь всем корпусом вперед, — мы вам даем Водопьянова, а вы нам... вы нам да-е-те Молокова.

— Мы вам Молокова? Вы просто смеетесь. Молоков, с вашего разрешения, спас тридцать девять человек!

— А Водопьянов?

— Что Водопьянов?

— А Водопьянов, если хотите знать, летел из Хабаровска шесть тысяч километров! Плохо вам?

— Это верно. Ладно. Так и быть. Мы вам даем Молокова, а вы нам даете Водопьянова, одного кочегара с детьми и брата капитана Воронина.

— Может, вам дать уже и самого Воронина? — сатирически спросил Барсук.

— Нет, извините! Мы вам за Воронина, смотрите, что даем: Слепнева с супругой, двух матросов первого класса и одну жену научного работника.

— А Доронин?

— Что Доронин?

— Как что? Доронин прилетел из Хабаровска на неотепленной машине. Это что, по-вашему, прогулка на Воробьевы горы?

— Я этого не говорю.

— В таком случае мы за Доронина требуем: Копусова, писателя Семенова, двух плотников, одного геодезиста, боцмана, художника Федю Решетникова, девочку Карину и специального корреспондента «Правды» Хвата.

— Вы с ума сошли!.. Где я вам возьму девочку? Ведь это дитя! Оно сейчас спит!

И долго еще эти два трогательных добряка производили свои вычисления и обмены. А обмен давно уже устроили без них. Героев водили вверх и сверху вниз, и вообще уже нельзя было разобрать, где какая редакция.

Ночь была теплая, и на улице, в полярном блеске звезд, возле подъезда обеих редакций в полном молчании ожидала героев громадная толпа мальчиков.

1934

ДНЕВНАЯ ГОСТИНИЦА

Есть важное и неотложное дело.

Не существенно, как оно будет рассматриваться. В порядке ли обсуждения, в порядке предложения, в порядке постановки вопроса, в дискуссионном ли, наконец, порядке. Это безразлично. Можно сделать как угодно: можно предложение в порядке обсуждения, а можно и обсуждение в порядке предложения. Важно в порядке постановки вопроса добиться какого-нибудь ответа.

Речь идет о чистоте.

— Опоздали, — скажут соответствующие люди, приставленные к этому животрепещущему вопросу. — По линии чистоты уже обнаружены сдвиги, расставлены вехи, проведены в жизнь великие мероприятия, каковыми являются всероссийская конференция дворников или, например, принудительная саноработка, введенная в красивейших южных городах нашего Союза.

Конференция действительно была. Действительно в несметном количестве собрались дворники, стоял стол, покрытый сукном, и графин с водой, и колокольчик, и произносились речи, и были прения, и приезжал из Самары какой-то знаменитый дворник и показывал всем прочим дворникам, как надо подметать улицы. И играл оркестр, и какие-то газеты помещали по этому поводу ликующие заметки.

Ну разве это не чепуха, товарищи?

Для того чтобы подметать улицы, нужны только две вещи — метла и желание работать. А поездки, протоколы и речи — все это лишь парадная трескотня и развязное втирание очков. Деньги же, истраченные на конференции и слеты, полезнее было бы употребить на покупку машин для мытья и очистки улиц.

О санобработке уже писали.

Человека, приехавшего, например, в Харьков, не пускают в гостиницу, покуда он не предъявит удостоверения в том, что обработке подвергся.

А подвергаться не хочется. Уж очень эти места для обработки какие-то неаппетитные, грязноватые, неудобные. Туда приезжие стараются не ходить, нанимают подставных людей. Уже образовалась новая профессия. За пять рублей подставное лицо, кряхтя и отплевываясь, проходит вместо вас санобработку, тоскливо размазывает тепленькой водичкой грязь по своему лиловому телу. Это очень вредная профессия. Людям, которые ею занимаются, следовало бы, кроме денег, давать еще спецмолоко и хоть изредка водить в баню.

Что все это значит?

Тут нужно точное определение.

И болтливая конференция работников метлы, и принудительная скребница для приезжающих — это лишь частные случаи одного печального и довольно распространенного явления: «высокой принципиальности» без признаков какого-либо дела.

Вот схема, при помощи которой любой лентяй избавляется от прямых своих обязанностей, сохраняя в то же время репутацию блестящего организатора и так называемого крепкого парня.

Задание, например, следующее:

— Подметайте улицы.

Вместо того чтобы сейчас же выполнить этот приказ, крепкий парень поднимает вокруг него бешеную суету. Он выбрасывает лозунг:

— Пора начать борьбу за подметание улиц.

Борьба ведется, но улицы не подметаются.

Следующий лозунг уводит дело еще дальше.

— Включимся в кампанию по организации борьбы за подметание улиц.

Время идет, крепкий парень не дремлет, и на неподметенных улицах вывешиваются новые заповеди.

— Все на выполнение плана по организации кампании борьбы за подметание.

И, наконец, на последнем этапе первоначальная задача совершенно уже исчезает и остается одно только запальчивое, визгливое лопотанье.

— Позор срывщикам кампании за борьбу по выполнению плана организации кампании борьбы.

Все ясно. Дело не сделано. Однако видимость отчаянной деятельности сохранена. А крепкий парень уезжает в Ялту чинить расшатавшийся организм.

Итак, есть предложение.

Это, конечно, не всеобъемлющий план, при помощи которого можно одним ударом покончить с доставшейся нам по наследству грязью, но предложение весьма существенное.

Хотите ли вы, чтобы было так:

Московский житель идет по улице. А может быть, по улице идет и не московский житель, идет человек, приехавший в Москву на один день.

Он утомлен, небрит и грязноват. Его помятый костюм обвис и потерял форму, а ботинки покрыты пылью. В руках у него тяжелый пакет или чемодан.

Он мрачен, потому что знает безвыходность своего положения. Чтобы привести себя в порядок, надо проявить громадную энергию и потерять много времени. Сначала к парикмахеру. Потом куда-то на другой конец города — в баню. Потом еще одна отдельная операция — чистка ботинок. А выгладить костюм вообще невозможно. Это — многолетняя, несбыточная греза холостяка, или путешественника, или просто очень занятого человека.

Так идет он по улице, грустно размышляя о неустроенности своей жизни, и вдруг видит на Трубной площади, или на Свердловской, или на площади Смоленского рынка нечто похожее на вход в метро.

Чистая гранитная лестница ведет вниз. Над ней вывеска: «Дневная гостиница».

Московский житель спускается по ступенькам и попадает в вестибюль, стены которого выложены молочными сияющими кафелями. За конторкой сидит кассирша в накрахмаленном белом халате. Под потолком горят сильные голубоватые лампы. Здесь хирургическая чистота и ощущается ровное, приятное тепло.

Рядом с конторкой кассирши висит прейскурант под стеклянной доской. Прочитав прейскурант, посетитель счастливо улыбается.

Выбрав несколько нужных ему процедур, он платит, получает билетики и входит в коридор. Та же чистота, сияние и даже, черт побери, пахнет одеколоном, хотя на дверях с правой стороны коридора отчетливо изображено по два нуля.

Посетитель отдает свои билетики белоснежной служительнице, и она открывает ему двери чудного мира. Это — мир горячей воды, губок, теплых мохнатых простынь, бритв, утюгов, одним словом, мир санитарии и гигиены.

Сперва клиента отводят в ванную комнату. Из толстых кранов с шумом бежит вода. Полотенца, простыни и мягкий купальный халат греются на специальной грелке. Клиент складывает свой костюм и ботинки в выдвижной ящик, который сейчас же исчезает в стене.

После этого он купается. Не будем описывать, как происходит этот столь необходимый человеку процесс. Немножко фантазии — и читатель сам живо представит себе, насколько это хорошо и полезно.

Затем клиента ведут в парикмахерскую. Покуда его стригут и бреют, он беспокоится о своем костюме. Уж как-то слишком загадочно он исчез в стене. Не украли ли его?

Нет, не украли. За время, проведенное клиентом в ванной и парикмахерской, костюм вычистили и выгладили. Даже пришили, черти, пуговицу, которая уже две недели висела на честном слове.

А ботинки? Ботинки почистили. И, представьте себе, даже не замазали кремом шнурков. И шляпу почистили. Ничего не забыли.

Если все эти процедуры утомили клиента, он отправляется в особую комнату, где можно отдохнуть в пружинных креслах и посмотреть свежие газеты и журналы.

Но к чему отдыхать? Сейчас московский житель или приезжий путешественник полон бодрости в сил. Теперь можно, не заходя домой, пойти в театр или в Третьяковскую галерею, или сделать предложение девушке (за такого чистенького всякая пойдет!), или двинуться на деловое собрание. В таком виде нигде не стыдно показаться. И такой вид можно приобрести быстро, на любой площади города и в любое время. «Дневная гостиница» открыта с семи часов утра до полуночи без перерыва на обед и без переучета губок и унитазов.

Идея «дневных гостиниц» не нова. Однако в Европе их нигде нет, кроме Италии. Там это дело поставлено совсем не плохо, но мы сможем и должны сделать свои дневные гостиницы еще лучше итальянских. И в наших бурно растущих городах, где осталось множество старых, плохо оборудованных, лишенных удобств домов, дневные гостиницы, если по-настоящему взяться за это дело, могут сыграть огромную культурную роль.

Они должны появиться везде: под площадями крупных городов и на больших предприятиях. И это должны быть первоклассные заведения по чистоте, порядку и удобству обслуживания. Только при таких условиях им не будет грозить опасность превратиться в санобраточные пункты, которых все справедливо избегают.

Все это совершенно реально и может быть достигнуто в ближайшее время. Была бы охота.

Тут, конечно, нужна организация всесоюзного масштаба. Это может быть, скажем, трест под названием «Дневная гостиница». Мы не знаем, в системе какого наркомата должен находиться этот трест, — в системе ли Наркомздрава или Наркомхоза. Возможно, тут понадобятся усилия обоих наркоматов. Но мы знаем, что советский человек хочет быть ослепительно чистым и что наше правительство всеми силами своими старается ему в этом помочь.

Еще одно соображение. Это уже на тот случай, если наша скромная идея встретит сочувствие и дневные гостиницы будут строиться.

Уже рассказано, что должно быть в этих гостиницах. Но есть не менее важное, чего там быть не должно.

Там не должна играть музыка.

Там не нужно открывать отделения сберкассы.

Не надо продавать театральных билетов.

Киоска с кустарными игрушками тоже не надо.

В помещении не должно громко кричать радио, рекламируя новое начинание.

Не надо цветов, малахитовых колонн и барельефов, изображающих процессы купанья. Главное место должен занимать самый процесс купанья, и этому должно быть подчинено все.

Ничего лишнего, ничего постороннего, никакого увода от прямого дела. Мраморный пол, гладкие кафельные стены, горячая вода, острая бритва в умелых руках, гигроскопически чистое белье, внимательное отношение и точность работы.

Было бы ужасно, если б в вечерней газете появилось объявление:

ОТКРЫТА ДНЕВНАЯ ГОСТИНИЦА

«ЛЕРМОНТОВ»

С 7 часов утра и до 3 часов ночи
играет джаз.
Танцы в халатах.
Выступление поэтов.

ПРОДАЖА БИЛЕТОВ НА СКАКОВОЕ ДЕРБИ
ЮРИДИЧЕСКАЯ КОНСУЛЬТАЦИЯ
и
ПОДАЧА ХОЛОДНОГО ПИВА

Это была бы только новая иллюстрация к схеме, при помощи которой люди отлынивают от порученной им работы.

1934

НА КУПОРОСНОМ ФРОНТЕ

В квартире разгром. Вся мебель сдвинута на середину комнаты и покрыта газетами. Полы заляпаны известкой. Спотыкаясь о помятые ведра с купоросом, бродит растерянный хозяин. Дети перепачканы краской и безумно галдят.

— Что случилось? — спрашивает гость.

— Что случилось? — замогильным голосом говорит хозяин. — Случилось то, что мы гибнем. Погибаем. Все кончено.

Но, видимо, еще не все кончено. Дыхание жизни еще клокочет в груди страдальца. Он неожиданно подымает иссохшие руки к пятнистому потолку и страстно декламирует:

— О, зачем, зачем я решился на этот ужасный шаг! А так было хорошо, такая разворачивалась нормальная семейная жизнь! Помнишь, Лена, еще недавно, каких-нибудь две недели назад... Мы пили чай по вечерам. Я отдыхал в этом кресле. Наши милые чистенькие дети беспечно резвились в коридоре. А теперь...

— Что же все-таки произошло?

— Маляры! — говорит хозяин, обводя комнату блуждающим взглядом.

При этом слове жена начинает плакать, из коридора доносится грохот и сейчас же вслед за ним радостный вой юного поколения. Упала стремянка.

— Видишь, — сквозь слезы говорит жена, — надо было нанять того тихого старичка, который красил двери у Кирсановых. Он бы в два дня все сделал.

— Тихого старичка? — взвизгивает хозяин. — Этого садиста?

Тут начинается такая перепалка, что гость живо откланивается и уходит. Ему уже ясно, в чем дело.

Произошло то, что происходит всегда с теми оригиналами, которые решают произвести в квартире небольшой, выражаясь официально, текущий ремонт.

Где таятся маляры, где их искать, к кому обращаться? Ничего не известно! В таких случаях расспрашивают знакомых или просто подстерегают маляров на улице. Если повезет, то уже на третий-четвертый день хорошо организованной слежки (желательно разослать в разные концы города всех членов семьи) удастся встретить мрачную фигуру с кистью и ведром и при помощи посулов и грубоватой лести затащить ее к себе.

Фигура неторопливо и значительно оглядывает объект работы и после долгого кряхтенья заявляет:

— Что ж, купоросить надо. Без купоросу никак нельзя. Купорос, он действие оказывает. Кругом себя оправдывает. Тут, значит, если не прокупоросишь, колеру правильного не будет. А можно и не купоросить.

— Так как же все-таки лучше? — подобострастно спрашивает наниматель. — С купоросом или без купороса?

— Ваше дело, хозяйское. Одни любят с купоросом, другие без купороса.

— Тогда на всякий случай прокупоросьте. А вот эту комнату я хотел бы выкрасить в желтый цвет, знаете, такой веселый, канареечный, солнечный.

— Кроном, значит? — степенно говорит маляр. — Это можно. Возьмем, значит, кроном и покрасим. Кроном, значит, вот так возьмем и как есть покрасим. Кроном. Отделаем уж как полагается, хозяин.

Другую комнату договариваются выкрасить в светло-зеленый цвет. При этом маляр произносит непонятную речь о каком-то стронции, который тоже свое действие оказывает и кругом себя оправдывает.

Переговоры длятся часа два. Бесконечно повторяется одно и то же. Маляр, задрав голову, подолгу смотрит на потолок, будто ждет, что оттуда пойдет дождь, цокает языком и сокрушенно взмахивает руками.

— Ну, кажется, все, — нервно говорит хозяин. — Во сколько же это обойдется?

И тут начинается Художественный театр. Маляр закатывает получасовую качаловскую паузу. У хозяина начинает щемить сердце.

— Вот карточки отменили, — говорит наконец маляр.

— И очень хорошо, — оживляется хозяин. — Какая же будет цена?

— Что ж, сделаем как следует. Значит, с твоим купоросом?

— Как с моим купоросом? Где же я вам возьму купорос?

— Этого мы, маляры, не знаем.

И все начинается сначала. Маляр опять бродит из комнаты в комнату, вздыхает, мекает, хмыкает, чешется. В конце концов выясняется, что он все может достать — и проклятый купорос, и крон, и белила, и даже загадочный стронций.

Но вот он называет цену. Триста рублей. Цена ни с чем не сообразная, неестественная, глупая, обидная. Идет длительный базарный, азиатский торг. Попутно выясняется, что маляр может работать только по вечерам.

Хозяин соглашается на все. По вечерам так по вечерам, двести пятьдесят так двести пятьдесят. Только бы поскорее. Надоели грязные стены, трещины, моль, вся эта чертовщина.

Ночью семья работает: стаскивают в одно место мебель, снимают со стен картинки и портреты предков, связывают вещи в узлы. Завтра должен явиться маляр ровно в шесть часов вечера. Но его нет ни в шесть, ни в семь, ни в десять. Он не приходит. В эту ночь семья спит на узлах.

Зато на другой день маляр появляется вовремя и приводит с собой еще трех мастеров — двух стариков и мальчика. Мальчик, как и остальные, в забрызганных мелом сапогах и громадном ватном пиджаке (спинжаке). Он тоже хмыкает, мекает и неясно выражается насчет благотворного действия купороса.

Весь этот трудовой коллектив снимает пиджаки и рассаживается на перевернутых ящиках и ведрах посреди комнаты. Мастера пьют чай и поглядывают на потолок. Потом потихоньку и стройно начинают петь:

Эх вы, слуги, мои слуги,
Слуги верные мои!

Степная удаль и тоска слышатся в этой старинной разбойничьей песне. И сразу начинает казаться, что нет никакого Днепрогэса, что ничего не произошло, что нет ни метро, ни авиации, ни замечательных колхозов, что в квартире разыгрывается какая-то сплошная хованщина, XVIII век, а может быть, даже XVI.

Напившись чаю и напевшись вдоволь, мастера надевают пиджаки, снова их снимают и снова надевают. После этого они берут у хозяина двадцать пять рублей на приобретение крона и уходят. А мальчик остается купоросить. При этом он сразу же разбивает стекло книжного шкафа и прожигает каким-то неизвестным веществом малиновое сукно на письменном столе.

— Ты что, с ума сошел? — кричит хозяин.

— Купорос, он колеру не любит, — бормочет ужасное дитя. — Он свое действие оказывает, осадку дает.

—Это бред! — говорит хозяин.

И он прав, начинается бред.

В разрушенную квартиру маляры больше не возвращаются. Очевидно, они удовлетворены полученным задатком.

Три дня несчастная семья на что-то надеялась. Потом знакомые рекомендуют некоего Вавилыча, кристального старика.

Кристальный старик приходит, с хватающей за душу медлительностью осматривает комнаты и берется сделать работу со своей олифой и кроном — все за двенадцать рублей. Тут же выясняется, что почтенный старец смертельно пьян и за свои слова отвечать не может. Его с трудом выводят.

Проще всего было бы расставить мебель по местам и жить, как жили. Но этого сделать уже нельзя. И стены и потолки вымазаны какой-то дрянью.

Приводят еще одного мастера. Он тоже детально договаривается обо всем, входит во все мелочи, но в конце разговора присовокупляет, что начать работу сможет только через месяц, так как уезжает в деревню на праздники.

И зачем он, собственно, приходил и потерял целый вечер на разговоры и чесание подмышек — непонятно. На кухне рыдает хозяйка.

— Неправильно сделали, — говорят бессердечные знакомые. — Вот когда те трое с мальчиком приходили, надо было их запереть и не выпускать из квартиры, пока не кончат работы.

— Если бы я знал! — вопит страдалец. — Ах, если бы я знал! Уж я бы их...

Его утешают. Ему рассказывают интересные истории о печниках, о плотниках, о водопроводчиках, о перевозчиках мебели, о всей этой касте подпольных полукустарей, полуспекулянтов с топорами, клещами и малярной кистью.

И стиль их работы, и способы их найма, и все их разговоры полностью сохранились со времен боярской Руси.

Они могли сохраниться только потому, что у нас, собственно, никто не занимается ремонтом квартир. Есть организации, которые строят сразу по сто домов; есть организации, которые воздвигают целые города, но нет простой конторы, где можно заказать побелку потолка, перетирку и окраску стен, переборку паркета, новое стекло нужного размера, дверь, шпингалет; нет конторы, где можно было бы по вкусу выбрать краску или обои; конторы, где есть специалисты, гарантирующие качество работы и сдачу ее в срок.

Такая контора должна быть своего рода строительным магазином. Работа строительных магазинов будет великолепно окупаться, и за несколько месяцев, оставшихся до весны, этого благоухающего и светлого квартала ремонтов и починок, их надо организовать в возможно большем числе.

Вы только подумайте! Сейчас легче попасть на прием к одному из лучших в мире специалистов по сердечным болезням, чем найти маляра. Профессор вас примет через две недели после записи, но уж примет точно в назначенный день и час, а за маляром можно гоняться месяц. И происходит это не потому, что профессоров-сердечников много, а маляр один, а потому, что врачебная помощь людям у нас организована, строительной же помощи не существует.

Все рассказанное основано на большом количестве проверенных фактов путем опросов и расследований.

А теперь разрешите, так сказать в порядке ведения собрания, высказаться по личному вопросу. Он тоже, впрочем, имеет общественное значение и иллюстрирует бедственное положение на купоросном фронте.

Жили мы тихо, мирно, писали романы, повести, рассказы и пьесы. Вдруг прошлой весной приходит бумажка от родимой организации, от Союза писателей.

«Не хотите ли произвести ремонт своей квартиры? Ремонт будет, разумеется, произведен за ваш счет, но, разумеется, под нашим наблюдением, из лучших материалов и в железные сроки».

Очень приятно было читать такой документ. Мы оставили на время сочинение романов, повестей, рассказов и пьес, побежали в Союз и выразили свою признательность и согласие на производство ремонта. Главное, радовало сознание того, что о тебе кто-то заботится, кто-то тебя лелеет.

И точно. Через несколько дней пришел молодой человек с рулеткой, произвел разного рода обмеры, что-то умножал, делил и складывал, а в заключение сказал, что вскоре будет составлена смета, а за ней начнутся и строительные работы.

Засим довольно быстро прошли три месяца, никто не приходил ремонтировать квартиры. Наступила осень. Пушкин, например, любил осень. Но, разумеется, и он не считал это время наиболее удобным для производства ремонта своего дома в селе Михайловском. Мы снова оставили сочинение романов и побежали в Союз. Там уже прибавилось несколько новых фанерных перегородок и конторских столов, но все-таки нужного человека мы нашли.

Он долго смотрел на нас затуманенным взглядом и наконец сказал:

— Значит, вы просите сделать ремонт?

— Да нет, мы ничего не просим. Вы сами предложили.

— Ах, мы предложили? Да, да, верно. Но эта идея уже механически отпала. Мы, товарищи, отказались от этой идеи.

— Почему же вы не сообщили? Мы ждали все лето.

— Нет, нет, товарищи, эта идея отпала.

Ну что ж, отпала так отпала. Обидно, конечно, оставаться на зиму в потрепанных квартирах, но все-таки стен никто не купоросил, сукна не прожигал, жить можно.

И вдруг недавно приходит новая бумажка от той же родимой организации, но уже не весенняя, а зимняя, суровая и даже нахальная.

«Настоящим извещаю, что с вас причитается за составление сметы на ремонт 57 рублей столько-то копеек. В случае неуплаты дело будет передано в суд».

Вот тебе на! Идея отпала, но мы почему-то должны за нее платить. Тут даже темный Вавилыч покажется кристальным стариком.

Что ж, суд так суд. Любопытно будет встретиться перед лицом закона.

1935

ТЕАТРАЛЬНАЯ ИСТОРИЯ

Ощущения человека, собирающегося в театр, не сложны, но очень приятны. Утром, на работе, он как бы между делом важно сообщает:

— Сегодня я иду в театр, так что в вечернем культштурме участвовать не смогу.

Дома он с удовольствием слышит, как в соседней комнате жена говорит кому-то по телефону:

— К сожалению, сегодня вечером нас с Павликом не будет дома. Мы с Павликом идем к Мейерхольду. Нет, почему же, в пятом ряду, середина. Мы никогда не сидим дальше пятого ряда.

И хотя Павлик знает, что жена прилгнула, что весьма часто они сидят далековато и на этот раз был куплен пятый ряд потому лишь, что не было мест дешевле, все же ему приятно слышать ее слова. В конце концов чувство гордости не чуждо нашим современникам.

И даже пятилетняя дочка тоненьким голоском кричит с балкона играющим на дворе девочкам:

— Папа и мама идут сегодня на «Три обморока».

— «Тридцать три», — поправляет костлявый Павлик, надуваясь от гордости. — Сколько раз я тебе говорил!

В этот день обедают раньше обычного. Надо спешить, ибо после третьего звонка вход в зрительный зал не допускается. Вообще все эти слова: зрительный зал, третий звонок, либретто, запасный выход, капельдинер — удивительно приятны.

Одеваться начинают за два часа до спектакля. Тут, конечно, выясняется, что пропала запонка, и черт знает, где теперь ее искать, что воротничок плохо выглажен и на нем есть морщинка, что бинокль взяли Власовы и уже месяц не отдают. Просто свиньи, которым никогда не надо делать одолжений. Наконец все улаживается. Запонку находят, воротничок переглаживают, а бинокля никакого не надо, ведь сидеть-то будут в пятом ряду, откуда все прекрасно видно.

Однако в последнюю минуту жена обнаруживает, что спустилась петля на чулке, и принимается ее подымать с медлительностью, приводящей Павлика в негодование. Он стоит в пальто и новой кепке. В другой раз он никогда не пойдет в театр с такой, мягко выражаясь, легкомысленной женщиной.

— Неужели нельзя было раньше посмотреть? — говорит он с дрожью в голосе. — Все пропало.

Но ничего не пропало. Они необыкновенно удачно сели в автобус и поспели в театр как раз вовремя, даже немножко рано. И сейчас все пережитые волнения с запонкой и чулком кажутся очаровательными. Без них, пожалуй, все было бы даже не так интересно и значительно. Нет, что бы ни говорили, а посещение театра — настоящее событие.

Это было восьмого апреля.

Некий доцент Первого московского университета с женой, испытавшие все предтеатральные ощущения, быстро сдали свои пальто, вручили полтинник гардеробщику, купили программу, вручили полтинник капельдинерше и побежали в зрительный зал. Еще минута, и они увидят спектакль, о котором так много говорят.

Дальнейшие события будут изложены с протокольной точностью и в той головокружительной последовательности, в какой они развертывались.

— Постойте, постойте, — сказала контролерша у входа, — мы еще посмотрим, какие у вас билеты.

Билеты были наготове, прекрасные билеты, где с юридической педантичностью были указаны и день спектакля, и его час, и номер ряда, и номер места, и название пьесы.

— Вас-то мне и надо, — мрачно сказала контролерша. — Эти билеты аннулированы.

— Как аннулированы?

— Это дело не мое, гражданин. Обратитесь к администрации.

Когда человека называют «гражданином», произнося это слово с металлическими интонациями в голосе, то уже ничего хорошего не ждите.

— Позвольте, — сказал доцент, — билеты у меня правильные, пустите меня в зал, мы опоздаем!

— Я уже вам сказала, гражданин, русским языком. Обратитесь к администрации.

И, отпихнув его, она уже обращалась к другим зрителям:

— Вы можете пройти. А ваши места тоже аннулированы, гражданин. И ваши. Русским языком вам говорят: граждане, обратитесь к администрации.

Началась какая-то чертовщина. Доцент помчался к администратору.

К нему вышел человек в ковбойском наряде, с выражением нечеловеческого спокойствия на молодом лице.

— Пожалуйста, выясните поскорее это недоразумение! — крикнул доцент, горячась. — Уже начался спектакль.

— В чем дело? — сказал ковбой, не теряя хладнокровия.

— Это я вас должен спросить, в чем дело. Безобразие какое!

— Ну так вот, — медлительно продолжал ковбой. — Билеты первых пяти рядов аннулированы. Понятно?

— На каком основании?

— У нас сегодня смотрят спектакль иностранные дипломаты.

— Ну и пусть смотрят. Очень рад. Но при чем тут я?

— Я ничего не могу сделать, гражданин. Обратитесь к товарищу Бернацкому.

И ковбой удалился в свое ранчо, напротив раздевалки. А в это время в зале уже гремела музыка, шел спектакль.

Бернацкий (очевидно, тоже администратор) был в толстовке, но, невзирая на эти мирные одежды, характер имел железный.

— Чего вы волнуетесь? — говорил он, с отвращением глядя на доцента. — Вам уже говорили, спектакль смотрят иностранцы.

— Да, но ведь билеты проданы мне, а не кому-нибудь другому.

— Деньги за билеты можете получить обратно.

— Дело не в деньгах. Раз вы мне продали билет, вы должны дать мне место. Я этого требую.

— Вы ничего не можете требовать. Билеты аннулированы.

— Почему же вы об этом не известили заблаговременно? Почему не объявили в газетах? Наконец, если вы не успели объявить в газетах, то почему не вывесили объявления хотя бы на дверях? Нам по крайней мере не пришлось бы раздеваться, покупать программу и вообще выносить все это унижение.

— Не учите меня, как надо оповещать публику. Вас это не касается. Получите свои деньги и уходите.

Услышав этот беспредельно хамский ответ, доцент растерянно оглянулся.

Позади него уже собралась порядочная толпа таких же, как и он, обманутых зрителей. Их было человек сто. Они стояли в полутемном фойе, с ненужными биноклями и программками в руках, изумленные и беспомощные. От них пахло одеколоном и пудрой. Сейчас, в своих шелковых платьях и лучших пиджаках, они чувствовали себя неловко, как голые. Они-то спешили, одевались, завивались, ехали откуда-то издалека — и вдруг нарвались на каких-то полудиких тупиц и нахалов.

— Это возмутительно! — воскликнул доцент. — Я напишу об этом в «Правду». Вы даже не понимаете, что вы делаете.

Администратор расхохотался.

— Можете писать куда хотите. Сказано — и кончено.

Говоря по совести, хотелось дать по морде. Но драться нельзя. И доцент продолжал приводить словесные доводы. Тогда из-за спины администратора выдвинулся совсем еще юный ревнитель порядка.

— Следуйте за мной, — сказал он официально.

— А вы кто такой?

Ревнитель предъявил удостоверение Осодмила.

Доцента увели в кабинет, где и потребовали объявить свое название.

— Вот вы ученый, — рассудительно сказал юноша, ознакомившись с документами, — а бузите. Вы знаете, что вам за такие штуки сделают? Тут иностранцы ходят, а вы беспорядок устраиваете.

— Так ведь это вы устроили беспорядок! — заорал доцент, не помня себя.

После этого была произнесена классическая громовая фраза:

— Пра-а-шу очистить помещение!

И доцента выгнали.

Вот, собственно, все, что произошло восьмого апреля в театре имени Мейерхольда на спектакле «33 обморока».

Мы часто и справедливо говорим о том, какой у нас замечательный театр и какой у нас замечательный зритель. Как же случилось, что в одном из наших театров могли так поступить со зрителем? Это произошло потому, что между искусством и прекрасным советским зрителем стали люди с лакейскими душами, люди, для которых слово «иностранец» значит больше, чем гордые слова «советский гражданин».

Вызывает ярость то, что произошло вечером восьмого апреля.

Легко себе представить, как будут оправдываться эти люди.

— Что, собственно, случилось? Ну, пришли! Ну, ушли! Ведь деньги они могли получить обратно! Подумаешь, амбиция!

А дело не в амбиции. Дело в достоинстве советского гражданина, которого никому не позволено унижать. Дело в правах наших граждан, правах, которые никто не смеет стеснять. Унижение советского гражданина есть унижение достоинства всей страны и преступление против существующего в ней порядка. Надо прокуратуре заняться наконец такого рода преступлениями. Это представляет крупнейший общественный интерес.

В Советском Союзе к иностранцам — и к дипломатам, и к путешественникам, и к специалистам — относятся с величайшей корректностью. Мало того, с общепризнанным гостеприимством. Но это не значит, что под видом заботы об иностранцах кто бы то ни было получил право наносить ущерб советским гражданам.

И описанное здесь, казалось бы, простенькое происшествие на самом деле имеет большое политическое значение.

1935

СОБАЧИЙ ХОЛОД

Катки закрыты. Детей не пускают гулять, и они томятся дома. Отменены рысистые испытания. Наступил так называемый собачий холод.

В Москве некоторые термометры показывают тридцать четыре градуса, некоторые почему-то только тридцать один, а есть и такие чудаковатые градусники, которые показывают даже тридцать семь. И происходит это не потому, что одни из них исчисляют температуру по Цельсию, а другие устроены по системе Реомюра, и не потому также, что на Остоженке холоднее, чем на Арбате, а на Разгуляе мороз более жесток, чем на улице Горького. Нет, причины другие. Сами знаете, качество продукции этих тонких и нежных приборов не всегда у нас на неслыханной высоте. В общем, пока соответствующая хозяйственная организация, пораженная тем, что благодаря морозу население неожиданно заметило ее недочеты, не начнет выправляться, возьмем среднюю цифру — тридцать три градуса ниже нуля. Это уж безусловно верно и является точным арифметическим выражением понятия о собачьем холоде.

Закутанные по самые глаза москвичи кричат друг другу сквозь свои воротники и шарфы:

— Просто удивительно, до чего холодно!

— Что ж тут удивительного? Бюро погоды сообщает, что похолодание объясняется вторжением холодных масс воздуха с Баренцева моря.

— Вот спасибо. Как это они все тонко подмечают. А я, дурак, думал, что похолодание вызвано вторжением широких горячих масс аравийского воздуха.

— Вот вы смеетесь, а завтра будет еще холоднее.

— Не может этого быть.

— Уверяю вас, что будет. Из самых достоверных источников. Только никому не говорите. Понимаете? На нас идет циклон, а в хвосте у него антициклон. А в хвосте у этого антициклона опять циклон, который и захватит нас своим хвостом. Понимаете? Сейчас еще ничего, сейчас мы в ядре антициклона, а вот попадем в хвост циклона, тогда заплачете. Будет невероятный мороз. Только вы никому ни слова.

— Позвольте, что же все-таки холоднее — циклон или антициклон?

— Конечно, антициклон.

— Но вы сейчас сказали, что в хвосте циклона какой-то небывалый мороз.

— В хвосте действительно очень холодно.

— А антициклон?

— Что антициклон?

— Вы сами сказали, что антициклон холоднее.

— И продолжаю говорить, что холоднее. Чего вы не понимаете? В ядре антициклона холоднее, чем в хвосте циклона. Кажется, ясно.

— А сейчас мы где?

— В хвосте антициклона. Разве вы сами не видите?

— Отчего же так холодно?

— А вы думали, что к хвосту антициклона Ялта привязана? Так, по-вашему?

Вообще замечено, что во время сильных морозов люди начинают беспричинно врать. Врут даже кристально честные и правдивые люди, которым в нормальных атмосферных условиях и в голову не придет сказать неправду. И чем крепче мороз, тем крепче врут. Так что при нынешних холодах встретить вконец изоврaвшегося человека совсем не трудно.

Такой человек приходит в гости, долго раскутывается; кроме своего кашне, снимает белую дамскую шаль, стаскивает с себя большие дворницкие валенки, надевает ботинки, принесенные в газетной бумаге, и, войдя в комнату, с наслаждением заявляет:

— Пятьдесят два. По Реомюру.

Хозяину, конечно, хочется сказать: «Что ж ты в такой мороз шляешься по гостям? Сидел бы себе дома», — но вместо этого он неожиданно для самого себя говорит:

— Что вы, Павел Федорович, гораздо больше. Днем было пятьдесят четыре, а сейчас безусловно холоднее.

Здесь раздается звонок, и с улицы вваливается новая фигура. Фигура еще из коридора радостно кричит:

— Шестьдесят, шестьдесят! Ну, нечем дышать, совершенно нечем.

И все трое отлично знают, что вовсе не шестьдесят, и не пятьдесят четыре, и не пятьдесят два, и даже не тридцать пять, а тридцать три, и не по Реомюру, а по Цельсию, но удержаться от преувеличения невозможно. Простим им эту маленькую слабость. Пусть врут на здоровье. Может быть, им от этого сделается теплее.

Покамест они говорят, от окон с треском отваливается замазка, потому что она не столько замазка, сколько простая глина, хотя в ассортименте товаров значится как замазка высшего качества. Мороз-ревизор все замечает. Даже то, что в магазинах нет красивой цветной ваты, на которую так отрадно взглянуть, когда она лежит между оконными рамами, сторожа квартирное тепло.

Но беседующие не обращают на это внимания. Рассказываются разные истории о холодах и вьюгах, о приятной дремоте, охватывающей замерзающих, о сенбернарах с бочонком рома на

412

ошейнике, которые разыскивают в снежных горах заблудившихся альпинистов, вспоминают о ледниковом периоде, о проваливающихся под лед знакомых (один знакомый якобы упал в прорубь, пробарахтался подо льдом двенадцать минут и вылез оттуда целехонек, живехонек и здоровехонек) и еще множество сообщений подобного рода.

Но венцом всего является рассказ о дедушке.

Дедушки вообще отличаются могучим здоровьем. Про дедушек всегда рассказывают что-нибудь интересное и героическое. (Например: «мой дед был крепостным», на самом деле он имел хотя и небольшую, но все-таки бакалейную лавку.) Так вот во время сильных морозов фигура дедушки приобретает совершенно циклопические очертания.

Рассказ о дедушке хранится в каждой семье.

— Вот мы с вами кутаемся — слабое, изнеженное поколение. А мой дедушка, я его еще помню (тут рассказчик краснеет, очевидно от мороза), простой был крепостной мужик и в самую стужу, так, знаете, градусов шестьдесят четыре, ходил в лес по дрова в одном люстриновом пиджачке и галстуке. Каково? Не правда ли, бодрый старик?

— Это интересно. Вот и у меня, так сказать, совпадение. Дедушка мой был большущий оригинал. Мороз этак градусов под семьдесят, все живое прячется в свои норы, а мой старик в одних полосатых трусиках ходит с топором на речку купаться. Вырубит себе прорубь, окунется — и домой. И еще говорит, что ему жарко, душно.

Здесь второй рассказчик багровеет, как видно от выпитого чаю.

Собеседники осторожно некоторое время смотрят друг на друга и, убедившись, что возражений против мифического дедушки не последует, начинают взапуски врать о том, как их предки ломали пальцами рубли, ели стекло и женились на молоденьких, имея за плечами — ну как вы думаете, сколько? — сто тридцать два года. Каких только скрытых черт не обнаруживает в людях мороз!

Что бы там ни вытворяли невероятные дедушки, а тридцать три градуса — это неприятная штука. Амундсен говорил, что к холоду привыкнуть нельзя. Ему можно поверить, не требуя доказательств. Он это дело знал досконально.

Итак, мороз, мороз. Даже не верится, что есть где-то на нашем дальнем севере счастливые теплые края, где, по сообщению уважаемого бюро погоды, всего лишь десять — пятнадцать градусов ниже нуля.

Катки закрыты, дети сидят по домам, но жизнь идет — доделывается метро, театры полны (лучше замерзнуть, чем пропустить спектакль), милиционеры не расстаются со своими бальными перчатками, и в самый лютый холод самолеты минута в минуту вылетели в очередные рейсы.

1935

ПОСЛЕДНЯЯ ВСТРЕЧА

В курительной комнате Художественного театра во время антракта встретились два человека. Сначала они издали посматривали один на другого, что-то соображая, потом один из них описал большую циркуляцию, чтобы посмотреть на второго сбоку, и, наконец, оба они бросились друг к другу, издавая беспорядочные восклицания, из которых самым оригинальным было: «Сколько лет, сколько зим!»

Минуты три ушло на обсуждение вопроса о том, какое количество воды утекло за пятнадцать лет, и на всякие там: «да, брат», «такие-то дела, брат», «а ты, брат, постарел», «да и ты, брат...».

Затем завязался разговор.

— Ты, значит, по военной линии пошел?

— Да, я уж давно.

— В центре?

— Нет, только сегодня с Дальнего Востока.

— Ну, как там японцы? Хотят воевать?

— Есть у них такая установочка.

— Так, так! Что-то знаков у тебя на петлицах маловато. Эти как называются?

— Шпалы.

— Три шпалы! Ага! А ромбов нет?

— Ромбов нет.

— Какой же это чин — три шпалы?

— Командир полка.

— Не густо, старик.

— Почему не густо? Командовать полком в Красной Армии — почетное дело. Полк — это крупное подразделение. Сколько учиться пришлось! Помнишь, мы с тобой даже арифметики не знали! Я все эти пятнадцать лет учился. После военной школы командовал взводом, потом ротой. Командиром батальона пошел в школу «Выстрел». Теперь командую полком. Очень сложно. В прошлом году был еще на курсах моторизации и механизации. И сейчас учусь.

— А ромбов все-таки нет?

— Ромбов нет. Ну, а ты по какой линии, Костя?

— Я, Леня, по другой линии.

— Но все-таки?

— Я, Леня, ответственный работник.

— Вот как! По какой же линии?

— Ответственный работник.

— Ну вот я и спрашиваю — по какой линии?

— Да я тебе и отвечаю — ответственный работник.

— Работник чего?

— Что чего?

— Ну, спрашиваю, какая у тебя специальность?

— При чем тут специальность! Честное слово, как с глухонемым разговариваешь. Я, голубчик, глава целого учреждения. Если по-военному считать, то это ромба два-три, не меньше.

— А какого учреждения?

— Директор строительного треста.

— Это здорово. Ты что, архитектор теперь? Учился в Академии искусств?

— Учился? Это когда же? А работать кто будет? У меня нет времени «Правду» почитать, не то что учиться. Очень хорошо, конечно, учиться, об этом и Сталин говорил. Только если бы все стали учиться, кто бы дело делал? Ну, идем в зал, мы тут последние остались.

Разговор возобновился в следующем антракте.

— Значит, ты учился, учился, а ромбов все-таки нет?

— Ромбов нет. Но вот скажи мне, Костя, следующее: раз ты не архитектор, то у тебя, вероятно, практический опыт большой?

— Огромный опыт.

— И скажем, если тебе приносят чертеж какого-нибудь здания, ты его свободно читаешь, конечно? Можешь проверить, расчеты и так далее?

— Зачем? У меня для этого есть архитекторы. Что ж, я их даром в штате буду держать? Если я по целым дням буду в чертежах копаться, то кто будет дело делать?

— Значит, ты на себя взял финансовую сторону?

— Какая финансовая сторона? Чего вдруг я буду загружать себя всякой мелочью? На это есть экономисты, бухгалтерия. Там, брат, калькулируют день и ночь. Я даже одного профессора держу.

— А вдруг тебе твои калькуляторы подсунут какую-нибудь чепуху?

— Кто мне подсунет?

— Возьмут и подсунут! Ты же не специалист.

— А чутье?

— Какое чутье?

— Что ты дурачком прикидываешься? Обыкновенно — какое. Я без всякой науки все насквозь вижу.

— Чем же ты занимаешься в своем учреждении? Строительными материалами, что ли? Это отрасль довольно интересная.

— Да ни черта я не понимаю в твоих строительных материалах!

— Позволь, ты говорил, что у тебя громадный опыт?

— Колоссальный. Ведь я на моей теперешней работе только полгода. А до этого я был в Краймолоке...

— Так бы сразу и сказал, что ты знаток молочного хозяйства.

— Да, уж свиньи с коровой не спутаю. Значит, в Краймолоке три месяца, а до молока в Утильсырье, а до этого заведовал музыкальным техникумом, был на профработе, служил в Красном Кресте и Полумесяце, руководил изыскательской партией по олову, заворачивал, брат, целым банком в течение двух месяцев, был в Курупре, в отделении Вукопспилки в Меланжевом комбинате. И еще по крайней мере на десяти постах. Сейчас просто всего не вспомню.

Командир полка немножко смутился.

— Не понимаю, какая у тебя все-таки основная профессия?

— Неужели непонятно? Осуществляю общее руководство.

— Да, да, общее руководство, это я понимаю. Но вот профессия... как тебе объяснить... ну вот пятнадцать лет назад, помнишь, я был слесаренком, а ты электромонтерничал... Так вот, какая теперь у тебя профессия?

— Чудак, я же с самого начала говорил. Ответственный работник. Вот Саша Зайцев учился, учился, а я его за это время обскакал. Да и большинство учится, а я ничего, обхожусь, даже карьерку сделал.

— Есть, — сказал командир. — Теперь понятно. Карьерку!

— Да, — зашептал вдруг глава треста, таинственно оглядываясь, — у меня новость. То есть, собственно, новости еще нет, но, может быть, будет. Понимаешь, я, кажется, вовремя попал на новую службу. На днях исполняется десятилетие нашего треста, и, говорят, будут награждать. Не может быть, чтоб всех наградили, а директора не наградили. Как ты думаешь, Леня?

— Пора, кажется, в зал, — нетерпеливо сказал командир.

— Вот ты военный, — продолжал Костя, — а ордена не имеешь. Это нехорошо.

— У меня есть.

— Да ну! Откуда?

— Да так. Участвовал в одном деле. В китайском конфликте.

— Там давали? — засуетился Костя.

— Там стреляли, — сухо ответил командир.

— Что же ты его не носишь?

— Ну чего ради я его в театр понесу?

— С ума ты сошел! А куда же? Именно в театр, чтобы все видели! Эх ты, вояка! Где ты его держишь?

— В коробочке.

— Действительно, нашел место! Ну, ладно, четвертое действие можно не смотреть, неинтересно. Сейчас едем ко мне. У меня, брат, жена — красавица, есть на что посмотреть. Закусим, то да се, граммофончик заведем.

— Что ж, интересно будет посмотреть.

— Идем, идем, у меня, брат, дома полный комплект.

И верно, дома у него оказался большой комплект, так сказать, полный набор игрушек для пожилого ребеночка лет тридцати пяти: патефон с польским танго, радио с динамиком, фотоаппарат «Лейка» с пятью объективами, шестью штативами и двумя увеличителями. Жены еще не было.

— Замечательный у тебя фотоаппарат, — сказал командир. — Ты, наверно, прекрасные снимки делаешь.

— Да нет, — ответил Костя, возясь у буфета, — какой я фотограф! И времени нет, сказать правду, этим заниматься.

— Жалко, жалко. Ну, включай радио. Кажется, это ЭКЛ-4? Он, должно быть, весь мир принимает! Интересно послушать.

Костя сунул вилку в штепсель и повернул какую-то ручку. Раздалось тошнотворное мяуканье. Костя живо выключил радио.

— Я, знаешь ты, не специалист этого дела. Тут к нам мальчик один приходит из соседней квартиры, Вова. Восемь лет шарлатану, а все станции отлично ловит. И Копенгаген, и Маменгаген, и что ты только хочешь.

— Что ж, — со вздохом сказал командир, — заведи хоть граммофон.

— Может, жену подождем? Она у меня специалистка по граммофонным делам. Впрочем, можно и завести.

Ответственный Костя принялся за граммофон.

— Да, брат, — говорил он, задумчиво крутя ручку, — все есть: квартира, радио, «Лейка», жена-красавица, только вот ордена нет. Вот бы мне еще орденок...

Тут раздался короткий, леденящий душу треск.

— Так и есть, — удивился Костя, — лопнула пружина. Говорил я: подождем жену... Жалко. Хороший такой граммофончик был. Не то импортный, не то экспортный. Что ж теперь нам делать? Закусим, что ли?

И, потирая руки, он двинулся к столу. В это же самое время неожиданно погасло электричество.

— Что за черт! — раздался в темноте Костин голос. — Будем теперь сидеть без света.

— Почему же без света? — раздраженно сказал командир. — Простое дело — перегорела пробка. Возьми и почини. Был же ты когда-то электромонтером.

— Куда там! Я уже все перезабыл. Где там анод, где там катод. Нет, придется послать за специалистом.

Он еще долго кряхтел в темноте.

Когда свет зажегся, командира уже не было.

1935

ЧАСЫ И ЛЮДИ

В первый же день после возвращения из Америки мы встретили довольно известного хозяйственника. Это был деловой человек. Он и не думал заводить пустяковых разговоров: не стал спрашивать, какой высоты нью-йоркские небоскребы, благоприятствовала ли погода нашему путешествию и качало ли нас в океане. Нет, он сразу, как говорится, взял вола за хвост.

— Слушайте, черт бы вас подрал, вы же теперь американцы. Вы, наверно, видели массу интересного и полезного по нашей линии.

Его линия была торговая, и мы ответили, что в области торговли действительно кое-что видели.

Тогда хозяйственник извлек из портфеля хорошенькую записную книжку и воскликнул:

— Вы обязательно должны поделиться с нами своими впечатлениями!

Мы сказали, что собираемся писать об Америке целую книгу, и там вопросы торговли...

— Ну, когда это вы еще напишете свою книгу! Нам все это необходимо сейчас. Мы люди оперативные. Итак, друзья, я записываю — завтра ровно в семь часов или даже лучше ровно в восемь я соберу у себя человек десять или лучше двадцать наших работников, заведующих универмагами и так далее, и в такой товарищеской обстановке вы расскажете нам про торговлю в Америке.

Мы согласились. Он записал наши телефоны и адреса.

— Завтра ровно в семь тридцать за вами заедет машина. О'кей? Верно?

Мы почувствовали себя немножко пристыженными. Мы-то, по совести говоря, собирались еще денька три ничего не делать, отдыхать. Как раз завтра собирались пойти к знакомым на вечеринку — поболтать и потрепаться, все отложить. Дело прежде всего. Хозяйственник был прав.

И, получив наше согласие, он исчез — бодрый, деловитый, жадный до дела янки.

На другой день ровно в семь тридцать машина не пришла. Не пришла она также ровно в восемь. Ровно в восемь тридцать ее тоже не было. Мы некоторое время простояли в передней в шубах и шапках, а потом вышли в переулок. Может, шофер спутал адрес, черт его знает! Погуляв по переулку с полчаса, мы побежали домой, охваченные тревогой. А вдруг, покуда мы прохлаждались в переулке, он нам звонил? Но нет, домашние сказали, что никакого звонка не было. Ровно в одиннадцать, правда, звонили и спрашивали какую-то Бенуэссу Александровну. Но это была явная ошибка. Кто-то спутал телефон.

С того времени прошел год. Уже мы и книгу об Америке написали, толстую-претолстую, уже ее даже напечатали, а наш знакомый из Наркомвнуторга до сих пор не прислал за нами и даже не позвонил.

Мало у нас деловитости, товарищи, все еще мало. Почему-то не считается грехом нарушать свое слово, нарушать ежедневно, десятки раз на день. Ну не позвонил, не приехал, заставил человека прождать три часа — пустяки, не в этом главное! Мол, в важном деле он никого не подведет. В важном деле он — гранит. Ой, не верится, что гранит! Человек, способный нарушить свое слово в самом мелком деле, несомненно, способен нарушить его и в важнейшем, даже, может быть, невольно, просто по привычке.

Сейчас мы расскажем несколько «пустяков» об одном заводе, на котором были недавно. Мы не называем этого завода, как не назвали фамилии янки из Наркомвнуторга, потому что и янки по существу хороший работник и настоящий энтузиаст, и завод превосходный, и люди там напрягают свои силы, чтобы сделать его еще лучше.

Мы вошли в бюро пропусков. Над окошечком висели большие часы. Они показывали двенадцать с четвертью, хотя на деле было только одиннадцать без четверти. Этот простейший агрегат не работал и сразу лишил нас роскошной метафоры (ее мы любовно подготовили), что завод работает с точностью часового механизма. Мы огорчились этой литературной неудачей и пошли в заводоуправление.

Но, в общем, часы — это пустяк.

Нас принял главный инженер. Хотя рабочий день начался сравнительно недавно, лицо у инженера было такое утомленное, словно он только что приехал из Владивостока, причем десять суток провел в дороге, сидя на жесткой скамье в бесплацкартном вагоне. У него дергалась щека от нервного тика, и он тут же в кабинете принял какое-то лекарство. На стене висела стеклянная табличка: «Просят не курить и не просить разрешения». Это был вопль о пощаде. Как видно, пользуясь добротой главного инженера, при нем и курили и, чтобы его попусту не расстраивать, делали это без всякого разрешения.

Нас заинтересовал телефонный рупор на металлической раздвижной гармонике, который стоял на письменном столе.

— Это диспетчерский телефон, — объяснил нам главный инженер. — Очень удобная штука. Понимаете, голос диспетчера я слышу по радио, а рупор притягиваю таким вот манером к самому рту, так что руки у меня свободны, не надо держать трубку.

Тут же, впрочем, выяснилось, что эта хитроумная штука инженеру не особенно нужна, потому что с диспетчером ему приходится разговаривать очень редко. Кроме того, этот прибор вообще испорчен, так что связь с диспетчером поддерживается по самому обыкновенному телефону самой обыкновенной трубкой, которую все-таки надо держать в руках, без применения радио и тому подобных изобретений беспокойного XX века. Но в конце концов — это пустяк и не стоит об этом много распространяться.

За двадцать минут главный инженер очень ясно и точно рассказал нам о работе завода и о его реконструкции. Мы уже могли идти смотреть цехи, но тут выяснилось, что нет того человека, который должен был нас сопровождать. Пока искали другого, прошло еще сорок минут. Эти сорок минут мы могли бы уже не утруждать главного инженера и провести время где-нибудь в коридоре на диванчике. Но он, очевидно из любезности, удерживал нас у себя.

Ну ладно, лишних сорок минут — в конце концов пустяки, мелочь.

Все-таки мы ушли в коридор. Это был обыкновенный полутемный учрежденский коридор, по которому часто без всякого дела проходили многочисленные уборщицы в громадных валенках и лихо надетых беретах, из-под которых кокетливо выглядывали челки. Долго они ходили мимо нас, строгие, вооруженные метлами.

В коридоре было как бы чисто, но в то же время как бы грязно. Это даже трудно объяснить. Это была чистота районной гостиницы, лихорадочно наведенная к приезду председателя облисполкома, видимость чистоты, грязь, замазанная масляной краской.

На стенах коридора, было много черных стеклянных табличек, на которых золотом было выведено: «Уважайте труд уборщиц». Оконные стекла были все-таки немытые, а помещение плохо проветрено.

Впрочем, немытые стекла — это не так уж важно!

Унося в груди теплое чувство уважения к уборщицам, мы отправились на завод.

Хотя завод находился в состоянии реконструкции со всеми естественными в этом случае трудностями в работе, он производил великолепное, неизгладимое впечатление. В его громадных и светлых цехах, наполненных ультрасовременным оборудованием, мы забыли и об испорченных часах, и о ведомственном стишке: «Уважайте труд уборщиц, соблюдайте чистоту». Мы видели плоды великой победы.

Но самое большое впечатление производили не машины, а люди. После фордовского завода в Дирборне, где техника поработила и раздавила людей, где рабочие, прикованные к станкам и конвейерам, кажутся людьми глубоко несчастными, мы словно попали на другую планету. Мы увидели молодых рабочих, здоровых и веселых, увлеченных своей работой, дисциплинированных, дружелюбно настроенных к своим руководителям. Мы, конечно, и раньше знали об этой разнице, но как-то отвлеченно. А сейчас, под свежим еще впечатлением виденного в Америке, этот контраст восхищал, вселял непререкаемую уверенность в том, что все преодолеем, что все будет хорошо и что не может быть иначе.

Оптимистическое чувство, вызванное посещением завода, позволяет совершенно откровенно вернуться к тем мыслям, которые не покидали нас в бюро пропусков, в кабинетах и коридорах заводоуправления, — о том, что мало еще настоящей аккуратности и четкости в деловых отношениях.

Внезапно в каком-нибудь цехе нарушался великолепный ритм работы. Что такое? Не хватило какой-то детали. Остановка маленькая, как говорится, — пустяковая, какие-нибудь две минуты. Но для того чтобы войти в ритм, надо снова раскачиваться, ловить ритм, завоёвывать его. А на это уходит уже не две минутки, а все пятнадцать.

Не надо быть специалистом, чтобы понять, какой громадный вред приносит производству беспрерывное хождение людей по цехам и дворам. Народ шёл так густо, что сперва нам показалось, что происходит смена. Но мы пробыли на заводе несколько часов, и все это время по широким цеховым магистралям текли людские потоки. Гулянье было, как на Тверском бульваре в выходной день. Кто эти люди? Зачем они здесь? Если они пришли работать, почему они гуляют, а если они пришли гулять, то зачем их пустили сюда?

Не вызвано ли это теми же причинами, по которым стоят часы, главный инженер принимает лекарства, диспетчерский телефон не действует и так далее? И тут мы видим, что так называемые пустяки, соединяясь вместе и дополняя друг друга, вырастают в явление значительное и важное, из-за которого стране недодают сотни машин, тысячи тонн угля, десятки кинокартин, сотни тысяч книг.

Итак, казалось бы, обычная статья на обычную тему. И назвать ее можно обычно, как это уже делали не раз: «Внимание мелочам». Но все-таки здесь идет речь о гораздо более важном — о воспитании характера.

Почему человек, приставленный к важному делу и сам считающий, что он работает до седьмого пота, не покладая рук, не щадя живота и засучив рукава (он и в самом деле так работает), — почему этот человек:

— не находит времени для деловой встречи,

— неуловим в своем же учреждении,

— всегда и всюду опаздывает, даже в гости приходит с опозданием на шесть часов,

— уже два года собирается написать письмо матери,

— вечно теряет адреса, квитанции, повестки,

— записывает номера телефонов на папиросной коробке «Почетные», которую выбрасывает через два часа?

Сам не замечая того, он по мелочам обманывает огромное количество людей и вносит серьезное расстройство в жизнь страны. Таков уже характер этого делового человека. А ведь он действительно себя не жалеет. Только вот характер у него суматошный, рыхлый.

Этот характер требует упорного воспитания. В нем надо развить черты, особенно важные в социалистическом обществе, — точность, аккуратность, педантичность.

Не надо бояться этого слова. Педантичность не имеет ничего общего с формалистическим отношением к делу. Педантичность — это в первую голову умение, знание, спокойная уверенность в своих силах, работа без надрыва, без истерики.

Нам нужны педанты. Умные педанты, потому что нет ничего страшнее педантичного дурака, который в основу своей жизни может положить хранение старых, никому уже не нужных квитанций и повесток.

Нам нужно педантичное выполнение советских законов, педантичное выполнение Конституции. Она должна выполняться с той же точностью, с какой она написана.

Для этого наши прекрасные люди должны пользоваться часами, которые ходят, говорить по телефону, который работает, а самое главное — должны держать свое слово, по какому бы микроскопическому случаю оно ни было бы дано.

1937

ПИСАТЕЛЬ ДОЛЖЕН ПИСАТЬ

— Товарищи, речь, которую я хочу произнести, написана вместе с Ильфом *(смех, аплодисменты)*, и мы хотим рассказать в ней обо всем, что нас беспокоит, тревожит, о чем мы часто говорим друг с другом, вместо того чтобы работать. То есть мы, конечно, работаем тоже, но уж обязательно, прежде чем начать писать, час-другой посвящаем довольно нервному разговору о литературных делах, потому что эти дела не могут нас не волновать. И вот, товарищи, мы надеемся, что, после того как мы вам здесь все расскажем, мы уже сможем садиться за работу, не теряя времени на предварительные разговоры.

Недавно в отделе происшествий «Правды» была напечатана заметка об одном молодом человеке по фамилии Халфин. Этот самый Халфин позвонил по телефону в Главное управление нефтяной промышленности и сказал, что говорят из ЦК ВЛКСМ, что ЦК направляет в Баку и Грозный литературную бригаду для собирания материала о стахановцах нефтяной промышленности и что эту бригаду возглавляет писатель Халфин, каковому и следует оказать содействие, главным образом — материальное. *(Смех.)*

После этого Халфин пошел в бухгалтерию Главнефти и, отрекомендовавшись руководителем литературной бригады Халфиным, попросил денег. В кассе ему выдали две тысячи рублей. Через некоторое время выяснилось, что никто из ЦК ВЛКСМ по телефону не звонил и что получивший деньги — аферист.

Что и говорить — происшествие неприятное!

И чем больше думаешь о нем, тем неприятнее оно становится. Ведь в самом деле! Жулик Халфин не выдавал себя за врача по уху, горлу и носу, за летчика-полярника, за преподавателя истории и географии, за девушку-парашютистку. *(Смех.)*

Нет, он выдал себя за писателя. *(Смех.)* И сделал это рассудительный Халфин потому, что легче всего получить деньги, назвавшись писателем.

Другая сторона этого дела еще неприятнее. Представим себе на мгновение, что из ЦК ВЛКСМ действительно позвонили в Главнефть и говорили о действительной, всамделишной литературной бригаде. Но даже в этом случае нужно ли было расходовать государственные деньги? Разве Лев Николаевич Толстой ходил к маме Наташи Ростовой просить денег на описание ее дочки? *(Смех, аплодисменты.)* А если бы даже пошел? Ну, представим себе на мгновение этот невероятный случай. Мама все равно не отпустила бы средств на эти явно сверхсметные расходы.

Такими вот суровыми мамами должны быть и Главнефть, и Главрыба, и Главчай с Главсахаром и Главлимоном. *(Смех.)* Одним словом, все хозяйственные учреждения. И Союз советских писателей тоже. Обращаемся к ним от лица русской литературы!

Любите писателей, читайте их, уважайте их, детям своим закажите уважать и читать — только, пожалуйста, не меценатствуйте, не покровительствуйте, не занимайтесь благотворительностью! Литература — дело чрезвычайно серьезное, и усилиями одних кассиров создавать ее нельзя. *(Аплодисменты.)*

Наша литература тяжело страдает от большого количества дутых, фальшивых писательских репутаций. *(Аплодисменты.)*

Маленькая оговорка. Ее надо сделать в связи с выступлением предыдущего оратора. Аудитория требовала у него фамилии. Так вот, товарищи, там, где это потребуется, мы будем их называть, но ведь здесь не бой быков, чтобы колоть писателей направо и налево.

Дальше мы скажем о вреде голословной, бездоказательной критики, когда фамилии писателей произносятся мельком, а работа их при этом совершенно не разбирается. *(Голоса с мест: «Правильно».)*

Нужны глубокие, дельные и веские доказательства, когда произносятся фамилии. Поэтому некоторые вопросы надо ставить общо, иногда даже не подкрепляя речь фамилиями. Потому что это уже не просто факты, а целые явления литературной жизни. Продолжу дальше нашу мысль. Фальшивые репутации возникают от неуменья многих критиков и редакторов отличить настоящее произведение искусства от галиматьи, от дребедени.

Многолетняя практика наших журналов и литературных органов показала этому множество примеров. Дилетантизм и невежество в этой области привели к тому, что число ложных репутаций приняло угрожающие размеры. Список талантов, хранящийся в канцелярии Союза писателей *(смех)* и принятый к руководству в издательствах, имеет с жизнью очень немного общего. Вследствие этого иногда получается такая картина:

Писатель с твердо установившейся репутацией таланта сдает новую рукопись в издательство. Как и полагается по рангу, книга сразу печатается несколькими изданиями. Еще до того как читатель увидел книгу и дал свою оценку, критика подымает восторженный, однообразный и скучный крик. Фантазии при этом нет никакой. Книга зачисляется либо в «железный инвентарь», либо в «золотой фонд». *(Смех.)* Если же никак нельзя запихнуть новую книгу ни в инвентарь, ни в фонд, то о ней пишут, что она «заполняет пробел». При этом не обращают внимания, какими художественными ценностями этот пробел заполняется. *(Смех.)*

Наконец, с приличным полугодовым опозданием книга выходит в свет и жадно расхватывается библиотеками. Она исчезает с магазинных прилавков в один день. Да и как не схватить это новое произведение искусства, когда о нем совершенно точно сказано, что оно уже вошло в «железный инвентарь» или является жемчужиной «золотого фонда». Заведующий библиотекой должен иметь стальные нервы или по крайней мере вкус Стендаля, чтобы удержаться от покупки такой книги. *(Смех.)* Конечно, нервы у него обыкновенные, человеческие, а что касается вкуса, то и тут ничего сверхъестественного не наблюдается. И вот библиотекарь приобретает для своих абонентов сразу пятнадцать экземпляров новой книги и любовно ставит их на полку. В тот же день книгу разбирают по рукам.

Все ликуют. Писатель убежден, что его произведением упиваются миллионы читателей, издатель радостно потирает руки и заявляет, что сделал хорошее коммерческое дельце — продал товар без остатка. Писатель, не будь дурак, предлагает издателю подписать договор на новое издание своей книги, а издатель, не будь дурак, соглашается. Как не согласиться! Ведь книга разошлась чуть ли не в один день!

На фоне этого восторженного ликования особенно страшными кажутся те драматические события, которые тем временем разыгрываются в библиотеке. Читатели берут книгу и на другой день с непроницаемыми лицами возвращают ее. И с тех пор книгу больше не спрашивают. Если покопаться в библиотеках, там можно найти целые полки совершенно обесцененных книг, вышедших еще так недавно, прогремевших в прессе, беспрерывно переиздающихся и почти никем не читаемых.

Радует, однако, то, что громадное большинство литераторов живет честной, здоровой писательской жизнью. Репутации их нисколько не преувеличены, не раздуты, часто даже преуменьшены, — кстати, для писателей это только полезно. Живут они скромно. Могли бы жить лучше, если бы внимание издательств и Союза не было так поглощено лишь двумя десятками человек *(смех)*, записанных когда-то в знаменитый список, о котором уже шла речь.

Создалась унизительная для писателей, но, к сожалению, имеющая под собой некоторое основание, легенда о литературном Эльдорадо, о чудном месте, куда падают с неба бесплатные дачи, денежные пособия, колоссальные тиражи и опять-таки великая слава, превосходящая славу Льва Толстого и Флобера, вместе взятых. И бегут с протянутой лапой бесчисленные халтурщики и просто мазурики вроде Халфина. Когда видишь, как пробирается к государственной кассе, расталкивая почтенных конкурентов, мосье Халфин, делается совестно.

Что привело к тому положению, которое существует сейчас?

Самое опасное — это признать плохую книгу доброкачественной.

Если хороший роман назвать хорошим, то это не значит, что через полгода у нас появится еще десять хороших романов, — хороший роман написать трудно. Но достаточно только расхвалить какую-нибудь слабую, незрелую книгу, как со всех сторон нанесут десятки дрянных романчиков, повестушек и рассказов. Ведь плохие вещи писать очень легко. Только свистните — притащат в любом количестве!

Вспомним, сколько неправильных, отброшенных жизнью оценок было сделано в литературе, сколько книг было названо хорошими, а через два-три года выяснилось, что они никогда не были хорошими! Отсюда берут начало громкие, но пустые известности и выпуск обесцененных книжных знаков. Искусству нужна нормальная температура. Истерическое, нервозное превознесение писателей, а через некоторое время такое же истерическое сокрушение их — все это мешает работе.

Несколько дней назад т. Вашенцев выступил в «Литературной газете» с заявлением, что молодой писатель Курочкин «на много голов выше некоторых незаслуженно маститых писателей».

Надо решительно отказаться от такого рода мерок в литературе — на голову выше, на голову ниже, на полкорпуса впереди, идут ноздря в ноздрю и так далее. *(Смех.)* Это, товарищи, беговые жеребячьи термины *(смех)*, и они неприменимы к искусству. *(Аплодисменты.)* Это несерьезно. Это примитив. Движение литературы и литераторов должно определяться серьезными литературными исследованиями. А Вашенцев начинает с выводов. И он не одинок в этом отношении. Этим у нас любят заниматься. Что, кроме вреда, может принести этот «тотализаторный» взгляд на литературу? И этот вред уже налицо.

Сегодня в «Комсомольской правде» появилась статья, где написано, что Курочкин не только не на много голов выше кого-то, а писатель безжизненный, холодный, нарочитый и внушающий тревогу. Обе стороны ведут себя ужасно. Вашенцев ни с того ни с сего размахивает кадилом, а «Комсомольская правда» рубит — и начинающему, несомненно, способному писателю наносится вред с обеих сторон. Это — образец примитивного отношения к искусству.

Литературная работа, сочинительство — вещь необычайно сложная, в ней есть тысяча тонкостей. Когда же работа закончена, к ней, как мы только что видели, подходят с топором. Конечно, иногда этот самый сложный литературный труд может быть целиком отвергнут как враждебный политически, и тогда, конечно, можно пустить в дело и топор. Но в отношении произведений советских, которые не могут быть отвергнуты в целом по политическим соображениям, топор не есть орудие критики и воспитания.

У нас в литературе создана школьная обстановка. Писателям беспрерывно ставят отметки. Пленумы носят характер экзаменов, где руководители Союза перечисляют фамилии успевающих и неуспевающих, делают полугодовые и годовые выводы.

Успевающим деткам выдаются награды, и они радостно убегают домой, унося с собой подаренную книжку в золотом цыпинском переплете или «М-1», а неуспевающим читают суровую нотацию, так сказать отповедь. Неуспевающие плачут и ученическими голосами обещают, что они больше не будут. Один автор так и написал недавно в «Литературной газете» — «Вместе с Пильняком я создал роман под названием "Мясо". Товарищи, я больше никогда не буду». *(Смех, аплодисменты.)* Но от этого не легче. Совестно, что существует обстановка, в которой могут появиться такие письма. Было бы лучше, если бы с таким заявлением выступил издатель, напечатавший этот литературный шницель. *(Смех, аплодисменты.)* Впрочем, он, наверное, сейчас выйдет и тоже скажет, что больше не будет. Обязательно выйдет. Вот увидите! То, что он выйдет сюда и покается, — это очень приятно. Но гораздо приятнее было бы, если бы он в свое время по рукописи понял, что книга плохая. Но — что поделаешь! Люди отвыкли самостоятельно думать, в надежде, что кто-то за них все решит. В Союзе, в журналах, в издательствах не любят брать на себя ответственность. Попробуйте оставить издателя или критика на два часа наедине с книгой, которую еще никто не похвалил и не обругал. *(Смех.)*

(Голос: «Он не останется».)

Он же выйдет из комнаты поседевшим от ужаса. *(Смех, аплодисменты.)*

Он не знает, что делать с этой книгой. Он плохо разбирается в искусстве. От неуменья правильно оценить книгу литература страдает.

(Голоса: «Правильно».)

Не помогает и то, что редакторы, издатели и руководители Союза охотно и даже с каким-то садистическим удовольствием каются в содеянных ошибках. Раскаяние хотя вещь и хорошая, но помогает оно спасти свою душу, в общем, самому нагрешившему. Всем же остальным от этого, честно говоря, ни тепло ни холодно.

Нам нужны люди глубоко идейные, образованные, любящие литературу. Такими людьми располагает партия, такие люди есть и среди беспартийных. Наша общая задача — таких людей найти, выдвинуть их из своей среды.

В заключение мы выдвигаем предложение, может быть, чересчур смелое, слишком оригинальное — писатель должен писать. Произведения писателя всегда будут убедительнее его речей. На плохое, чуждое произведение у советского писателя может быть один ответ:

— Написать свое, хорошее! *(Аплодисменты.)*

1937

КОММЕНТАРИИ НЕ ИЗЛИШНИ!

Без комментариев не обойтись: рассказы и фельетоны Ильфа и Петрова написаны более семидесяти лет назад. Читатель получит подробную информацию, не только расшифровывающую реалии, цитаты, реминисценции, пародии, конкретные события и т.д., но и воссоздающую образ эпохи и определяющую место авторов в контексте классической и современной литературы.

Нынешняя высокая культура комментирования, по счастью, уже не допускает беззастенчивого заимствования чужих исследований и находок, поэтому в каждом отдельном случае дается ссылка на основные комментарии к сочинениям Ильфа и Петрова.

Рассказы, очерки и фельетоны датируются по первым публикациям и в пределах каждого раздела располагаются в хронологическом порядке. Указаны случаи включения в сборники *Как создавался Робинзон* (1933, 1935) произведений, на основе которых построена эта книга. Иногда комментарий содержит краткую информацию о событиях или фактах, послуживших поводом или причиной написания рассказа или фельетона.

Комментарии дают возможность освежить в памяти сведения об известных деятелях искусства и литературы, а также узнать о несправедливо или справедливо забытых, исчезнувших, погибших в те годы людях. Я думаю, читателю будет важно узнать, что из томика рассказов и фельетонов в четырехтомном собрании сочинений (1938—1939) были исключены фамилии многих жертв политических репрессий.

Примечания к персоналиям охватывают, как правило, рассматриваемый период (конец 1920-х и 1930-е) и вторично не приводятся. Реалии, факты, события и т. п. вторично не комментируются.

Не даются биографические сведения о «великих людях» (Шекспир, Гете, Маркс, Пушкин и т.д.), кроме случаев, конкретно связанных с повествованием.

Двойная автобиография. — Впервые опубликована в парижском литературном еженедельнике «Le Merle», 1929, 2 августа. Первая публикация на родине: журн. «Советская Украина», 1957, № 1. Публ. Л. Гурович (Яновской). Автобиография подписана соавторами и датирована: *Сочинено 25 июня 1929 г. Москва.*

«Светлая личность». — Огонек, 1928, № 29—39.

«Необыкновенные истории из жизни города Колоколамска». — Чудак, 1928—1929, № 1—10.

«1001 день, или Новая Шахерезада». — Чудак, 1929, № 12—22.

«Великий комбинатор» — первоначальное название романа *Золотой теленок.*

«Летучий голландец» — название неосуществленной повести. План, черновые заметки, наброски и начало первой главы впервые опубликованы в журн. «Молодая гвардия», 1956, № 1. Публ. Л. Гурович (Яновской).

«Клуб чудаков» — так называли себя литераторы, сотрудничавшие в журнале «Чудак» (конец 1928 — февраль 1930).

Соавторы. — Сб. *Кажется, смешно* (к 10-летию Московского театра сатиры). М., 1934.

ПОД СЕНЬЮ ИЗЯЩНОЙ СЛОВЕСНОСТИ, ИЛИ РЫЧИ — ЧИТАЙ!

Авторский заголовок дополнен названием одной из рубрик в юмористическом журнале «Чудак», где работали Ильф и Петров.

Бледное дитя века. — Чудак, 1929, № 43. Подпись: Ф. Толстоевский. Включался в оба издания сб. *Как создавался Робинзон.*

Три с минусом. — Чудак, 1929, № 41. Подпись: Ф. Толстоевский.
Отзвуки кампании, поднятой против Пильняка за публикацию за границей повести *Красное дерево*, отчетливо слышны в фельетоне, в котором Ильф и Петров изобразили одно из таких заседаний как урок в гимназии.

Пильняк (Вогау) Борис Андреевич (1894—1938), прозаик. Автор романов *Голый год* (1922), *Повесть непогашенной луны* (1926), *Камни и корни* (1927), *Красное дерево* (1929), *О'кей* (1933). Подвергался резким нападкам официальной критики с 1922 г., одним из первых литераторов стал жертвой государственного террора.

Инбер Вера Михайловна (1890—1972), поэт, прозаик, журналист.

Олеша Юрий Карлович (1899—1960), прозаик, драматург, поэт. Автор романов *Зависть* (1927), *Три толстяка* (1928), пьес *Заговор чувств* (1929), *Список благодеяний* (1931), *Строгий юноша* (1934).

Иванов Всеволод Вячеславович (1895—1963), прозаик. Автор повести *Бронепоезд 14-69* и ее драматической версии. В те годы — «писатель-попутчик» (эпиграмма: «Что он попутчик — спору нет, / Но что-то больно много лет!» — *Почти портреты*. Дружеские шаржи и эпиграммы. Кукрыниксы. А. Архангельский. М., 1932). Рапповская критика осуждала его за «косвенную поддержку Пильняка»: он якобы пытался «прикрыть и смазать антисоветский характер *Красного дерева*» [МД].

Зозуля Ефим Давидович (1891—1941), прозаик, мастер сатирической новеллы, газетный фельетонист; погиб на фронте.

Волин Борис Михайлович (1886—1957), известный рапповский критик. В 1929 г. его статья «Недопустимое явление» открыла кампанию против Е. Замятина и Б. Пильняка. Начальник Главлита (с 1931 г.).

Красное дерево — повесть Б. Пильняка, вышедшая в берлинском издательстве «Петрополис» (1929). Сразу же после выхода в свет произведение и его автор подверглись ожесточенной травле на страницах советской печати [БГ]. Повесть была названа Б. Волиным «поклепом на Советский Союз», «смердяковщиной, мракобесием и провинциальным фашизмом», то есть «вылазкой классового врага в литературе».

Левидов Михаил Юльевич (1891—1942), журналист, драматург; погиб в лагере.

К барьеру! — Чудак, 1929, № 11. Без подписи.

Анонимный литературный фельетон построен на приеме сатирической гиперболы: встреча современных писателей с классиками. Среди юмористических сочинений авторов-чудаковцев (Мих. Кольцов, В. Катаев, Е. Зозуля, А. Зорич, Б. Левин, В. Ардов, Г. Рыклин) подобный поворот темы, мне кажется, был «по плечу» только Ильфу и Петрову. Предположение об авторстве Ильфа и Петрова было сделано еще в 1957 г. исследователем их творчества Л. Гурович (Яновской).

Соавторов выдают стилистика, характерный язык («Приходили еще Шкловский и Катаев. Катаев, узнав, что ужина не будет, — ушел, Шкловский вздохнул и остался». «От неожиданности лысина Шкловского на минуту потухла, но потом заблистала с еще большей силой». «Все повернулись в сторону Лидина и долго на него смотрели»). Не исключено, что гротеск ильфо-петровских фельетонов *Литературный трамвай* и *На зеленой садовой скамейке* (1932) восходит к этой зарисовке, сделанной «почти с натуры».

Можно предположить, что Ильф и Петров не публиковали фельетон как не особо значительный, кроме того, лучше было не упоминать лишний раз фамилию Пильняка. Вспомним, что фельетон *Три с минусом*, хоть и посвященный «борьбе» с Пильняком, был перепечатан в собрании сочинений Ильфа и Петрова лишь в 1996 г.

В... подражание недавно состоявшейся в Москве смычке русских писателей с украинскими... — «Смычка» имела место в феврале 1929 г. Известно также, что 12 февраля состоялась встреча И.В. Сталина с украинскими литераторами и писателями в ЦК ВКП(б). Председательствовал на этой встрече Л.М. Каганович.

Лидин Владимир Германович (1894—1979), прозаик.

Малашкин Сергей Иванович (1888—1988), прозаик. Член группы «Перевал». Его повесть *Луна с правой стороны* (1926) «отразила явления морального разложения комсомольцев, свойственного тому времени, и отчуждение руководящего партийного слоя от народа и идеалов революции; вызвала резкую критику».

Леонов Леонид Максимович (1899—1994), прозаик, драматург. В 1920-х — «писатель-попутчик». В 1929—1932 гг. возглавлял Всероссийский союз советских писателей.

Шкловский Виктор Борисович (1893—1984), прозаик, киносценарист, литературовед, представитель формальной школы. Входил в ЛЕФ.

Катаев Валентин Петрович (1897—1986), журналист, поэт и прозаик, писатель-сатирик. Автор сатирической повести *Растратчики* (1926), пьесы *Квадратура круга* (1928).

Горький Максим (Алексей Максимович Пешков; 1868—1936), прозаик, драматург. Основоположник советской литературы, «великий пролетарский писатель», отец соцреализма. С 1921 г. жил за границей; приезжал в Советский Союз в 1928 и 1929 гг. (окончательно вернулся в 1931 г.).

Волшебная палка. — Чудак, 1930, № 2. Подпись: *Дон-Бузильо*.

Диспут о советской сатире... — Диспут «Нужна ли нам советская сатира?» состоялся 8 января 1930 г. в Политехническом музее Москвы. В диспуте приняли участие В. Маяковский, М. Кольцов, Е. Петров, Е. Зозуля, В. Ардов и др. Докладчик — критик В.И. Блюм — утверждал: «...сатира нам не нужна. Она вредна рабоче-крестьянской государственности. Понятие "советский сатирик" заключает непримиримое противоречие. Оно так же нелепо, как понятие "советский банкир" или "советский помещик"» [БГ].

Блюм Владимир Иванович (1877—1941), литературный критик. Псевдоним: Садко, прозвище: «Человек, который не смеется». О нем с насмешкой говорили, что он «охраняет целомудрие советской эстрады».

Маяковский Владимир Владимирович (1893—1930), поэт, драматург, публицист, автор сатирических произведений.

«Почему Вл. Маяковский так груб и дерзок, точно животное, с выступавшим т. Блюмом. Это непоэтично и весьма неприятно для уха». — Подлинный текст сохранившейся записки: «Почему Вл. Маяковский так груб и дерзок, точно животное, с выступавшим т. Блюмом? Это не поэтично» (цит. по: *Мой друг Ильф,* с. 178—179).

Кольцов (Фридлянд) Михаил Ефимович (1898—1942?), писатель и публицист. «Вознес на высоту / Писательское званье / Единственный летун, / Достойный подражанья» (*Почти портреты.* Дружеские шаржи и эпиграммы. Кукрыниксы. А. Архангельский. М., 1932).

Ардов Виктор Ефимович (1900—1976), мастер сатирической миниатюры, драматург и киносценарист.

Мала куча — крыши нет. — Чудак, 1930, № 4. Подпись: *Виталий Пселдонимов.*

Ясно прослеживается связь фельетона с историей публикации романа *Двенадцать стульев.* Петров писал: «Первая рецензия в "Вечерке". Потом рецензий вообще не было» (*Мой друг Ильф,* с. 152); «О нас с Ильфом почти ничего не писали... (первые пять лет — ни строчки)» (там же, с. 153).

Дом Герцена — здание на Тверском бульваре в Москве, где в 1920—1930-х размещались руководящие органы Союза писателей [БГ]. В цокольном этаже был писательский ресторан, красочно описанный М. Булгаковым в романе *Мастер и Маргарита.*

Столпер-Столпник — каламбурная фамилия: *Столпер* Александр Борисович (1907—1979) был режиссером и сценаристом; *Симеон Столпник* — святой.

Король-солнце. — Советское искусство, 1931, № 57, 5 ноября. Подпись: Ф. *Толстоевский.*

Загнать в бутылку... — Выражение «загнать в пузырек» в смысле «довести до изнеможения» пришло в разговорный язык в 1920-е годы из воровского жаргона. Ср.: **Наконец-то мой патрон** Полыхаев отправляет меня на производство. ...В концерне "Геркулес" это называется загнать в бутылку (sagnat w butilku!). Мой новый друг Бомзе сообщил, что на производство меня посылают в виде наказания» (ЗТ/18). См. также рассказ *Чарльз-Анна-Хирам* [ЮЩ/ЗТ].

Безыменский Александр Ильич (1898—1973), пролетарский поэт, литературно-партийный работник. «Индустриальная деталь / Его ударной директивы: / Он делает стихами сталь / И ликвидирует прорывы» (*Почти портреты.* Дружеские шаржи и эпиграммы. Кукрыниксы. А. Архангельский. М., 1932).

Жаров Александр Александрович (1904—1984), популярный поэт 1920—1930-х. Член МАПП. Автор поэм, стихов и песен с установкой на политическую злободневность.

Великий канцелярский шлях. — Литературная газета, 1932, № 20, 5 мая. Подпись: *Холодный философ*. Включался в оба издания сб. *Как создавался Робинзон*.

Недавно в литературном мире произошло чрезвычайно важное событие. Нет, нет! Совсем не то, о котором вы думаете. — Подразумевается Постановление ЦК ВКП(б) «О перестройке литературно-художественных организаций» (23 апреля 1932).

Роман-двулогия. — «Двулогия» — неологизм Ильфа и Петрова (по аналогии с «трилогией»).

РЖСКТ — Рабочее жилищно-строительное кооперативное товарищество.

Наркомпрос — народный комиссар просвещения.

Идеологическая пеня. — Литературная газета, 1932, № 21, 12 мая. Подпись: *Холодный философ*. Включался в оба издания сб. *Как создавался Робинзон*.

«Актуальность фельетона *Идеологическая пеня* получила подтверждение в той самой "Литературной газете", где он печатался: ...фельетону предшествовала бодрая передовица "К новым успехам", а в следующем номере редакция уже отмежевывалась от своей передовицы как связанной с только что ликвидированным РАППом» (*В краю непуганых идиотов*, с. 85).

...май-чародей веет свежим своим опахалом... — Скрытая цитата из стихотворения К.М. Фофанова *Май*, или, что более вероятно, из романса на его слова, весьма популярного в 1910-е годы [ЮЩ/ДС].

Commedia dell'arte (ит.) — комедия масок, вид итальянского театра эпохи Возрождения, спектакли которого создавались методом импровизации на основе сценария [БГ].

Отдайте ему курсив. — Литературная газета, 1932, № 24, 29 мая. Подпись: *Холодный философ*. Включался в оба издания сб. *Как создавался Робинзон*.

РАПП — Российская ассоциация пролетарских писателей (1925—1932), которая вела непримиримую борьбу со всеми другими писательскими объединениями. С помощью РАППа партия пыталась достичь единства идеологической линии в литературе. После ликвидации РАППа (23 апреля 1932) его ведущие функционеры Л. Авербах, А. Фадеев, В. Киршон, М. Чумандрин, А. Афиногенов перешли в оргкомитет Союза писателей СССР.

Лефовщина. — Суффикс «-щина» широко применялся в проработочном жаргоне 1920-х [ЮЩ/ЗТ]. ЛЕФ (Левый фронт искусства) — московская литературная группа (осн. 1922), считавшая себя единственным подлинным представителем революционного искусства. Встретила серьезное противоборство со стороны пролетарских групп «Октябрь» и Всесоюзная ассоциация пролетарских писателей (ВАПП).

Ремаркизм — «нездоровое» увлечение настроениями романа Эриха Марии Ремарка *На Западном фронте без перемен,* опубликованном в Германии в 1929 г. и сразу же переведенном в СССР.

«Жили два товарища» — повесть (1931) Бориса Михайловича Левина (1899—1940).

«Трагедийная ночь» — поэма на индустриальную тему (о Днепрострое) А. Безыменского (начата в 1930).

«Список благодеяний» — пьеса Ю. Олеши (1931).

«Наследник» — роман Льва Исаевича Славина (1896—1984), прозаика, драматурга, мемуариста.

«Последний из удэге» — незаконченный роман (1929/30) А. Фадеева. Эпиграмма А. Безыменского: «Уже который год ему кошмаром снится / В *Последнем Удэге* последняя страница» (*Лит-ораторы.* Шаржи: Кукрыниксы. Эпиграммы: Архангельского, Безыменского, Швецова. М., 1935).

«Севастополь» — повесть (1929—1930) Александра Георгиевича Малышкина (1892—1938).

Попутчик — по рапповской терминологии, писатель из среды мелкобуржуазной интеллигенции, еще не овладевший пролетарским мировоззрением. Это определение относилось в принципе ко всем писателям непролетарского происхождения.

Если писатель, не дай бог, сочинил что-нибудь веселое, так сказать, в плане сатиры и юмора... — См. воспоминания Петрова о критических отзывах на роман *Двенадцать стульев* (*Мой друг Ильф,* с. 31—32).

Милюков Павел Николаевич (1859—1943), русский политический деятель, историк, публицист; министр иностранных дел Временного правительства первого состава (1917). Большевики объявили его врагом народа (ноябрь 1917). *Булак-Булахович* Станислав Николаевич (1883—1940), один из главарей контрреволюции в Гражданскую войну. *Пуанкаре* Раймон (1860—1934), французский политический деятель, неоднократный премьер-министр Франции, безусловный враг Советской России. *Мазепа* Иван Степанович (1644—1709), гетман Украины. Во время Северной войны (1700—1721) перешел на сторону шведов; после Полтавской битвы (1709) бежал вместе с Карлом XII. Московский извозчик *Петров-Комаров* убил и ограбил 23 человека (1921—1923); суд приговорил Комарова к расстрелу (май 1923) [БГ].

Я, в общем, не писатель. — Крокодил, 1932, № 15—16 под названием *Литературная отмычка.* Подпись: *Ф. Толстоевский.* Включался в оба издания сб. *Как создавался Робинзон.*

...именины советской сатиры... — фельетон написан по случаю десятилетнего юбилея еженедельного юмористического журнала «Крокодил».

Визиточные брюки — оставшееся «от раньшего времени» название парадных брюк. «Визиточная (то есть парадная) полутолстовка» была у Филюрина (*Светлая личность*).

Хотелось болтать. — Крокодил, 1932, № 18. Подпись: *Ф. Толстоевский*. Включался в оба издания сб. *Как создавался Робинзон*.

Шопен Фридерик (1810—1849), польский композитор и пианист.

Литературный трамвай. — Литературная газета, 1932, № 36, 11 августа. Подпись: *Холодный философ*. Включался в оба издания сб. *Как создавался Робинзон*.

При переиздании 1939 г. была исключена сценка трамвайной перебранки, имеющая прямое отношение к Б. Пильняку, автору «американского романа» *О'кей*, арестованному в 1937-м и расстрелянному в 1938-м:

«— Вы почему, товарищ, так жадно пробираетесь вперед?
— О'кей.
— Не толкайтесь, вам говорят.
— О'кей.
— А еще шляпу надел! Очки носит! Четырехглазый!
— О'кей.
— Разъезжал бы в такси — и все!
— О'кей.
— Не трогайте его. Это американец. Он по-русски не понимает.
— О'кей».

«Соть». — «Высокохудожественный» роман Л. Леонова о пятилетке (1930) ядовито сравнивается с «менее великим» романом *Госпожа Бовари* (1857) французского классика Г. Флобера (1821—1880).

«И одинокий тонкий волос блестит на праздной голове» (кажется, Тютчев). — Шутливый перефраз тютчевского «И паутинки тонкий волос блестит на праздной борозде».

Фитин — содержащее фосфор лекарство, применяемое при заболевании нервной системы.

...съезд писателей соберется не скоро... — Первый съезд писателей открылся через два года, 17 августа 1934 г.

Последняя посадка была 23 апреля. — В этот день было принято Постановление ЦК ВКП(б) «О перестройке литературно-художественных организаций», положившее конец литературному засилью рапповцев.

Габрилович Евгений Иосифович (1899—1993), прозаик, кинодраматург.

Нонпарель — очень мелкий типографский шрифт.

Никулин (Ольконицкий) Лев Вениаминович (1891—1967), прозаик, киносценарист. Роман *Время, пространство, движение* (1933) отражает собственный жизненный опыт писателя.

Герцен Александр Иванович (1812—1870), писатель, философ, революционный деятель. *Былое и думы* (1852—1868) — один из шедевров русской классической литературы.

Грин (Гриневский) Александр Степанович (1880—1932), прозаик, автор приключенческих и фантастических историй.

Среди нас оказался малоформист [и далее, до конца этой сценки]. — Дружеская шпилька в адрес «малоформиста» В. Ардова, автора фельетона *Лозунгофикация*. Среди его «приспособленческих» лозунгов были, например, такие: «Если ты гигиене друг, руки прочь от пожатия рук!» или «Граждане! На кухонном фронте горящий примус не уроньте!». (Последний лозунг очень любил цитировать Д. Д. Шостакович.) Ардов постоянно писал либретто для *ГОМЭЦа* — Государственного объединения музыки, эстрады и цирков.

Кирпотин Валерий Яковлевич (1898—1997), литературный критик. Заведующий сектором художественной литературы ЦК ВКП(б) (1932—1936); секретарь Оргкомитета ССП (1932—1934).

ГИХЛ — Государственное издательство художественной литературы (с 1934 — Гослитиздат, с 1963 — «Художественная литература»).

Под сенью изящной словесности. — Литературная газета, 1932, № 38, 23 августа.

Всегда просят вычеркнуть из рукописи две строчки и дописать полторы страницы. Воспоминание Петрова о работе в журнале: «Регинин, который всегда требовал вычеркнуть одну строчку и приписать еще одну страницу» (*Мой друг Ильф*, с. 31). *Регинин* Василий Александрович (1883—1952) был одним из организаторов журналов «Смехач», «Чудак», «30 дней». При нем в «30 днях» в 1928 г. начал печататься роман *Двенадцать стульев* (№ 1—7).

Дос Пассос Джон (1896—1970), американский прозаик, поэт, драматург и эссеист.

В золотом переплете. — Советское искусство, 1932, № 4, 20 января. Подпись: Ф. *Толстоевский*. Включался в оба издания сб. *Как создавался Робинзон*.

Вспоминается подпись под карикатурой в журнале «Чудак» (1929, № 6): «Алло, алло, алло! Говорит Москва. Товарищи радиослушатели, начинаем передачу пошлой и бессодержательной оперетты "Роз-Мари", в которой нет ни одной свежей мелодии, ни одной интересной мысли, ни одного нового положения... Слушайте внимательно, не отходя от приемников...». Скорее всего, эта чудаковская «мелочь» принадлежала Ильфу или Петрову.

«Прекрасная Елена» (1864) — оперетта французского композитора Ж. Оффенбаха (1819—1880).

Престидижитатор (фр. préstigitateur) — фокусник, манипулятор.

Королевская лилия. — Огонек, 1932, № 25. Включался в оба издания сб. *Как создавался Робинзон.*

Рубенс Питер Пауль (1577—1640), фламандский живописец эпохи барокко.

Айвазовский Иван Константинович (1817—1900), русский художник-маринист романтического направления.

Куинджи Архип Иванович (1941—1910), русский живописец, передвижник.

Веронезе Паоло (1528—1588), итальянский живописец эпохи Возрождения.

...эпохи Манасевича-Мануйлова. — *Манасевич-Мануйлов* Иван Федорович (1869—1918), сотрудник департамента полиции, надворный советник; агент Петербургского охранного отделения. Авантюрист, шантажист. С 1897 г. чиновник Министерства иностранных дел; был связан с Распутиным. После революции выдавал себя за сотрудника ЧК; застрелен при переходе финской границы. Отличное сочетание «эпохи Манасевича-Мануйлова» с «эпохой Возрождения»!

...времен... Дантеса и Аллигиери — имя Дантеса, убийцы великого русского поэта Пушкина, присоединено, по созвучию, к имени великого итальянского поэта Данте Алигьери (1265—1331), автора *Божественной комедии.*

Издательство «Preludium» и его продукция — пародия на деятельность издательства «Academia» (1922—1937).

Антилопа Кастраки. — Двусмысленная, якобы греческая фамилия, фигурирующая также в дарственной надписи на крышке часов: «Любимому сыну Сереженьке Кастраки...» (ЗТ/36).

Бурбонские лилии — герб французской династии Бурбонов.

Людовик-Солнце — Людовик XIV (1638—1715), французский король из династии Бурбонов.

Версаль, Тюильри — резиденции французских королей.

Ах, мадам Рекамье на бамбуковой скамье! — Рекамье Жюли (1777—1849), жена парижского банкира; ее салон был модным политическим и литературным центром [БГ]. Излюбленная модель живописца Луи Давида: представитель французского классицизма изображал мадам, разумеется, не «на бамбуковой скамье», а на особой ампирной кушетке без спинки, получившей название «рекамье».

440

Мы уже не дети. — Литературная газета, 1932, № 47, 17 октября. Подпись: *Холодный философ*. Включался в оба издания сб. *Как создавался Робинзон*.

При переиздании 1939 г. исключено упоминание еще об одном «глубокоуважаемом шкафе» («и Буданцев — глуб. уваж. шк.»). Сергей Федорович *Буданцев* (1896—1940?), автор романов *Мятеж* (1925), *Саранча* (1927), *Повесть о страдании ума* (1929), в 1937 г. стал жертвой политических репрессий. По той же причине из перечня вопросов о произведениях, которые «нравятся» или «не нравятся», выпал вопрос о романе *О'кей* Пильняка.

Писатели... бродили по Нащокинскому переулку, алчно поглядывая на строящийся РЖСКТ «Советский писатель». — Ильф и Петров переехали в этот кооперативный дом осенью 1933 г. В дальнейшем Нащокинский переулок был переименован в улицу Фурманова (сейчас он снова Нащокинский); дом № 3/5, в котором жили писатели, снесен в 1950-е.

«Федерация» — московское издательство (1929—1933); затем — «Советский писатель».

Осип Брик написал поэму. И Эдуард Багрицкий написал оперу. — Речь идет об оперных либретто *Камаринский мужик* О. Брика и *Дума про Опанаса* Э. Багрицкого [БГ].

...Михаил Кольцов побывал в норе у зверя... — Писатель, журналист М.Е. Кольцов взял в Париже интервью у белогвардейского генерала П.Н. Шатилова (1932). Фельетон Кольцова *В норе у зверя* тогда же был напечатан в «Правде» [БГ].

«Я никого не ем». — Соавторы воспользовались названием московской вегетарианской столовой.

«Где же вы, бодрые задиры?» — Отсылка к стихотворению Маяковского *Мрачное о юмористах* с концовкой: «Измельчал / и обеззубел, / Обэстетился / сатирик. / Крыть бы в розги, / взять в слезу бы! / Где вы, / бодрые задиры?» (Чудак, 1929/5, с. 11).

Панферов Федор Иванович (1896—1960), прозаик. Автор трилогии *Бруски* (1928—1937), пропагандировавшей коллективизацию. «Его полотна велики / И широки его мазки. / Пожалуй, для таких мазков / Не хватит тысячи Брусков» (*Почти портреты*. Дружеские шаржи и эпиграммы. Кукрыниксы. А. Архангельский. М., 1932).

Березовский Феоктист Алексеевич (1877—1952), прозаик, чьи романы и повести были посвящены главным образом изображению революционной борьбы.

Лапин Борис Матвеевич (1905—1941, погиб на финской войне), прозаик.

Миних (Маслов-Миних) Александр Викторович (ум. 1941), второразрядный поэт.

Крученых Алексей Елисеевич (1886—1968), поэт, один из теоретиков футуризма, изобретатель «зауми». *«Хухушка хвалит кекуха».* — Цитата действительно принадлежит Крученых.

Чумандрин Михаил Федорович (1905—1940, погиб на финской войне), прозаик. Автор нескольких романов из жизни рабочих (1926—1935), книги очерков. Активист Ленинградской ассоциации пролетарских писателей (ЛАПП), чем и объясняются его стоны после Постановления о прекращении деятельности рапповских организаций. Литературный функционер.

«Время, вперед!» Катаева. — Роман-хроника опубликован в 1932 г.

«Энергия» Гладкова. — Роман опубликован в 1933 г.

«Москва слезам не верит» Эренбурга. — Эренбург Илья Григорьевич (1891—1967), поэт, прозаик. Роман *Москва слезам не верит* опубликован в 1933 г.

«Поднятая целина» Шолохова. — Шолохов Михаил Александрович (1905—1964), прозаик, лауреат Нобелевской премии по литературе за роман «Тихий Дон», литературный функционер. Роман *Поднятая целина*, пропагандирующий коллективизацию, опубликован в 1932 г.

«Сталинабадский архив» Лапина и Хацревина. — Б.М. *Лапин* с 1932 г. работал в соавторстве с Захаром Львовичем *Хацревиным* (1903—1941). *Сталинабадский архив* (1932) — первое их крупное произведение.

«Скутаревский» Леонова — роман Л. Леонова о пятилетке (1932).

«Собственность» Зозули — новелла из его сборника (1930).

«Цусима» Новикова-Прибоя. — Новиков-Прибой (Новиков) Алексей Силыч (1877— 1944), прозаик-маринист. Автор морских рассказов (*В бухте Отрада*, 1924), романа *Цусима* (1932—1935) и др.

«Новые рассказы» Бабеля. — Бабель Исаак Эммануилович (1894—1940), прозаик, сценарист. Скорее всего, речь идет об отдельном издании *Одесских рассказов* (1931).

А об одной книге было состряпано уже сверхрадикальное... — Аннотация без подписи на книгу: Clement-Grandeur A. Un raid en Palestine. Neuilly-sur-Seine, 1930 (Иностранная книга, 1932, № 3 (7), с. 103) [БГ].

Как создавался Робинзон. — Правда, 1932, № 298, 27 октября. Включался в оба издания сб. *Как создавался Робинзон.*

«Борьба за большевистское воспитание юношества... в духе ленинизма, за интернациональное воспитание пролетарской и колхозной молодежи Советского Союза требует на данном историческом этапе исключительного внимания к острейшему большевистскому орудию на идеологическом фронте — к литературе для молодежи...» (Из Постановления ЦК ВКП(б) об издательстве «Молодая гвардия» от 29 декабря 1931 г.).

На зеленой садовой скамейке. — Литературная газета, 1932, № 49, 29 октября. Подпись: *Холодный философ*. Включался в оба издания сб. *Как создавался Робинзон*.

...бывшие попутчики, союзники и враги... — термины, изобретенные идеологами РАППа для зачисления писателя в тот или иной ранг (прежде всего — политический). Такое разделение на «чистых» (т.е. «пролетарских писателей»), «получистых» (союзников и попутчиков) и «нечистых» (врагов) принесло немало бед советской литературе. Нередко, в зависимости от конъюнктуры и оценки рапповской критикой очередной книги писателя, его переводили из одной «ранговой обоймы» в другую [МД].

Литературная обойма. — Формула придумана Ильфом и Петровым. О зарождении этого понятия читаем в «Чудаке» за 1929 год:

«ЧТО ТАКОЕ "СОВРЕМЕННАЯ ЛИТЕРАТУРА"

Казалось бы, понятие "современность" подвижно и текуче, как сама жизнь. Но не так полагает Наркомпрос в лице Главпрофобра, ежегодно издающего "Программу испытаний для поступающих в ВУЗы РСФСР".

Поступающие должны, например, прочесть следующие пять прозаических произведений:

Серафимович — *Железный поток*, Сейфуллина — *Правонарушители*, Либединский — *Неделя*, В. Иванов — *Бронепоезд*, Гладков — *Цемент*.

Вот пять корифеев! Напрасны усилия всех прочих попутчиков и пролетписателей — Шолоховых, Фадеевых и Фединых. В бесплодных словесных турнирах пусть ломают бумажные копья налитпостовцы с лефовцами — пути советской литературы точно проверены, оценка произведена и на ближайшую пятилетку пересмотра не предвидится.

Упомянутые же пять прозаиков могут не беспокоиться. Они твердо включены в штат "современных классиков"» (Чудак, 1929, № 33).

Сельвинский теперь друг ламутского народа. — Шутливый намек на то, что в *Ламутской сказке*, только что напечатанной Сельвинским (*Сельвинский Илья Львович*; 1899—1968), поэт сообщал, что она записана со слов ламута (так называли тогда эвенов) Адуканова [БГ].

Тихонов Николай Семенович (1896—1979), поэт, прозаик, литературный функционер.

Слонимский Михаил Леонидович (1897—1972), прозаик.

Федин Константин Александрович (1892—1977), прозаик, литературный функционер.

Либединский Юрий Николаевич (1898—1959), прозаик. Автор повестей *Неделя* (1922), *Завтра* (1923), *Комиссары* (1925), *Рождение ге-*

роя (1930) и др. Литературный функционер, один из руководителей РАППа. «Острием эпиграммы целя, / Простим ему тяжкие роды. / Бывает такая Неделя, / Которая тянется годы» (*Почти портреты. Дружеские шаржи и эпиграммы. Кукрыниксы. А. Архангельский. М., 1932*).

Шагинян Мариэтта Сергеевна (1888—1982), прозаик. Автор серии приключенческих повестей *Месс-Менд, или Янки в Петрограде* (1924) и романов (в том числе *Гидроцентраль*, 1930—1931, посвященный теме пятилеток). «Широту ее размаха / Не уложишь в писчий лист. / Поэтесса, лектор, пряха, / Шерстовед и романист» (*Почти портреты. Дружеские шаржи и эпиграммы. Кукрыниксы. А. Архангельский. М., 1932*).

Пришвин Михаил Михайлович (1873—1954), прозаик. Автор коротких полухудожественных-полукраеведческих произведений (в том числе *В краю непуганых птиц*, 1907).

МОРП — Международное объединение революционных писателей (1925—1935).

МУР — Московский уголовный розыск.

...меня раздирают противоречия великой стройки. <...> Подымите мне веки! (и далее). — «Сочетание полнейшей пассивности с мазохизмом и самобичеванием заставляет вспомнить об Олеше, — писал Я.С. Лурье, развивая тему "кающегося интеллигента" в романе *Золотой теленок*. — Это очень похоже... на вопли писателя в фельетоне Ильфа и Петрова *На зеленой садовой скамейке*» (*В краю непуганых идиотов*, с. 87).

...напудренный, томный, вертинский... — Фамилия композитора, певца и артиста эстрады Александра Николаевича Вертинского (1889—1957) превращена в эпитет: обычно он выступал в костюме Грустного Пьеро, с густо напудренным лицом.

Читал я дневник Софьи Андреевны Толстой... — Четыре части ее дневников вышли в 1928—1936 гг. Новинка того времени [МД].

Фукидид (ок. 460—400 до н.э.), древнегреческий историк.

Шпильгаген Фридрих (1829—1911), немецкий писатель, автор социально-политических романов, популярных в России среди народников.

«Зауряд-известность». — Советское искусство, 1932, № 50—51, 4 ноября. Подпись: *Ф. Толстоевский*.

ИТР — инженерно-технические работники.

ВАРНИТСО — Всесоюзная ассоциация работников науки и техники для содействия социалистическому строительству.

Головой упираясь в солнце. — Литературная газета, 1933, № 3, 17 января. Подпись: *Холодный философ*. Включался в оба издания сб. *Как создавался Робинзон*.

Вишневский Всеволод Витальевич (1900—1951), драматург, член ЛОКАФ, литературный функционер. Примыкал к РАППу. Автор пьес *Мы из Кронштадта* (1921), *Первая Конная* (1929), *Оптимистичес-*

кая *трагедия* (1932), отличавшихся нарочитой политической тенденциозностью. В эпиграмме он назван: «Оптимистических трагедий / Неистощимый скорострел» (*Лит-ораторы*. Шаржи: Кукрыниксы. Эпиграммы: Архангельского, Безыменского, Швецова. М., 1935).

...вальпургиев юбилей... — По германским народным поверьям, в Вальпургиеву ночь (ночь на 1 мая) происходит традиционный шабаш ведьм на Броккенской горе (Гарц).

ЦАГИ — Центральный аэрогидродинамический институт имени Н.Е. Жуковского.

Вы у себя в хедере имени Марселя Пруста считаете, что все плохо пишут. — Хедер — еврейская религиозная начальная школа. *Пруст* Марсель (1871—1922), французский писатель, показывавший внутреннюю жизнь человека как «поток сознания». Его романы пользовались особым вниманием писательской интеллигенции тех лет. «О ряде молодых писателей, писавших неплохо, но слишком изысканно, почти брезгливо к слову, <...> Ильф сказал, что это "хедер имени Марселя Пруста"» (Юрий Олеша. *Книга прощания*. М.: Вагриус, 1999, с. 74).

...а завтра и до кого угодно доберутся. — В сборнике *Как создавался Робинзон*: «...а завтра и до Киршона доберутся». *Киршон* Владимир Михайлович (1902—1938; расстрелян), драматург, литературный функционер, активный деятель РАППа. Автор пьес *Рельсы гудят* (1927), *Чудесный сплав* (1934) и др. Борец с литературными попутчиками, активный гонитель М. Булгакова, в 1937 г. сам стал жертвой террора.

Когда уходят капитаны. — Литературная газета, 1932, № 18, 17 апреля. Подпись: *Холодный философ*. Включался в оба издания сб. *Как создавался Робинзон*.

О цементе есть роман... — Подразумевается роман Ф. Гладкова *Цемент*.

Толстой Алексей Николаевич (1883—1945), прозаик, драматург. Автор повестей и романов.

Гладков Федор Васильевич (1883—1958), пролетарский писатель, прозаик. Автор романов *Цемент* (1925), *Энергия* (1933) и др. Эпиграмма А. Безыменского: «Раздраив, вздрючив, раскумекав / Всю чепуруху в душу, в гром, — / Он дал цементных человеков / Бесспорно пьяным языком» (*Лит-ораторы*. Шаржи: Кукрыниксы. Эпиграммы: Архангельского, Безыменского, Швецова. М., 1935).

Сейфуллина Лидия Николаевна (1889—1954), прозаик. Автор повестей *Перегной* (1922), *Правонарушители* (1923), *Виринея* (1924), публицистических очерков. «Люди иные, / Время иное... / Сидит Виринея / На перегное» (*Почти портреты*. Дружеские шаржи и эпиграммы. Кукрыниксы. А. Архангельский. М., 1932).

«Сотсаранчуки» — сложный гибрид названий романов *Соть* (1930) Л. Леонова, *Саранча* С. Буданцева и *Барсуки* (1922) Л. Леонова.

Фадеев Александр Александрович (1901—1956), прозаик. Известен романами *Разгром* (1927) и *Последний из удэге*.

Афиногенов Александр Николаевич (1904—1941), драматург. Автор пьес *На переломе* (1927), *Чудак* (1930), *Страх* (1931), *Ложъ* (1933).

Зощенко Михаил Михайлович (1884—1958), прозаик, драматург. Юмористические и сатирические рассказы принесли ему огромную популярность. *Аристократка* — один из самых известных его рассказов.

ВЦСПС — Всесоюзный центральный совет профессиональных союзов.

...здоровяк в капитанской форме с золотыми шевронами — возможно, речь идет о Вс. Вишневском, который во время Гражданской войны был политработником и командиром на флоте.

Если я человек живой, так сказать, сделанный из мяса... — Несмотря на ликвидацию РАППа, ее теории оказались чрезвычайно живучи. Одной из них была теория «живого человека». Казалось бы, устремленность к психологизму в художественном творчестве, которую она проповедовала, вместе с тезисом «учебы у классиков», могли сыграть только положительную роль. Но вся беда в том, что с этой теорией соседствовала и другая — «диалектико-материалистического метода», утверждавшая, что художественный метод есть «мировоззрение на практике». Запряженные в одну телегу «конь и трепетная лань» прямым курсом привозили к грубой вульгаризаторской трактовке творческого процесса [МД].

Ал. Благословенный. — Пародийный псевдоним: российский император Александр I (1777—1825) был прозван Благословенным.

«Соя спасла» (драматическое действо в пяти актах. Собственность института сои). — «Институт сои изготовил 100 рецептов разных блюд из сои», — извещает «Правда» в августе 1930 г. Соевое поветрие симптоматично для первых лет пятилетки, когда продовольственные трудности стимулировали изыскание новых источников питания. Средства информации превозносят питательные качества сои, призывают расширять посевы этой культуры («Сейте жареное мясо и цельное молоко! Сейте бисквиты и яичницы!»). «Что можно сделать из сои? — Всё, кроме автомобиля!» — любили повторять энтузиасты сои [ЮЩ/ЗТ]. См. также ЗТ/19: один из пунктов геркулесовского универсального штампа призывает ответить «поголовным переходом на сою». В фельетоне *Секрет производства* (1931) соавторы иронизируют над «индустриально-соевыми поэмами».

Исбах Александр (Исаак Абрамович Бахрах) (1904—1977), пролетарский писатель, очеркист, критик. Выступал с произведениями, посвященными Красной Армии, комсомолу и борьбе с троцкистской оппозицией.

Детей надо любить. — Литературная газета, 1932, № 19, 23 апреля. Подпись: *Холодный философ*. Включался в оба издания сб. *Как создавался Робинзон*.

«Детская книга должна быть большевистски бодрой, зовущей на борьбу и победу. В ярких и образных формах детская книга должна показать социалистическую переделку страны и людей и воспитывать детей в духе пролетарского интернационализма» (Постановление Секретариата ЦК ВКП(б) об издательстве «Молодая гвардия» от 29 декабря 1931).

Огиз — Объединение государственных книжно-журнальных издательств (1930—1949).

Жил когда-то в Одессе цензор Сергей Плаксин... — См.: «В старгородской газете "Ведомости градоначальства" появился ликующий стишок, принадлежащий перу местного цензора Плаксина: "Скажи, дорогая мамаша..."» и далее по тексту (ДС/5).

Шулятиковщина — синоним грубого, упрощенного анализа литературного произведения (по имени критика и публициста Владимира Михайловича Шулятикова; 1872—1912) [БГ].

Любовь должна быть обоюдной. — Правда, 1934, № 108, 19 апреля. Включался в сб. *Как создавался Робинзон* (1935).

«Гнезда и седла». — Пародийное название «романчика» создано из слов с ятями, которые в царское время зазубривали гимназисты (см. эпиграф к фельетону *Отдайте ему курсив*).

Всех ругали за язык, даже Панферова... — Имеются в виду горьковские статьи. Пропагандирующий коллективизацию роман Ф. Панферова *Бруски* вызвал известную литературную дискуссию «о языке», начавшуюся с горьковских статей «По поводу одной дискуссии» (Лит. газета, 1934, 28 января), «Открытое письмо А.С. Серафимовичу» (там же, 14 февраля), где роман критиковался за полную безграмотность, и «О языке» (Правда, 1934, 18 марта) [БГ]. Эпиграмма С. Швецова: «О *Брусках* все критики писали, / Но вряд ли помогли тебе писать: / Они свои лишь языки чесали, / А твой язык забыли причесать» (*Лит-ораторы*. Шаржи: Кукрыниксы. Эпиграммы: Архангельского, Безыменского, Швецова. М., 1935).

Каманин Николай Петрович (1908—1982), советский летчик; участвовал в спасении экипажа парохода «Челюскин» (1934).

Что уж там скрывать, товарищи, мы все любим советскую власть. — «Еще несколькими годами раньше Ильф и Петров смеялись над подобными декларациями, сравнивая их с международными дипломатическими признаниями, — замечает Я.С. Лурье. — Теперь же им пришлось письменно декларировать свою любовь к власти. Фельетон был написан в 1934 г., и мы можем сказать, пародируя авторов, что Ильф и Петров признали советскую власть вскоре после Соединенных Штатов» (*В краю непуганых идиотов*, с. 148).

Летать надо... а не ползать. Это... дал понять Алексей Максимович. — Имеется в виду *Песня о Соколе* М. Горького [БГ].

Кипучая жизнь. — Альманах *Парад бессмертных*. М.: изд. «Правда» (Сатирическая библиотека «Крокодила»), 1934. Включался в сб. *Как создавался Робинзон* (1935).

«Всюду жизнь». — Название журнала восходит к одноименной картине (1888) передвижника Николая Ярошенко, на которой изображены политзаключенные в тюремном вагоне.

«Критик на стрёме». — Использование воровского жаргона (*стоять на стрёме, на цинке, на шухере* — наблюдать за обстановкой возле места преступления, чтобы вовремя предупредить сообщников об опасности) [ЮЩ] для названия журнала говорит об устойчивой неприязни авторов к критикам.

ИСКУССТВО ДЛЯ ГЛАВИСКУССТВА,
или ДЕНЬГИ ОБРАТНО!

Авторский заголовок восходит к формуле начала века: «Искусство для искусства». Подзаголовок — название одной из рубрик в юмористическом журнале «Чудак».

Побежденный Оскар («Негр» в Камерном театре). — Чудак, 1929, № 12. Подпись: *Дон-Бузилио.*

«Негр» в Камерном театре. — Премьера пьесы Ю. О'Нила *Негр* состоялась в Московском Камерном театре 21.02.1929 г. Авторы иронизируют над пристрастием режиссера А. Таирова (1885—1950) к приемам, найденным им при постановке драмы О. Уайльда *Саломея* (1917), от которых он наконец освободился в *Негре.* Критике соавторов подвергаются и его эксперименты с движущимися декорациями и т.д. [МД], [БГ].

...от страстной дочери царя Ирода... — то есть Саломеи, потребовавшей у Ирода голову Иоканаана (Иоанна Крестителя).

...краснозадые туземцы из «Багрового острова»... — Действие пародийного фарса М. Булгакова *Багровый остров* (премьера 11 дек. 1928) разворачивается на экзотическом острове, населенном белыми арапами, угнетающими красных туземцев. Пьеса была немедленно снята с репертуара.

Булгаков Михаил Афанасьевич (1891—1940), драматург, прозаик.

...в насильно напяленном на него глухом уайльдовском сюртуке и остром, как бритва, воротничке, подпирающем склеротические щечки. — Ср.: Паниковский «с трудом ворочал шеей в оскар-уайльдовском воротничке» (ЗТ/24).

Бомарше Пьер Огюстен (1732—1799), французский драматург (комедии *Севильский цирюльник* и *Женитьба Фигаро*).

Главискусство — Главное управление по делам искусств.

Коонен Алиса Георгиевна (1889—1974), актриса Камерного театра.

Пташечка из Межрабпомфильма. — Чудак, 1929, № 14. Подпись: *Дон-Бузилио.*

«Кукла с миллионами» — фильм режиссера С. Комарова (сценарий О. Леонидова и Ф. Оцепа, 1928).

«Медвежья свадьба» — фильм режиссера К. Эггерта (сценарий А. Луначарского и Г. Гребнера по мотивам новеллы *Локис* П. Мериме; 1926).

«Межрабпомфильм» — киноорганизация, созданная на основе акционерного общества «Межрабпом-Русь» (1924—1928).

Осип Максимович — Брик О.М. (1888—1945), литературовед, теоретик кино. Автор киносценариев: «Потомок Чингисхана» (1929), «Два-Бульди-Два» (1930) и др.

Олег Леонидович — Леонидов О.Л. (1892—1958), кинодраматург; автор киносценариев: «Красные партизаны» (1924), «Золотой запас» (1925), «Бухта смерти» (1926), «Сорок первый» (1927) и др.

Виктор Борисович — Шкловский В.Б.

«Веселая канарейка» — фильм режиссера Л. Кулешова (сценарий Б. Гусмана и А. Мариенгофа; 1929).

Кулешов Лев Владимирович (1899—1970), кинорежиссер, педагог, теоретик кино, организатор учебной мастерской «Школа Кулешова».

Ваша фамилия? — Чудак, 1929, № 16. Подпись: *Дон-Бузилио.*

Профсоюз нарпит. — Профсоюз работников общественного (народного) питания.

Главрепертком — Главный репертуарный комитет при Наркомпросе.

...племя друзов. — Друзы — этнические арабы, приверженцы одной из мусульманских сект. Живут в Сирии, Ливане, Израиле; неизменно лояльны к стране своего местонахождения и ее правительству.

Шкваркин Василий Васильевич (1894—1967), драматург, комедиограф. Автор музыкальных комедий (*Чужой ребенок*, 1933, и др.).

Поль Павел Николаевич (1887—1955), актер Московского мюзик-холла и Театра сатиры.

1001-я деревня («Старое и новое», фильма Совкино. Работа режиссеров Эйзенштейна и Александрова). — Чудак, 1929, № 41. Подпись: *Дон-Бузилио.*

«Старое и новое» — кинофильм: сценарий и режиссура С. Эйзенштейна и Г. Александрова.

Совкино — Всероссийское фотокинематографическое акционерное общество «Советское кино», в ведении которого была монополия кинопроизводства и проката (осн. 1924).

Эйзенштейн Сергей Михайлович (1898—1948), режиссер, теоретик искусства. Постановщик знаменитого кинофильма «Броненосец "Потемкин"» (1925).

Александров (Мормоненко) Григорий Васильевич (1903—1984), режиссер, сценарист. Сотрудник и ассистент С. Эйзенштейна во всех его фильмах до 1933 г. Постановщик многочисленных фильмов, в том числе фильма «Цирк» (1936) по сценарию Ильфа, Петрова и Катаева, которые предпочли остаться неизвестными.

Протазанов Яков Александрович (1881—1945), режиссер, сценарист. В кино работал с 1907 г. В дореволюционный период снял около 80 фильмов; среди наиболее известных, снятых в советское время, — «Аэлита» (1924), «Закройщик из Торжка» (1925), «Процесс о трех миллионах» (1926), «Праздник святого Йоргена» (1930; с субтитрами Ильфа и Петрова) и др.

Эггерт Константин Владимирович (1883—1955), актер и режиссер; работал в Малом и Камерном театрах, много снимался в кино.

И осла его, и вола его... — Из десяти заповедей Моисея: «Не желай дома ближнего твоего; не желай жены ближнего твоего, ни раба его, ни рабыни его, ни вола его, ни осла его...» (Исх. 20:17); *...и всякого скота его.* — Из Моисеевой заповеди о субботе, где упоминается «скот твой» (Исх. 20:10).

ВУФКУ — Всеукраинское фотокиноуправление (создано в 1924 г.).

Великий лагерь драматургов. — Чудак, 1929, № 44. Подпись: *Дон-Бузильо.* Включался в оба издания сб. *Как создавался Робинзон.*

Проезд имени Художественного театра — теперь снова Камергерский переулок, где находится МХАТ.

Всеросскомдрам — Всероссийское общество драматургов и композиторов.

...в плане показа живого человека... — Теория «живого человека» (один из основных лозунгов РАППа) диктовалась, казалось бы, стремлением преодолеть схематизм ранней пролетарской литературы. Но трактовалась эта теория крайне односторонне: как борьба сознания и подсознания, как изображение раздвоенности личности [БГ].

Юконские старатели — аналогия с американскими золотоискателями на Аляске, возникшая у Ильфа после просмотра кинофильма «По закону» (1926) режиссера Л. Кулешова (сценарий В. Шкловского по рассказу Джека Лондона *Неожиданное*): «Всё возможное в окрестностях красной столицы переделывается в ледяные просторы Аляски. Не умри Джек Лондон так скоропостижно, он, конечно, возжелал бы родиться и действовать... на кулешовском Юконе» (Ильф. *Мадридский уезд*, 1926). Определение «юконские старатели» приложимо не только к кинорежиссерам, но и к тем, кто изо всех сил разрабатывает «золотоносные драматические участки».

...в плане трагедии индивидуальности с выпячиванием линии героини. — Намек на пьесу Ю. Олеши *Заговор чувств*.

Праведники и мученики. — Чудак, 1929, № 45. Подпись: *Дон-Бузильо*.

«Обломок империи» — фильм режиссера Ф. Эрмлера (сценарий В. Турина, А. Мачерета, В. Шкловского, Е. Арона. «Востоккино», 1929).

«Турксиб» — фильм режиссера Ф. Эрмлера (сценарий К. Виноградской и Ф. Эрмлера. «Совкино», 1929).

Петроний Гай (? — 66), римский писатель, автор *Сатирикона*, в комическом плане рисующего нравы общества того времени.

Наварро Рамон — популярный актер американского кино середины 1920-х.

Театр на улице. — Чудак, 1929, № 46. Подпись: *Дон-Бузильо*. Включался в сб. *Как создавался Робинзон* (1933).

«Бог всесильный, бог любви...» — начало арии Валентина из оперы Гуно *Фауст* [МД].

«Милая Аида...» — начало арии Радамеса из оперы Верди *«Аида»* [МД].

Московские Эсмеральды. — Уличные танцовщицы-цыганки, названы по имени Эсмеральды, героини романа Гюго *Собор Парижской богоматери*. В 1926 г. Большой театр поставил балет Ц. Пуни *Эсмеральда* [МД].

...мессереровские антраша... — Речь идет о танцовщике и балетмейстере А.М. Мессерере (1903—1992), начавшем выступать на сцене Большого театра в 1921 г. [МД].

Персимфанс. — Первый симфонический ансамбль (симфонический оркестр без дирижера; 1922—1932).

Цейтлин Лев Моисеевич (1881—1952), скрипач и педагог, организатор и концертмейстер Персимфанса.

Касфикис Костано (1892—1934), цирковой артист. В годы нэпа выступал в цирке как фокусник и иллюзионист [МД].

Подайте бывшему землевладельцу и крупному собственнику. — На память сразу же приходит воробьяниновское «Подайте бывшему члену Государственной Думы».

Полупетуховщина. — Чудак, 1929, № 50. Подпись: *Дон-Бузильо*. Включался в оба издания сб. *Как создавался Робинзон*.

Пьеса в пять минут. — Чудак, 1930, № 6. Подпись: *Ф. Толстоевский*.

«Талантливые советские писатели пишут для больших театров, без боя уступив рабочие клубы труженикам из лагеря воинствующих халтурщиков. Эти труженики выстукивают на машинке в один присест по три пьесы — хочешь в стихах, хочешь — в прозе» (Чудак, 1929, № 47).

«Шея» (Народная трагедия в семи актах). — Ср.: «"Шея". Многометражный фильм. Сценарий О. Бендера» (ЗТ/24).

Секрет производства. — Киногазета, 1931, № 56, 12 октября. Подпись: *Ф. Толстоевский.* Включался в оба издания сб. *Как создавался Робинзон.*

Халтуртрегер — по аналогии с «культуртрегер» (от нем. Kulturträger, «несущий культуру»; в нашем случае — халтуру).

ЦЧО — Центральная черноземная область.

Дуня должна заняться соевой проблемой. Это теперь модно. — См. прим. к фельетону *Когда уходят капитаны.*

Так принято. — Советское искусство, 1931, № 59, 20 ноября. Подпись: *Ф. Толстоевский.* Включался в оба издания сб. *Как создавался Робинзон.*

Бриан Аристид (1862—1932), видная фигура европейской политики, министр иностранных дел Франции (1925—1931); неизменная мишень для критики и карикатур в советской печати [ЮЩ/ДС].

Мейерхольд Всеволод Эмильевич (1874—1940), режиссер-новатор, руководитель московского ГосТИМа (1920—1938). Из эпиграммы: «Он украшает теа-прессу. / Его мы чествуем, честим. / А он, мятежный, ищет пьесу, / Которая спасет Гостим» (*Почти портреты.* Дружеские шаржи и эпиграммы. Кукрыниксы. А. Архангельский. М., 1932).

Среди закулисных историй пользуется успехом такой анекдот. — Этот «старый, добрый театральный анекдот» приводится в фельетоне-рецензии Евг. Петрова *Нюренбергские мастера пения* (Чудак, 1929, № 7).

Человек в бутсах. — Советское искусство, 1932, № 9, 21 февраля. Подпись: *Ф. Толстоевский.* Включался в оба издания сб. *Как создавался Робинзон.*

Тебя сам Литовский заметит. — Литовский Осаф Семенович (1892—1971), театральный критик и драматург, председатель Главреперткома (1930—1937).

Пятая проблема. — Киногазета, 1932, № 11, 6 марта. Подпись: *Ф. Толстоевский.* Включался в оба издания сб. *Как создавался Робинзон.*

...художественно-показательные боевики с минаретами, медвежьими свадьбами, боярышнями и хромыми барами. — В середине 1920-х Ильф посвятил этой теме несколько фельетонов-рецензий.

Тарифная сетка. — Шкала, определяющая соотношение тарифных ставок работников разных тарифных разрядов; элемент тарифной системы.

Рождение ангела. — Крокодил, 1932, № 13. Подпись: Ф. *Толстоевский*. Включался в оба издания сб. *Как создавался Робинзон.*

По линии наименьшего сопротивления... у нас всё обстоит благополучно... — Ср. «По линии колбасы у нас не всегда благополучно» (*Авксентий Философуло*, 1929); из ильфовских Записных книжек: «По линии огурцов дело обстоит благополучно» (1928—1929).

...своими глазами видел женщину с бородой. — Этот «необъяснимый феномен природы» был непременным номером всех площадных зрелищ [ЮЩ/ЗТ]. См. откровения Бендера: «Когда я был очень молод, очень беден и кормился тем, что показывал на херсонской ярмарке толстого, грудастого монаха, выдавая его за женщину с бородой...» (ЗТ/16).

...выученик Академии пространственных искусств... — Ср. в Записных книжках: «Секция пространственных искусств» (октябрь 1928 — апрель 1929), в *Необыкновенных историях из жизни города Колоколамска*: «Я профессор центральной изящной академии пространственных наук...» (*Собачий поезд.* — Чудак, 1929, № 9).

Чарли Чаплин — Чаплин Чарлз Спенсер (1889—1977), американский комический актер, кинорежиссер, сценарист.

Реперткам — Главный репертуарный комитет при Наркомпросе.

Довженко Александр Петрович (1894—1956), режиссер, писатель, сценарист. Постановщик фильмов *Звенигора* (1928), *Арсенал* (1929), *Земля* (1930) и др.

Пудовкин Всеволод Илларионович (1893—1953), режиссер, актер, теоретик кино. Постановщик фильмов *Мать* (1926), *Конец Санкт-Петербурга* (1927), *Потомок Чингисхана* (1928), *Простой случай* (1930—1932) и др.

Сквозь коридорный бред. — Огонек, 1932, № 11. Подпись: Ф. *Толстоевский*. Включался в оба издания сб. *Как создавался Робинзон.*

АРРК (Ассоциация работников революционной кинематографии), первая общественная организация советских кинематографистов (1924—1935), созданная как АРК (Ассоциация революционной кинематографии) по инициативе и силами «Киногазеты».

Нейтральный смех. — Такую формулировку слышали Ильф и Петров при обсуждении их сценария комедии *Однажды летом.* См. Записные книжки, с. 398.

«Раз так, то ваш творческий метод мы будем обсуждать в народном суде». — Ср. в ильфовских Записных книжках: «Мы ваш творческий метод будем обсуждать в народном суде, — сказал Фартучный». Василий Кузьмич Фартучный (1904—1990) был одним из организаторов производства на студии «Мосфильм», основанной в 1924 г.

«И дух наш молод» — название кинофильма (скорее всего — пародийное; слова из революционной песни «Мы, кузнецы...» на слова Ф. Шкулева).

Потылиха — в те годы подмосковная деревня посреди «обширной тундры», теперь — Мосфильмовская улица.

Саванарыло. — Литературная газета, 1932, № 48, 23 октября. Подпись: *Холодный философ*. Включался в оба издания сб. *Как создавался Робинзон* под заголовком *Саванарылло*.

Начиная с 1927 г., Главлит вел ожесточенную борьбу против «порнографии и нездорового эротизма».

Изогиз (позже «Изобразительное искусство») — московское издательство, выпускавшее художественно-изобразительную продукцию.

Константин Павлович — Ротов К.П. (1902—1975), художник-график, карикатурист. Иллюстрировал многие произведения Ильфа и Петрова.

...эскалоп здесь африкен. — Насмешка над «французскими» названиями блюд (эскалоп по-африкански!).

Канова Антонио (1757—1822), знаменитый итальянский скульптор.

«Она была бы в музыке каприччио, в скульптуре статуэтка ренессанс». — К сожалению, источник цитаты не установлен.

...«мы увидим небо в алмазах» — реплика Сони из драмы Чехова *Дядя Ваня* [БГ].

Голейзовский Касьян Ярославович (1892—1970), артист балета, балетмейстер, хореограф. Балетный ансамбль мюзик-холла («30 герлс») исполнял танцы в его постановке. («Знаменитая гирлянда тридцати мюзик-холльных энглизированных «барышень» (герлс)». — Чудак, 1929, № 42).

Савонарола Джироламо (1452—1498), итальянский монах ордена доминиканцев (XV в.), проповедник аскетизма.

Их бин с головы до ног. — Крокодил, 1932, № 31. Включался в оба издания сб. *Как создавался Робинзон*.

Мазуччио — своей фамилией неустрашимый капитан, по всей видимости, обязан итальянскому новеллисту XV века Мазуччо Салернитанцу (Гуардати) (ок. 1420 — ок. 1475) или итальянскому живописцу Мазаччо (1401—1428), основоположнику реалистического искусства Возрождения. Раньше было принято написание: Мазуччио, Мазаччио.

Брунгильда — героиня эпической *Песни о Нибелунгах* и опер Вагнера.

Их бин фон копф бис фусс... — «С головы до ног я создана для любви» (Ich bin von Kopf bis Fuss / Auf Liebe eingestellt...), слова из немецкой эстрадной песенки, модной в конце 1920-х и начале 1930-х, а также дословная цитата из романа Г. Манна *Большое дело*. В Записных книжках: «С ног до головы я создана для любви» (октябрь—ноябрь 1931).

Боккаччио (Боккаччо) Джованни (1313—1375), итальянский писатель, гуманист Раннего Возрождения, автор *Декамерона* (1350—53).

«Метрополь» — одна из лучших и самых дорогих московских гостиниц того времени.

Да ведь это же проблема любви и смерти! Искусство для искусства! Гуманизм! Перевальский рецидив. — Терминология ругательного свойства, которой била по литературе вульгарная социологическая критика, полагавшая себя истинной марксистской [МД]. Что касается «перевальского рецидива», то имеется в виду декларация группы молодых писателей, создавших в конце 1923 г. при журнале «Красная новь» объединение «Перевал», которое рапповская критика рассматривала как враждебную советской литературе организацию [БГ].

«Отсюда один шаг до некритического освоения наследия классиков». — «Критическое освоение», которым занималась в 1930-е годы значительная часть литературоведов, зараженных все тем же вульгарным социологизмом, заключалась в том, что классиков упрекали в ограниченности дворянского или мелкобуржуазного сознания со всеми вытекающими отсюда последствиями [МД].

Шпрехшталмейстер (нем. Sprechstallmeister) — ведущий программу в цирке.

Чаша веселья. — Литературная газета, 1933, № 16, 5 апреля. Подпись: *Холодный философ.* Включался в оба издания сб. *Как создавался Робинзон.*

И жить торопятся, и чествовать спешат. — Перефразировка пушкинского «И жить торопится, и чувствовать спешит».

Я — вундеркинд... Как Яша Хейфец. — Яша Хейфец (1901—1987), американский скрипач-виртуоз, выходец из России.

Каменский Василий Васильевич (1884—1961), поэт, драматург, один из представителей футуризма.

Листок из альбома. — Литературная газета, 1933, № 14, 23 марта.

Аль-капонизм — от имени Аль-Капоне (1899—1947), одного из главарей американского преступного мира 1920—1930-х гг.

Цвейг Стефан (1891—1942), австрийский писатель, мастер психологической новеллы и романизированных биографий.

Бродят по городу старухи. — Комсомольская правда, 1933, № 140, 18 июня. Включался в оба издания сб. *Как создавался Робинзон.*

Название фельетона перекликается с началом популярной в те годы песенки «Ходят по улицам фашисты...» (см.: Записные книжки, май 1930, комм.).

ЗРК — Закрытый рабочий кооператив.

...у меня в руках будет судак. Ида Р.— Не могу отделаться от мысли, что, наделяя некую Иду фамилией, начинающейся с буквы Р.,

писатели видели духовным взором Иду Рубинштейн (1885—1960), танцовщицу декадентского толка, ученицу М. Фокина.

Метерлинк Морис (1862—1949), бельгийский драматург, поэт, символист. Его пьесы ставились МХАТом.

КАБИНЕТ ВОСКОВЫХ ФИГУР,
или В КРАЮ НЕПУГАНЫХ ИДИОТОВ

Фраза из ильфовских Записных книжек характеризует этот многообразный паноптикум — настоящий музей восковых фигур.

Призрак-любитель. — Чудак, 1929, № 42. Подпись: *Ф. Толстоевский.* Включался в оба издания сб. *Как создавался Робинзон.*

Начало массовых чисток партии и госаппарата: «После чистки партии 1921 г., за 8 лет, не могло не накопиться мусора, пыли и паутины. Чистка и уборка 1929 года проводится с особой тщательностью, ибо массы охвачены предпраздничным настроением в связи с проведением пятилетки и социалистическим соревнованием» (Обращение ЦК РКП(б). Цит. по: Чудак, 1929, № 28).

Чистка... по первой и второй категории. — В 1920—1930-е, в ходе «чисток» (называвшихся «фильтром для классовых врагов») советских государственных учреждений, специальные комиссии выявляли социальное происхождение сотрудников, род их дореволюционных занятий, политическую грамотность и т.д. «Вычищенные» по разным категориям лишались тех или иных прав, в частности быть принятыми на работу в государственные учреждения. Ср.: «Вы вовремя ушли из "Геркулеса"... Там сейчас разгром, чистят, как звери... Вчера чистили Скумбриевича... Первая категория обеспечена» (ЗТ/35). Первая категория — наиболее суровый случай увольнения по чистке, подлинный волчий билет: «Лица, вычищенные по 1-й категории, т.е. лишенные права работать в советских, хозяйственных, кооперативных и прочих предприятиях социалистического сектора, исключаются из профсоюзов» (Постановление Президиума ВЦСПС) [ЮЩ/ЗТ].

Лев Рубашкин и Ян Скамейкин. — Фамилии будущих персонажей романа *Золотой теленок*; встречаются в записях Ильфа еще в мае 1928 г. «Имя первого брата позаимствовано из "Нивы", где печаталась реклама корсетов "Лев Рубашкин. Лодзь" (сообщено Омри Роненом)» [ЮЩ/ЗТ].

Под знаком Рыб и Меркурия. — Чудак, 1929, № 44. Подпись: *Ф. Толстоевский.* Включался в сб. *Как создавался Робинзон* (1933).

«Переходя улицу, оглянись по сторонам» — эпиграф к роману *Золотой теленок.*

...у магазина наглядных пособий, где веселые скелеты обменивались дружественными рукопожатиями... — Ср.: «Солнце ломилось в стеклянную витрину магазина наглядных пособий, где... дружески обнимались два скелета» (ЗТ/2).

Архалук — верхняя распашная одежда.

Авксентий Философуло. — Огонек, 1929, № 44. Подпись: *Ф. Толстоевский*. Включался в оба издания сб. *Как создавался Робинзон*.

По линии колбасы у нас не всегда благополучно. — Канцелярский оборот, над которым неоднократно издевались Ильф и Петров.

Душа вон! — Чудак, 1929, № 43. Подпись: *Коперник*.

Каприз артиста. — Огонек, 1930, № 12. Подпись: *Ф. Толстоевский*. Включался в оба издания сб. *Как создавался Робинзон*.

Вон из аппарата героев 20-го числа! — Прозвище пьяниц и прогульщиков. См.: «Когда-то существовали так называемые герои 20-го числа. Теперь жалованье в учреждениях выдают 31-го. Героев 31-го числа имеется еще немало, и их отнюдь нельзя назвать неизвестными героями, потому что имена их вписаны золотыми буквами в ведомости милицейских камер по вытрезвлению» (Чудак, 1929, № 5).

«Мы... молодой весны гонцы». — Строка из стихотворения Ф. Тютчева *Весенние воды*. Текст его стал особенно популярным после появления романса С. Рахманинова [МД].

...в садах трезвости. — Искоренением пьянства занимались в России многие государственные и общественные учреждения. ...Строились Народные дома, своего рода клубы для «низов». При них и были главным образом сады трезвости [МД].

Шкуры барабанные. — Чудак, 1930, № 1. Подпись: *Ф. Толстоевский*. Включался в оба издания сб. *Как создавался Робинзон*.

Авторы издеваются над казенными политическими клише («скатывается на рельсы делячества», «сползает в болото оппортунизма», «идеологические шатания» и проч.), принятыми в период тотальных чисток.

Американский шкаф — комбинированный книжный шкаф, составленный из отдельных застекленных полок. У Ильфа были такие шкафы.

...со вскрытыми корнями... — Одна из формул чистки, восходящая к сталинскому определению в докладе «О правой опасности в ВКП(б): «Бывает, что срубили дерево, а корней не выкорчевали...» Из ильфовских Записных книжек (май 1931): «А вот мы ей вскроем корни», «Дом, где вскрывают корни» и др.

Довесок к букве «Щ». — Огонек, 1930, № 16. Подпись: *Ф. Толстоевский*. Включался в оба издания сб. *Как создавался Робинзон*.

Кошкин-Эриванский — двойная фамилия навеяна фамилией популярного московского графолога Зуева-Инсарова.

Обыкновенный икс. — Огонек, 1930, № 30. Подпись: *Ф. Толстоевский.* Включался в сб. *Как создавался Робинзон* (1933).

Еще один сгорел на работе. — Традиционное газетное извещение о кончине. Ср.: «Вы скоро умрете. И никто не напишет о вас в газете: "Еще один сгорел на работе"» (ЗТ/14).

На волосок от смерти. — Огонек, 1930, № 20, под названием *Я вас не укушу.* Подпись: *Ф. Толстоевский.* Включался в оба издания сб. *Как создавался Робинзон.*

В больнице имени Титанушкина. — Знаменитый психиатр того времени П.Б. Ганнушкин (1875—1933), профессор 1-го Московского мединститута. Профессор Титанушкин — главврач сумасшедшего дома в романе *Золотой теленок.*

Садитесь, я вам рад. — Скрытая цитата, строка из стихотворения *Сумасшедший* А. Н. Апухтина.

Веселящаяся единица. — Правда, 1932, № 312, 12 ноября. Включался в оба издания сб. *Как создавался Робинзон.*

«Узники капитала». — Формула, обозначавшая заключенных в буржуазных странах, заступничество за которых было одной из постоянных тем агитпропа: «В день 1 Мая вспомним об узниках капитала» и т.д. Вспомним другие шутки соавторов по поводу данного клише: «...большое масленичное гулянье в пользу узников капитала» (ЗТ/14), «Господин Фунт, узник частного капитала» (ЗТ/22) [ЮЩ/ЗТ].

Равнодушие. — Правда, 1932, № 331, 1 декабря. Включался в оба издания сб. *Как создавался Робинзон.* Рассказ основан на реальном событии.

«Шепот, робкое дыханье, трели соловья» — первая строка стихотворения А. Фета.

В семье художника... — Речь идет о художнике-одессите Науме Клементьевиче Соколике (1898—1944), который жил в одном доме с Ильфом (Москва, Соймоновский проезд, д. 3).

«Путевка в жизнь» — первый советский полнометражный звуковой фильм (реж. Н. Экк. Межрабпомфильм, 1931).

Замки открываются не только ключом, но и... — Вспомним, как Остап в 1927 году ногтем открыл дверь утопающему инженеру Щукину.

Клооп. — Правда, 1932, № 339, 9 дек. Включался в оба издания сб. *Как создавался Робинзон.*

Название загадочного учреждения встречается несколькими месяцами ранее в фельетоне *Когда уходят капитаны* (Литературная газета, 17 апреля 1932): Москоопклоопкустсоюз. Не исключено, что «Клооп» не требует расшифровки — это незатейливое слово «клоп», объединенное с «кооп» (кооперативный), что и создает комический эффект.

«Ярость» — пьеса Е. Яновского (1929) [БГ].

Просперити (англ. prosperity) — процветание.

До самого Калинина дойду!.. — М.И. Калинин был председателем ЦИК СССР (с 1932 г.).

Дифпай — дифференцированный паевой взнос.

Уже готова была раздернуться завеса. Уже тайне подходил конец... — Отсылка к Новому Завету: «...Настала тьма по всей земле... И завеса в храме разодралась на-двое, сверху донизу». (Мк. XV, 33, 38); «И померкло солнце, и завеса в храме разодралась по середине» (Лк. XXIII, 45). Ср.: «Все заволокло синим дымом, <...> и когда бензиновая завеса разодралась, Балаганов увидел...» (ЗТ/12).

Здесь нагружают корабль. — Крокодил, 1932, № 11. Подпись: *Ф. Толстоевский*. Включался в оба издания сб. *Как создавался Робинзон*.

Стенли. Как я нашел Ливингстона. — Стэнли Генри Мортон (1841—1904), американский журналист, исследователь Африки. В 1871—1872 гг. участвовал в поисках английского исследователя Африки Дэвида *Ливингстона* (1813—1873) [БГ]. Старый английский анекдот: наткнувшись в африканских дебрях на незнакомого джентльмена, Стэнли любезно осведомляется: «Доктор Ливингстон, я полагаю?»

Лимитрофы — пограничные государства на территории западных окраин бывшей царской России: Эстония, Литва, Латвия, Финляндия, служившие «санитарным кордоном» для стран Антанты у границ России.

Склифосовский Николай Васильевич (1836—1904), выдающийся русский хирург.

Пытка роскошью. — Крокодил, 1932, № 14. Подпись: *Ф. Толстоевский*. Включался в сб. *Как создавался Робинзон* (1933).

«Севильский цирюльник» — комедия Бомарше (1775).

Муравей. — Крокодил, 1933, № 10.

Аналогичный прием использован в рассказе *Разносторонний человек* (1933).

Бернардов. — Этот персонаж фигурирует в водевиле *Сильное чувство*, написанном чуть позже. Использована часть диалога [МД].

...в распределителе водников. — В 1933 году существовали продуктовые карточки, не хватало и промтоваров. Поэтому у многих организаций были свои магазины-распределители, где товары можно было купить только по ордеру [МД].

...по Энкапеесу. — НКПС (Наркомат путей сообщения).

Рецепт спокойной жизни. — Крокодил, 1934, № 13. Включался в сб. *Как создавался Робинзон* (1935).

Безмятежная тумба. — Правда, 1934, № 330, 1 декабря.
Бенкс Монти (1897—1950), американский киноактер.
«Чапаев» — фильм режиссеров братьев Васильевых (1934).

Лентяй. — Крокодил, 1935, № 12.
Ундервуд — пишущая машинка американского производства, одна из самых распространенных тогда марок.
Пиккар (Пикар) Огюст (1884—1962), швейцарский физик; в полетах на стратостатах собственной конструкции достигал больших по тем временам высот.

Интриги. — Крокодил, 1935, № 26—27.
Яловые сапоги с хромовыми головками. — Яловые, или яловичные, то есть сшитые из шкуры молодой коровы; *хром* — кожа, обработанная дубящими веществами для придания пластичности, прочности и т.д.

Добродушный Курятников. — Правда, 1936, № 341, 12 декабря.
Московский комнатный театр. — Комнатный — то есть камерный.
Фабрика дачно-походных кроватей, так называемых раскладушек... прохвостовы ложа... — В Записных книжках Ильфа (1929) фабрика «военно-походных кроватей» носит имя «товарища Прокруста», который, как известно, обрубал слишком длинные ноги и вытягивал слишком короткие. Отличная аллитерация — «Прокруст» и «прохвост».
Новая конституция — Конституция СССР, так называемая «сталинская», была принята 5 декабря 1936.

МЫ ПИРУЕМ,
или СЛЕЗАЙ — ПРИЕХАЛИ!

Авторский заголовок дополнен названием рубрики в журнале «Чудак».

Московские ассамблеи. — Чудак, 1929, № 46. Подпись: *Ф. Толстоевский.* Включался в оба издания сб. *Как создавался Робинзон.*
Граммофоны-микифоны. — Никто сейчас не имеет представления, что это за «микифоны» (кстати, размером они были не больше консервной банки). Вот справка из журнала «Чудак» (1929, № 7) под заголовком «ВВОЗИМ ИЗ-ЗА ГРАНИЦЫ ИМПОРТНОЕ ОБОРУДОВАНИЕ! РАСТЕМ! ШАГАЕМ! НАГОНЯЕМ И ПЕРЕГОНЯЕМ!»:
«Информация у нас поставлена отвратительно. До сих пор многие граждане не знают, что, благодаря высокой деятельности и богатой

инициативе Центросоюза, нам удалось вывезти из Швейцарии 9900 микифонов.

Многие граждане, вероятно, и не знают, что такое микифон. И чтоб эти граждане не думали, что это какая-нибудь сеялка или какой-нибудь винт от трактора, — микифон — это маленький бесструбный граммофон.

Понятно? Ну, вот, теперь колхозники могут спокойно выехать в поле — микифонами их Центросоюз обеспечил. И рабочие тоже могут смело индустриализировать нашу республику под шум фокстротов и чарльстонов».

Рабис — Всесоюзный профсоюз работников искусств.

Халатное отношение к желудку. — Огонек, 1931, № 27. Подпись: *Ф. Толстоевский.* Включался в оба издания сб. *Как создавался Робинзон.*

«Фруктовые воды сулят нам углеводы». — См.: ЗТ/35.

Горю — и не сгораю. — Крокодил, 1932, № 10. Подпись: *Ф. Толстоевский.* Включался в оба издания сб. *Как создавался Робинзон.*

Скобелев Михаил Дмитриевич (1843—1882) — русский генерал, участник завоевания Средней Азии и русско-турецкой войны (1877—1878).

...дребедень, которую внук для краткости называл «гаргара» или «бандура». — Эти словечки встречаются в письме Ильфа от 27 июля 1924 г.: «Плашкоут стоит на разных бандурах и гаргарах...» (*Илья Ильф, или Письма о любви.* М., 2004, с. 307).

...сухаревское волнистое зеркало... — дешевка, купленная на старом сухаревском рынке.

...Так называемый «славянский шкаф». <...> Типа «Гей, славяне!» — Фельетон развивает тему меблировки, затронутую в ЗТ (гл. 1). Ср.: «А шкафчик-то типа "гей, славяне!"» (слова Бендера). «Гей, славяне!» — националистическая песня чешско-словацкого поэта С. Томашика (1813—1887), популярная в России до и во время Первой мировой войны [ЮЩ/ЗТ]. «Славянский шкаф» стал олицетворением безвкусной и старомодной советской мебели в 1920-е и начале 1930-х.

Бронированное место. — Крокодил, 1932, № 24. Подпись: *Ф. Толстоевский.* Включался в оба издания сб. *Как создавался Робинзон.*

...шестьдесят семь копеек бонами на Торгсин. — Торгсин («торговля с иностранцами») — Всесоюзное объединение по торговле с иностранцами. В начале 1930-х были открыты специальные магазины для торговли заграничными товарами и дефицитным продовольствием на иностранную валюту, боны, драгоценности. Торгсиновский магазин великолепно описан М. Булгаковым в романе *Мастер и Маргарита* (гл. 28) [МД].

Человек с гусем. — Правда, 1933, № 18, 18 января. Включался в оба издания сб. *Как создавался Робинзон.*

Инснабовское маренго — «торгсиновское» темно-серое сукно.

ГОРТ — Городской отдел распространения товаров.

ЗРК — Закрытый рабочий кооператив.

Для полноты счастья. — 30 дней, 1933, № 6. Включался в оба издания сб. *Как создавался Робинзон.*

ВСФК — Всесоюзный совет физической культуры.

Мопровцы — члены Международной организации помощи борцам революции (1923—1947).

Директивный бантик. — Правда, 1934, № 77, 19 марта. Включался в сб. *Как создавался Робинзон* (1935).

...когда весенний первый гром, как бы резвяся и играя, грохочет в небе голубом. — Скрытая цитата из стихотворения Тютчева «Люблю грозу в начале мая...».

...в годовщину чудесного спасения императорской семьи на станции Борки. — 17 октября 1888 г. на станции Борки Курско-Харьковско-Азовской железной дороги произошло крушение императорского поезда, однако Александр III с семьей не пострадали [БГ].

Костяная нога. — Правда, 1934, № 136, 19 мая. Включался в сборник *Как создавался Робинзон* (1935).

У самовара. — Правда, 1934, № 263, 23 сентября.

Баритон — *зд.* духовой музыкальный инструмент.

Широкий размах. — Правда, 1935, № 101, 12 апреля.

Гарпагон — герой пьесы Мольера *Скупой* (1668), классический образ скряги.

ПЕШЕХОДА НАДО ЛЮБИТЬ

Меблировка города. — Огонек, 1930, № 21. Подзаголовок: *Юмореска Ф. Толстоевского.*

Театр МОСПС — Театром имени Московского областного совета профсоюзов назывался в 1930—1938 гг. нынешний театр имени Моссовета [БГ].

Рязанский вокзал — теперь Казанский.

Четыре свиданья. — Крокодил,1932, № 12. Подпись: *Ф. Толстоевский.*

На мне были диагоналевые брюки. — Диагоналевые брюки (и мундиры) до революции носили студенты. Даже отец Федор (ДС), когда учился на юридическом факультете, имел диагоналевый студенческий мундир.

Шумел резиновый плащ, шумел люстриновый пиджак (откуда только берутся на пожилых научных работниках эти люстриновые пиджаки?). — Из письма Ильфа (июль 1926): «Купил себе несгораемый плащ. Он ужасно воняет». «Несгораемый» — потому что резина твердая (оттого и шумит). Люстриновый пиджак вызывает в памяти «переливчатый люстриновый пиджачок» Воробьянинова, приобретенный еще до Первой мировой. Пиджаки научных работников, безусловно, позднейшего происхождения: они «построены» из советского люстрина — самой дешевой и плохой ткани тех лет.

Ауэ двинулся стрелковым маршем. — Стрелками в Российской империи принято было называть солдат пехотных полков, то есть авторы подразумевают, что Остап [«Остап двинулся стрелковым шагом...»] шагает ритмично, быстро и широко, как пехотинцы на марше (*Двенадцать стульев.* Первый полный вариант романа с комментариями М. Одесского и Д. Фельдмана. М.: Вагриус, 1998).

«Постройка метрополитена». — Первая линия метро введена в Москве в 1935 г.

...на Лубянской площади, у фонтана... Фонтан по проекту И. Витали, установленный в 1835 г., снесен в начале 1930-х. Трамваев и милиционера также не стало. В 1958 г. в центре площади установили памятник «железному Феликсу»; в 1991 г. исчез и он.

Метрополитеновы предки. — Фельетон написан в конце 1933 — начале 1934; при жизни авторов не печатался. Первая публикация: Октябрь, 1962, № 4.

...линия № 34... — Трамвай этого маршрута отправлялся с Каланчевской площади, пересекал центр города, выходил за пределы Садового кольца и завершал маршрут в районе Малой Пироговской улицы.

...линия «А». — Маршрут проходил по замкнутому кругу, большей частью по Бульварному кольцу, начинаясь на Арбатской площади.

...линия «Б» — самый популярный и потому самый тяжелый маршрут по всему Садовому кольцу.

...новая гостиница Моссовета. — Имеется в виду гостиница «Москва».

«Картуш, атаман разбойников» — серия дореволюционных копеечных выпусков о французском Робине Гуде [МД].

«Дневник горничной». — Роман французского писателя О. Мирбо (1900). По тем временам считался натуралистическим и сугубо эротическим.

...лихачи на дутиках. — Дутики — надувные шины дорогих извозчичьих экипажей [МД].

...асфальт так называемого показательного километра. — Участок Тверской улицы, где булыжная мостовая была заменена асфальтовой.

...безжалостными агентами. — Имеются в виду финансовые агенты — представители фискального ведомства [МД].

Марафоны. — Жаргонное определение людей, связанных с игорным бизнесом [МД].

...в плюшевых саках... — Сак — широкое женское пальто.

Любимый трамвай. — Правда, 1934, 7 апреля.

Из Записных книжек Ильфа: «Мне обещали, что я буду летать, но я все время ездил в трамвае».

...на Страстном монастыре. — Монастырь первой половины XVII века, давший название Страстной площади; снесен в середине 1930-х [МД].

«Ну, что, сынку...» — шутливая вариация фразы из повести Гоголя *Тарас Бульба* [МД].

...гром тулумбасов... — Старинное, заимствованное у персов название ударных инструментов — литавров и барабанов [МД].

Лазарь Моисеевич. — С именем Л.М. Кагановича связано строительство Московского метрополитена [МД].

ШЕВЕЛИ НОГАМИ

Заголовок раздела — название сборника очерков и фельетонов Евг. Петрова (М., Б-ка «Чудака», 1930).

Ярославль перед штурмом. — Чудак, 1929, № 37. Тематический выпуск.

Из воспоминаний Н. Гордон (тогда — Прокофьевой), секретаря М. Кольцова: «Часто выходили специальные номера "Чудака". Особенно запомнился мне "Звездный пробег" "Чудака"... с великолепной обложкой Бориса Ефимова. От центра "звезды" — Москвы — в разные направления по красным стрелам спешат "чудаки": Кольцов в самолете летит в Рязань; Ефим Зозуля на велосипеде, в маечке и с рюкзаком за спиной — в Калугу; Ильф с Петровым — бегом в Ярославль; Катаев мчится в поезде в Арзамас...» (цит. по: МД. Из архива печати).

Из Записных книжек (сентябрь 1929): «Узнавание Москвы в различных частях Ярославля. Очень приятное чувство». Именно в Ярославле писатели свели знакомство с шофером Сагассером, биографию которого повторил шофер Козлевич в городе Арбатове (ЗТ). Именно в Ярославле они увидели витрину магазина одежды с двумя куртками — милиционера и пожарного: «Мундир пожарного. Пришлось купить — другого не было». Запись: «Ярославский шофер».

Ярославль богат церквами... — «Чем занимаются в Ярославле — церкви и сберкассы» (Записные книжки, сентябрь 1929). Ср.: «Он [Бендер] увидел десятка два голубых, резедовых и бело-розовых звонниц...» (ЗТ/1).

...может похвастаться бульваром... — Речь идет о Первомайском бульваре, расположенном между улицей Ушинского и Первомайской, который в ЗТ называется Бульваром Молодых Дарований (там же) [МД].

Мне хочется ехать. — Огонек, 1932, № 3. Подпись: *Ф. Толстоевский.*
Не курить! Не плевать! Не собирать в житницы! — Небольшая путаница — надо бы, наоборот, «собирать в житницы»: «Взгляните на птиц небесных: они не сеют, не жнут, не собирают в житницы» (Мф. 6: 26). Ср.: «Дети подобрались какие-то грубые, жадные, строптивые и мешали друг другу собирать в житницы» (ЗТ/2).

Начало похода. — Молодая гвардия, 1935, № 1. Краткий вариант очерка *Пять языков* (газ. «Красный черноморец», 1933, № 1, 18 октября).
Это сказал писатель. Пиджак сидел на нем столь прихотливо, словно под ним находилось не дивное человеческое тело, а кактус. — Ср.: «На Левине костюм сидит так плохо, как будто бы под костюмом не человеческое тело, а кактус» (Евг. Петров. Записная книжка. 1933—1934).
...греческие звезды — это толстые звезды. — Ср.: «Толстая розовая звезда» (Записные книжки, с. 367).

Колумб причаливает к берегу. — Крокодил, 1936, № 20.
Из письма Ильфа от 25 октября 1935 г., то есть три недели спустя после прибытия в Соединенные Штаты: «Написали фельетон для американского журнала, довольно смешной. Называется он *Колумб причаливает к берегу.* Если он понравится, будет хорошо, потому что здесь хорошо платят в журналах, и вообще откроет дорогу дальнейшим фельетонам». Не удалось выяснить, был ли этот фельетон опубликован в Америке. Напечатан в московском юмористическом журнале вскоре после возвращения писателей.
Изабелла (1451—1504), королева Кастилии (с 1474), при которой произошло объединение Кастилии и Арагона в составе Испании.
Паблисити (паблисити; англ. publicity) — реклама.
...фотограф... оскалил зубы и заржал, как конь. — См. письмо Ильфа из Нью-Йорка: «Нас снимал фотограф и заставлял хохотать, применяя для этого весьма примитивное средство, сам хохотал во всё горло».
...эфиопского негуса Селасси... — Хайле Селассие I (1892—1975), император Эфиопии (1930—1974).

Веспуччи Америго (1454—1512). — Во время одной из португальских экспедиций к берегам Южной Америки он открыл континент, названный в его честь Америкой.

Ришелье Арман Жан дю Плесси (1585—1642), кардинал Франции (с 1622).

Васко да Гама (1469—1524), португальский мореплаватель.

Леди Гамильтон. — Эмма Харт, леди Гамильтон (1765—1815), возлюбленная вице-адмирала Нельсона, знаменитого английского флотоводца.

КОМИЧЕСКИЕ РАССКАЗЫ,
или ЗАСЕДАНИЕ ПРОДОЛЖАЕТСЯ

Авторское название раздела дополнено многообещающей фразой Остапа Бендера.

Чарльз-Анна-Хирам. — Чудак, 1929, № 48. Подпись: *Ф. Толстоевский.*

Рассказ с небольшими изменениями вошел в главу «На суше и на море» романа *Золотой теленок*. Американский инженер, Чарльз-Анна-Хирам Фост становится немецким специалистом по имени Генрих-Мария Заузе. Румянцев-Дунаевский меняет фамилию на Бомзе, но имя остается прежним — Адольф Николаевич. Кстати, фамилии Заузе и Бомзе — одесского происхождения (Заузе был художником, Бомзе — коммерсантом). Чарльз-Анна-Хирам посетил Третьяковскую галерею и любовался картиной Репина *Иван Грозный убивает своего сына*, а Генрих-Мария побывал в трех музеях и на балете «Спящая красавица». В первом случае дело происходит в Москве, во втором — в Черноморске (читай: в Одессе).

Граф Средиземский. — Первая публикация: Огонек, 1957, № 23.

Фразы из рассказа, вошедшие в ильфовские Записные книжки и текст *Золотого теленка*, позволяют отнести его написание к 1929—1930 гг.

За окном дрожала зеленая веточка, похожая на брошь. — «Лампа посылала свет в окно, где, как дамская брошь, дрожала маленькая зеленая ветка» (ЗТ/21).

...Утильсырьевой лозунг: «Отправляясь в гости, собирайте кости». — См. аналогичную ильфовскую запись (декабрь 1929 — апрель 1930).

...на темной стене на манер валтасаровских «мене, текел, фарес»... — то есть подобно таинственным словам, начертанным на стене и несущим гибель царю Валтасару (кн. пророка Даниила, 5) [БГ].

Плеханов Георгий Валентинович (1856—1918), философ, пропагандист марксизма в России.

...тепло и темно, как между ладонями. — Сравнение принадлежит Ильфу: «Тепло и темно, как между ладонями» (Записные книжки, 1925). См. также ЗТ/24.

Чубаровщина — имеются в виду преступления шайки бандитов, орудовавших в Чубаровском переулке в Ленинграде в 1926 г. После открытого судебного процесса это слово стало нарицательным [БГ].

Жирная греческая луна. — См. наброски к *Великому комбинатору* (не раньше мая 1930).

Павлиний голос. — Там же; см. также: «Я занят, — сказал он [Супругов] павлиньим голосом...» (ЗТ/24).

Маленькая лампочка распространяла в комнате тусклый бронзовый свет. — Ср.: «Тусклый, цвета мочи, свет электрической лампочки» (Записные книжки Ильфа, октябрь 1928 — апрель 1929); «Мог ли он думать, что тусклый бронзовый светишко восьмисвечовой лампы вызовет в соседях такое большое чувство?» (ЗТ/13).

— По морям, по волнам... — рефрен к песне «Ты — моряк, красивый сам собою...».

...маринованный судак в круглой железной коробочке. — «На с...ле лежали печенье, конфеты и маринованный судак в круглой ...лезной коробочке» (ЗТ/21).

...свежий, пароходный ветер. — Ср.: «Пароходный, свежий ветер» (Записные книжки, декабрь 1928 — май 1929), «Свежий пароходный ветер. Пароходная комната» (там же, май 1930). И наконец: «С балкона дул свежий пароходный ветер, передвигая разбросанные по кровати денежные знаки» (ЗТ/14).

...марш вперед, труба зовет, черные гусары! — Ср.: «Ну, марш вперед, труба зовет! — закричал Остап» (ДС/7). Рефрен, существующий в различных вариантах. Известны две гусарские песни с таким припевом: одна в ритме мазурки, другая в ритме марша. Припев «Марш вперед...» в годы Гражданской войны был своего рода боевым кличем Белой армии [ЮЩ/ДС].

...выпил бы я бутылку рому, сидя на оконном карнизе? — Аллюзия: эпизод из *Войны и мира* Л. Толстого.

...круглое, бисквитное сиденье венского стула. — Ср.: «Бисквитное сиденье рояльной табуретки» (Записные книжки, декабрь 1929 — апрель 1930).

Счастливый отец. — Крокодил, 1933, доп. номер: «Крокодил — авиации» (между № 29 и 30). Включался в оба издания сб. *Как создавался Робинзон.*

Необыкновенные страдания директора завода. — Правда, 1933, № 84, 26 марта. Включался в оба издания сб. *Как создавался Робинзон*.

Шорин Александр Федорович (1890—1941), советский изобретатель, автор системы фотографической звукозаписи для звукового кино (1928).

Отрицательный тип. — Крокодил, 1933, № 1. Включался в оба издания сб. *Как создавался Робинзон*.

Керенский Александр Федорович (1881—1970), русский политический деятель. После Октябрьской революции — организатор антисоветского мятежа; белоэмигрант.

...пропихиванием Рузвельта в президенты. — Франклин Делано Рузвельт (1858—1945) был избран президентом Северо-Американских Соединенных Штатов в ноябре 1932 г.

...«счастья баловень безродный, полудержавный властелин». — Из пушкинской поэмы *Полтава* [МД].

Разговоры за чайным столом. — Правда, 1934, № 138, 21 мая. Включался в сб. *Как создавался Робинзон* (1935).

...вопросы влияния лассальянства... — Лассальянство (по имени организатора и руководителя Всеобщего германского рабочего союза Ф. Лассаля) — оппортунистическое течение в германской социал-демократии, идеи которого были подвергнуты резкой критике основоположниками марксизма-ленинизма.

...коллективно зачитывали поэму «Звонче голос за конский волос». — «В одном из рассказов Ильфа и Петрова упоминаются стихи некоего Аркадия Парового "Звонче голос за конский волос"; это явная пародия на название одного из стихотворений Жарова — "Голос за силос"» (*В краю непуганых идиотов*, с. 214).

...ряд деборинских ошибок... — Имеется в виду резкая критика взглядов философа А.М. Деборина (1881—1963), недооценившего ленинский этап марксистской философии.

Махизм — объективно-идеалистическое течение в философии конца XIX — начала XX в., основанное австрийским философом и физиком Э. Махом (1838—1916) и швейцарским философом Р. Авенариусом (1843—1896); то же, что эмпириокритицизм.

Махаевщина — мелкобуржуазное течение в российском революционном движении, возникшее в конце XIX в. (по имени лидера В.К. Махайского).

Механицизм — попытка объяснения законов развития природы и общества законами механической формы движения материи.

...постановление ЦК о школе. — Постановление СНК СССР и ЦК ВКП (б) «О структуре начальной и средней школы в СССР» от 15 мая

1934 г., приведшее к созданию единого типа общеобразовательной школы.

Куро-Сиво (Куросио) — теплое течение у южного и восточного берегов Японии.

Генрих Птицелов. — Генрих I Птицелов, немецкий король (919—936), первый из Саксонской династии.

Чудесные гости. — Правда, 1934, № 176, 28 июня. Включался в сб. *Как создавался Робинзон* (1935).

ЦУНХУ — Центральное управление народнохозяйственного учета.

Воронин Владимир Иванович (1890—1952), капитан парохода «Челюскин», предпринявшего попытку (1933) за одну навигацию пройти Северным морским путем из Мурманска во Владивосток и раздавленного льдами в Чукотском море (февраль 1934).

Доронин, Молоков, Водопьянов и Слепнев. — *Доронин* Иван Васильевич (1903—1951), *Молоков* Василий Сергеевич (1895—1982), *Водопьянов* Михаил Васильевич (1899—1980), *Слепнев* Маврикий Трофимович (1896—1965), советские летчики, участвовавшие в спасении экипажа парохода «Челюскин» (1934).

Дневная гостиница. — Правда, 1934, № 291, 21 октября.

На купоросном фронте. — Правда, 1935, № 17, 17 января.

...получасовую качаловскую паузу. — Артист Художественного театра В.И. Качалов умел продолжительной паузой выразить обуревающие его чувства [БГ]. В фельетоне-рецензии на спектакль *Блокада* Вс. Иванова в Художественном театре Евг. Петров иронизирует над сценой с участием Качалова, нагнетающего трагедию: «Пятиминутная, леденящая душу пауза», «Жуткая десятиминутная пауза» и, наконец, «Пятнадцатиминутная пауза, прерываемая истерическими рыданиями режиссера» (Иностранец Федоров. *Пойдем, Артем Осипыч, чай пить!* Чудак, 1929, № 11).

...сплошная хованщина... — Монументальная музыкальная драма *Хованщина* (1883) композитора М.П. Мусоргского (1839—1881) была поставлена заново в Большом театре в 1928 г. [БГ].

Театральная история. — Правда, 1935, № 119, 30 апреля.

«Тридцать три обморока» — спектакль театра Мейерхольда по произведениям Чехова *Предложение, Медведь* и *Юбилей* [БГ].

Собачий холод. — Правда, 1935, № 9, 9 января.

Последняя встреча. — Правда, 1935, № 33, 3 февраля.

Шпалы, ромбы. — Знаки различия, принятые в Красной Армии после упразднения погон, считавшихся, как иронически писали Ильф и Петров, «позорным пережитком феодализма» (после окончания

469

Гражданской войны прошло всего 10 лет): «В Красной Армии погон нету» (см. их очерк *Трудная тема*, 1931).

Очень хорошо, конечно, учиться, об этом и Сталин говорил. — «Учиться, учиться и учиться», — говорил Ленин.

Курупр — Курортное управление.

Вукопспилка — Всеукраинский союз потребительских кооперативных организаций.

В китайском конфликте. — Имеется в виду захват китайскими властями Китайско-Восточной железной дороги (июнь 1929), что привело к разрыву дипломатических отношений с Китаем (17 июня 1929) и вооруженному отпору военным провокациям на советско-китайской границе [БГ].

Часы и люди. — Правда, 1937, № 81, 23 марта.

Фельетон, задуманный как одна из глав *Одноэтажной Америки*, впоследствии стал особой газетной публикацией. Во время пребывания в Соединенных Штатах писатели были восхищены американской точностью, деловитостью, сервисом. Их огорчает бесхозяйственность и бюрократизм, характерные для советских предприятий и учреждений, они призывают к «воспитанию характера», то есть к точности, аккуратности, педантичности.

Писатель должен писать. — Литературная газета, 1937, № 18, 6 апреля (стенограмма); Известия, 1937, № 83, 6 апреля (в сокращении).

...речь, которую я хочу произнести, написана вместе с Ильфом... — Петров произнес ее, как обычно, от имени обоих писателей 3 апреля 1937 г. на общемосковском собрании писателей.

Эльдорадо — страна богатств, сказочных чудес.

...т. Вашенцев выступил в «Литературной газете»...— Речь идет о статье С. Вашенцева «Хорошие книги — мерило оценок писателя» (Литературная газета, 1937, 30 марта), где, в частности, говорилось: «Такие писатели, как Н. Вирта, Юр. Яновский, Ю. Герман, Вас. Гроссман, В. Курочкин, конечно, на много голов выше некоторых незаслуженно "маститых" писателей, пользующихся вниманием правления ССП» [БГ]. Забавно, что до нашего времени дошли только имена Ю.П. Германа и В.С. Гроссмана. Да и сам Вашенцев канул в Лету.

Сегодня в «Комсомольской правде» появилась статья... — статья И. Бачелиса и С. Трегуба «Чьи это товарищи?» (О романе В. Курочкина «Мои товарищи») (Комсомольская правда, 1937, 3 апреля) [БГ].

«Вместе с Пильняком я создал роман под названием "Мясо". Товарищи, я больше никогда не буду». — Роман *Мясо*, написанный Б.А. Пильняком в соавторстве с С.М. Беляевым, был опубликован в журнале «Новый мир» (1936, № 2—4). Его сразу же приняли в штыки: из рецензии в «Литературной газете» следовало, что Наркомпище-

пром — «бакалейная лавочка», для которой написано «рекламное объявление», «обманывающее» вместе с «заказчиком» всю Россию и совершенное как «пакость». 25 мая 1936 г. Пильняк писал главе Наркомпищепрома А.И. Микояну: «...Никак не считал (и не считаю) моих дел антисоветскими и антисанитарными, когда — через редактора одного из лучших в СССР толстых журналов И.М. Гронского — принял Вашу инициативу и приступил к написанию *Мяса* (*Литературный фронт. История политической цензуры. 1932—1946*).

Кающийся автор — С.М. Беляев (1883—1953), который начал печататься еще в 1905 г.: рассказы для детей, научно-фантастические книги для юношества, посвященные проблемам физики, военной техники, медицины. И черт его дернул ввязаться в это дело! Пришлось открещиваться и от книги, и от пока еще не арестованного Пильняка.

Александра Ильф

ПРИНЯТЫЕ СОКРАЩЕНИЯ

ДС — Илья Ильф, Евгений Петров. *Двенадцать стульев*. Авторская редакция. Текст восстановлен А.И.Ильф. М.: Текст, 2000, 2004.

ЗТ — Илья Ильф, Евгений Петров. *Золотой теленок*. Авторская редакция. Сост., предисл. и комм. А. И. Ильф. Планы и наброски к *Великому комбинатору* (первая полная публикация). М.: Текст, 2003, 2006.

Записные книжки — Илья Ильф. *Записные книжки*. Первое полное издание. Составление, предисловие и комментарии А.И.Ильф. М.: Текст, 2000.

Мой друг Ильф — Евгений Петров. *Мой друг Ильф*. Приложения. Сост., предисл. и комм. А.И. Ильф. М.: Текст, 2001.

В краю непуганых идиотов — Я.С. Лурье. *В краю непуганых идиотов. Книга об Ильфе и Петрове*. СПб.: Европейский университет в Санкт-Петербурге, 2005.

БГ — Б. Галанов. Комментарии. Рассказы, очерки. Фельетоны (1929—1931). Т. 2. Рассказы. Фельетоны, статьи, речи (1932—1937). Т. 3. — Илья Ильф. Евгений Петров. Собрание сочинений. В 5 тт. М.: Художественная литература, 1996.

МД — Илья Ильф. Евгений Петров. *Необыкновенные истории из жизни города Колоколамска*. Из архива печати. Изд. подг. М. Долинский. М.: Книжная палата, 1989; М.З. Долинский. Комментарий. — Илья Ильф. Евгений Петров. *Двенадцать стульев. Золотой теленок*. М.: АСТ-ПРЕСС КНИГА, 2002.

ЮЩ/ДС — Ю.К. Щеглов. Комментарии к роману *Двенадцать стульев*. — Илья Ильф. Евгений Петров. *Двенадцать стульев*. М.: Панорама, 1995.

ЮЩ/ЗТ — Ю.К. Щеглов. Комментарии к роману *Золотой теленок*. — Илья Ильф. Евгений Петров. *Золотой теленок*. М.: Панорама, 1995.

Использованы также следующие источники: БСЭ; СЭС; Литературная энциклопедия (1929—1939); Первый Всесоюзный съезд писателей (1934). Приложения (1990); Литературный энциклопедический словарь; В. Казак. Лексикон русской литературы XX века (1996); Власть и художественная интеллигенция. Документы ЦК РКП(б) — ВКП(б), ВЧК — ОГПУ — НКВД о культурной политике. 1917—1953 гг. М.:, 1999; периодика 1930-х годов; воспоминания современников, документы, письма.

СОДЕРЖАНИЕ

ПОД СЕНЬЮ ИЗЯЩНОЙ СЛОВЕСНОСТИ,
или РЫЧИ — ЧИТАЙ!

МЫ ПИРУЕМ,
или СЛЕЗАЙ — ПРИЕХАЛИ!

ПЕШЕХОДА НАДО ЛЮБИТЬ

ШЕВЕЛИ НОГАМИ

КОМИЧЕСКИЕ РАССКАЗЫ,
или ЗАСЕДАНИЕ ПРОДОЛЖАЕТСЯ

Ильф И., Петров Е.

И45   Как создавался Робинзон: Фельетоны и рассказы / И.Ильф, Е.Петров. — М. Текст, 2007. — 477, [3] с.

ISBN 978-5-7516-0646-9

Так сложилось, что массовый читатель знает Илью Ильфа и
Евгения Петрова прежде всего как авторов знаменитых романов «Двенадцать стульев» и «Золотой теленок». Между тем в
творческом наследии писателей десятки блестящих рассказов
и фельетонов, многие из которых не издавались на протяжении
десятилетий. В книгу «Как создавался Робинзон», названную
по одному из прижизненных сборников Ильфа и Петрова, вошли рассказы и фельетоны, написанные в 1929—1937 годах.

Издание продолжает серию книг, посвященных творчеству
Ильи Ильфа и Евгения Петрова, подготовленных и откомменти-
рованных Александрой Ильф.

УДК 821.161.1
ББК 84(2Рос-Рус)6-44

Илья Ильф
Евгений Петров
КАК СОЗДАВАЛСЯ РОБИНЗОН
Фельетоны и рассказы

Редактор В.В.Петров
Художественный редактор Т.О.Семенова

Подписано в печать 20.11.06. Формат 84 x 108/32.
Усл. печ. л. 27,38. Уч.-изд. л. 25,2. Тираж 3500 экз. Изд. № 698.
Заказ № 5566.

Издательство «Текст»
127299 Москва, ул. Космонавта Волкова, д. 7/1
Тел./факс: (495) 150-04-82; E-mail: textpubl@yandex.ru
http://www.textpubl.ru

Отпечатано в ОАО «Можайский полиграфический комбинат»
143200 г.Можайск, ул. Мира, 93

КНИГИ
ИЗДАТЕЛЬСТВА
«ТЕКСТ»

Оптовая и розничная торговля:
127299 Москва, ул. Космонавта Волкова, 7/1
Тел./факс: (495) 156-42-02

Торговый представитель в СПб.
ООО «Алан». Тел.: (812) 312-52-63

**В Москве книги «Текста»
можно купить в магазинах:**

Дом книги «Молодая гвардия»
Большая Полянка, 28

Московский дом книги
Новый Арбат, 8

Торговый дом «Библио-Глобус»
Мясницкая, 6

Торговый дом книги «Москва»
Тверская, 8

«Пушкинист»
Страстной бульвар, 4, подъезд 10

Книжный магазин «Русское зарубежье»
Нижняя Радищевская ул., 4

Продажа книг через интернет:
www.booksy.ru

3 1170 00774 9850